Die rechtliche Bewertung von Vanity-Nummern

Europäische Hochschulschriften
Publications Universitaires Européennes
European University Studies

Reihe II
Rechtswissenschaft

Série II Series II
Droit
Law

Bd./Vol. 4221

PETER LANG
Frankfurt am Main · Berlin · Bern · Bruxelles · New York · Oxford · Wien

Sebastian Meyer

Die rechtliche Bewertung von Vanity-Nummern

PETER LANG
Europäischer Verlag der Wissenschaften

Bibliografische Information Der Deutschen Bibliothek
Die Deutsche Bibliothek verzeichnet diese Publikation in der Deutschen Nationalbibliografie; detaillierte bibliografische Daten sind im Internet über <http://dnb.ddb.de> abrufbar.

Zugl.: Bielefeld, Univ., Diss., 2004

D 361
ISSN 0531-7312
ISBN 3-631-53777-8

www.peterlang.de

Meinem Vater

Vorwort

Die vorliegende Arbeit ist im Wintersemester 2004 / 2005 von der juristischen Fakultät der Universität Bielefeld als Dissertation angenommen worden. Von den ersten Arbeiten an dem Manuskript über die Einreichung der Arbeit bis zu ihrer Begutachtung sind mehr als drei Jahre vergangen. Literatur und Rechtsprechung konnten trotz dieser Zeitspanne durch beständige Aktualisierungen bis einschließlich September 2004 berücksichtigt werden, wobei sich die Zahl der aktuellen Beiträge und Urteile aus Deutschland in der vergangenen Zeit in Grenzen gehalten hat. Das Werk ist daher auch in der Hoffnung entstanden, eine weitere wissenschaftliche Diskussion über rechtliche Bewertung von Vanity-Nummern anzustoßen. Außerdem kann es bei zukünftig auftretenden Streitigkeiten um Vanity-Nummern als Entscheidungshilfe dienen, da mit dieser Dissertation die verschiedensten rechtlichen Fragestellungen und Problemkonstellationen, die sich im Rahmen der Nutzung von Vanity-Nummern ergeben können, näher beleuchtet werden.

Ohne die Anregungen und Denkanstöße von Herrn Prof. Dr. Nikolaus Forgó vom Institut für Rechtsinformatik der Universität Hannover, der mich vor allem in der ersten Phase meines Promotionsvorhabens unterstützt hat, wäre diese Arbeit sicherlich nicht zustandegekommen. Zu Dank verpflichtet bin ich auch den beiden Gutachtern der Dissertation, Herrn Prof. Dr. Detlef Kleindiek als Erstgutachter sowie Herrn Prof. Dr. Fritz Jost als Zweitgutachter.

Beiden bin ich durch jeweils mehrjährige Tätigkeiten an ihren Lehrstühlen für Bürgerliches Recht, Handelsrecht, deutsches und europäisches Wirtschaftsrecht bzw. Bürgerliches Recht, Anwaltsrecht, Rechtsgestaltung und Rechtssoziologie an der Universität Bielefeld verbunden. Obwohl ihre Schwerpunkte nicht im Bereich des gewerblichen Rechtsschutzes in den Neuen Medien liegen, haben sie mir die Freiheit gelassen, mich dem selbstgewählten Thema der Dissertation zu widmen. Dies gilt vor allem für Herrn Prof. Dr. Kleindiek; ein Großteil des Manuskriptes ist während meiner Zeit als wissenschaftlicher Mitarbeiter an seinem Lehrstuhl entstanden.

Als Gesprächs- und vor allem Diskussionpartner innerhalb und außerhalb der Universität Bielefeld haben insbesondere Frau Wiss. Ass. Dr. Kathrin Brei, Herr Rechtsreferendar Stephan Kraiß sowie Herr StA Dr. André Meier und Herr Dipl.-Kfm. Dipl.-Jur. Stefan Kaspers durch ihre Anregungen, Kritik und Ermutigung zum Gelingen der Arbeit beigetragen.

Die Dissertation wäre undenkbar gewesen, ohne die umfassende und rückhaltlose Unterstützung meiner ganzen Familie. Ihr gilt mein uneingeschränkter Dank. Besonders erwähnen möchte ich meinen Vater, Rudolf Meyer; ihm widme ich dieses Buch.

Baltimore / Bielefeld, im April 2005 *Sebastian Meyer*

Inhaltsübersicht

Inhaltsverzeichnis

Literaturverzeichnis

Abel, Stefan: .... Generische Domains
in: WRP 2001, Seite 1426 – 1431
(zit.: *Abel*, WRP 2001, 1426)

Ackermann, Brunhilde:................ Wettbewerbsrecht
Berlin 1997
(zit.: *Ackermann*)

Albrecht, Friedrich:...................... Buchstaben und Zahlen im Kollisionsfall
in: GRUR 1996, Seite 246 – 251
(zit.: *Albrecht*, GRUR 1996, 246)

Althammer, Werner (Begr.) / Ströbele, Paul / Hacker, Franz:.... Markengesetz, Kommentar
7. Auflage, Köln 2003
(zit.: Althammer-*Bearbeiter*)

Aufenanger, Martin:..................... Markengesetz / The German Trade Mark Act of 1995
Weinheim 1994
(zit.: *Aufenanger*)

Bartosch, Andreas:....................... Nummernmanagement
in: NJW-Computerreport 1999, S. 103 – 110
(zit.: *Bartosch*, NJW-CoR 1999, 103)

Bäumer, Ulrich: .... Domain Namen und Markenrecht - Die Gerichtspraxis in den Vereinigten Staaten
in: Computer und Recht 1998, S. 174 – 179
(zit.: *Bäumer*, CR 1998, 174)

Bamberger, Heinz Georg / Roth, Herbert (Hrsg.):............................ Kommentar zum Bürgerlichen Gesetzbuch
Band 2: §§ 611 – 1296, ErbbauVO, WEG
München 2003
(zit.: Bamberger/Roth-*Bearbeiter*)

Baudenbacher, Carl:..................... Zur funktionalen Anwendung von §1 des deutschen und Art. 1 des schweizerischen UWG
in: ZHR, Band 144 (1980), Seite 145 – 170
(zit.: *Baudenbacher*, ZHR 144 (1980), 145)

Bauer, Kurt: .... Ist die Anmeldung eines verwechslungsfähigen Warenzeichens eine zum Schadensersatz verpflichtende Handlung?
in: GRUR 1965, Seite 350 – 353
(zit.: *Bauer*, GRUR 1965, 350)

Baumbach, Adolf (Begr.) / Hefermehl, Wolfgang: .... Warenzeichenrecht, Kommentar
12. Auflage, München 1985
(zit.: *Baumbach/Hefermehl*, Warenzeichenrecht)

Baumbach, Adolf (Begr.) / Hefermehl, Wolfgang: .... Wettbewerbsrecht, Kommentar
22. Auflage, München 2001
(zit.: *Baumbach/Hefermehl*)

Baumbach, Adolf (Begr.) / Hopt, Klaus J. / Merkt, Hanno: .... Handelsgesetzbuch, Kommentar
31. Auflage, München 2003
(zit.: *Baumbach/Hopt*)

Baumbach, Adolf (Begr.) / Lauterbach, Wolfgang / Albers, Jan / Hartmann, Peter: .... Zivilprozessordnung, Kommentar
62. Auflage, München 2004
(zit.: Baumbach/Lauterbach/Albers/Hartmann-*Bearbeiter*)

Baur, Jürgen F. / Klawitter, Christian: .... Einführung in das Recht des unlauteren Wettbewerbs
in: Jur. Arbeitsblätter 1984, Seite 445 – 453
(zit.: *Baur/Klawitter*, JA 1984, 445)

Baur, Jürgen F. / Stürner, Rolf: .... Sachenrecht
17. Auflage, München 1999
(zit.: *Baur/Stürner*)

Berlit, Wolfgang: .... Das neue Markenrecht
5. Auflage, München 2003
(zit.: *Berlit*)

Berlit, Wolfgang: .... K&R-Kommentar zu LG Hannover, NZWehrr 2002, 81 = K&R 2001, 652 – verteidigungsministerium.de
in: Komm. & Recht 2001, Seite 654 – 656
(zit.: *Berlit*, K&R 2001, 654)

Berlit, Wolfgang: .... Markenrechtliche und europarechtliche Grenzen des Markenschutzes
in: GRUR 1998, Seite 423 – 433
(zit.: *Berlit*, GRUR 1998, 423)

Bettinger, Torsten: .... Anmerkung zu OLG Hamm, CR 1998, 241
in: Computer und Recht 1998, S. 243 – 244
(zit.: *Bettinger*, CR 1998, 243)

Bettinger, Torsten: .... Anmerkung zu OLG Frankfurt, NJW 1998, 165 – wirtschaft-online.de = CR 1997, 271
in: Computer und Recht 1997, S. 273 – 274
(zit.: *Bettinger*, CR 1997, 273)

Bettinger, Torsten: .... Kennzeichenrecht im Cyberspace: Der Kampf um die Domain-Namen
in: GRUR Int. 1997, Seite 402 – 419
(zit.: *Bettinger*, GRUR Int. 1997, 402)

Bettinger, Torsten / Freytag, Stefan: .... Verantwortlichkeit der DENIC e.G. für rechtswidrige Domains?
in: Computer und Recht 1999, Seite 28 – 38
(zit.: *Bettinger/Freytag*, CR 1999, 28)

Bettinger, Torsten / Thum, Dorothee:.................................... Überlegungen zu internationaler Tatortzuständigkeit, Kollisionsrecht und materiellem Recht bei Kennzeichenkonflikten im Internet
in: GRUR Int. 1999, Seite 659 – 681
(zit.: *Bettinger/Thum*, GRUR Int. 1999, 659)

Beuthien, Volker / Wasmann, Dirk: .... Zur Herausgabe des Verletzergewinns bei Verstößen gegen das Markengesetz
in: GRUR 1997, Seite 255 – 261
(zit.: *Beuthien/Wasmann*, GRUR 1997, 255)

Biermann, Claudia: .... Kennzeichenrechtliche Probleme des Internets: Das Domain-Name-System
in: WRP 1999, Seite 997 – 1005
(zit.: *Biermann*, WRP 1999, 997)

Bobsin, Peter: .... Ist der Unerlassungsanspruch im Fall der Anmeldung eines verwechslungsfähigen Warenzeichens ohne weiteres begründet?
in: GRUR 1954, Seite 290 – 294
(zit.: *Bobsin*, GRUR 1954, 290)

Bokelmann, Gunther: .... Das Recht der Firmen- und Geschäftsbezeichnungen
5. Auflage, Freiburg 2000
(zit.: *Bokelmann*)

Bonn, Volkmar: .... Der Rechtsschutz von Marken mit gesteigerter Verkehrsgeltung
Trier 1997; zugl. Trier, Univ., Diss., 1997
(zit.: *Bonn*)

Bottenschein, Florian: .... Anmerkungen zu LG Hamburg, MMR 2000, 620 – joop.de
in: Multimedia und Recht 2000, S. 623 – 625
(zit.: *Bottenschein*, MMR 2000, 623)

Bottenschein, Florian: .... Namensschutz bei Streitigkeiten um Internet-Domains
in: Multimedia und Recht 2001, S. 286 – 292
(zit.: *Bottenschein*, MMR 2001, 286)

Brandi-Dohrn, Matthias: .... Die Zuständigkeit der Kammer für Handelssachen bei mehrfacher Klagebegründung
in: NJW 1981, Seite 2453 – 2454
(zit.: *Brandi-Dohrn*, NJW 1981, 2453)

Brandl, Margit / Fallenböck, Markus: .... Der Schutz von Domain Namen nach UWG
in: Recht der Wirtschaft 1999, S. 186 – 190
(zit.: *Brandl/Fallenböck*, RdW 1999, 186)

Brandl, Margit / Fallenböck, Markus: .... Zu den namens- und markenrechtlichen Aspekten der Domain-Namen im Internet
in: wbl 1999, Seite 481 – 492
(zit.: *Brandl/Fallenböck*, wbl 1999, 481)

Bröcker, Klaus Tim / Czychowski, Christian / Schäfer, Detmar (Hrsg.): .... Praxishandbuch Geistiges Eigentum im Internet
München 2003
(zit.: Praxishandbuch-*Bearbeiter*)

Brox, Hans: .... Allgemeiner Teil des BGB
27. Auflage, Köln 2003
(zit.: *Brox*, AT)

Brox, Hans: .... Handelsrecht und Wertpapierrecht
15. Auflage, München 2001
(zit.: *Brox*, Handelsrecht)

Büchner, Wolfgang / Ehmer, Jörg / Geppert, Martin / Kerkhoff, Bärbel / Piepenbrock, Hermann-Josef / Schütz, Raimund / Schuster, Fabian (Hrsg.): .... Beck'scher TKG-Kommentar
2. Auflage, München 2000
(zit.: BeckTKG-*Bearbeiter*)

Bücking, Jens: .... Internet-Domains – Neue Wege und Grenzen des bürgerlich-rechtlichen Namensschutzes
in: NJW 1997, Seite 1886 – 1891
(zit.: *Bücking*, NJW 1997, 1886)

Bücking, Jens: .... Namens- und Kennzeichenrecht im Internet (Domainrecht)
Stuttgart 1999
(zit.: *Bücking*)

Bücking, Jens: .... Update Domainrecht: Aktuelle Entwicklungen im deutschen Recht der Internetdomains
in: Multimedia und Recht 2000, S. 656 – 664
(zit.: *Bücking*, MMR 2000, 656)

Burgstaller, Peter: .... „VANITY-Nummern"
Telefon- und Internetadressen in einem
in: ecolex 2001, Seite 753 – 757
(zit.: *Burgstaller*, ecolex 2001, 753)

Burk, Dan L.: .... Trademarks Along the Infobahn – First Look at the Emerging Law of Cybermarks
in: The Richmond Journal of Law & Tech., Volume 1 (1995), Issue 1
(zit.: *Burk*, 1 Rich. J.L.&Tech. 1 (1995))

Busse, Rudolf (Begr.): .... Patentgesetz, Kommentar
6. Auflage, Berlin 2003
(zit.: Busse-*Bearbeiter*)

Busse, Rudolf (Begr.) / Starck, Joachim: .... Warenzeichengesetz nebst Pariser Verbandsübereinkunft und Madrider Abkommen, Kommentar
6. Auflage, Berlin 1990
(zit.: *Busse/Starck*)

Canaris, Claus-Wilhelm:.............. Handelsrecht
23. Auflage, München 2000
(zit.: *Canaris*)

Cypionka, Bertram:...................... Noch einmal: Deliktischer Schadensersatzanspruch aus § 823 II BGB und eigenständiger Interessenschutz des Verkehrsopfers – BGH, NJW 1980, 1792
in: Juristische Schulung 1983, Seite 23 – 24
(zit.: *Cypionka*, JuS 1983, 23)

Däubler, Wolfgang: .... Anspruch auf Lizenzgebühr und Herausgabe des Verletzergewinns – atypische Form des Schadensersatzes
in: Juristische Schulung 1969, Seite 49 – 54
(zit.: *Däubler*, JuS 1969, 49)

Dahns, Christian: .... Anmerkung zu BGH, BRAK-Mitt. 2002, 231 = WRP 2002, 1050
in: BRAK-Mitt. 2002, Seite 235 – 236
(zit.: *Dahns*, BRAK-Mitt. 2002, 235)

Dame, Lisa D.: .... Confusingly dissimilar Applications of Trademark Law to Vanity Telephone Numbers
in: Catholic University Law Review 1997, Seite 1199 – 1246
(zit.: *Dame*, Cath.U.L.Rev. 1997, 1199)

Dauner-Lieb, Barbara / Heidel, Thomas / Lepa, Manfred / Ring, Gerhard (Hrsg.): .... Schuldrecht, Anwaltkommentar
Bonn 2002
(zit.: AnwKom-*Bearbeiter*)

Deckert, Martina R.: .... Das kaufmännische und berufliche Bestätigungsschreiben
in: Juristische Schulung 1998, S. 121 – 125
(zit.: *Deckert*, JuS 1998, 121).

Demmel, Annette / Skrobotz, Jan: Anm. zu OLG Stuttgart, MMR 2000, 164
in: Multimedia und Recht 2000, S. 167 – 168
(zit.: *Demmel/Skrobotz*, MMR 2000, 167)

Demmel, Annette / Skrobotz, Jan: Vergabe und Nutzung von Vanity-Nummern vor dem Hintergrund der Domain-Rechtsprechung
in: Multimedia und Recht 1999, S. 74 – 79
(zit.: *Demmel/Skrobotz*, MMR 1999, 74)

Deutsch, Erwin: .... Die neuere Entwicklung der Rechtsprechung zum Haftungsrecht
in: Juristenzeitung 1984, Seite 308 – 316
(zit.: *Deutsch*, JZ 1984, 308)

Deutsch, Volker: .... Anspruchskonkurrenzen im Marken- und Kennzeichenrecht
in: WRP 2000, Seite 854 – 858
(zit.: *Deutsch*, WRP 2000, 854)

Deutsch, Volker: .... Gedanken zur unberechtigten Schutzrechtsverwarnung
in: WRP 1999, Seite 25 – 30
(zit.: *Deutsch*, WRP 1999, 25)

Doepner, Ulf: .... Unlauterer Wettbewerb durch Verletzung von der Verbraucherinformation dienenden Gesetzesvorschriften
in: WRP 1980, Seite 473 – 477
(zit.: *Doepner*, WRP 1980, 473)

Dreier, Horst: .... Grundgesetz, Kommentar
Band II: Art. 20-82, Tübingen 1998
Band III: Art. 83-146, Tübingen 2000
(zit.: Dreier-*Bearbeiter*)

Droste, Helmut: .... Anmerkung zu BGH, GRUR 1971, 153 – Tampax
in: GRUR 1971, Seite 155 – 156
(zit.: *Droste*, GRUR 1971, 155)

Ebenroth, Carsten Thomas / Boujong, Karlheinz; Joost, Detlev (Hrsg.): .... Handelsgesetzbuch, Kommentar
Band 1: §§ 1 – 342a
München 2001
(zit.: Ebenroth/Boujong/Joost-*Bearbeiter*)

Eckhard, Rolf Andreas: .... Das Domain-Name-System
Frankfurt 2001; zugl. Münster, Univ., Diss., 2001
(zit.: *Eckhard*)

Ekey, Friedrich L. / Klippel, Diethelm (Hrsg.): .... Heidelberger Kommentar zum Markenrecht
Heidelberg 2003
(zit.: HK-MarkenR-*Bearbeiter)*

Ekey, Friedrich L. / Klippel, Diethelm / Kotthoff, Jost / Meckel, Astrid / Plaß, Gunda: ..... Heidelberger Kommentar zum Wettbewerbsrecht
Heidelberg 2000
(zit.: HK-UWG-*Bearbeiter*)

Emmerich, Volker: .... Unlauterer Wettbewerb
6. Auflage, München 2002
(zit.: *Emmerich*)

Endemann, F.: .... Die Zahl als Warenzeichen
in: GRUR 1930, Seite 719 – 732
(zit.: *Endemann*, GRUR 1930, 719)

Engel-Flechsig, Stefan / Maennel, Frithjof A. / Tettenborn, Alexander (Hrsg.): .... Beck'scher IuKDG-Kommentar
München 2001
(zit.: BeckIuKDG-*Bearbeiter*)

Engels, Ulfert: .... Kennzeichengerichte und Kennzeichenkammern
in: WRP 1997, Seite 77 – 82
(zit.: *Engels*, WRP 1997, 77)

Engels, Stefan / Salomon, Thomas H.: Vom Lauterkeitsrecht zum Verbraucherschutz: UWG-Reform 2003
in: WRP 2004, Seite 32 – 44
(zit.: *Engels/Salomon*, WRP 2004, 32)

Ensthaler, Jürgen: Gewerblicher Rechtsschutz und Urheberrecht
2. Auflage, Berlin 2002
(zit.: *Ensthaler*)

Erman, Walter (Begr.) / Westermann, Harm Peter (Hrsg.): Bürgerliches Gesetzbuch, Handkommentar
10. Auflage, Münster 2000
(zit.: Erman-*Bearbeiter*)

Ernst, Stefan: Anmerkung zu LG Hamburg, CR 2000, 121 = MMR 2000, 46 – galerie d'histoire
in: Computer und Recht 2000, S. 122 – 123
(zit.: *Ernst*, CR 2000, 122)

Ernst, Stefan: Anmerkung zu LG München I, MMR 2001, 179 – rechtsanwaelte.de
in: Multimedia und Recht 2001, S. 181 – 183
(zit.: *Ernst*, MMR 2001, 181)

Ernst, Stefan: Anmerkung zu OLG München, MMR 1999, 427 = K&R 1999, 326 – shell.de
in: Multimedia und Recht 1999, S. 487 – 489
(zit.: *Ernst*, MMR 1999, 487)

Ernst, Stefan: Deutsche Städte im Internet und das Namensrecht
in: NJW-Computerreport 1997, S. 426 – 428
(zit.: *Ernst*, NJW-CoR 1997, 426)

Ernstschneider, Thomas: Zeichenähnlichkeit, Waren- / Dienstleistungsähnlichkeit und Branchennähe im Domain-Rechtsstreit
in. JurPC 2002, Web-Dok. 219, Abs. 1 – 20
(zit.: *Ernstschneider*, JurPC Web-Dok. 219/2002)

Eser, Gisbert: .... Probleme der Kostentragung bei der vorprozessualen Abmahnung und beim Abschlußschreiben in Wettbewerbsstreitigkeiten
in: GRUR 1986, Seite 35 – 40
(zit.: *Eser*, GRUR 1986, 35)

Esser, Josef / Weyers, Hans-Leo: Schuldrecht
Band II, Teilband 2 (Gesetzliche Schuldverhältnisse)
8. Auflage, Heidelberg 2000
(zit.: *Esser/Weyers*)

Essl, Marcus: .... Freihaltebedürfnis bei generischen und beschreibenden Internet-Domains?
in: ÖBl. 2000, Seite 99 – 104
(zit.: *Essl*, ÖBl. 2000, 99)

Feuerich, Wilhelm E. / Weyland, Dag: .... Bundesrechtsanwaltsordnung, Kommentar
6. Auflage, München 2003
(zit.: *Feuerich/Braun*)

Fezer, Karl-Heinz: .... Anwendungsbereich des §23 MarkenG
in: WRP 1996, Seite 973 – 977
(zit.: *Fezer*, WRP 1996, 973)

Fezer, Karl-Heinz: .... Die Kennzeichenfunktion von Domainnamen
in: WRP 2000, Seite 669 – 674
(zit.: *Fezer*, WRP 2000, 669)

Fezer, Karl-Heinz: .... Die Markenfähigkeit nach § 3 MarkenG
in: Erdmann, Wille / Gloy, Wolfgang / Herber, Rolf (Hrsg.): Festschrift für Henning Piper, München 1996, Seite 525 – 535
(zit.: *Fezer*, FS-Piper 1996, 525)

Fezer, Karl-Heinz: .... Erste Grundsätze des EuGH zur markenrechtlichen Verwechslungsgefahr – oder: „Wie weit springt die Raubkatze?"
in: NJW 1998, Seite 713 – 716
(zit.: *Fezer*, NJW 1998, 713)

Fezer, Karl-Heinz: .... Kumulative Normkonkurrenz im Kennzeichenrecht
in: WRP 2000, Seite 863 – 872
(zit.: *Fezer*, WRP 2000, 863)

Fezer, Karl-Heinz: .... Markenrecht
Kommentar zum Markengesetz
3. Auflage, München 2001
(zit.: *Fezer*)

Fezer, Karl-Heinz: .... Markenschutz durch Wettbewerbsrecht
in: GRUR 1986, Seite 485 – 494
(zit.: *Fezer*, GRUR 1986, 485)

Fezer, Karl-Heinz: .... Rechtsverletzende Benutzung einer Marke als Handeln im geschäftlichen Verkehr
in: GRUR 1996, Seite 566 – 571
(zit.: *Fezer*, GRUR 1996, 566)

Forgó, Nikolaus: .... Das Domain Name System
in: Mayer-Schönberger, Viktor / Galla, Franz / Fallenböck, Markus (Hrsg.): Das Recht der Domain Namen, Wien 2001, Seite 1 – 12
(zit.: *Forgó* in Mayer-Schönberger / Galla / Fallenböck)

Freitag, Andreas:.......................... Domain Names: Technische Adresse oder geschütztes Unternehmenskennzeichen
in: Markenartikel 1996, Seite 495 – 499
(zit.: *Freitag*, MA 1996, 495)

Frey, Gerhard:............................. Verwendung einer schutzfähigen Geschäftsbezeichnung als unberechtigter Firmenmissbrauch?
in: Der Betrieb 1993, Seite 2169 – 2171
(zit.: *Frey*, DB 1993, 2169)

Fritzsche, Jörg:............................ Unterlassungsanspruch und Unterlassungsklage
Berlin 2000
(zit.: *Fritzsche*)

Fuhr, Ernst W. / Rudolf, Walter / Wasserburg, Klaus (Hrsg.): .... Recht der Neuen Medien
Heidelberg 1989
(zit.: *Fuhr/Rudolf/Wasserburg*)

Funk, Axel: .... K&R-Kommentar zu OLG Stuttgart, K&R 1998, 263 – steiff.com
in: Komm. & Recht 1998, Seite 265 – 266
(zit.: *Funk*, K&R 1998, 265)

Gabel, Detlev: .... Internet: Die Domain-Namen
in: NJW-Computerreport 1996, S. 322 – 326
(zit.: *Gabel*, NJW-CoR 1996, 322)

von Gamm, Otto-Friedrich Frhr.: Die Unterlassungsklage gegen Firmenmissbrauch nach § 37 Abs. 2 HGB
in: Lutter, Marcus / Mertens, Hans-Joachim / Ulmer, Peter (Hrsg.): Festschrift für Walter Stimpel zum 68. Geburtstag am 29. November 1985, Berlin 1985, Seite 1007 – 1014
(zit.: *von Gamm*, FS-Stimpel 1985, 1007)

von Gamm, Otto-Friedrich Frhr.: Gesetz gegen den unlauteren Wettbewerb
Kommentar
3. Auflage, Köln 1993
(zit.: *von Gamm*)

von Gamm, Otto-Friedrich Frhr.: Zur Warenzeichenreform
in: WRP 1993, Seite 793 – 798
(zit.: *von Gamm*, WRP 1993, 793)

Galla, Franz: .... Markenschutz und Domain Namen
in: Mayer-Schönberger, Viktor / Galla, Franz / Fallenböck, Markus (Hrsg.): Das Recht der Domain Namen, Wien 2001, Seite 47 – 65
(zit.: *Galla* in Mayer-Schönberger / Galla / Fallenböck)

Geimer, Reinhold: .... Internationales Zivilprozessrecht
4. Auflage, Köln 2001
(zit.: *Geimer*)

Geppert, Martin / Ruhle, Ernst-Olaf / Schuster, Fabian: .... Handbuch Recht und Praxis der Telekommunikation
2. Auflage, Baden-Baden 2002
(zit.: *Geppert/Ruhle/Schuster*)

Gloy, Wolfgang (Hrsg.): .... Handbuch des Wettbewerbsrechts
2. Auflage, München 1997
(zit.: Gloy-*Bearbeiter*)

Graefe, Thomas: .... Marken und Internet
in: Markenartikel 1996, Seite 100 – 103
(zit.: *Graefe*, MA 1996, 100)

Gramlich, Ludwig: .... Rechtsfragen der Numerierung nach § 43 TKG
in: ArchPT 1998, Seite 5 – 24
(zit.: *Gramlich*, ArchPT 1998, 5)

Großner, Ivo: .... Der Rechtsschutz bekannter Marken: markengesetzliche Betrachtungen
Konstanz 1998;
zugl. Konstanz, Univ., Diss., 1998
(zit.: *Großner*)

Hackbarth, Ralf: .... Anmerkung zu OLG München, CR 1998, 556 – freundin.de
in: Computer und Recht 1998, S. 557 – 558
(zit.: *Hackbarth*, CR 1998, 557)

Hackl, Christian: .... Die Auswirkungen des Rechts der Europäischen Gemeinschaften auf das Recht der Freien Berufe
Bayreuth, Univ., Diss., 1992
(zit.: *Hackl*)

Härting, Niko: .... Anwaltswerbung – Eine Zwischenbilanz
in: Komm. & Recht 2002, Seite 561 – 565
(zit.: *Härting*, K&R 2002, 561)

Härting, Niko: .... BB-Kommentar zu LG München I, MMR 2001, 179 = BB 2001, 488 – rechtsanwaelte.de
in: Betriebsberater 2001, Seite 491 – 492
(zit.: *Härting*, BB 2001, 491)

Hagedorn, Evelyn: .... Das Telefon im Markt von Multimedia
in: Wilke, Jürgen / Imhof, Christiane (Hrsg.): Multimedia, Berlin 1996, Seite 251 – 267
(zit.: *Hagedorn* in Wilke/Imhof)

Hanloser, Stefan: .... Anmerkung zu LG München I, CR 2001, 342
in: Computer und Recht 2001, S. 344 – 345
(zit.: *Hanloser*, CR 2001, 344)

Hartmann, Matthias: .... Anmerkung zu OLG Hamburg, MMR 2000, 40 = CR 1999, 779 – mitwohnzentrale.de
in: Computer und Recht 1999, S. 782 – 783
(zit.: *Hartmann*, CR 1999, 782)

Hartmann, Matthias / Kloos, Bernhard: ... Anm. zu LG Düsseldorf, CR 2001, 468
in: Computer und Recht 2001, Seite 469
(zit.: *Hartmann/Kloos*, CR 2001, 469)

Hartung, Wolfgang / Holl, Wolfgang (Hrsg.): ... Anwaltliche Berufsordnung
2. Auflage, München 2001
(zit.: Hartung/Holl-*Bearbeiter*)

Hasselblatt, Gordian N. (Hrsg.): ... Münchener Anwaltshandbuch Gewerblicher Rechtsschutz
München 2001
(zit.: Hasselblatt-*Bearbeiter*)

Hefermehl, Wolfgang: ... Anmerkung zu BGH, GRUR 1968, 371 – Maggi
in: GRUR 1968, Seite 378 – 380
(zit.: *Hefermehl*, GRUR 1968, 378)

Hefermehl, Wolfgang: ... Anmerkung zu BGHZ 57, 116 = BGH, GRUR 1972, 189 – Wandsteckdose II
in: GRUR 1972, Seite 191 – 192
(zit.: *Hefermehl*, GRUR 1972, 191)

Helm, Marianne: ... Zur ergänzenden Anwendung wettbewerbsrechtlicher Bestimmungen auf markenrechtliche Tatbestände
in: GRUR 2001, Seite 291 – 295
(zit.: *Helm*, GRUR 2001, 291)

Henning-Bodewig, Frauke / Kur, Annette: ... Marke und Verbraucher
Band I: Grundlagen
Weinheim 1989
(zit.: *Henning-Bodewig/Kur*)

Henssler, Martin / Prütting, Hanns (Hrsg.): ... Bundesrechtsanwaltsordnung, Kommentar
2. Auflage, München 2004
(zit.: Henssler/Prütting-*Bearbeiter*)

Herberger, Maximilian: ... Internet-Rechtsprechung 1999/2000 – Inhalte und Trends in der Rechtsprechung
in: NJW 2000, Seite 2082 – 2084
(zit.: *Herberger*, NJW 2000, 2082)

Heymann, Ernst (Begr.) / Horn, Norbert (Hrsg.): .... Handelsgesetzbuch, Kommentar
Band 1: Einleitung, §§ 1 – 104
2. Auflage, Berlin 1995
(zit.: Heymann-*Bearbeiter*)

Höhne, Thomas: .... Glosse zu OGH, MR 1999, 237 – sattler.at
in: Medien und Recht 1999, Seite 239
(zit.: *Höhne*, MR 1999, 239)

Höhne, Thomas: .... Namensfunktion von Internet Domain Names?
in: ecolex 1998, Seite 924 – 926
(zit.: *Höhne*, ecolex 1998, 924)

Höhne, Thomas: .... Zum Stand der Domain-Judikatur des OGH
in: Medien und Recht 2000, Seite 356 – 360
(zit.: *Höhne*, MR 2000, 356)

Hoeller, Boris: .... Anmerkung zu BGH, MMR 2002, 456 – vossius.de
in: Multimedia und Recht 2002, S. 459 – 461
(zit.: *Hoeller*, MMR 2002, 459)

Hönn, Günther: .... Akademische Grade, Amts- und Berufsbezeichnungen sowie Titel (Namensattribute) in der Firma in firmen- und wettbewerbsrechtlicher Sicht
in: ZHR Band 153 (1983), Seite 386 – 422
(zit.: *Hönn*, ZHR 153 (1983), 386)

Hönn, Günther: .... Zur Bedeutung spezieller Normen für die Konkretisierung von Generalklauseln am Beispiel des Wettbewerbsrechts
in: Damrau, Jürgen / Kraft, Alfons / Fürst, Walther (Hrsg.): Festschrift für Otto Mühl zum 70. Oktober 1981, Stuttgart 1981, Seite 309 – 337
(zit.: *Hönn*, FS-Mühl 1981, 309)

Hoeren, Thomas: .... Anmerkung zu BGH, MMR 2001, 666 – mitwohnzentrale.de
in: Multimedia und Recht 2001, S. 669 – 671
(zit.: *Hoeren*, MMR 2001, 669)

Hoeren, Thomas:.......................... Anmerkung zu BGH, WRP 2002, 694 = MMR 2002, 382 – shell.de
in: Multimedia und Recht 2002, S. 386 – 388
(zit.: *Hoeren*, MMR 2002, 386)

Hoeren, Thomas:.......................... Rechtsfragen des Internets
Köln 1998
(zit.: *Hoeren*)

Hoeren, Thomas / Sieber, Ulrich (Hrsg.):.. Handbuch Multimediarecht, Rechtsfragen des elektronischen Geschäftsverkehrs
Loseblatt, 3. Lieferung (Dezember 2001)
München 2001
(zit.: Hoeren/Sieber-*Bearbeiter*)

Holznagel, Bernd / Enaux, Christoph / Nienhaus, Christian:.. Grundzüge des Telekommunikationsrechts
2. Auflage, München 2001
(zit.: *Holznagel/Enaux/Nienhaus*)

Hoß, Dirk: .... Berufs- und wettbewerbsrechtliche Grenzen der Anwaltswerbung im Internet
in: Anwaltsblatt 2002, Seite 377 – 387
(zit.: *Hoß*, AnwBl 2002, 377)

Hubmann, Heinrich (Begr.) / Götting, Horst-Peter:.................... Gewerblicher Rechtsschutz
7. Auflage, München 2002
(zit.: *Hubmann/Götting*)

Hufnagel, Frank-Erich / Nolte, Norbert:....................................... Multimedia und Telekommunikation
in: Archiv für Presserecht 2001, S. 200 – 205
(zit.: *Hufnagel/Nolte*, AfP 2001, 200)

Ilzhöfer, Volker:........................... Patent-, Marken- und Urheberrecht
5. Auflage, München 2002
(zit.: *Ilzhöfer*)

Ingerl, Reinhard / Rohnke, Christian:...................................... Die Umsetzung der Markenrechts-Richtlinie durch das deutsche Markengesetz
in: NJW 1994, Seite 1247 – 1255
(zit.: *Ingerl/Rohnke*, NJW 1994, 1247)

Ingerl, Reinhard / Rohnke, Christian:...................................... Markengesetz
Kommentar zum Gesetz über den Schutz von Marken und sonstigen Kennzeichen
2. Auflage, München 2003
(zit.: *Ingerl/Rohnke*)

Jacobs, Rainer / Lindacher, Walter / Teplitzky, Otto (Hrsg.):. UWG Großkommentar
Einleitung: 9. Lieferung, Berlin 1994
§1 Abschnitt A: 12. Lieferung, Berlin 2000
§1 Abschnitt G: 14. Lieferung, Berlin 2001
(zit.: GK-*Bearbeiter*)

Jaeger-Lenz, Andrea:................... Anmerkung zu BGH, MMR 2001, 666 = CR 2001, 782 – mitwohnzentrale.de
in: Computer und Recht 2001, S. 780 – 782
(zit.: *Jaeger-Lenz*, CR 2001, 780)

Jaeger-Lenz, Andrea:................... Kennzeichenschutz gegen ähnliche Domainbezeichnungen?
in: Kommunikation & Recht 1998, S. 9 – 16
(zit.: *Jaeger-Lenz*, K&R 1998, 9)

Jauernig, Othmar (Hrsg.):............ Bürgerliches Gesetzbuch, Kommentar
9. Auflage, München 1999
(zit.: Jauernig-*Bearbeiter*)

Jauernig, Othmar:......................... Zivilprozessrecht
28. Auflage, München 2003
(zit.: *Jauernig*, Zivilprozessrecht)

Jauernig, Othmar:......................... Zwangsvollstreckungs- und Insolvenzrecht
21. Auflage, München 1999
(zit.: *Jauernig*, Zwangsvollstreckung)

Jessnitzer, Kurt (Begr.) / Blumberg, Hanno:................................. Bundesrechtsanwaltsordnung, Kommentar
9. Auflage, Köln 2000
(zit.: *Jessnitzer/Blumberg*)

Joller, Gallus:.............................. Anmerkung zu EuGH, GRUR Int. 2000, 73 – Chevy
in: GRUR Int. 2000, Seite 75 – 76
(zit.: *Joller*, GRUR Int. 2000, 75)

Joller, Gallus: .... Zur Verletzung von Markenrechten durch Domainnames – eine Standortbestimmung
in: Markenrecht 2000, Seite 341 – 350
(zit.: *Joller*, MarkenR 2000, 341)

Jonas, Kai-Uwe / Schmitz, Nicolás: .... Neue Möglichkeiten für den Kennzeichenmissbrauch? – Zur Einordnung von sogenannten Vanity-Rufnummern
in: GRUR 2000, Seite 183 – 187
(zit.: *Jonas/Schmitz*, GRUR 2000, 183)

Junker, Abbo / Benecke, Martina: Computerrecht
3. Auflage, Baden-Baden 2003
(zit.: *Junker/Benecke*)

Kehl, Dieter:................................ Wettbewerbsrecht
Köln 1990
(zit.: *Kehl*)

Keller, Erhard: .... Die zeichenmäßige Benutzung im Markenrecht – Umfang und Grenzen der markenrechtlichen Abwehrbefugnis
in: GRUR 1996, Seite 607 – 613
(zit.: *Keller*, GRUR 1996, 607)

Kiethe, Kurt / Groeschke, Peer:... Die „Classe E"-Entscheidung des BGH als Ausgangspunkt für den Rechtsschutz gegen das Domain-Grabbing
in: WRP 2002, Seite 27 – 36
(zit.: *Kiethe/Groeschke*, WRP 2002, 27)

Kiethe, Kurt / Groeschke, Peer:... Die sittenwidrige Markenanmeldung und die Rechtsschutzmöglichkeiten des § 1 UWG
in: WRP 1997, Seite 269 – 274
(zit.: *Kiethe/Groeschke*, WRP 1997, 269)

Kilian, Matthias: .... Die Adresse im Internet – Domains und ihr rechtlicher Schutz
in: DZWir 1997, Seite 381 – 390
(zit.: *Kilian*, DZWir 1997, 381)

Kilian, Wolfgang / Heussen, Benno (Hrsg.): .... Computerrechts-Handbuch
Loseblatt, 21. Lieferung (Oktober 2003)
München 2003
(zit.: CompHdb-Bearbeiter)

Kleine-Cosack, Michael: .... Bundesrechtsanwaltsordnung, Kommentar
4. Auflage, München 2003
(zit.: *Kleine-Cosack*)

Kloos, Bernhard: .... Anm. zu LG München I, CR 1997, 540
in: Computer und Recht 1997, S. 543 – 544
(zit.: *Kloos*, CR 1997, 543)

Knack, Hans Joachim (Begr.): ..... Verwaltungsverfahrensgesetz (VwVfG), Kommentar
8. Auflage, Köln 2004
(zit.: Knack-*Bearbeiter*)

Köhler, Helmut: .... Der Schadensersatz-, Bereicherungs- und Auskunftsanspruch im Wettbewerbsrecht
in: NJW 1992, Seite 1477 – 1482
(zit.: *Köhler*, NJW 1992, 1477)

Köhler, Helmut: .... Wettbewerbsverstoß durch rechtswidrigen Marktzutritt
in: GRUR 2001, Seite 777 – 782
(zit.: *Köhler*, GRUR 2001, 777)

Köhler, Helmut / Piper, Henning: Gesetz gegen den unlauteren Wettbewerb Kommentar
3. Auflage, München 2002
(zit.: Köhler/Piper-*Bearbeiter*)

Köhntopp, Marit / Köhntopp, Kristian: .... Datenspuren im Internet
in: Computer und Recht 2000, S. 248 – 257
(zit.: *Köhntopp/Köhntopp*, CR 2000, 248)

Königshofen, Thomas (Hrsg.): .... Das neue Telekommunikationsrecht in der Praxis
Heidelberg 1999
(zit.: Königshofen-*Bearbeiter*)

Koller, Ingo / Roth, Wulf-Henning / Morck, Winfried: .... Handelsgesetzbuch, Kommentar
2. Auflage, München 1999
(zit.: Koller/Roth/Morck-*Bearbeiter*)

Kopp, Ferdinand O. (Begr.) / Ramsauer, Ulrich: .... Verwaltungsverfahrensgesetz, Kommentar
8. Auflage, München 2003
(zit.: *Kopp/Ramsauer*)

Kort, Michael: .... Markenrechtliche Verwechslungsgefahr bei Domain-Namen
in: WRP 2002, Seite 302 – 303
(zit.: *Kort*, WRP 2002, 302)

Kort, Michael: .... Namens- und markenrechtliche Fragen bei der Verwendung von Domain-Namen
in: Der Betrieb 2001, Seite 249 – 257
(zit.: *Kort*, DB 2001, 249)

Kotthoff, Jost: .... Fremde Kennzeichen in Meta-Tags: Marken- und Wettbewerbsrecht
in: Kommunikation & Recht, Seite 157 – 163
(zit.: *Kotthoff*, K&R 1999, 157)

Kraft, Alfons: .... Gemeinschaftsschädliche Wirtschaftsstörungen als unlauterer Wettbewerb
in: GRUR 1980, Seite 966 – 969
(zit.: *Kraft*, GRUR 1980, 966)

Kraft, Alfons: .... Interessenabwägung und gute Sitten im Wettbewerbsrecht
München 1963; zugl. Erlangen-Nürnberg, Habil., 1963
(zit.: *Kraft*)

Kramer, Ernst A.: .... Juristische Methodenlehre
Bern 1998
(zit.: *Kramer*)

Krings, E. Ph.: .... Haben §§14 Abs. 2 Nr. 3 und 15 Abs. 3 MarkenG den Schutz der berühmten Marke sowie des berühmten Unternehmenskennzeichens aus §§12, 823 Abs. 1, 1004 BGB ersetzt?
in: GRUR 1996, Seite 624 – 626
(zit.: *Krings*, GRUR 1996, 624)

Kroitzsch, Hermann: .... Die Gesetzesflut öffentlich-rechtlicher Normen als wettbewerbsrechtliche Nebengesetze zu §1 UWG
in: GRUR 1982, Seite 389 – 395
(zit.: *Kroitzsch*, GRUR 1982, 389)

Krumpholz, Otfried:...................... Das Verhältnis von § 12 BGB und § 15 MarkenG in der Rechtsprechung zu Domain-Konflikten
in: JurPC 2003, Web-Dok. 168, Abs. 1 – 24
(zit.: *Krumpholz*, JurPC Web-Dok. 168/2003)

Kupisch, Berthold / Krüger, Wolfgang: .... Deliktsrecht
München 1983
(zit.: *Kupisch/Krüger*)

Kur, Annette: .... Die notorisch bekannte Marke im Sinne von 6bis PVÜ und die „bekannte Marke" im Sinne der Markenrechtsrichtlinie
in: GRUR 1994, Seite 330 – 340
(zit.: *Kur*, GRUR 1994, 330)

Kur, Annette: .... Internet Domain names
Brauchen wir strengere Zulassungsvorschriften für die Datenautobahn?
in: Computer und Recht 1996, S. 325 – 331
(zit.: *Kur*, CR 1996, 325)

Kur, Annette: .... Kennzeichenkonflikte im Internet
„Kinderkrankheiten" oder ernstzunehmendes Problem?
in: Aktuelle Herausforderungen des geistigen Eigentums, Festgabe von Freunden und Mitarbeitern für Friedrich-Karl Beier zum 70. Geburtstag, Köln 1996, Seite 265 – 277
(zit.: *Kur*, FS-Beier 1996, 265)

Kur, Annette: .... Namens- und Kennzeichenschutz im Cyberspace
in: Computer und Recht 1996, S. 590 – 594
(zit.: *Kur*, CR 1996, 590)

Lammich, Klaus:.......................... Telekommunikationsrecht, Kommentar
Loseblatt (5. Lieferung: September 2001)
Neuwied 2001
(zit.: *Lammich*)

Larenz, Karl / Canaris, Claus-Wilhelm: .... Methodenlehre der Rechtswissenschaft
3. Auflage, München 1995
(zit.: *Larenz/Canaris*)

Lehmler, Lutz: .... Das Recht des unlauteren Wettbewerbs
Neuwied 2002
(zit.: *Lehmler*)

Leise, Gerd / Traub, Fritz: .... Schadensschätzung im unlauteren Wettbewerb
in: GRUR 1980, Seite 1 – 14
(zit.: *Leise/Traub*, GRUR 1980, 1)

Lindenmaier, Fritz: .... Anmerkung zu BGH, GRUR 1954, 457 – Irus / Urus
in: GRUR 1954, Seite 459
(zit.: *Lindenmaier*, GRUR 1954, 459)

Lock, Diane:.................................. Toll-Free Vanity Telephone Numbers: Structuring a Trademark Registration and Dispute Settlement Regime
in: California Law Rev. 1999, S. 371 – 419
(zit.: *Lock*, Cal.L.Rev. 1999, 371)

Loewenheim, Ulrich: .... Möglichkeiten der dreifachen Berechnung des Schadens im Recht gegen den unlauteren Wettbewerb
in: ZHR Band 135 (1971), Seite 97 – 143
(zit.: *Loewenheim*, ZHR 135 (1971), 97)

Loock-Wagner, Oliver:................ Das Internet und sein Recht
Stuttgart 2000
(zit.: *Loock-Wagner*)

Lüke, Gerhard / Wax, Peter (Hrsg.):... Münchener Kommentar zur Zivilprozeßordnung mit Gerichtsverfassungsgesetz und Nebengesetzen
Band 1: §§ 1 – 354
2. Auflage, München 2000
Band 3: §§ 803 – 1066; EGZPO, GVG, EGGVG, IZPR
2. Auflage, München 2001
(zit.: MüKo-*Bearbeiter*, ZPO)

Lurger, Brigitta: .... IZVR und IPR bei Internet Domain Namen in: Mayer-Schönberger, Viktor / Galla, Franz / Fallenböck, Markus (Hrsg.): Das Recht der Domain Namen, Wien 2001, Seite 103 – 138 (zit.: *Lurger* in Mayer-Schönberger/Galla/ Fallenböck)

Lutz, Raimund: .... Die Stärkung der „zweiten Säule" – Entwicklungen und Perspektiven des Markenbereichs in: GRUR 1999, Seite 847 – 850 (zit.: *Lutz*, GRUR 1999, 847)

von Mangoldt, Hermann / Klein, Friedrich (Begr.) / Starck, Christian (Hrsg.): .... Das Bonner Grundgesetz, Kommentar Band 3: Artikel 79 – 146 4. Auflage, München 2001 (zit.: vonMangoldt/Klein/Starck-*Bearbeiter*)

Manssen, Gerrit (Hrsg.): .... Telekommunikations- und Multimediarecht Kommentar Loseblatt, 11. Lieferung (Dezember 2003) Berlin 2003 (zit.: Manssen-*Bearbeiter*)

Marwitz, Petra: .... Domainrecht schlägt Kennzeichenrecht in: WRP 2001, Seite 9 – 13 (zit.: *Marwitz*, WRP 2001, 9)

Marx, Claudius: .... Deutsches und europäisches Markenrecht Neuwied 1997 (zit.: *Marx*)

Maurer, Hartmut: .... Allgemeines Verwaltungsrecht 14. Auflage, München 2002 (zit.: *Maurer*)

Mayer-Maly, Theo: .... Rechtsirrtum und Rechtsunkenntnis als Probleme des Privatrechts in: AcP Band 170 (1970), Seite 133 – 180 (zit.: *Mayer-Maly*, AcP 170 (1970), 133)

Mayer-Schönberger, Viktor / Hauer, Karin: .... Kennzeichenrecht & Internet Domain Namen in: ecolex 1997, Seite 947 – 951 (zit.: *Mayer-Schönberger/Hauer*, ecolex 1997, 947)

Medicus, Dieter:............................ Bürgerliches Recht
19. Auflage, München 2002
(zit.: *Medicus*, Bürgerliches Recht)

Medicus, Dieter:............................ Schuldrecht II: Besonderer Teil
12. Auflage, München 2004
(zit.: *Medicus*, Schuldrecht II)

Mees, Hans-Kurt:.......................... Einheitliche Beurteilung der Sittenwidrigkeit im Sinne des §1 UWG bei Verstößen gegen wertbezogene und wertneutrale Normen
in: GRUR 1996, Seite 644 – 646
(zit.: *Mees*, GRUR 1996, 644)

Mees, Hans-Kurt:.......................... Zum Erfordernis der Spürbarkeit bei Wettbewerbsverletzungen durch Normverstöße
in: Baur, Jürgen F. / Jacobs, Rainer / Lieb, Manfred / Müller-Graff, Peter-Christian (Hrsg.): Festschrift für Ralf Vieregge zum 70. Geburtstag am 6. November 1995, Berlin 1995, Seite 617 – 627
(zit.: *Mees*, FS-Vieregge 1995, 617)

Meier-Beck, Peter:........................ Ersatzansprüche gegenüber dem mittelbaren Patentverletzer
in: GRUR 1993, Seite 1 – 8
(zit.: *Meier-Beck*, GRUR 1993, 1)

Melullis, Klaus-J. .... Handbuch des Wettbewerbsprozesses
3. Auflage, Köln 2000
(zit.: *Melullis*)

Menke, Burkhard: .... Die Verwendung fremder Kennzeichen in Meta-Tags: Ein Fall für das Kennzeichen- und/oder das Wettbewerbsrecht?
in: WRP 1999, Seite 982 – 990
(zit.: *Menke*, WRP 1999, 982)

Meyer, Sebastian:......................... Cookies & Co. – Datenschutz und Wettbewerbsrecht
in: WRP 2002, Seite 1028 – 1035
(zit.: *Meyer*, WRP 2002, 1028)

Meyer, Sebastian:......................... Neue Begriffe in Neuen Medien – Eine Herausforderung für das Markenrecht
in: GRUR 2001, Seite 204 – 210
(zit.: *Meyer*, GRUR 2001, 204)

Meyer, Sebastian: .... Rechtsdurchsetzung per Abmahnung bei Kennzeichenrechtsverletzungen im Internet in: Bauknecht, Kurt / Brauer, Wilfried / Mück, Thomas (Hrsg.): Informatik 2001, Wirtschaft und Wissenschaft in der Network Economy – Visionen und Wirklichkeit, Band II, Wien 2001, Seite 1037 – 1045 (zit.: *Meyer*, Informatik 2001, 1037)

Mietzel, Jan Gerd: .... Anm. zu OLG Oldenburg, MMR 2004, 34 in: Multimedia und Recht 2004, S. 34 – 36 (zit.: *Mietzel*, MMR 2004, 34)

Mietzel, Jan Gerd / Hero, Marco: Sittenwidriger Domainhandel: Gibt es die „Hinterhaltsdomain"? in: Multimedia und Recht 2002, S. 85 – 88 (zit.: *Mietzel/Hero*, MMR 2002, 85)

Mitglieder des Bundesgerichtshofes (Hrsg.): .... Das bürgerliche Gesetzbuch mit besonderer Berücksichtigung der Rechtsprechung des Reichsgerichts und Bundesgerichtshofes, Kommentar Band II, 6. Teil: §§ 832 – 853 12. Auflage, Berlin 1989 (zit.: RGRK-*Bearbeiter*)

Müller, Hans-Friedrich: .... Internet-Domains von Rechtsanwaltskanzleien in: WRP 2002, Seite 160 – 164 (zit.: *Müller*, WRP 2002, 160)

Müller, Hans-Friedrich / Piepenstock, Karola: .... Anmerkung zu BGH, MMR 2000, 40 in: WuB V B. § 1 UWG 1.02 (zit.: *Müller/Piepenstock*, WuB V B. § 1 UWG 1.02)

Nägele, Thomas: .... Die Rechtsprechung des Bundesgerichtshofs zu Internet-Domains in: WRP 2002, Seite 138 – 159 (zit.: *Nägele*, WRP 2002, 138)

Nordemann, Axel:........................ Internet-Domains und zeichenrechtliche Kollisionen
in: NJW 1997, Seite 1891 – 1897
(zit.: *Nordemann*, NJW 1997, 1891)

Nordemann, Jan Bernd / Czychowski, Christian / Grüter, Winfried:...................................... Das Internet, die NameServer und das Kartellrecht
in: NJW 1997, Seite 1897 – 1902
(zit.: *Nordemann/Czychowski/Grüter*, NJW 1997, 1897)

Nordemann, Wilhelm / Nordemann, Axel / Nordemann, Jan Bernd:... Wettbewerbs- und Markenrecht
9. Auflage, Baden-Baden 2003
(zit.: *Nordemann*)

Obermayer, Klaus (Begr.) / Fritz, Roland (Hrsg.): .... Kommentar zum Verwaltungsverfahrensgesetz
3. Auflage, Neuwied 1999
(zit.: Obermayer-*Bearbeier*)

Oetker, Hartmut: .... Handelsrecht
3. Auflage, Berlin 2003
(zit.: *Oetker*)

Ohly, Ansgar:............................... Generalklausel und Richterrecht
in: AcP Band 201 (2001), Seite 1 – 47
(zit.: *Ohly*, AcP 201 (2001), 1)

Omsels, Hermann-Josef:.............. Die Kennzeichenrechte im Internet
in: GRUR 1997, Seite 328 – 337
(zit.: *Omsels*, GRUR 1997, 328)

Omsels, Hermann-Josef:.............. Zur Unlauterkeit der gezielten Behinderung von Mitbewerbern (§ 4 Nr. 10 UWG)
in: WRP 2004, Seite 136 – 145
(zit.: *Omsels*, WRP 2004, 136)

Ossenbühl, Fritz:.......................... Staatshaftungsrecht
5. Auflage, München 1998
(zit.: *Ossenbühl*)

Palandt, Otto (Begr.): .... Bürgerliches Gesetzbuch, Kommentar
63. Auflage, München 2004
(zit.: Palandt-*Bearbeiter*)

Pappermann, Ernst: .... Das Namensrecht der kommunalen Gebietskörperschaften
in: DÖV 1980, Seite 353 – 359
(zit.: *Pappermann*, DÖV 1980, 353)

Pastor, Wilhelm L. (Begr.) /
Ahrens, Hans-Jürgen (Hrsg.): ...... Der Wettbewerbsprozeß
Ein Praxishandbuch
4. Auflage, Köln 1999
(zit.: Pastor/Ahrens-*Bearbeiter*)

Paulweber, Michael: .... Regulierungszuständigkeiten in der Telekommunikation
Baden-Baden 1999;
zugl. Tübingen, Univ., Diss., 1999
(zit.: *Paulweber*)

Piepenbrock, Hermann-Josef /
Müller, Ulf: .... Zahlungsansprüche für Gespräche bei Telefonmehrwertdiensten
in: MMR-Beilage 12/1999, Seite 1 – 28
(zit.: *Piepenbrock/Müller*, MMR-Beilage 12/1999)

Piper, Henning: .... Der Schutz der bekannten Marken
in: GRUR 1996, Seite 429 – 438
(zit.: *Piper*, GRUR 1996, 429)

Raßmann, Christian: .... Der Schutz des Freihaltebedürfnisses im Rahmen von § 23 MarkenG
in: GRUR 1999, Seite 384 – 390
(zit.: *Raßmann*, GRUR 1999, 384)

Rauschhofer, Hajo: .... Domaingrabbing-Fälle in der praktischen Verfolgung – Domainübertragung im einstweiligen Rechtsschutz
in: JurPC 2002, Web-Dok. 23, Abs. 1 – 19
(zit.: *Rauschhofer*, JurPC Web-Dok. 23/2002)

Rebmann, Kurt / Säcker, Franz Jürgen / Rixecker, Roland (Hrsg.): Münchener Kommentar zum Bürgerlichen Gesetzbuch
Band 1: Allgemeiner Teil
4. Auflage, München 2001
Band 2: Schuldrecht, Allgemeiner Teil
4. Auflage, München 2001
Band 5: Schuldrecht, Besonderer Teil III
4. Auflage, München 2004
Band 6: Sachenrecht
4. Auflage, München 2004
(zit.: MüKo-*Bearbeiter*)

Reinhart, Andreas: .... Kollisionen zwischen eingetragenen Marken und Domain-Namen
in: WRP 2001, Seite 13 – 19
(zit.: *Reinhart*, WRP 2001, 13)

Remmertz, Frank René: .... Das Berufsrecht hemmt Kanzleien im Wettbewerb
in: Foris AnwaltsZeitung 1/2001, Seite 3
(zit.: *Remmertz*, Foris AnwaltsZeitung 1/2001, 3)

Renck, Andreas W.: .... Kennzeichenrecht versus Domain-Names – Eine Analyse der Rechtsprechung
in: NJW 1999, Seite 3587 – 3594
(zit.: *Renck*, NJW 1999, 3587)

Renck, Andreas W.: .... Scheiden allgemeine Begriffe und Gattungsbezeichnungen als Internet-Domains aus?
in: WRP 2000, Seite 264 – 269
(zit.: *Renck*, WRP 2000, 264)

Richter, Bruno (Begr.) / Stoppel, Wolfgang: .... Die Ähnlichkeit von Waren und Dienstleistungen
11. Auflage, Köln 1999
(zit.: *Richter/Stoppel*)

Ring, Gerhard: .... Anwaltliche Werbung
3. Auflage, Bonn 1998
(zit.: *Ring*, Anwaltliche Werbung)

Ring, Gerhard: .... Wettbewerbsrecht
Baden-Baden 1993
(zit.: *Ring*, Wettbewerbsrecht)

Ring, Gerhard: .... Wettbewerbsrecht der freien Berufe
Baden-Baden 1989;
zugl. Trier, Univ., Diss., 1989
(zit.: *Ring*, WettbewR der freien Berufe)

Rittner, Fritz:............................... Wettbewerbs- und Kartellrecht
6. Auflage, Heidelberg 1999
(zit.: *Rittner*)

Röhricht, Volker / Graf von Westphalen, Friedrich (Hrsg.): .... Handelsgesetzbuch, Kommentar
2. Auflage, Köln 2001
(zit.: Röhricht/vonWestphalen-*Bearbeiter*)

Römermann, Volker / Hartung, Wolfgang: .... Anwaltliches Berufsrecht
München 2002
(zit.: *Römermann/Hartung*)

Rößler, Bernd:.............................. Die Ausnutzung der Wertschätzung bekannter Marken im neuen Markenrecht
in: GRUR 1994, Seite 559 – 569
(zit.: *Rößler*, GRUR 1994, 559)

Rößler, Bernd: .... Zum wettbewerbsrechtlichen Unlauterkeitsgehalt der Rufausbeutung
in: GRUR 1995, Seite 549 – 556
(zit.: *Rößler*, GRUR 1995, 549)

Roth, Wulf-Henning: .... Unzulässiger firmenmäßiger Gebrauch einer zulässig geführten Geschäftsbezeichnung
in: ZGR Band 21 (1992), Seite 632 – 638
(zit.: *Roth*, ZGR 21 (1992), 632)

Rummel, Peter (Hrsg.):................ Kommentar zum Allgemeinen bürgerlichen Gesetzbuch
1. Band: §§1-1174 ABGB
3. Auflage, Wien 2000
(zit.: Rummel-*Bearbeiter*)

Sachs, Michael (Hrsg.): .... Grundgesetz, Kommentar
3. Auflage, München 2003
(zit.: Sachs-*Bearbeiter*)

Sack, Rolf: .... Das Anstandsgefühl aller billig und gerecht Denkenden und die Moral als Bestimmungsfaktor der guten Sitten
in: NJW 1985, Seite 761 – 769
(zit.: *Sack*, NJW 1985, 761)

Sack, Rolf: .... Die lückenfüllende Funktion der Sittenwidrigkeitsklauseln
in: WRP 1985, Seite 1 – 15
(zit.: *Sack*, WRP 1985, 1)

Sack, Rolf: .... Sonderschutz bekannter Marken
in: GRUR 1995, Seite 81 – 98
(zit.: *Sack*, GRUR 1995, 81)

Sack, Rolf: .... Vergleichende Werbung und die Erheblichkeitsschwelle in § 3 des Regierungsentwurfs einer UWG-Novelle
in: WRP 2004, Seite 30 – 31
(zit.: *Sack*, WRP 2004, 30)

Säcker, Christopher: .... Die Haftung von Dienstanbietern nach dem Entwurf des EGG
in: MMR-Beilage 9/2001, Seite 2 – 4
(zit.: *Säcker*, MMR-Beilage 9/2001, 2)

Schack, Haimo: .... Internationales Zivilverfahrensrecht
3. Auflage, München 2002
(zit.: *Schack*)

Schäfer, Detmar: .... ENUM – Domainnamesystem und Rufnummernraum wachsen zusammen
in: Computer und Recht 2002, S. 690 – 694
(zit.: *Schäfer*, CR 2002, 690)

Schafft, Thomas: .... Die systematische Registrierung von Domain-Varianten
in: Computer und Recht 2002, S. 434 – 441
(zit.: *Schafft*, CR 2002, 434)

Schanda, Reinhard: .... Anmerkung zu OGH, ecolex 2001, 757
in: ecolex 2001, Seite 757
(zit.: *Schanda*, ecolex 2001, 757)

Schanda, Reinhard: .... Replik Höhne, Namensfunktion von Internet Domain Names?
in: ecolex 1998, Seite 181
(zit.: *Schanda*, ecolex 1998, 181)

Schellhammer, Kurt:	Schuldrecht nach Anspruchsgrundlagen 5. Auflage, Heidelberg 2003 (zit.: *Schellhammer*)
Schenk, Michael / Dahm, Hermann / Šonje, Dezidério:	Die Bedeutung sozialer Netzwerke bei der Diffusion neuer Kommunikationstechniken in: KZfSS 1997, Seite 35 – 52 (zit.: *Schenk/Dahm/Šonje*, KZfSS 1997, 35)
Scheurle, Klaus-Dieter / Mayen, Thomas (Hrsg.):	Telekommunikationsgesetz, Kommentar München 2002 (zit.: Scheurle/Mayen-*Bearbeiter*)
Schlechtriem, Peter:	Schuldrecht, Besonderer Teil 6. Auflage, Tübingen 2003 (zit.: *Schlechtriem*)
Schlosser, Hans:	Deliktischer Schadensersatzanspruch aus § 823 II BGB und eigenständiger Interessenschutz des Verkehrsopfers –BGH, NJW 1980, 1792 in: Juristische Schulung 1982, S. 657 – 660 (zit.: *Schlosser*, JuS 1982, 657)
Schmalz, Dieter:	Methodenlehre für das juristische Studium 4. Auflage, Baden-Baden 1998 (zit.: *Schmalz*)
Schmieder, Hans-Heinrich:	Neues deutsches Markenrecht nach europäischem Standard in: NJW 1994, Seite 1241 – 1247 (zit.: *Schmieder*, NJW 1994, 1241)
Schmieder, Hans-Heinrich:	Neues Markenrecht ab 1.1.1995 in: NJW 1994, Seite 3335 – 3336 (zit.: *Schmieder*, NJW 1994, 3335)
Schmidt, Karsten:	Handelsrecht 5. Auflage, Köln 1999 (zit.: *Schmidt*)
Schmidt, Karsten:	Integritätsschutz von Unternehmen nach § 823 BGB – Zum „Recht am eingerichteten und ausgeübten Gewerbebetrieb“ in: Juristische Schulung 1993, S. 985 – 992 (zit.: *Schmidt*, JuS 1993, 985)

Schmidt, Karsten (Hrsg.): .... Münchener Kommentar zum Handelsgesetzbuch
Band 1: Handelsstand (§§ 1-104)
München 1996
(zit.: MüKo-*Bearbeiter*, HGB)

Schöfer, Michael: .... Nachfragemacht und freie Berufe
München 1989;
zugl. Bremen, Univ., Diss., 1986
(zit.: *Schöfer*)

Schramm, Carl: .... Demoskopische Befunde als Beweismittel in Warenzeichensachen
in: Markenartikel 1973, Seite 87 – 93
(zit.: *Schramm*, MA 1973, 87)

Schreibauer, Marcus / Mulch, Joachim: .... Die im Jahr 2001 veröffentlichte Rechtsprechung zum Internetrecht
in: WRP 2002, Seite 886 – 900
(zit.: *Schreibauer/Mulch*, WRP 2002, 886)

Schricker, Gerhard: .... Gesetzesverletzung und Sittenverstoß: rechtsvergleichende Untersuchung zur wettbewerbsrechtlichen Haftung bei Verletzung außerwettbewerbsrechtlicher Normen
München 1970; zugl. München, Univ., Habil., 1969
(zit.: *Schricker*)

Schütz, Raimund: .... Recht auf eine eigene Telefonnummer?
in: Multimedia und Recht 1998, S. 287 – 289
(zit.: *Schütz*, MMR 1998, 287)

Schulte-Beckhausen, Thomas: ..... Das Verhältnis des § 1 UWG zu den gewerblichen Schutzrechten und zum Urheberrecht
München 1994;
zugl. Bonn, Univ., Diss., 1993
(zit.: *Schulte-Beckhausen*)

von Schultz, Detlef (Hrsg.): .... Markenrecht, Kommentar
Heidelberg 2002
(zit.: vonSchultz-*Bearbeiter*)

von Schultz, Detlef: .... Zu den Privilegierungstatbeständen des § 23 MarkenG
in: GRUR 1997, Seite 408 – 414
(zit.: *von Schultz*, GRUR 1997, 408)

Schulze, Reiner (Hrsg.):............... Bürgerliches Gesetzbuch, Handkommentar
3. Auflage, Baden-Baden 2003
(zit.: Hk-BGB-*Bearbeiter*)

Schumann, Michael: .... Neue Medien und privater Rundfunk in Bayern
Frankfurt 1993; zugl. München, Univ. der Bundeswehr, Diss., 1993
(zit.: *Schumann*)

Schuschke, Winfried / Walker, Wolf-Dietrich:............................... Vollstreckung und Vorläufiger Rechtsschutz
Kommentar zum Achten Buch der Zivilprozessordnung
Band I: Zwangsvollstreckung, §§ 704-915h
3. Auflage, Köln 2002
(zit.: Schuschke/Walker-*Bearbeiter*)

Schuster, Fabian / Müller, Ulf: .... Entwicklung des Internet- und Multimediarechts von Juli 2000 bis März 2001
MMR-Beilage 7/2001
(zit.: *Schuster/Müller*, MMR-Beilage 7/2001)

Schwab, Dieter:............................ Einführung in das Zivilrecht
15. Auflage, Heidelberg 2002
(zit.: *Schwab*)

Schwab, Karl-Heinz / Prütting, Hanns: .... Sachenrecht
30. Auflage, München 2002
(zit.: *Schwab/Prütting*)

Schwarz, Mathias (Hrsg.): .... Recht im Internet (Grundwerk 1996)
Band 1
Loseblatt, 24. Lieferung (August 2002)
Augsburg 2002
(zit.: Schwarz-*Bearbeiter*)

Schwarz, Mathias / Peschel-Mehner, Andreas (Hrsg.): .... Recht im Internet (Grundwerk 2003)
Der große Rechtsberater für die Online-Praxis
Loseblatt, 6. Lieferung (März 2004)
Augsburg 2004
(zit.: Schwarz/Peschel-Mehner-*Bearbeiter*)

Schwerdtfeger, Armin / Evertz, Stephan / Kreuzer, Philipp Amadeus / Peschel-Mehner, Andreas / Poeck, Torsten: .... Cyberlaw
Wiesbaden 1999
(zit.: Schwerdtfeger-*Bearbeiter*)

Seifert, Fedor: .... § 1 UWG als Mittel im Kampf gegen Video-Raubkopien
in: ZUM 1985, Seite 81 – 85
(zit.: *Seifert*, ZUM 1985, 81)

Sietmann, Richard: .... Nummernspiele – Ressourcenkonflikt um Namen und Adressen bleiben ein Politikum
in: c't Ausgabe 9/1999, Seite 180 – 191
(zit.: *Sietmann*, c't 9/1999, 180)

Simon, Joachim / Goeckel, Andreas: .... Anmerkung zu VG Köln, RTkom 2001, 107
in: RTkom 2001, Seite 110 – 111
(zit.: *Simon/Goeckel*, RTkom 2001, 110)

Soergel, Hans Theodor (Begr.) / Siebert, Wolfgang (Hrsg.): .... Bürgerliches Gesetzbuch, Kommentar
Band 1: Allgemeiner Teil 1, §§ 1 - 103
13. Auflage, Stuttgart 2000
Band 2: Allgemeiner Teil 2, §§ 104 - 240
13. Auflage, Stuttgart 1999
Band 5/2: Schuldrecht IV/2 (§§ 823-853)
12. Auflage, Stuttgart 1999
(zit.: Soergel-*Bearbeiter*)

Sosnitza, Olaf: .... Gattungsbegriffe als Domain-Namen im Internet
in: Komm. & Recht 2000, Seite 209 – 216
(zit.: *Sosnitza*, K&R 2000, 209)

Sosnitza, Olaf / Leible, Stefan: .... K&R-Kommentar zu BGH, MMR 2001, 666 = K&R 2001, 583 – mitwohnzentrale.de
in: Komm. & Recht 2001, Seite 587 – 588
(zit.: *Sosnitza/Leible*, K&R 2001, 587)

Speckmann, Gerhard: .... Wettbewerbsrecht
3. Auflage, Köln 2000
(zit.: *Speckmann*)

Spindler, Gerald (Hrsg.): .... Vertragsrecht der Telekommunikationsanbieter
Köln 2000
(zit.: Spindler-*Bearbeiter*)

Starck, Joachim: .... Die Auswirkungen des Markengesetzes auf das Gesetz gegen den unlauteren Wettbewerb
in: DZWir 1996, Seite 313 – 316
(zit.: *Starck*, DZWir 1996, 313)

Starck, Joachim: .... Markenmäßiger Gebrauch – Besondere Voraussetzung für die Annahme einer Markenverletzung?
in: GRUR 1996, Seite 688 – 693
(zit.: *Starck*, GRUR 1996, 688)

Statz, Klaus-Peter: .... Anmerkung zu AG Schwetzingen, ArchPT 1995, 143
in: ArchPT 1995, Seite 144
(zit.: *Statz*, ArchPT 1995, 144)

Staub, Hermann (Begr.): .... Großkommentar Handelsgesetzbuch
Erster Band: Einleitung; §§ 1-104
4. Auflage, Berlin 1995
(zit.: Staub-*Bearbeiter*)

von Staudinger, Julius (Begr.): .... J. von Staudingers Kommentar zum Bürgerlichen Gesetzbuch mit Einführungsgesetz und Nebengesetzen
§§ 1 - 12, VerschG; 13. Bearb., Berlin 1995
§§ 581 - 606; 13. Bearbeitung, Berlin 1996
§§ 823 - 825; 13. Bearbeitung, Berlin 1999
§§ 826 - 829; Neubearbeitung, Berlin 2003
§§ 985 - 1011; Neubearbeitung, Berlin 1999
(zit.: Staudinger-*Bearbeiter*)

Steckler, Brunhilde: .... Grundzüge des Gewerblichen Rechtsschutzes: Lizenzen, Marken, Muster und Patente
2. Auflage, München 1996
(zit.: *Steckler*)

Steiner, Udo: .... Zum Anwendungsbereich der verwaltungsverfahrensrechtlichen Regelungen über die materielle Bestandskraft von Verwaltungsakten (§§ 48, 49 VwVfG)
in: VerwArch, Band 83 (1992), S. 479 – 501
(zit.: *Steiner*, VerwArch 83 (1992), 479)

Steinmetz, Wolfgang: .... Der „kleine" Wettbewerbsprozeß
München 1993;
zugl. Münster, Univ., Diss., 1993
(zit.: *Steinmetz*)

Stelkens, Paul / Bonk, Heinz Joachim / Sachs, Michael (Hrsg.): Verwaltungsverfahrensgesetz, Kommentar
6. Auflage, München 2001
(zit.: Stelkens/Bonk/Sachs-*Bearbeiter*)

Stockinger, Stefan / Kranebitter, Florian:.. Kriterien für den rechtmäßigen Gebrauch von Internet-Domain-Bezeichnungen
in: Medien und Recht 2000, Seite 3 – 8
(zit.: *Stockinger/Kranebitter*, MR 2000, 3)

Stomper, Bettina: .... Verantwortung der Domain-Vergabestelle für Kennzeichenverletzungen
in: Recht der Wirtschaft 2001, S. 136 – 140
(zit.: *Stomper*, RdW 2001, 136)

Strittmatter, Marc:........................ Anmerkung zu OLG München, MMR 2000, 546 = CR 2000, 461 – hanseatic
in: Computer und Recht 2000, S. 701 – 703
(zit.: *Strittmatter*, CR 2000, 701)

Ströbele, Paul:.............................. Praktische Erfahrungen mit dem neuen Zeichenschutz für Dienstleistungsmarken
in: GRUR 1981, 771 – 782
(zit.: *Ströbele*, GRUR 1981, 771)

Strömer, Tobias H.:...................... Anmerkung zu LG Lüneburg, CR 1997, 288 – celle.de
in: Computer und Recht 1997, S. 290 – 291
(zit.: *Strömer*, CR 1997, 290)

Strömer, Tobias H.: First come – first serve: Keine Regel ohne Ausnahme
in: Komm. & Recht 2002, Seite 306 – 309
(zit.: *Strömer*, K&R 2002, 306)

Strömer, Tobias H.: Online-Recht, Rechtsfragen im Internet
3. Auflage, Heidelberg 2003
(zit.: *Strömer*)

Taupitz, Jochen: Die Standesordnungen der freien Berufe
Berlin 1991;
zugl. Göttingen, Univ., Habil., 1989
(zit.: *Taupitz*)

Teplitzky, Otto: Die Durchsetzung des Schadensersatzzahlungsanspruchs im Wettbewerbsrecht
in: GRUR 1987, Seite 215 – 217
(zit.: *Teplitzky*, GRUR 1987, 215)

Teplitzky, Otto: Wettbewerbsrechtliche Ansprüche
8. Auflage, Köln 2002
(zit.: *Teplitzky*)

Thiele, Clemens: K&R-Kommentar zu OGH, K&R 2001, 276 – Numtec-Interstahl
in: Komm. & Recht 2001, Seite 279 – 280
(zit.: *Thiele*, K&R 2001, 279)

Thiele, Clemens: K&R-Kommentar zu OGH, K&R 2002, 52 – taeglichalles.at
in: Komm. & Recht 2002, Seite 55 – 56
(zit.: *Thiele*, K&R 2002, 55)

Thiele, Markus / Rohlfing, Bernd: Gattungsbezeichnungen als Domain-Namen
in: Multimedia und Recht 2000, S. 591 – 596
(zit.: *Thiele/Rohlfing*, MMR 2000, 591)

Trute, Hans-Heinrich / Spoerr, Wolfgang / Bosch, Wolfgang: Telekommunikationsgesetz mit FTEG, Kommentar
Berlin 2001
(zit.: Trute/Spoerr/Bosch-*Bearbeiter*)

Ubber, Thomas: Rechtsschutz bei Mißbrauch von Internet-Domains
in: WRP 1997, Seite 497 – 513
(zit.: *Ubber*, WRP 1997, 497)

Ullrich, Norbert: .... Der Schutz einer Unternehmens-Domain
in: WM 2001, Seite 1129 – 1135
(zit.: *Ullrich*, WM 2001, 1129)

Utescher: .... Die Weltmarke „4711"
in: MuW 1927/1928, Seite 421 – 431
(zit.: *Utescher*, MuW 1927/1928, 421)

Vahrenwald, Arnold: .... Recht in Online und Multimedia
Loseblatt, 6. Lieferung (Dezember 2001)
Neuwied 2001
(zit.: *Vahrenwald*)

Viefhues, Martin: .... Anmerkung zu LG Essen, MMR 2000, 286
in: Multimedia und Recht 2000, S. 286 – 291
(zit.: *Viefhues*, MMR 2000, 286)

Viefhues, Martin: .... Folgt die Rechtsprechung zu den Domain Names wirklich den Grundsätzen des Kennzeichenrechts?
in: NJW 2000, Seite 3239 – 3243
(zit.: *Viefhues*, NJW 2000, 3239)

Viefhues, Martin: .... Gleichnamigkeit im Internet: Sind doch einige gleicher als die anderen?
in: Multimedia und Recht 2002, S. 341 – 342
(zit.: *Viefhues*, MMR 2002, 341)

Viefhues, Martin: .... Internet und Kennzeichenrecht: Meta-Tags
in: Multimedia und Recht 1999, S. 336 – 341
(zit.: *Viefhues*, MMR 1999, 336)

Völker, Stefan / Weidert, Stefan:. Domain-Namen im Internet
in: WRP 1997, Seite 652 – 663
(zit.: *Völker/Weidert*, WRP 1997, 652)

Walter, Reinhard / Grüber, Bernd (Hrsg.): .... Anwalts-Handbuch Wettbewerbspraxis
Köln 1998
(zit.: Walter/Grüber-*Bearbeiter*)

Wassermann, Rudolf (Hrsg.): ...... Kommentar zum Bürgerlichen Gesetzbuch
Reihe Alternativkommentare
Band 1: Allgemeiner Teil
Neuwied 1987
(zit.: AK-*Bearbeiter*)

Weidert, Stefan / Lührig, Nicolas: Was hat Vossius, was Shell nicht hat und umgekehrt
in: WRP 2002, Seite 880 – 886
(zit.: *Weidert/Lührig*, WRP 2002, 880)

Wegner, Ralf: Der rechtliche Schutz von Internetdomains
in: Computer und Recht 1999, S. 250 – 258
(zit.: *Wegner*, CR 1999, 250)

Wendlandt, Bettina: Gattungsbegriffe als Domainnamen – Marken- und wettbewerbsrechtliche Behandlung aus deutscher und U.S.-amerikanischer Sicht
in: WRP 2001, Seite 629 – 648
(zit.: *Wendlandt*, WRP 2001, 629)

Werle, Raymund: High Tech – Low Use: Probleme der Marktentwicklung bei Multimedia
in: Mai, Manfred / Neumann-Braun, Klaus (Hrsg.): Von den „Neuen Medien" zu Multimedia – Gesellschaftliche und politische Aspekte, Baden-Baden 1999, Seite 58 – 74
(zit.: *Werle*)

Wiebe, Andreas: Zur Kennzeichnungsfunktion von Domain Names
in: Computer und Recht 1998, S. 157 – 165
(zit.: *Wiebe*, CR 1998, 157)

Wieczorek, Bernhard (Begr.) / Schütze, Rolf A. (Hrsg.): Zivilprozeßordnung und Nebengesetze Großkommentar
Erster Band, 1. Teilband: Einl., §§ 1 - 49
3. Auflage, Berlin 1994
(zit.: Wieczorek/Schütze-*Bearbeiter*)

Wilke, Dietrich (Begr.) / Jungeblut, Dieter: Abmahnung, Schutzschrift und Unterlassungserklärung im gewerblichen Rechtsschutz
2. Auflage, München 1995
(zit.: *Wilke/Jungeblut*)

Wilmer, Thomas: Offene Fragen der rechtlichen Einordnung von Internetdomains
in: Computer und Recht 1997, S. 562 - 566
(zit.: *Wilmer*, CR 1997, 562)

Wissmann, Matthias (Hrsg.): .... Telekommunikationsrecht
Heidelberg 2003
(zit.: Wissmann-*Bearbeiter)*

Wolff, Hans J. / Bachof, Otto: ..... Verwaltungsrecht I
9. Auflage, München 1974
(zit.: *Wolff/Bachof*)

Wolff, Hans J. (Begr.) / Bachof, Otto / Stober, Rolf: .... Verwaltungsrecht
Band 2
6. Auflage, München 2000
(zit.: *Wolff/Bachof/Stober*)

Zanger, Georg / Schöll, Liselotte: Telekommunikationsrecht, Kommentar
Wien 2000
(zit.: *Zanger/Schöll*)

Zeiss, Walter / Schreiber, Klaus: . Zivilprozessrecht
10. Auflage, Tübingen 2003
(zit.: *Zeiss/Schreiber*)

Zetzsche, Holger: .... Anmerkung zu LG Hannover, NZWehrr 2002, 81 – verteidigungsministerium.de
in: NZWehrr 2002, Seite 83 – 86
(zit.: *Zetzsche*, NZWehrr 2002, 83)

Zetzsche, Holger: .... Das Ende der „Hier-nicht-Hinweise"?
in: JurPC 2002, Web-Dok. 210, Abs. 1 – 25
(zit.: *Zetzsche*, JurPC Web-Dok. 210/2002)

Ziegenhagen, Christina: .... Die Berufsgerichtsbarkeit der freien Berufe
Münster, Univ., Diss., 1998
(zit.: *Ziegenhagen*)

Zimmerling, Jürgen / Werner, Ulrich: .... Schutz vor Rechtsproblemen im Internet
Handbuch für Unternehmen
Berlin 2001
(zit.: *Zimmerling/Werner*)

Zöller, Richard (Begr.): .... Zivilprozessordnung, Kommentar
24. Auflage, Köln 2004
(zit.: Zöller-*Bearbeiter*)

Abkürzungsverzeichnis

BORA	Berufsordnung für Rechtsanwälte
ccTLD	country code Top-Level-Domain
DNS	Domain Name Service
DPMA	Deutsches Patent- und Markenamt
FCC	Federal Communications Commission
gTLD	generic Top-Level-Domain
HABM	Harmonisierungsamt für den Binnenmarkt
HTML	Hypertext Markup Language
IP	Internet Protocol
ITU	International Telecommunication Union
K&R	Kommunikation & Recht
KZfSS	Kölner Zeitschrift für Soziologie und Sozialpsychologie
MarkenG	Markengesetz
MarkenV	Verordnung zur Ausführung des Markengesetzes
MRRL	Markenrechtsrichtlinie
RegTP	Regulierungsbehörde für Telekommunikation und Post
SMS	Short Messages Service
TDG	Teledienstegesetz
TKMR	Telekommunikations- und Medienrecht
ZVEI	Zentralverband der Elektrotechnik und Elektroindustrie

Bezüglich der übrigen Abkürzungen wird verwiesen auf:

Kirchner, Hildebert (Begr.) / Butz, Cornelie:	Abkürzungsverzeichnis der Rechtssprache 5. Auflage, Berlin 2003

§ 1 Einleitung

A. Gegenstand der Untersuchung

Während in den Vereinigten Staaten von Amerika die meisten Bürger in ihrem Leben schon mindestens einmal eine Vanity-Nummer gewählt haben[1], ist in Deutschland der Begriff sowie das dahinterstehende Phänomen noch weitgehend unbekannt. Daher werden nach der Einleitung zunächst der Begriff der Vanity-Nummer und die technischen Grundlagen erläutert. Anschließend soll im Rahmen dieser Dissertation untersucht werden, welche rechtlichen Rahmenbedingungen für die Nutzung von Vanity-Nummern bestehen. Schwerpunktmäßig wird die Frage behandelt, in welchem Umfang für den Inhaber einer Vanity-Nummer die Nutzung der Rufnummer zulässig ist. Grenzen für die Zulässigkeit der Nutzung von Vanity-Nummern können sich aus dem Zivilrecht, insbesondere aus dem Bereich des gewerblichen Rechtsschutzes, ergeben; daneben sind aber auch öffentlich-rechtliche Vorschriften wie die Regelungen des Telekommunikationsgesetzes zu beachten.

B. Gang der Untersuchung

Nach der Darstellung der technischen Grundlagen und des Vergabeverfahrens bei Vanity-Nummern werden die rechtlichen Rahmenbedingungen vorgestellt. Dabei wird untersucht, welche Rechtsnormen generell zur Konfliktlösung im Bereich der Vanity-Nummern in Betracht kommen. Es lassen sich mehrere Konstellationen unterscheiden, bei denen es typischerweise zu Streitigkeiten im Zusammenhang mit Vanity-Nummern kommen kann. Diese Fallkonstellationen werden in eigenen Abschnitten vorgestellt und behandelt, wobei im Einzelnen erörtert wird, welche Rechtsnormen in der jeweiligen Situation einschlägig sind und herangezogen werden können. In der Untersuchung werden folglich nicht die unterschiedlichen Rechtsbereiche wie Markenrecht oder Wettbewerbsrecht nacheinander und isoliert voneinander betrachtet, sondern zusammenhängend bei den jeweiligen Fallkonstellationen angesprochen.

Bei einigen Konstellationen bietet sich ein Vergleich mit der rechtlichen Beurteilung von Domänennamen an, da diese einige Ähnlichkeiten zu Vanity-Nummern aufweisen[2]. Allerdings bestehen auch zahlreiche Unterschiede, weswegen die im Bereich der Domänennamen gefundenen Lösungen nicht unreflektiert übertragen werden dürfen[3].

---

1 Zur Verbreitung von Vanity-Nummern in den USA vgl. *Lock*, Cal.L.Rev. 1999, 371 (378).

2 *Schäfer*, CR 2002, 690 (691).

3 Ebenso *Demmel/Skrobotz*, MMR 1999, 74 (76).

Weiter ist gelegentlich ein Vergleich mit der Situation in den Vereinigten Staaten von Amerika sinnvoll, wo auf eine langjährige Erfahrung im Umgang mit Vanity-Nummern zurückgeblickt werden kann, die auch schon in zahlreichen Gerichtsurteilen ihren Niederschlag gefunden hat.

In Deutschland gibt es dagegen bisher kaum Entscheidungen[4] oder Literatur[5] zu dem Thema Vanity-Nummern. Um typische Konfliktfälle dennoch verdeutlichen zu können, ist es gelegentlich notwendig, eigene Beispiele zu bilden oder existierende Beispiele zu modifizieren. Dabei wird versucht, solche Beispiele zu wählen, die der Praxis der Nutzung von Vanity-Nummern sehr nahe kommen und daher nicht ausschließlich theoretischer Natur sind.

Zum Ende der Arbeit werden Probleme der Rechtsdurchsetzung sowie die Haftung von Dritten bei der Nutzung von Vanity-Nummern angesprochen.

C. Ziel der Untersuchung

Durch die Untersuchung soll festgestellt werden, ob die bestehenden rechtlichen Regelungen genügen, um auch bei Konflikten im Bereich der Vanity-Nummern zu interessengerechten Ergebnissen zu gelangen. An den Punkten und bei den Problemkonstellationen, wo Mängel offensichtlich werden, sollen geeignete Vorschläge zur Beseitigung des Missstandes unterbreitet werden.

Am Beispiel der Vanity-Nummern soll exemplarisch gezeigt werden, dass auch aktuelle Entwicklungen in den Neuen Medien[6] mit Hilfe der „alten“ Bestimmungen – insbesondere des gewerblichen Rechtsschutzes – erfasst und gelöst werden können und nicht vorschnell ein Tätigwerden des Gesetzesgebers oder der öffentlichen Hand allgemein gefordert werden sollte.

---

4 BGH, WRP 2002, 1050; LG Aachen, MMR 2001, 178 – Vanity Nummer; OLG Stuttgart, MMR 2000, 164; BVerwG, MMR 2004, 345; VG Köln, MMR 2001, 190; VG Köln, RTkom 2001, 107. Einen Überblick über die ersten Entscheidungen geben *Hufnagel/Nolte*, AfP 2001, 200 (202).

5 *Demmel/Skrobotz*, MMR 1999, 74; *Demmel/Skrobotz*, MMR 2000, 167; *Jonas/Schmitz*, GRUR 2000, 183.

6 Auch wenn das Telefon kein neues Medium mehr ist, können Vanity-Nummern als neues Leistungsmerkmal zu den neuen Medien gezählt werden, vgl. *Hagedorn* in Wilke/Imhof, S. 251; *Schumann*, S. 21 (Fn 7).

§ 2 Grundlagen

A. Technische Grundlagen

I. Was ist eine Vanity-Nummer?

Vanity-Nummern sind Telefonnummern, die sich von gewöhnlichen Rufnummern nur durch die Art ihrer Darstellung unterscheiden. Während Telefonnummern standardmäßig als reine Ziffernfolgen dargestellt werden, erfolgt die Wiedergabe von Vanity-Nummern als alphanumerische Bezeichnung[7]. Der Begriff Vanity-Nummer stammt aus dem angloamerikanischen Sprachraum, wobei das Wort Vanity am ehesten mit Eitelkeit übersetzt werden kann[8]. Der deutsche Begriff „Buchstabenwahl" hat sich nicht durchgesetzt.

Neben Vanity-Nummern, deren alphanumerische Bedeutung einprägsam ist, lassen sich auch Rufnummern mit auffälligen Ziffernfolgen wie 0800-800800 oder 0180-12345678 gut merken[9]. Solche Rufnummern werden aber üblicherweise nicht als Vanity-Nummern bezeichnet. Im englischen Sprachraum hat sich die Bezeichnung „telephone mnemonics" als Oberbegriff für Vanity-Nummern und einprägsame Ziffernfolgen durchgesetzt[10].

Vanity-Nummern werden nicht als eigenständige Telefonnummern genutzt, sondern zusätzlich zu einer Standardrufnummer verwendet. Alle Anrufer, welche eine Vanity-Nummer anwählen, werden automatisch an die Standardrufnummer weitergeleitet. Abhängig vom Anbieter kann auch eine differenzierte Weiterleitung an verschiedene Rufnummern erfolgen[11]. Bei Nutzung einer Vanity-Nummer stehen alle Leistungsmerkmale einer gewöhnlichen Rufnummer zur Verfügung. So kann die Vanity-Nummer nicht nur für Sprachtelefonie, sondern auch zur Fax-Übermittlung und für Online-Dienste genutzt werden.

Für die Herstellung der Telefonverbindung wird die alphanumerische Bezeichnung in eine Ziffernfolge umgewandelt, so dass auf technischer Ebene keine neuen Protokolle genutzt werden. Dies hat zugleich den Vorteil, dass Vanity-Nummern mit jedem gewöhnlichen Endgerät, das lediglich über eine Tastatur mit Zifferntasten verfügen muss, angewählt werden können.

---

7 FCC, Report, CC-Docket No. 98-7.

8 *Jonas/Schmitz*, GRUR 2000, 183.

9 FCC, Report and Order, CC-Docket No. 95-155, ¶ 12.

10 *Burk*, 1 Rich J.L. & Tech. 1 (1995), ¶ 52.

11 Vgl. etwa http://0700.1und1.com (Stand: 15.07.2004) unter dem Stichwort „Produktdetails" - „Überall erreichbar".

II. Bildung von Vanity-Nummern

Für die Umwandlung der alphanumerischen Bezeichnung in eine eindeutige Ziffernfolge werden jeder Ziffer von 2 bis 9 mehrere Buchstaben zugeordnet[12]. Der Zuordnung liegt eine Empfehlung der Internationalen Fernmeldeunion ITU zugrunde, wodurch ein einheitlicher internationaler Standard sichergestellt wird[13]. Weltweit gelten so die gleichen Grundsätze für die Umsetzung der Buchstaben, wodurch es möglich ist, international unter einer einheitlichen Vanity-Nummern erreichbar zu sein und dafür zu werben.

Die Zuordnungstabelle für die Umwandlung von Vanity-Nummern in Ziffernfolgen ist identisch mit der Zuordnung, welche zum Eintippen von Kurzmitteilungen (SMS) mittels eines Telefonendgerätes genutzt wird. Während bei der Eingabe einer SMS zwischen den Buchstaben, die einer gemeinsamen Ziffer zugeordnet sind, durch mehrmaliges Drücken der Zifferntaste gewechselt werden kann, muss bei der Wahl von Vanity-Nummern für jeden Buchstaben immer nur einmal die entsprechende Zifferntaste gedrückt werden[14].

Dieses Grundprinzip führt dazu, dass mehreren unterschiedlichen Vanity-Nummern eine gemeinsame Ziffernfolge zugrunde liegen kann. Da jede Telefonnummer aber eindeutig einem Teilnehmer zugeordnet sein muss, können nach Vergabe der ersten Vanity-Nummer keine weiteren Vanity-Nummern genutzt werden, die auf eine identische Ziffernfolge zurückzuführen sind.

III. Nutzen von Vanity-Nummern

Der Vorteil für den Inhaber einer Vanity-Nummer liegt in der besseren Einprägsamkeit der Rufnummer im Verhältnis zu einer mehr oder weniger zufälligen Ziffernfolge[15]. Vor allem für Unternehmen und Gewerbetreibende ist dieser Faktor von großer wirtschaftlicher Bedeutung[16]. Die Verwendung von Vanity-Nummern soll zu einer spürbaren Steigerung der Anrufzahlen führen[17]. Bei Verwendung von Vanity-Nummern in Werbespots soll die Anruferquote etwa um den Faktor 13 gegenüber gewöhnlichen Rufnummern steigen[18].

---

[12] 2 = ABC, 3 = DEF, 4 = GHI, 5 = JKL, 6 = MNO, 7 = PQRS, 8 = TUV, 9 = WXYZ; vgl. dazu etwa *Jonas/Schmitz*, GRUR 2000, 183; *Schäfer*, CR 2002, 690 (693).

[13] ITU-T Recommendation E.161 (02/2001), Ziff. 2.2.

[14] Soll bei einer SMS der Buchstabe S dargestellt werden, muss viermal kurz nacheinander die Taste 7 gedrückt werden; ist das S dagegen Bestandteil einer Vanity-Nummer, darf die Taste 7 nur einmal gedrückt werden; vgl. *Burgstaller*, ecolex 2001, 753.

[15] *Demmel/Skrobotz*, MMR 1999, 74 (75); *Bäumer*, CR 1998, 174.

[16] Königshofen-*Choron*, II. 5. (S. 23).

[17] *Sietmann*, c't 9/1999, 180 (186). Die deutsche Telekom sprach in einer Presseerklärung vom 28.10.1998 von einer Steigerung bis zu 30 %.

[18] *Burgstaller*, ecolex 2001, 753.

Durch die Nutzung einer Vanity-Nummer, die der Unternehmensbezeichnung entspricht, wird zudem der Bekanntheitsgrad der Bezeichnung gesteigert. Mit jedem Anruf prägt sich durch das Wählen der Vanity-Nummer die Bezeichnung weiter ein. Vanity-Nummern können damit als Instrument zur Kundenbindung angesehen werden[19].

Im Idealfall muss sich der Kunde nur die Unternehmensbezeichnung merken und kann daraus nicht nur die Internet-Adresse, sondern auch die Telefonnummer ableiten. Dies entspricht dem Bestreben vieler Unternehmen, eigene Kennzeichen möglichst umfassend in allen Medien zu nutzen. Die Bemühungen einer umfassenden Kennzeichennutzung gelten insbesondere, aber nicht nur für den Bereich der Neuen Medien; so nutzen Unternehmen auch teilweise für ihre Postanschrift Straßennamen, die auf das Unternehmen verweisen wie Coca-Cola Corp., One Coca-Cola Plaza, Atlanta[20].

IV. Bedeutung von Vanity-Nummern

1. Situation in den USA

Das Prinzip der Vanity-Nummern stammt wie die Bezeichnung selbst aus den Vereinigten Staaten von Amerika. Seit 1967 besteht dort die Möglichkeit, Vanity-Nummern zu verwenden[21]. Von dieser Möglichkeit wird mittlerweile umfassend Gebrauch gemacht, insbesondere bei Werbemaßnahmen wird häufig ausschließlich die Vanity-Nummer angegeben. Die Nachfrage nach Vanity-Nummern ist in den letzten Jahren stark gestiegen, so dass immer neue Vorwahlbereiche zur Befriedigung der Nachfrage nach Vanity-Nummern geöffnet werden mussten[22].

2. Bedeutung in Deutschland

In Deutschland kann noch nicht auf eine so lange Erfahrung bei der Nutzung von Vanity-Nummern zurückgeblickt werden wie in den Vereinigten Staaten von Amerika[23]. Erst nach der Liberalisierung des Telefonmarktes wurde die Nutzung von Vanity-Nummern möglich. Die Möglichkeit der ausdrücklichen Beantragung einer Vanity-Nummer ist seit 1997 vorgesehen[24]. Mit diesem zeit-

---

19 *Jonas/Schmitz*, GRUR 2000, 183.

20 Beispiel nach *Burk*, 1 Rich. J.L. & Tech. 1 (1995), ¶ 35.

21 FCC, Fourth Report and Order, CC-Docket No. 98-48, ¶ 1.

22 *Lock*, Cal.L.Rev. 1999, 371 (378).

23 *Strömer*, Kap. 3.6 (S. 116); zur ähnlichen Situation in Österreich vgl. *Burgstaller*, ecolex 2001, 753 (754).

24 Vorläufige Regeln für die Zuteilung von Rufnummern für „Shared Cost"-Dienste, ABl. BMPT Nr. 34/1997, Vfg 302/1997, Ziff. 2.2.

lichen Rückstand von 30 Jahren lässt sich unter anderem die geringere Bedeutung von Vanity-Nummern in Deutschland erklären[25].

Daneben müssen auch die Rahmenbedingungen betrachtet werden. Zwar bestehen keine besonderen technischen Voraussetzungen für den Einsatz von Vanity-Nummern, allerdings sollten die Tasten der Endgeräte mit Buchstaben beschriftet sein. Die Mobilfunkendgeräte verfügen fast ausnahmslose über eine entsprechende Beschriftung um den Versand von SMS zu ermöglichen. Auf neueren Endgeräte für Festnetzanschlüsse sind zu einem großen Teil ebenfalls neben den Ziffern auch die Buchstaben zu finden[26]. Damit sind mittlerweile eine Vielzahl von Geräten zur Wahl von Vanity-Nummern geeignet. Vor allem angesichts der hohen Absatzzahlen von Mobilfunkendgeräten erscheint eine Quote von 50 %[27] für Endgeräte, die über eine Beschriftung mit Buchstaben verfügen, als sehr gering und kann als überholt bezeichnet werden. Da aktuell fast ausnahmslos Telefone mit entsprechender Beschriftung hergestellt und vertrieben werden, wird die Quote in Zukunft weiterhin beständig zunehmen und sich der 100 %-Grenze annähern[28].

Auch was die tatsächliche Nutzung von Vanity-Nummern durch Unternehmen und Privatpersonen angeht, ist von einem starken Wachstum für die Zukunft auszugehen[29]. Im gesamten Bereich der Neuen Medien lassen sich typische Entwicklungslinien verfolgen[30]: Zunächst werden neue Techniken eher zurückhaltend aufgenommen, anfangs gibt es nur eine geringe Nachfrage, zumal der Preis für neue Angebote zu Beginn sehr hoch liegt.

Nachdem sich ein neues Angebot etabliert hat, steigt die Nachfrage und gleichzeitig sinkt – aufgrund der steigenden Nachfrage sowie der größeren Stückzahlen – der Preis. Es beginnt eine Phase exponentieller Steigerung bis ein Sättigungseffekt eintritt. Diese Entwicklung ließ sich etwa bei den Internet-Zugängen und Mobilfunkanschlüssen beobachten; in beiden Bereichen wird allmählich der Sättigungseffekt spürbar. Im Bereich der Vanity-Nummern steht in Deutschland dagegen die Phase der exponentiellen Steigerung noch bevor[31].

Bei den Vanity-Nummern kommt noch eine weitere Überlegung hinzu: Die Vanity-Nummern werden vor allem in der Werbung eingesetzt. Eine Werbung

---

25 So wurden in den ersten fünf Jahren bis 2003 nur 81.500 persönliche Rufnummern in dem für persönliche (Vanity-) Rufnummern vorgesehenen Vorwahlbereich 0700 vergeben, vgl. Heise-Meldung Nr. 27396 vom 15.05.2002, http://www.heise.de/newsticker/meldung/27396 (Stand: 15.07.2004).

26 *Sietmann*, c't 9/1999, 180 (186) weist auf die Empfehlung des ZVEI hin, alle Neugeräte mit Buchstabenbeschriftung auszustatten.

27 VG Köln, MMR 2001, 190 (191).

28 Für 2001 wurde eine Quote von 95 % erwartet: Presseerklärung der Deutschen Telekom vom 28.10.1998.

29 Ebenso VG Köln, TKMR 2002, 305 (309).

30 Vgl. das Schaubild bei *Werle*, S. 68.

31 *Burgstaller*, ecolex 2001, 753 (756) spricht von der Ruhe vor dem Sturm.

mit Vanity-Nummern ist aber erst dann Erfolg versprechend, wenn ein Großteil der Bevölkerung Vanity-Nummern kennt. Bis zu diesem Zeitpunkt halten sich viele Unternehmen mit der Nutzung von Vanity-Nummern zurück. Ist jedoch erst einmal ein Durchbruch bezüglich der Bekanntheit von Vanity-Nummern erreicht, werden viele bisher zurückhaltend agierende Unternehmen ebenfalls Vanity-Nummern einsetzen, wodurch die Nachfrage nach Vanity-Nummern weiter steigen wird[32].

Als Zeichen dafür, dass auch die Regulierungsbehörde für Telekommunikation und Post (RegTP) als Vergabestelle von einer solchen Entwicklung ausgeht, kann gewertet werden, dass bereits Reserve-Vorwahlen für Vanity-Nummern eingeplant sind[33]. Mit zunehmender Bekanntheit und Bedeutung von Vanity-Nummern ist zu erwarten, dass auch die Notwendigkeit geeigneter Konfliktlösungsmöglichkeiten zunehmen wird. Die ersten Streitigkeiten, die zu lösen sind, können sich dabei bereits bei der Vergabe der Vanity-Nummern ergeben[34].

B. Vergabe von Vanity-Nummern

I. Aktuelle Situation

Vor der Liberalisierung des Telekommunikationsmarktes im Jahre 1997 wurden alle Rufnummern, sowohl Ortsrufnummern als auch Sonderrufnummern von der Deutschen Bundespost vergeben[35]. Nach dem Fortfall der Monopolstellung der Bundespost wurde die Aufgabe der Nummernverwaltung von der neu geschaffenen Regulierungsbehörde für Telekommunikation und Post übernommen[36]. Für die Vergabe der Rufnummern in den einzelnen Vorwahlbereichen hat die Regulierungsbehörde jeweils Zuteilungsregeln erstellt und veröffentlicht[37].

1. Vanity-Nummern im engeren Sinne

In Deutschland ist die Vergabe von Vanity-Nummern für bestimmte Vorwahlbereiche explizit in den Zuteilungsbedingungen für die Rufnummern vorgesehen.

---

[32] *Schenk/Dahm/Šonje*, KZfSS 1997, 35 (36) weisen darauf hin, dass für den Durchbruch eine kritische Masse erreicht werden muss.

[33] BeckTKG-*Paul/Mellewigt*, § 43 Rn 138; ebenso die Empfehlung des Expertengremiums für Numerierungsfragen.

[34] Vgl. VG Köln, MMR 2000, 190.

[35] *Holznagel/Enaux/Nienhaus*, § 11 II. (S. 129).

[36] VG Köln, TKMR 2002, 305 (306); *Geppert/Ruhle/Schuster*, Rn 656; zur Struktur der RegTP vgl. *Paulweber*, S. 46; Wissmann-*Wissmann*, Kap. 3 Rn 1.

[37] Alle Zuteilungsregeln sind im Amtsblatt der RegTP bzw. des BMPT veröffentlicht, vgl. Scheurle/Mayen-*Scheurle*, §43 Rn 15; BeckTKG-*Paul/Mellewigt*, § 43 Rn 14; die Zuteilungsregeln können aber auch im Internet unter http://www.regtp.de/ reg_tele/start/in_05-06-03-00-00_m/fs.html (Stand: 15.07.2004) eingesehen werden.

Entsprechende Regelungen gibt es für die Rufnummern für Shared-Cost-Dienste mit der Vorwahl 0180 und für Premium-Rate-Dienste mit der Vorwahl 0900. Die Zuteilungsbedingungen für entgeltfreie Mehrwertdienste mit der Vorwahl 0800, für Premium-Rate-Dienste mit der Vorwahl 0190 sowie für persönliche Rufnummern mit der Vorwahl 0700[38] erwähnen zwar nicht die Vergabe von Vanity-Nummern, ermöglichen diese aber, da eine beliebige Rufnummer beantragt werden kann. Für Rufnummern aus den genannten Vorwahlbereichen, die als Vanity-Nummern genutzt werden, wird nachfolgend der Oberbegriff „Vanity-Nummern im engeren Sinne" verwendet.

a) Nummernraum für Vanity-Nummern im engeren Sinne

Rufnummern für Shared-Cost-Dienste beginnen mit der Vorwahl 0180 gefolgt von einer Tarifkennung. Gemeinsam ist allen Rufnummern für Shared-Cost-Dienste, dass die anfallenden Gesprächskosten zwischen dem Anrufer und dem Angerufenen aufgeteilt werden[39]. Die der Vorwahl folgende Tarifkennung gibt dabei an, welchen Anteil an den Gesprächskosten der Angerufene zu tragen hat[40].

Premium-Rate-Dienste werden zur Zeit teilweise noch unter der Vorwahl 0190 angeboten, für die Zukunft ist eine vollständige Verlagerung der Rufnummern für Premium-Rate-Dienste in den Vorwahlbereich 0900 aber bereits beschlossen[41]. Eine Nutzung des Vorwahlbereichs 0190 ist nur noch bis zum 31.12.2005 möglich[42]. Allen Premium-Rate-Diensten gemeinsam ist die Tatsache, dass der Nummerninhaber einen Teil der vom Anrufer zu tragenden Gesprächskosten ausbezahlt bekommt[43]. Bekannt geworden sind Rufnummern aus dem Vorwahlbereich 0190 vor allem für Erotik-Mehrwertdienste[44].

Bei entgeltfreien Mehrwertdiensten, für die der Vorwahlbereich 0800 vorgesehen ist, übernimmt der Angerufene vollständig die Gesprächskosten, so dass

---

38 Teilweise wird in der Literatur der irreführende Eindruck erweckt, Vanity-Nummern seien stets persönliche Rufnummern, so etwa Spindler-*Wagner*, Teil III Rn 98.

39 Vorläufige Regeln für die Zuteilung von Rufnummern für „Shared Cost"-Dienste, ABl. BMPT Nr. 34/1997, Vfg 302/1997, Ziff. 1.

40 Vgl. ABl. RegTP Nr. 1/1999, Mitt. 3/1999, im Internet unter http://www.regtp.de/reg_tele/start/in_05-06-03-03-03_m/index.html (Stand: 15.07.2004).

41 BeckTKG-*Paul/Mellewigt*, § 43 Rn 116; vgl. auch Königshofen-*Choron*, II. 2. (S. 19); zur weiteren Differenzierung nach Rufnummerngassen Praxishandbuch-*Schäfer*, § 6 Rn 203.

42 Änderung der vorläufigen Regeln für die befristete Zuteilung von noch freien Rufnummern aus dem Teilbereich (0)190 für „Premium Rate"-Dienste, ABl. RegTP Nr. 22/2001, Vfg 51/2001.

43 Manssen-*Demmel*, § 43 Rn 45.

44 *Piepenbrock/Müller*, MMR-Beilage 12/1999, S. 2.

für den Anrufer das Gespräch kostenlos ist[45]. Ursprünglich wurde für entgeltfreie Mehrwertdienste der Vorwahlbereich 0130 genutzt, im Rahmen der internationalen Harmonisierung sind entgeltfreie Mehrwertdienste nunmehr auch in Deutschland unter der Rufnummer 0800 zu erreichen[46]. Daneben existieren internationale Vanity-Nummern mit der Kennung 00800, die weltweit kostenlos erreicht werden können[47].

Für persönliche Rufnummern ist der Vorwahlbereich 0700 vorgesehen, als Reservevorwahl ist der Bereich 0701 bereits eingeplant. Die persönliche Rufnummer ist gedacht als lebenslang gültige Rufnummer für eine Person, unabhängig davon, wo sie gerade wohnt oder sich aufhält[48]. Über die persönliche Rufnummer soll die Person umfassend erreichbar sein.

b) Zuteilungsverfahren

Für die Zuteilung aller nationalen[49] Vanity-Nummern im engeren Sinne ist unmittelbar die Regulierungsbehörde für Telekommunikation und Post zuständig. Grundsätzlich ist der Antrag direkt an die Regulierungsbehörde zu richten, zahlreiche Telekommunikationsdienstleister bieten jedoch an, für den Kunden die Korrespondenz mit der Regulierungsbehörde zu führen, so dass der Endkunde in keinen direkten Kontakt zur Regulierungsbehörde treten muss. Dennoch bleibt es bei einer originären Zuteilung von Einzelrufnummern durch die Regulierungsbehörde an den Endkunden. Der Telekommunikationsdienstleister kann höchstens als Vertreter des Endkunden auftreten; es ist ihm nicht möglich, die Rufnummer zunächst für sich und in seinem Namen zu beantragen und anschließend die Rufnummern an seinen Kunden weiterzuleiten, da die rechtsge-

---

45 Vorläufige Regeln für die Zuteilung von Rufnummern für entgeltfreie Mehrwertdienste, ABl. BMPT Nr. 17/1997, Vfg 138/1997, Ziff. 1.

46 ABl. BMPT Nr. 17/1997, Vfg 137/1997: Seit dem 01.01.1998 können Rufnummern mit der Vorwahl 0800 genutzt werden, für die Rufnummern im Vorwahlbereich 0130 bestand eine Übergangsfrist bis zum 31.12.2000; dazu auch BeckTKG-*Paul/Mellewigt*, § 43 Rn 137.

47 *Jonas/Schmitz*, GRUR 2000, 183. Neben den internationalen Rufnummern mit der Vorwahl 00800 gibt es noch weitere „Universal International Numbers", vgl. ITU-T Recommendation E.169 (05/2002), Ziff. 3.3; dazu auch *Schütz*, MMR 1998, 287 (288).

48 Vorläufige Regeln für die Zuteilung von Persönlichen Rufnummern, ABl. BMPT Nr. 27/1997, Vfg 249/1997, Ziff. 1; vgl. auch die Heise-Meldung Nr. 27396 vom 15.05.2002, http://www.heise.de/newsticker/meldung/27396 (Stand: 15.07.2004).

49 Internationale Vanity-Nummern werden von der ITU vergeben, vgl. ITU-T Recommendation E.169 (05/2002), Appendix 1 sowie http://www.itu.int/ITU-T/universalnumbers/uifn/index.html#What (Stand: 15.07.2004).

schäftliche Übertragung von Vanity-Nummern in den Zuteilungsbedingungen ausgeschlossen wird[50].

Das genaue Zuteilungsverfahren ergibt sich aus den Zuteilungsregeln für die einzelnen Vorwahlbereiche, die als Verwaltungsvorschriften von der Regulierungsbehörde für Telekommunikation und Post zu beachten sind[51]. Danach sind die Anträge schriftlich oder per Fax an die Regulierungsbehörde zu richten, wo die Anträge nach der Reihenfolge des zeitlichen Eingangs bearbeitet werden. Beantragen mehrere Personen die Zuteilung der gleichen Vanity-Nummer, so gilt grundsätzlich das Prioritätsprinzip.

Im Falle einer erfolgreichen Antragstellung wird durch die Regulierungsbehörde die gewünschte Ziffernfolge zugeteilt. Diese Zuteilung ist als öffentlich-rechtlicher Verwaltungsakt im Sinne des § 35 VwVfG einzustufen[52]. Mit der Zuteilung der Rufnummer endet die Tätigkeit der Regulierungsbehörde.

Der Antragsteller muss als nächstes die Einrichtung und Freischaltung der Rufnummer von einem Netzbetreiber durchführen lassen. In der Wahl des Netzbetreibers ist der Antragsteller frei, jedoch muss die Beauftragung innerhalb von 90 Tagen nach Zuteilung der Rufnummer erfolgen, andernfalls verfällt die Rufnummer[53]. Daneben bestimmen die Zuteilungsregeln eine Frist, vor deren Ablauf die Vanity-Nummer auch tatsächlich genutzt werden muss. Insgesamt bleiben dem Antragsteller 180 Tage von der Zuteilung bis zur Nutzung[54]. Dies ist allerdings nicht so zu verstehen, dass mit der Beauftragung eines Netzbetreibers eine neue 90-Tage-Frist läuft[55].

Für die Nutzung einer Vanity-Nummer genügt es, wenn durch ihre Wahl ein Anschluss im öffentlichen Telefonnetz erreicht werden kann[56]. Maßgeblicher Zeitpunkt ist danach die Freischaltung der Rufnummer[57]. Es ist nicht erforderlich, dass tatsächlich Gespräche über die Vanity-Nummer geführt oder Dienste unter der Rufnummer angeboten werden[58].

---

50 Damit kann sich anders als bei den Domänennamen kein Markt für den Handel mit Vanity-Nummern bilden; vgl. aber § 3 E. II. 1. (Seite 191); zur Situation bei Domänennamen *Bücking*, Rn 229.

51 BVerwG, MMR 2004, 345 (346).

52 BeckTKG-*Paul/Mellewigt*, § 43 Rn 15 für die Zuteilung jeder Rufnummer, nicht nur einer Vanity-Nummer.

53 Vgl. etwa Vorläufige Regeln für die Zuteilung von Persönlichen Rufnummern, ABl. BMPT Nr. 27/1997, Vfg 249/1997, Ziff. 6.1 a).

54 Vgl. etwa Vorläufige Regeln für die Zuteilung von Persönlichen Rufnummern, ABl. BMPT Nr. 27/1997, Vfg 249/1997, Ziff. 6.1 b).

55 So aber wohl *Jonas/Schmitz*, GRUR 2000, 183.

56 Hoeren/Sieber-*Viefhues*, Kap. 6 Rn 521.

57 VG Köln, MMR 2001, 190 (192).

58 Praxishandbuch-*Schäfer*, § 6 Rn 207.

2. Vanity-Nummern im weiteren Sinne

Vanity-Nummern können jedoch nicht nur in den Vorwahlbereichen eingesetzt werden, in denen eine Nutzung explizit vorgesehen ist. Wer in einem anderen Vorwahlbereich Inhaber einer Rufnummer ist, die sich nach den Grundsätzen über die Bildung von Vanity-Nummern auch als einprägsame alphanumerische Bezeichnung angeben lässt, dem ist es unbenommen, diese Rufnummer wie eine Vanity-Nummer im engeren Sinne zu verwenden[59].

In den seltensten Fällen wird sich jedoch eine mehr oder weniger zufällig zugeteilte Rufnummer für eine alphanumerische Umsetzung eignen. Daher kommt der Einsatz von Vanity-Nummern grundsätzlich nur in Betracht für solche Vorwahlbereiche, bei denen die Teilnehmerrufnummer[60] frei gewählt werden kann.

Während bei den Vanity-Nummern im engeren Sinne eine einzelne beliebige Teilnehmerrufnummer vom Kunden bei der Regulierungsbehörde beantragt werden kann, erfolgt die Vergabe von Rufnummern außerhalb dieses Bereichs überwiegend nach dem Prinzip der abgeleiteten Zuteilung. Nach diesem Prinzip werden etwa Rufnummern in den Ortsnetzen und Mobilfunknetzen vergeben; Rufnummern für diese Bereiche können nicht direkt bei der Regulierungsbehörde beantragt werden.

Die Rufnummern in den Ortsnetzbereichen werden in einem zweistufigen Verfahren zugeteilt. Zunächst werden in den einzelnen Ortsnetzen Rufnummernblöcke von grundsätzlich 1000 Teilnehmerrufnummern an Anbieter von Telekommunikationsdienstleistungen[61] vergeben. Dieser Vorgang wird als originäre Zuteilung bezeichnet. In einem zweiten Schritt, der als abgeleitete Zuteilung bezeichnet wird, können Nutzer von den Anbietern von Telekommunikationsdienstleistungen einzelne Rufnummern erhalten. Möchte ein Nutzer sich eine bestimmte Rufnummer innerhalb eines Ortsnetzbereiches sichern, muss er folglich zunächst in Erfahrung bringen, welchem Anbieter von Telekommunikationsdienstleistungen der Rufnummernblock zugeteilt wurde, zu dem die gewünschte Rufnummer gehört. Danach kann er sich dann an das entsprechende Unternehmen wenden[62].

Die Vergabe von Rufnummern für Mobilfunknetze erfolgt ebenfalls in einem zweistufigen Verfahren. Allerdings umfasst ein Rufnummernblock hier

---

59 Hoeren/Sieber-*Viefhues*, Kap. 6 Rn 516.

60 Jede Rufnummer setzt sich zusammen aus der internationalen Landeskennzahl, der Bereichskennzahl (Vorwahl / Dienstekennzahl) sowie der Teilnehmerrufnummer; dazu *Geppert/Ruhle/Schuster*, Rn 657; BeckTKG-*Paul/Mellewigt*, § 43 Rn 5.

61 Vgl. die Begriffsbestimmung in § 3 Nr. 18 TKG; dazu BeckTKG-*Schuster*, § 3 Rn 21.

62 Das Verzeichnis der zugeteilten Rufnummernblöcke findet sich im Internet unter http://www.regtp.de/reg_tele/rufnummern/ortsnetze/zuget_RNB.zip (Stand: 15.07.2004).

10.000.000 Teilnehmerrufnummern[63]. Damit besteht pro Vorwahlbereich nur ein einziger Rufnummernblock, so dass sämtliche Rufnummern im Wege der abgeleiteten Zuteilung jeweils durch den Netzbetreiber vergeben werden können. Aufgrund dieser Ausgangslage ist es mittlerweile auch bei Mobilfunkrufnummern üblich, den Kunden eine Wunschrufnummer wählen zu lassen.

II. Legitimation der Regulierungsbehörde

Auch nach der Liberalisierung des Telekommunikationsmarktes ist mit der Regulierungsbehörde für Telekommunikation und Post weiterhin eine staatliche Behörde für die Nummernverwaltung und damit auch für die Vergabe der einzelnen Rufnummern zuständig.

1. Nummernverwaltung als hoheitliche Aufgabe

Trotz der Liberalisierung des Telekommunikationsmarktes bleibt es Aufgabe des Staates, eine angemessene, Chancengleichheit sicherstellende Kommunikationsversorgung zu gewährleisten[64]. Diese Aufgabe ergibt sich aus Art. 87f I GG, der als Ausformung des in Art. 20 I GG verankerten Sozialstaatsprinzips anzusehen ist[65]. Die vor der Liberalisierung gegebene Erfüllungsverantwortlichkeit hat sich lediglich in eine Überwachungsverantwortlichkeit umgewandelt[66]. Während die Erbringung von Dienstleistungen im Bereich der Telekommunikation gem. Art. 87f II GG privatwirtschaftlich erfolgen soll, bleibt die Gewährleistung einer ausreichenden Kommunikationsversorgung eine hoheitliche Aufgabe[67].

Mit der Liberalisierung des Telekommunikationsmarktes hat die Regulierungsbehörde für Telekommunikation und Post fast alle hoheitlichen Aufgaben im Bereich der Telekommunikation übernommen[68]. So obliegt ihr gem. § 43 I TKG auch die Aufgabe der Strukturierung und Verwaltung des Nummernraumes. Dadurch soll sichergestellt werden, dass trotz der Vielzahl der Netzbetreiber und Anbieter von Telekommunikationsdienstleistungen eine einheitliche Nummerierung gewährleistet ist.

---

63 Regeln für die Zuteilung von Rufnummern für öffentliche zellulare Mobilfunknetze, ABl. RegTP Nr. 23/2000, Vfg 84/2000, Abschnitt 1.

64 Sachs-*Windthorst*, Art. 87f Rn 8; Dreier-*Wieland*, Art. 87f Rn 11.

65 Dreier-*Wieland*, Art. 87f Rn 11.

66 vonMangoldt/Klein/Starck-*Gersdorf*, Art. 87f Rn 21.

67 Sachs-*Windthorst*, Art. 87f Rn 15.

68 *Geppert/Ruhle/Schuster*, Rn 821; Wissmann-*Wissmann*, Kap. 3 Rn 2.

2. Kritik und Alternativen

Die Übertragung zahlreicher Aufgaben auf dem Gebiet der Telekommunikation auf die Regulierungsbehörde ist teilweise auf Kritik gestoßen[69]. Alternativ wäre auch eine Konstruktion denkbar gewesen, bei der sich der Staat stärker auf die Deregulierung des Marktes beschränkt und daneben möglichst wenig Aufgaben an sich zieht. Um dies zu verdeutlichen, wurde vorgeschlagen, die Aufgabe der Deregulierung des Telekommunikationsmarktes dem Bundeskartellamt zuzuweisen[70].

a) Möglichkeit einer privatrechtlichen Vergabestelle

Möglicherweise hätte vollständig darauf verzichtet werden können, die Verwaltung des Nummernraumes und insbesondere die Vergabe einzelner Rufnummern oder von Rufnummerblöcken im staatlichen Zuständigkeitsbereich zu belassen. Man hätte in Anlehnung an das System bei der Vergabe von Domänennamen auch eine Struktur wählen können, wonach die Netzbetreiber und Telekommunikationsanbieter gemeinsam eine nicht-staatliche Dachorganisation ähnlich der Denic e.G.[71] gründen, die für die Vergabe der Rufnummern zuständig wird.

Es besteht jedoch insoweit keine vergleichbare Interessenlage, als dass der Bereich des Internets nicht zur kommunikativen Grundversorgung der Bevölkerung gezählt werden kann, die aufgrund des grundgesetzlichen Infrastruktursicherungsauftrages durch den Staat gewährleistet werden muss. Daher besteht keine Notwendigkeit, eine staatliche Stelle für den Bereich der Domänennamen einzurichten und mit der Vergabe der Domänennamen zu betrauen. Telefonnummern werden anders als Domänennamen als öffentliches Gut[72] angesehen, die daher nur von einer öffentlichen Stelle vergeben werden können.

Gründe, warum eine privatrechtliche organisierte Stelle besser für die Vergabe von Rufnummern geeignet wäre, sind nicht ersichtlich[73]. Unabhängig davon, ob die Nummernverwaltung durch eine öffentlich-rechtliche Behörde oder privatrechtliche Organisation erfolgt, führt jedenfalls kein Weg an einer zentralen Vergabestelle vorbei um sicherzustellen, dass jede Rufnummer nur ein ein-

---

69 *Zanger/Schöll*, § 52 Rn 17.

70 BeckTKG-*Geppert*, § 66 Rn 5.

71 *Bettinger/Freytag*, CR 1999, 28 (29) zu den Aufgaben und der Position der Denic; zur NIC.AT als privatrechtliche GmbH in Österreich vgl. *Forgó* in Mayer-Schönberger/Galla/Fallenböck, S. 9.

72 BeckTKG-*Paul/Mellewigt*, § 43 Rn 12.

73 Für die Nummernvergabe mag von einer gleichen Eignung ausgegangen werden, aber bereits bei der Durchsetzung von Netzzusammenschlüssen kann eine hoheitliche Behörde wie die RegTP effektiver tätig werden als eine privatrechtliche Organisation.

ziges Mal vergeben wird und dass – auch im internationalen Kontext – ein einheitliches Nummerierungssystem verwendet wird.

b) Alternativen zum bestehenden Vergabeverfahren

Fraglich ist, ob es Alternativen zu dem Verfahren bei Vanity-Nummern gibt, wonach die Zuteilung bei der Regulierungsbehörde beantragt und die Freischaltung bei einem Anbieter von Telekommunikationsdienstleistungen in Auftrag gegeben werden muss. Als Alternative wäre ein zweitstufiges Zuteilungsverfahren für Vanity-Nummern, ähnlich wie es in Orts- und Mobilfunknetzen praktiziert wird, anzusehen.

Dabei würden die einzelnen Telekommunikationsdienstleister Rufnummerblöcke zugeteilt bekommen und könnten die einzelnen Rufnummern beliebig an Kunden weitergeben und zugleich freischalten. Ein Vorteil der besonderen Vorwahlbereiche für Vanity-Nummern ist aber die Tatsache, dass mit der Regulierungsbehörde eine zentrale Stelle über alle Rufnummern verfügt und der Kunde sich nicht abhängig von der gewünschten Rufnummer an unterschiedliche Unternehmen mit möglicherweise unterschiedlichen Preismodellen wenden muss. Dieser Vorteil würde entfallen, wenn jeder Telekommunikationsdienstleister nur über bestimmte Rufnummernblöcke verfügen würde und ausschließlich Rufnummern aus diesen Blöcken anbieten und sich um deren Freischaltung kümmern würde[74]. Aufgrund der begrenzten Zahl an Vorwahlbereichen ist es auch nicht möglich, jedem Telekommunikationsdiensteanbieter eine eigene Vorwahl für Vanity-Nummern zuzuteilen, für die der Anbieter dann selbständig Rufnummern vergeben und freischalten könnte. Dies wäre mit den Bestrebungen, für bestimmte Dienste zentrale Rufnummern zu schaffen, die international harmonisiert sind, nicht vereinbar.

Damit erscheint die gewählte Variante der Vergabe der Rufnummern durch eine zentrale, öffentlich-rechtlich organisierte Vergabestelle als beste Möglichkeit. Die Regulierungsbehörde für Telekommunikation und Post als Vergabestelle kann ihrerseits die technische Freischaltung nicht veranlassen, da sie lediglich administrativ tätig ist. Der Bereich der technischen Freischaltung fällt in den nach Art. 87f II GG privatisierten Bereich, so dass dem Kunden ein Wahlrecht gewährt werden muss, welchen privaten Telekommunikationsdienstleister er beauftragt.

---

[74] In den USA wurden anfangs bestimmte Rufnummernblöcke an die Telefongesellschaften vergeben. Aufgrund der aufgeführten Nachteile sind die Rufnummern mittlerweile nicht mehr an einzelne Telefongesellschaften gebunden, vgl. Holiday Inns, Inc. v. 800 Reservation, Inc., 838 F. Supp. 1247, 1250 (E.D. Tenn. 1993).

C. Rechtliche Rahmenbedingungen

In rechtlicher Hinsicht stellt sich zunächst die Frage, auf welche Normen zur Beurteilung von Konflikten im Zusammenhang mit Vanity-Nummern zurückgegriffen werden kann. Besondere gesetzliche Regelungen zum Umgang mit Vanity-Nummern bestehen nicht, der Begriff der Vanity-Nummer ist in keiner Gesetzesnorm zu finden.

§ 43 TKG regelt ganz allgemein die Nummerierung und sieht vor, dass die Regulierungsbehörde Bedingungen für die Erlangung von Nutzungsrechten an einer Rufnummer festlegen kann. Aufgrund dieser Ermächtigungsgrundlage sind für die einzelnen Vorwahlbereiche jeweils Regeln für die Zuteilung von Rufnummern erlassen, die teilweise auch noch den Charakter von vorläufigen Regeln haben[75]. Die Regeln für die Vorwahlbereiche, in denen die Vergabe von Vanity-Nummern vorgesehen ist, sind die einzigen Vorschriften, die ausdrücklich auf Vanity-Nummern Bezug nehmen und spezielle Regelungen enthalten. Ansonsten müssen andere gesetzliche Regelungen herangezogen werden, die zwar nicht speziell für Vanity-Nummern entwickelt worden sind, aber möglicherweise auf diesen neuen Bereich übertragen werden können. Selbst wenn eine Notwendigkeit für eigene gesetzliche Regelungen bestehen würde, ist es im Bereich der Neuen Medien nicht möglich, für jede neue Entwicklung sofort ein neues Gesetz oder zumindest Gesetzesnormen bereitzustellen[76]. Bereits der Gang des Gesetzgebungsverfahrens verhindert eine zeitnahe Abdeckung des Sachverhalts durch gesetzliche Vorschriften. Zumindest bis zum Erlass spezieller gesetzlicher Vorschriften bleibt nur die Möglichkeit, bestehende gesetzliche Vorschriften, die ihrem Sinn nach anwendbar sind, heranzuziehen. Für den Bereich der Vanity-Nummern kommen dabei vor allem die bestehenden Regelungen des Namensrechtes, des Markengesetzes sowie des Wettbewerbsrechts in Betracht.

Das Namensrecht, welches in § 12 BGB verankert ist, diente ursprünglich dem Schutz des Namens einer natürlichen Person, mittlerweile ist jedoch der Anwendungsbereich stark ausgeweitet worden[77]. Das Markenrecht schützt wie das Namensrecht Kennzeichen, insbesondere zur Bezeichnung von Waren und Dienstleistungen[78]. Das Wettbewerbsrecht soll schließlich vor unlauteren Geschäftspraktiken schützen[79]. Je nach Konstellation können unterschiedliche Grundsätze und Normen aus den genannten Bereichen zur Konfliktlösung herangezogen werden.

---

75 BeckTKG-*Paul/Mellewigt*, § 43 Rn 14.
76 *Fuhr/Rudolf/Wasserburg*, S. V.
77 Hk-BGB-*Dörner*, § 12 Rn 8; Jauernig-*Jauernig*, § 12 Rn 3.
78 *Aufenanger*, II. 1. (S. 156).
79 *Ackermann*, A. III. (S. 4).

§ 3 Kollision von Vanity-Nummern mit geschützten Kennzeichen

Rechtliche Konflikte treten im Bereich der Vanity-Nummern häufig dann auf, wenn eine durch die Regulierungsbehörde vergebene Vanity-Nummer mit einem Kennzeichen kollidiert, welches für eine andere Person als den Nummerninhaber geschützt ist. Daneben besteht aber auch ein Konfliktpotential bei Nutzung von Bezeichnungen, die nicht schutzfähig sind, als Vanity-Nummern.

A. Offene Nutzung einer Bezeichnung als Vanity-Nummer

Abhängig von der Art des Einsatzes der Vanity-Nummer kann zwischen einer offenen und einer verdeckten Nutzung unterschieden werden. Bei einer offenen Nutzung wird die Vanity-Nummer für Dritte erkennbar in alphanumerischer Schreibweise wiedergegeben und verwendet. Bei einer rechtlichen Bewertung dieser offenen Nutzung von Vanity-Nummern soll zunächst auf den Fall eingegangen werden, dass eine Bezeichnung unverändert, also in der korrekten Schreibweise wie sie als Kennzeichen geschützt oder als beschreibende Bezeichnung freihaltebedürftig ist, als Vanity-Nummer verwendet wird.

I. Ausgangslage

Aufgrund der freien Wählbarkeit der Rufnummer können beliebige Begriffe und Namen als Vanity-Nummer genutzt werden[80]. Es kann etwa der eigene Name einer natürlichen Person oder die Unternehmensbezeichnung verwendet werden. Daneben ist es allerdings auch möglich, den Namen eines Konkurrenten oder einer beliebigen anderen Person, mit welcher der Nummerninhaber in keinerlei Zusammenhang steht, als Vanity-Nummer einzusetzen[81]. Bei dieser Konstellation stellt sich die Frage, wie sich ein Namensinhaber gegen Verwendung seines Namens durch Fremde schützen kann. Damit verbunden ist die Frage, ob eine Möglichkeit besteht, einen Anspruch auf die Rufnummer, welche dem eigenen Namen entspricht, durchzusetzen. Die gleiche Fragestellung besteht auch bei der unbefugten Nutzung anderer Kennzeichen wie etwa eingetragenen Marken.

Schließlich können auch beschreibende Bezeichnungen wie Gattungsbegriffe verwendet werden, die nicht auf die Person des Inhabers der Rufnummer hinweisen. An solchen Bezeichnungen können Dritte regelmäßig keine eigenen Kennzeichenrechte besitzen. Dann kann aber möglicherweise aus anderen Gründen die Nutzung durch den Nummerninhaber untersagt werden.

---

80 Hoeren/Sieber-*Viefhues*, Kap. 6 Rn 518.

81 *Jonas/Schmitz*, GRUR 2000, 183.

II. Schutz von Eigen- und Phantasienamen

Entscheidet sich der Nummerninhaber dafür, eine Rufnummer zu wählen, deren alphanumerische Umsetzung einem Eigennamen oder einer Phantasiebezeichnung entspricht, ist sorgfältig zu prüfen, ob durch die Nutzung nicht Rechte Dritter verletzt werden.

1. Namensrecht

Zunächst kommt die Verletzung fremder Namensrechte in Betracht. Das Namensrecht ist in § 12 BGB verankert, wobei Begriff und Funktion des Namens in der Vorschrift explizit nicht geregelt sind. Der Name wird allgemein definiert als äußeres Kennzeichen einer Person zu ihrer Unterscheidung von anderen[82]. Erfasst ist danach zunächst nur der bürgerliche Name einer natürlichen Person[83]. Der Anwendungsbereich des § 12 BGB ist jedoch erweitert worden auf Spitznamen und Pseudonyme[84]. Daneben findet die Vorschrift Anwendung auf juristische Personen sowie allen unter einem Gesamtnamen auftretenden Personenvereinigungen, soweit sie von der Rechtsordnung anerkannt sind[85]. Danach kommt etwa auch die Bezeichnung einer Gesellschaft bürgerlichen Rechts in den Genuss des namensrechtlichen Schutzes. Öffentlich-rechtliche Gebietskörperschaften können sich ebenfalls auf ein eigenes Namensrecht berufen[86]. Zugunsten der Gebietskörperschaften ist § 12 BGB zumindest analog anwendbar[87]. Neben dem eigentlichen Namen sind auch namensmäßige Kennzeichen erfasst, die selbst keine Namen sind[88]. Gemeint sind damit vor allem aus dem Namen abgeleitete Abkürzungen und Schlagworte.

Inhaltlich bietet das Namensrecht dem Namensinhaber die Möglichkeit, sich gegen Namensanmaßung und gegen Namensbestreitung zu schützen[89].

a) Namensanmaßung

Ein Fall der Namensanmaßung liegt vor, wenn jemand unbefugt den Namen eines Dritten gebraucht und dadurch ein schutzwürdiges Interesse des Dritten ver-

---

82 BVerwG, NJW 1987, 2454.

83 Jauernig-*Jauernig*, § 12 Rn 2.

84 BGHZ 30, 7 (9); MüKo-*Schwerdtner*, § 12 Rn 47.

85 *Bücking*, Rn 43; kritisch *Krumpholz*, JurPC Web-Dok. 168/2003, Abs. 6.

86 BGH, NJW 1963, 2267; Staudinger-*Weick/Habermann*, § 12 Rn 199; a.A. AK-*Kohl*, § 12 Rn 34 wegen eines angeblich fehlenden Schutzbedürfnisses.

87 *Pappermann*, DÖV 1980, 353 (353); *Bücking*, NJW 1997, 1886 (1888).

88 Palandt-*Heinrichs*, § 12 Rn 10 mwN.

89 Staudinger-*Weick/Habermann*, § 12 Rn 237; *Völker/Weidert*, WRP 1997, 652 (656).

letzt[90]. Aus dieser Definition ergeben sich vier Grundvoraussetzungen, die erfüllt sein müssen, damit ein Fall der Namensanmaßung vorliegen kann[91]: Zunächst muss ein namensmäßiger Gebrauch vorliegen, weiter muss eine Verwechslungsgefahr bestehen und der Name muss unbefugt genutzt werden. Schließlich ist eine Interessenverletzung auf Seiten des Dritten erforderlich.

aa) Namensmäßiger Gebrauch

Als erstes ist somit zu prüfen, ob die Nutzung einer Telefonnummer unter die Voraussetzung des namensmäßigen Gebrauchs subsumiert werden kann. Es wird zwischen der Nutzung eines Namens und einer bloßen Namensnennung unterschieden. Die Nutzung eines Namens liegt vor, wenn der Name dazu verwendet wird, eine andere Person, deren Einrichtungen oder Produkte namensmäßig zu bezeichnen[92]. Die Vorschrift des § 12 BGB ist immer dann anwendbar, wenn durch die Namensverwendung der Anschein erweckt wird, der Verwender stehe in irgendeiner Beziehung zu der mit dem Namen bezeichneten Person, dem Gegenstand oder der Leistung[93]. Es kommt im Rahmen des § 12 BGB nicht darauf an, ob die Namensnutzung im geschäftlichen oder privaten Rahmen erfolgt[94]. Es muss lediglich die Gefahr gegeben sein, dass eine Identitäts- oder Zuordnungsverwirrung entsteht[95]. Durch die bloße Namensnennung besteht dagegen die Gefahr einer Identitäts- oder Zuordnungsverwirrung nicht, so dass durch eine Namensnennung nicht der Tatbestand der Namensanmaßung erfüllt werden kann[96].

(1) Situation bei Telefonnummern allgemein

Ausgehend von diesen allgemeinen Ausführungen ist zu prüfen, wie die Situation bei der Nutzung von Telefonnummern zu bewerten ist. Ein namensmäßiger Gebrauch kommt nach den obigen Ausführungen nur in Betracht, wenn der Rufnummer eine Identifizierungsfunktion zukommt; ausschließlich in diesem Fall kann eine Identitäts- oder Zuordnungsverwirrung eintreten.

---

90 Palandt-*Heinrichs*, §12 Rn 19.

91 Teilweise wird auch von drei Voraussetzungen ausgegangen, ohne dass sich inhaltliche Unterschiede ergeben, so etwa Soergel-*Heinrich*, § 12 Rn 172.

92 Soergel-*Heinrich*, § 12 Rn 178; Palandt-*Heinrichs*, § 12 Rn 20.

93 RGZ 74, 308 (310) – Graf Zeppelin; Soergel-*Heinrich*, § 12 Rn 172.

94 Soergel-*Heinrich*, § 12 Rn 167; *Funk*, K&R 1998, 265; *Krumpholz*, JurPC Web-Dok. 168/2003, Abs. 14 weist kritisch auf den Vorrang von § 15 MarkenG bei der geschäftlichen Nutzung geschützter Unternehmensbezeichnungen hin.

95 BGHZ 91, 117 (120); BGHZ 119, 237 (245); BGHZ 126, 208 (215).

96 BGH, GRUR 1959, 430 (431) – Caterina Valente.

In den Ortsnetzbereichen erfolgt die Zuteilung einer Rufnummer ohne Rücksicht auf die Person des Antragstellers. Daher ist es nicht denkbar, dass die Rufnummer selbst auf den Inhaber hindeutet. Zwar ist es möglich, mittels einer Rückwärtssuche[97] anhand der Rufnummer den Nummerninhaber zu ermitteln; die Rufnummer alleine lässt aber ohne weitere Informationen keinen Rückschluss auf den Nummerninhaber zu. Gewöhnlichen Rufnummern kommt damit keine Identifikationsfunktion im Sinne des Namensrechts zu[98].

Ziel der frei wählbaren Vanity-Nummern ist es jedoch, eine bessere Einprägsamkeit der Rufnummer dadurch zu erreichen, dass eine Rufnummer gewählt wird, deren alphanumerische Bezeichnung unmittelbar auf den Nummerninhaber verweist. Dies ist etwa der Fall, wenn der Name des Nummerninhabers zugleich als Rufnummer gewählt wird oder die alphanumerische Bezeichnung auf die vom Nummerninhaber angebotenen Produkte oder Leistungen hindeutet.

(2) Identifikationsfunktion bei Vanity-Nummern

Nutzt eine Person beispielsweise die Vanity-Nummer 0700-SCHMIDT, so werden Anrufer erwarten, unter dieser Rufnummer eine Person mit dem Nachnamen Schmidt zu erreichen. Diese Erwartung beruht auf der Überlegung, dass die meisten Antragsteller, wenn sie eine Vanity-Nummer beantragen, von der Möglichkeit Gebrauch machen, eine Rufnummer zu wählen, die auf die eigene Person hindeutet. Dies spricht dafür, Vanity-Nummern anders als anderen Rufnummern grundsätzlich eine Identifikationsfunktion zuzusprechen. Allerdings ist es natürlich auch weiterhin möglich, eine Rufnummer zu wählen, die in keinerlei Beziehung zum Nummerninhaber steht. Die freie Wählbarkeit der Rufnummer gestattet es etwa auch, auf andere Weise besonders einprägsame Ziffernfolgen zu wählen wie 0700-99999999[99]. Hier liegt der besondere Vorteil der wählbaren Vanity-Nummer nicht darin, dass eine Verbindung zwischen Nummerninhaber und Vanity-Nummer hergestellt wird, sondern dass eine besonders einprägsame Zahlen- oder Buchstabenfolge[100] gewählt wird.

Während jeder Name zur Identifizierung der Person oder des Unternehmens dient, erfüllt nicht jede Rufnummer, nicht einmal jede Vanity-Nummer, eine Identifikationsfunktion. Der Rufnummer 0700-ABCDEFGH kommt etwa im Gegensatz zu 0800-SCHMIDT keine Identifikationsfunktion zu. Daher lässt sich keine pauschale Antwort auf die Frage finden, ob einer Rufnummer eine Identifikationsfunktion zukommt. Es ist vielmehr nach der Art der Rufnummer

---

97 Die Zulässigkeit der Rückwärtssuche ergibt sich aus § 105 III TKG. Bereits vor Zulassung der Rückwärtssuche waren entsprechende Erweiterungen für Telefonbuch-CDs wie zum Beispiel die Software „Rufident" im Internet erhältlich.

98 BGHZ 8, 387 (388).

99 Vgl. dazu bereits oben § 2 A. I. (Seite 3).

100 Einprägsam wäre etwa auch die Rufnummer 0700-ABCDEFGH.

zu differenzieren: Nur bei solchen Rufnummern, deren alphanumerische Umsetzung einen Eigen- oder Phantasienamen ergibt, erscheint eine namensmäßige Nutzung möglich und kann eine Namensanmaßung in Betracht kommen.

(3) Argumente gegen einen namensmäßigen Gebrauch

Doch selbst bei den Rufnummern, bei denen die alphanumerische Bezeichnung durch Verwendung von Eigen- oder Phantasienamen auf den Nummerninhaber hindeutet, können Argumente gegen einen namensmäßigen Gebrauch vorgebracht werden.

(a) Verbindungsaufbau über die Ziffernfolge

Es könnte etwa argumentiert werden, dass der Name überhaupt nicht benötigt wird, da der Verbindungsaufbau über die Ziffernfolge erfolgt[101]. Technisch gesehen ist diese Argumentation zutreffend, dabei wird jedoch nicht beachtet, dass sowohl der Nummerninhaber, der die Rufnummer als alphanumerische Bezeichnung angibt, als auch der Anrufer, der sich die Rufnummer anhand des Namens merkt, den Namen und nicht die Ziffernfolge nutzen.

(b) Vanity-Nummer als Name oder Adresse

Die Namensfunktion von Vanity-Nummern kann außerdem mit dem Argument in Frage gestellt werden, dass durch die Vanity-Nummer, auch wenn sie auf eine Person hindeutet, nicht eine Person, sondern immer nur ein Telefonanschluss, der von verschiedenen Person genutzt werden kann, bezeichnet wird. Daher könnte die Vanity-Nummer eher als Adresse, unter der eine Person telefonisch erreichbar ist und nicht als Name der Person angesehen werden[102].

Diese sehr technische Betrachtungsweise berücksichtigt aber nicht ausreichend, dass eine Vanity-Nummer weder ein Name noch eine Adresse, sondern eine Rufnummer ist, die aber wie ein Name genutzt wird[103]. Ein Name kennzeichnet und identifiziert die dahinterstehende Person ebenso wie eine Vanity-Nummer wegen ihrer freien Wählbarkeit auf den dahinterstehenden Nummerinhaber hinweist. Zwar kann ein Telefonanschluss von mehreren Personen genutzt werden, allerdings kann jeder Telefonanschluss genau einem Anschlussinhaber zugeordnet werden.

---

101 Vgl. oben § 2 A. I. (Seite 3).

102 Vgl. zur ähnlichen Diskussion bei Domänennamen *Graefe*, MA 1996, 100 (102); *Freitag*, MA 1996, 496; *Wiebe*, CR 1998, 157 (158); *Schanda*, ecolex 1999, 181.

103 *Fezer*, WRP 2000, 669 (670) weist zutreffend darauf hin, dass Adressierungs- und Namensfunktion sich nicht ausschließen müssen.

(c) Freie Wählbarkeit der Rufnummer

Weiter könnte die freie Wählbarkeit von Rufnummern gegen einen namensmäßigen Gebrauch sprechen. Durch die freie Wählbarkeit der Vanity-Nummer ist es überhaupt erst möglich, dass die Rufnummer namensmäßig verwendet wird, da der Nummerninhaber andernfalls keine Rufnummer auswählen könnte, die auf seine Person hindeutet. Auf der anderen Seite unterscheiden sich Vanity-Nummern und Namen aber gerade durch diese freie Wählbarkeit[104]. Eine Vanity-Nummer muss nicht notwendig so gewählt werden, dass sie in einem erkennbaren Zusammenhang mit dem Namen des Nummerninhabers steht, genauso wenig muss die Rufnummer von diesem dauerhaft genutzt werden. Im Unterschied dazu ist der Name einer natürlichen Person nicht frei wählbar und haftet der Person lebenslang an[105].

Allerdings ist zu beachten, dass auch Künstlernamen und Pseudonyme namensrechtlichen Schutz genießen, obwohl sie frei wählbar sind und nicht dauerhaft genutzt werden müssen[106]. Daher steht die freie Wählbarkeit der Vanity-Nummer nicht der Anwendbarkeit der namensrechtlichen Grundsätze entgegen.

(d) Verwirrung durch hohe Zahl an Gleichnamigen

Schließlich kann wie bei den Domänennamen das Problem der hohen Anzahl an Gleichnamigen zu berücksichtigen sein. Bei den Domänennamen wird vertreten, dass wegen der hohen Zahl an Gleichnamigen ein Internet-Nutzer nicht darauf vertrauen kann, einen bestimmten Domäneninhaber unter einem Domänennamen zu erreichen und daher durch die Domänennamen keine Zuordnungsverwirrung hervorgerufen werden kann[107]. Zutreffend ist der Einwand, dass weder bei Domänennamen noch bei Vanity-Nummern, die einen Namen als Bezeichnung nutzen, erwartet werden kann, einen bestimmten Namensinhaber zu erreichen. Dies führt jedoch nicht zu einer Ablehnung der Annahme eines namensmäßigen Gebrauchs von Vanity-Nummern. Für die Namensfunktion der Vanity-Nummer genügt es, wenn der Anrufer, unter 0700-SCHMIDT einen (beliebigen) Inhaber des Namens Schmidt erwartet – unabhängig davon, wie viele Inhaber dieses Namens es gibt[108].

---

[104] Ähnlich für Domänennamen *Höhne*, ecolex 1998, 924 (925).

[105] Soergel-*Heinrich*, § 12 Rn 3; MüKo-*Schwerdtner*, § 12 Rn 6 spricht insoweit von einem Zwangsnamen.

[106] *Ernst*, NJW-CoR 1997, 426 (427).

[107] *Wilmer*, CR 1997, 562 (564).

[108] Ähnlich für Domänennamen LG Mannheim, GRUR 1997, 377 (378) – heidelberg.de.

bb) Verwechslungsgefahr

Zweite Tatbestandsvoraussetzung für die Annahme einer Namensanmaßung ist der Gebrauch des gleichen Namens[109]. Eine volle Übereinstimmung ist dabei nicht erforderlich; maßgeblich ist die Frage, ob eine Verwechslungsgefahr gegeben ist[110]. Möchte also im bereits häufiger zitierten Beispiel der Vanity-Nummer 0700-SCHMIDT ein Inhaber des Namens Schmidt gegen den Nummerinhaber vorgehen, so ist zu prüfen, ob durch die Verwendung der Rufnummer 0700-SCHMIDT der Name Schmidt genutzt wird. Dagegen könnte sprechen, dass der Name nur ein Teil der Gesamtrufnummer ist und die Rufnummer als Gesamtheit betrachtet werden muss. Bei dieser Argumentation könnte eine Vanity-Nummer wegen der zwingend voranzustellenden Vorwahl nie mit dem Namen einer natürlichen Person kollidieren. Auch eine Kollision mit Unternehmenskennzeichen wäre unwahrscheinlich, da kaum eine Umbernehmensbezeichnung mit einer vierstelligen Zahl beginnt.

Eine absolute Identität ist für das Bestehen eines namensrechtlichen Anspruchs nicht erforderlich[111], so dass möglicherweise ausschließlich auf die Teilnehmerrufnummer abgestellt werden kann. Im Namensrecht ist etwa anerkannt, dass Zusätzen nicht automatisch eine eigene Unterscheidungskraft zukommt[112]. Zusätze ohne eigene Unterscheidungskraft können bei der Prüfung der Verwechslungsgefahr außer Acht gelassen werden. Vornamen oder die Rechtsform betreffende Hinweise können daher unberücksichtigt bleiben; maßgeblich ist vor allem der Nachname[113]. Wird diese Wertung auf den Bereich der Vanity-Nummern übertragen, ist die Vorwahl für den namensrechtlichen Vergleich ohne Bedeutung und aussagekräftig ist ausschließlich die Teilnehmerrufnummer. Besteht diese alleine aus einem Namen, kann zwischen dem Nummerninhaber und anderen Trägern des verwendeten Namens eine Verwechslungsgefahr bestehen[114]. Für eine maßgebliche Bedeutung der Teilnehmerrufnummer spricht, dass ausschließlich die Teilnehmerrufnummer frei wählbar ist und als Buchstabenfolge dargestellt wird, während die Vorwahl lediglich als vorgeschriebenes Element einer jeden Gesamtrufnummer mitgeführt wird, der

---

109 Palandt-*Heinrichs*, § 12 Rn 20; Soergel-*Heinrich*, § 12 Rn 172.

110 BGHZ 8, 318 (320); Erman-*Westermann*, § 12 Rn 18.

111 Staudinger-*Weick/Habermann*, § 12 Rn 277; Palandt-*Heinrichs*, § 12 Rn 24.

112 Palandt-*Heinrichs*, § 12 Rn 24 mwN.

113 BGH, GRUR 1991, 393 – Ott International; allerdings kann sich eine Eigentümlichkeit auch aus der Kombination von Vor- und Nachname ergeben, dazu BPatG, GRUR 2002, 70 – Noelle Claris / CLARIS; BGH, GRUR 2000, 1031 (1032) – Carl Link; BGH, GRUR 2000, 233 (234) – Rausch / Elfi Rauch.

114 Vgl. zur Verwechslungsgefahr die ausführlichen Erläuterungen unter § 3 A. II. 2. c) (Seite 39).

im Rahmen der Identifizierungsfunktion keine eigene Bedeutung zukommt[115]. Bei der Prüfung der Verwechslungsgefahr sind damit der Name und die Teilnehmerrufnummer zu vergleichen. Der Inhaber der Vanity-Nummer 0700-SCHMIDT nutzt also den gleichen Namen wie etwa Hans Schmidt oder die Schmidt GmbH.

cc) Unbefugter Gebrauch

Ein Anspruch aus § 12 BGB wegen Namensanmaßung setzt nach dem Wortlaut der Vorschrift weiter voraus, dass der Name unbefugt gebraucht wird. Unbefugt ist der Gebrauch des Namens, wenn ein eigenes Benutzungsrecht nicht besteht[116].

(1) Berechtigung zum Gebrauch des eigenen Namens

Die Berechtigung zum Führen des eigenen bürgerlichen Namens ergibt sich unmittelbar aus dem Gesetz[117]. Wer Inhaber des Namens ist, der als Teilnehmerrufnummer einer Vanity-Nummer genutzt wird, handelt damit nicht unbefugt. Es ist somit grundsätzlich zulässig, den eigenen Namen als Vanity-Nummer zu registrieren.

Ein unbefugter Gebrauch liegt aber vor, wenn der Name eines Konkurrenten oder einer beliebigen anderen Person als Vanity-Nummer genutzt wird. An einer Berechtigung fehlt es auch dann, wenn etwa ein Händler Produkte eines Herstellers vertreibt und sich den Namen des Herstellers als Vanity-Nummer sichert. Der Händler ist zwar zum Vertrieb der Produkte des Herstellers berechtigt, nicht aber zu einer umfassenden Nutzung des Namens des Herstellers[118]. Durch den bloßen Verkauf oder Vertrieb der Produkte identifiziert sich der Händler nicht mit dem Namen des Herstellers. Es liegt lediglich eine Namensnennung vor, keine Namensnutzung. Eine Namensnutzung erfolgt erst, wenn der Name des Herstellers für Werbung genutzt wird, die den Eindruck einer weitergehenden Verbundenheit zwischen Hersteller und Händler vermittelt. In diesem Fall ist dann auch eine Genehmigung des Herstellers notwendig[119]. Auch die

---

115 Zur vergleichbaren Situation bei Domänennamen bezüglich des Präfixes http://www *Völker/Weidert*, WRP 1997, 652 (657); bezüglich der Top-Level-Domain vgl. OLG Stuttgart, CR 1998, 621 – steiff.com; LG Braunschweig, K&R 1999, 573 – stadtinfo.com; *Ubber*, WRP 1997, 497 (505).

116 Soergel-*Heinrich*, § 12 Rn 179; MüKo-*Schwerdtner*, § 12 Rn 207.

117 MüKo-*Schwerdtner*, § 12 Rn 208.

118 U-Haul Int'l, Inc. v. Kresch, 943 F. Supp. 802, 809 (E.D.Mich. 1996).

119 Die Genehmigung lässt den unbefugten Gebrauch jedoch nur gegenüber dem Hersteller, nicht auch gegenüber allen anderen Namensträgern entfallen, vgl. BGH, GRUR 1968, 212 (213) – Hellige; MüKo-*Schwerdtner*, § 12 Rn 215.

Nutzung einer Vanity-Nummer, die dem Namen des Herstellers eines angebotenen Produkts entspricht, durch einen Händler ist daher nur mit dem Einverständnis des Herstellers eine berechtigte Nutzung.

(2) Gleichnamigkeit

Schwierigkeiten bereitet die Prüfung der Berechtigung zur Namensnutzung bei Fällen der Gleichnamigkeit. Tragen mehrere Personen oder Unternehmen den gleichen Namen, so gibt es mehrere berechtigte Nutzer des Namens. Fraglich ist, wie zu entscheiden ist, wenn mehrere dieser Namensträger untereinander um die Vanity-Nummer streiten. In diesem Fall findet eine umfassende Interessenabwägung statt[120].

(a) Prioritätsprinzip

Im Rahmen der Interessenabwägung ist bei Gleichnamigkeit grundsätzlich das Prioritätsprinzip entscheidend[121]. Danach setzt sich derjenige Namensträger durch, der zuerst den Namen genutzt hat[122]. Bei bürgerlichen Zwangsnamen einer natürlichen Person darf das Prioritätsprinzip aber nicht dazu führen, dass einem Namensträger die Führung seines Namens vollständig untersagt wird[123]. Dies beruht auf der Überlegung, dass einer natürlichen Person, die ihren Namen nicht frei wählen kann, nicht auch noch die Nutzung ihres Namens, auf den sie keinen Einfluss hat, verboten werden kann. Gleiches gilt auch für alle anderen Bezeichnungen, die nach den Bestimmungen des Firmen- oder Namensrechts nicht frei wählbar sind. Der prioritätsjüngere Benutzer ist jedoch in diesen Fällen verpflichtet, alles Erforderliche und Zumutbare zu unternehmen, um die Möglichkeit von Verwechslungen auszuschließen[124]. Insbesondere kann der prioritätsältere Namensträger die Beseitigung der Verwechslungsgefahr durch Hinzufügung unterscheidungskräftiger Zusätze verlangen[125].

Bei Wahlnamen wie den Unternehmensbezeichnungen einer GmbH oder einer AG kann der prioritätsältere Namensträger vom Zweitbenutzer nicht nur die Beifügung unterscheidungskräftiger Zusätze verlangen, sondern auch die Verwendung des Namens untersagen lassen, wenn der Namensgebrauch unbe-

---

120 BGH, NJW-RR 1993, 934 (935) – Römer GmbH; BGH, GRUR 1968, 212 (213) – Hellige.

121 BGH, GRUR 1983, 787 (788) – Tina Farina; Soergel-*Heinrich*, § 12 Rn 179.

122 Staudinger-*Weich/Habermann*, § 12 Rn 287; Palandt-*Heinrichs*, § 12 Rn 26.

123 BGH, GRUR 1960, 33 (37) – Zamek; BGHZ 29, 256 (263); Soergel-*Heinrich*, § 12 Rn 182; MüKo-*Schwerdtner*, § 12 Rn 223.

124 BGH, GRUR 1991, 393 – Ott International; *Hoeren*, MMR 2002, 386 (387); MüKo-*Schwerdtner*, § 12 Rn 224.

125 Palandt-*Heinrichs*, § 12 Rn 27 mwN.

fugt ist[126]. Maßgeblich für die Bestimmung, wer als prioritätsälterer Nutzer eines Namens anzusehen ist, ist grundsätzlich der Zeitpunkt, von dem an der Name tatsächlich genutzt wurde[127].

Unter Berücksichtigung dieser namensrechtlichen Grundsätze erscheint es angemessen, auch bei der Vergabe von Vanity-Nummern am Prioritätsprinzip festzuhalten. Bei Namensgleichheit steht danach demjenigen das Recht zur Nutzung der Rufnummer zu, der als erster einen entsprechenden Antrag auf Zuteilung der Rufnummer gestellt hat[128]. Anderen Trägern des gleichen Namens steht kein Anspruch gegen den Nummerninhaber wegen Namensanmaßung zu.

(b) Bekanntheit

Eine unterschiedliche Gewichtung der verschiedenen Namensrechte findet bei Gleichnamigkeit grundsätzlich nicht statt[129]. So gibt es etwa keinen Grundsatz, wonach die Namensrechte juristischer Personen stärker wiegen als die einzelner natürlicher Personen oder umgekehrt[130]. Daher können auch eine Privatperson oder ein Einzelkaufmann gegen eine gleichnamige GmbH oder AG mit Aussicht auf Erfolg vorgehen, wenn die prioritätsälteren Rechte bei der Einzelperson liegen.

Allerdings werden solche Unternehmen und auch Privatpersonen gegenüber Gleichnamigen bevorzugt, die eine überragende Bekanntheit erreichen[131]. Insoweit erfährt das Prioritätsprinzip eine Durchbrechung[132]. Dies lässt sich damit begründen, dass das Prioritätsprinzip zwar ein entscheidendes Kriterium im Rahmen der Interessenabwägung bei § 12 BGB ist, aber nicht das alleinige[133]. Wann die Bekanntheit eines Namensträgers eine Ausnahme vom Prioritätsprinzip rechtfertigt, ist jeweils im konkreten Einzelfall zu ermitteln, wobei hohe Anforderungen bestehen[134].

---

126 Palandt-*Heinrichs*, § 12 Rn 27.

127 Staudinger-*Weick/Habermann*, § 12 Rn 288.

128 Ebenso für Domänennamen *Hoeren*, MMR 2002, 386 (387). Für die Priorität ist zumindest außerhalb des geschäftlichen Verkehrs nicht erheblich, welcher Namensinhaber älter ist und damit den Namen zuerst genutzt hat, sondern wer zuerst die Nutzung als Vanity-Nummer beantragt hat; vgl. *Viefhues*, MMR 2002, 341 (342) und *Weidert/Lührig*, WRP 2002, 880 (884).

129 *Viefhues*, MMR 2002, 341.

130 LG Paderborn, MMR 2000, 49 (50).

131 *Strömer*, K&R 2002, 306 (308); *Viefhues*, MMR 2002, 341.

132 *Stockinger/Kranebitter*, MR 2000, 3 (5).

133 BGH, MMR 2002, 382 (385) – shell.de.

134 *Bottenschein*, MMR 2001, 286 (291); Soergel-*Heinrich*, § 12 Rn 194; vgl. dazu auch § 3 A. II. 2. c) cc) (Seite 48).

(3) Kollision von Namen und anderen Bezeichnungen

Es sind nicht nur Fälle denkbar, bei denen sich zwei Namensträger jeweils auf ein eigenes Namensrecht berufen, Namen können auch mit grundsätzlich freihaltebedürftigen generischen Begriffen kollidieren. Das Wort BAUM könnte etwa Gattungsbegriff oder Nachname, aber auch Abkürzung[135] sein.

Denkbar wäre eine Abstufung nach der Art der Berechtigung zur Nutzung der Bezeichnung, wobei an oberster Stelle alle Namensträger ohne freie Namenswahl stehen könnten und alle Nutzer, welche die Bezeichnung als generische Bezeichnung verwenden möchten, erst nachrangig berücksichtigt werden. Das Namensrecht stellt aber nach dem Wortlaut des § 12 BGB lediglich darauf ab, ob der Name unbefugt verwendet wird. Es ist unerheblich, ob sich die Befugnis zur Nutzung des Namens aus einem eigenen Namensrecht oder aus anderen Gründen ergibt[136]. Daher steht es einem eigenen Namensrecht gleich, wenn die Bezeichnung in legitimer Weise wegen der beschreibenden Bedeutung genutzt wird. Es bleibt bei einer allgemeinen Interessenabwägung unter besonderer Berücksichtigung des Prioritätsprinzips, was eine flexiblere Lösung gegenüber einem starren Stufensystem ermöglicht.

dd) Interessenverletzung

Letzte Voraussetzung für einen namensrechtlichen Anspruch wegen Namensanmaßung ist die Verletzung eines relevanten Interesses auf Seiten des Namensinhabers, wobei der unbefugte Namensgebrauch eine Interessenverletzung indiziert[137]. Der Begriff des Interesses ist dabei weit auszulegen, so dass Interessen jeder Art anerkannt sind[138]. Es muss sich nicht unbedingt um rechtliche Interessen handeln, die Verletzung wirtschaftlicher oder ideeller Interessen genügt ebenfalls[139].

Wegen der geringen Anforderungen ist damit auch das Interesse, unter einer möglichst einprägsamen Vanity-Nummer erreichbar zu sein, als schutzwürdig anzuerkennen. Dies entspricht der ständigen Rechtsprechung im Bereich der Domänennamen, wo das Interesse, unter einem kurzen und prägnanten Domänennamen im Internet präsent zu sein, als schutzwürdig anerkannt ist[140]. Damit

---

135 BAUM steht etwa für Bundesarbeitskreis für unweltbewusstes Management, vgl. http://www.baumev.de (Stand: 07.11.2002); Beispiel nach *Höhne*, ecolex 1998, 924 (925).

136 OGH, MR 2000, 237 (238) – sattler.at; OGH, ÖBl. 2000, 134 (136) – ortig.at.

137 Soergel-*Heinrich*, § 12 Rn 189.

138 Palandt-*Heinrichs*, § 12 Rn 28.

139 BGHZ 43, 245 (255); Soergel-*Heinrich*, § 12 Rn 187.

140 LG München I, CR 1997, 479 (481).

scheitert bei Nutzung eines Namens als Vanity-Nummer ein Anspruch wegen Namensanmaßung nicht an einer fehlenden Interessenverletzung[141].

b) Namensbestreitung

In der Nutzung einer Vanity-Nummer, die einem Namen entspricht, könnte auch eine Namensbestreitung gegenüber den Namensträgern liegen. Ein Fall der Namensbestreitung liegt vor, wenn der Handelnde zu erkennen gibt, dass er das Recht des Dritten zum Gebrauch des umstrittenen Namens nicht anerkennt[142]. Die Namensbestreitung muss nicht ausdrücklich erfolgen, es genügt, wenn sie sich auch aus den Umständen ergibt[143]. So kann durch die Geltendmachung von Ausschließlichkeitsrechten konkludent die Berechtigung Dritter bestritten werden[144]. Mit Zuteilung erhält der Nummerninhaber an der zugeteilten Rufnummer ein ausschließliches Nutzungsrecht. Den Namensinhabern wird die Möglichkeit genommen, zumindest im gewünschten Vorwahlbereich ihren Namen als Vanity-Nummer zu nutzen, da jede Rufnummer nur einmal vergeben werden kann[145]. Daher könnte in der alleinigen Nutzung des Namens als Vanity-Nummer eine Namensbestreitung gegenüber den Namensträgern liegen. Bei Domänennamen haben die Gerichte teilweise mit dieser Argumentation durch die Reservierung eines Domänennamens den Tatbestand der Namensbestreitung als verwirklicht angesehen[146]. In der Literatur sind die entsprechenden Entscheidungen auf Kritik gestoßen[147].

Bereits die Grundannahme, mit Beantragung eines ausschließlichen Nutzungsrechts würde das Recht der Namensinhaber zur Nutzung ihres Namens bestritten, begegnet Bedenken. Die Tatsache, dass nach Zuteilung der Vanity-Nummer, die einem Namen entspricht, an den Nummerninhaber kein Träger des entsprechenden Namens mehr seinen Namen als Vanity-Nummer nutzen kann, beruht ausschließlich auf technischen Vorgaben. Durch die bloße Nutzung des Namens als Rufnummer gibt der Nummerinhaber nicht zu erkennen, dass er den Namensträgern das Recht abspricht, ihren Namen als Rufnummer zu verwen-

---

141 Bei Gebrauch von Sammelnamen oder „Allerweltsnamen“ wird jedoch teilweise eine Interessenverletzung mangels konkreter Verwechslungsgefahr in Frage gestellt, so Jauernig-*Jauernig*, § 12 Rn 5. Im Bereich der Vanity-Nummern hat aber der Träger eines „Allerweltsnamen“ genauso ein Interesse an der Nutzung seines Namens als Vanity-Nummer wie der Träger eines selteneren Namens.

142 Soergel-*Heinrich*, § 12 Rn 170; MüKo-*Schwerdtner*, § 12 Rn 167.

143 Staudinger-*Weick/Habermann*, § 12 Rn 246; MüKo-*Schwerdtner*, § 12 Rn 167.

144 OLG Düsseldorf, NJW-RR 1999, 626 (628) – ufa.de.

145 *Schäfer*, CR 2002, 690 (691).

146 LG Magdeburg, K&R 1999, 426 – foris.de; OLG Düsseldorf, NJW-RR 1999, 626 – ufa.de.

147 MüKo-*Schwerdtner*, § 12 Rn 170; Soergel-*Heinrich*, § 12 Rn 170; Hoeren/Sieber-*Viefhues*, Kap. 6 Rn 230.

den; dies ist lediglich die zwangsläufige Folge der Zuteilung der Rufnummer[148]. Der Verletzungstatbestand der Namensbestreitung verlangt Vorsatz[149]. Dazu ist es erforderlich, dass bewusst das Recht des Namensinhabers zur Verwendung des Namens bestritten wird[150]. Ob jeder, der eine Vanity-Nummer beantragt, in dem Bewusstsein und mit dem Vorsatz handelt, andere Namensinhaber von der Nutzung ihres Namens als Vanity-Nummer auszuschließen, erscheint fraglich. Gegen die Annahme einer Namensbestreitung spricht weiter, dass eine Namensbestreitung bisher nur angenommen wurde, wenn einem Namensträger das Recht an seinem Namen prinzipiell abgesprochen wurde[151]. Bei der Nutzung des Namens als Vanity-Nummer wird den Namensträgern aber nicht generell das Recht an ihrem Namen abgesprochen, sondern es wird ihnen lediglich die Möglichkeit genommen, ihren Namen auch als Rufnummer zu nutzen.

Schließlich ist wegen der unterschiedlichen Tatbestandsvoraussetzungen der Anwendungsbereich der Namensanmaßung und der Namensbestreitung genau zu unterscheiden. So ist etwa im Rahmen der Namensbestreitung keine Prüfung der Interessenverletzung erforderlich[152]. Für die Abgrenzung kann darauf abgestellt werden, ob eine eigene Nutzung des Namens beabsichtigt ist[153]. Danach ist eine Namensbestreitung immer nur dann einschlägig, wenn keine eigene Nutzungsabsicht desjenigen besteht, der das Recht des Namensinhabers bestreitet. Wird jedoch eine eigene Nutzung des Namens – etwa als Vanity-Nummer – angestrebt, liegt kein Fall der Namensbestreitung vor, sondern es ist höchstens der Tatbestand der Namensanmaßung einschlägig[154].

c) Zusammenfassung

Wird ein Name als Vanity-Nummer verwendet, ohne dass der Nummerninhaber zur Nutzung des Namens berechtigt ist, so liegt ein Fall der Namensanmaßung vor. Eine Namensbestreitung ist nicht gegeben, da bei eigener Nutzung oder Nutzungsabsicht bezüglich des Namens nur der Tatbestand der Namensanmaßung einschlägig ist.

---

148 *Wegner*, CR 1999, 250 (253) für die vergleichbare Situation bei Domänennamen.
149 MüKo-*Schwerdtner*, § 12 Rn 168.
150 Staudinger-*Weick/Habermann*, § 12 Rn 248.
151 Hoeren/Sieber-*Viefhues*, Kap. 6 Rn 230.
152 Staudinger-*Weick/Habermann*, § 12 Rn 248; MüKo-*Schwerdtner*, § 12 Rn 167.
153 Soergel-*Heinrich*, § 12 Rn 170.
154 Ebenso *Strömer*, K&R 2002, 306 (307).

2. Markenrecht

Das Namensrecht und das Markenrecht werden gemeinsam als Kennzeichenrecht bezeichnet[155]. Daraus ergibt sich bereits, dass beide Regelungsbereiche nahe beieinander liegen. Während das Namensrecht aber ausschließlich den Namen natürlicher und juristischer Personen sowie anderer Personengemeinschaften schützt, gewährt das Markenrecht einen umfassenderen Schutz für Kennzeichen aller Art[156].

a) Nutzung eines Kennzeichen

Ähnlich wie im Namensrecht ist auch im Markenrecht zunächst zu prüfen, ob der Nummerninhaber ein geschütztes Kennzeichen verwendet. Kennzeichen im Sinne des Markengesetzes sind gem. § 1 MarkenG Marken, geschäftliche Bezeichnungen und geographische Herkunftsangaben.

Marken sind gem. § 3 MarkenG Bezeichnungen, die dazu bestimmt sind, Waren oder Dienstleistungen eines Unternehmens von denjenigen anderer Unternehmen zu unterscheiden. Das besondere Merkmal von Marken ist also der Produktbezug[157]. Unter dem Oberbegriff der geschäftlichen Bezeichnungen werden gem. § 5 MarkenG Unternehmenskennzeichen und Werktitel geschützt. Bei den Unternehmenskennzeichen können sich Überschneidungen zum Namensrecht ergeben, da durch das Namensrecht ebenfalls die Bezeichnung eines Unternehmens geschützt ist[158]. Daneben können sich Überschneidungen innerhalb des Markenrechts ergeben, wenn die Unternehmensbezeichnung und der Name des Hauptproduktes identisch sind. Dies ist etwa bei der Coca-Cola Company der Fall, wo das Hauptprodukt ebenfalls Coca-Cola heißt. Bei dieser Konstellation kann eine Bezeichnung als Marke und gleichzeitig als geschäftliche Bezeichnung geschützt sein[159]. Möchte der Kennzeicheninhaber gegen unberechtigte Nutzer vorgehen, hat er grundsätzlich die Wahl, ob er sich auf sein Namensrecht, auf sein Markenrecht oder auf beides beruft[160]. Der Begriff des Werktitels ist in § 5 III MarkenG definiert. Gesetzliche Regelungen für geographische Bezeichnungen finden sich schließlich in §§ 126 ff. MarkenG.

---

155 *Ingerl/Rohnke*, Einl Rn 8, 14; *Fezer*, WRP 2000, 863.

156 *Ensthaler*, Teil G 1. (S. 274).

157 *Fezer*, § 3 Rn 10.

158 MüKo-*Schwerdtner*, § 12 Rn 90.

159 *Fezer*, § 1 Rn 16.

160 Zur Anspruchskonkurrenz vgl. *Fezer*, § 2 Rn 2.

b) Nutzung im geschäftlichen Verkehr

Während im Namensrecht gegen jede Art der Verwendung eines geschützten Namens vorgegangen werden kann, schützt das Markenrecht den Kennzeicheninhaber in dieser Hinsicht nicht so umfassend[161]. Aus dem Wortlaut des Gesetzes[162] ergibt sich, dass lediglich ein Schutz bei Nutzung im geschäftlichen Verkehr besteht[163]. Der Anwendungsbereich des Markengesetzes ist also insgesamt wegen des umfassenden Begriffs des Kennzeichens weiter, der Schutz aber dagegen weniger umfassend im Verhältnis zum Namensrecht.

aa) Erfordernis des markenmäßigen Gebrauchs

Welche Voraussetzungen für eine Nutzung im geschäftlichen Verkehr zu verlangen sind, ist im einzelnen umstritten. Anerkannt ist jedoch, dass zumindest bei privatem und unternehmensinternem Verkehr keine Rechtsverletzung nach dem Markenrecht vorliegen kann[164]. Für die weitere Auslegung des Begriffs der Nutzung im geschäftlichen Verkehr ist maßgeblich, ob das Erfordernis des kennzeichenmäßigen Gebrauchs, das im WZG galt, in das neue Markenrecht zu übernehmen ist.

(1) Rechtslage nach dem WZG und aktueller Meinungsstand

Nach dem WZG, welches 1995 durch das MarkenG abgelöst wurde, stellte nur die warenzeichenmäßige Verwendung eines Kennzeichens eine Rechtsverletzung dar[165]. Ein warenzeichenmäßiger Gebrauch lag dabei vor, wenn das Kennzeichen im geschäftlichen Verkehr zur Bezeichnung der Ware oder in Bezug auf diese so verwendet wurde, dass die Annahme nahe lag, das Kennzeichen diene zur Unterscheidung der Ware gegenüber Waren anderer Herkunft[166]. Es war also zu prüfen, ob das Kennzeichen zur Herkunftsangabe genutzt wurde[167]. Dazu ge-

---

[161] *Funk*, K&R 1998, 265.

[162] Dies ergibt sich aus §§ 14 II, 15 II, 127 I MarkenG.

[163] Bei Nutzung einer Bezeichnung im geschäftlichen Verkehr ist dann aber das Markenrecht vor dem Namensrecht zu prüfen, vgl. OLG Hamm, CR 2002, 217 (218) – veltins.com.

[164] LG Düsseldorf, MittDPatAnw 1996, 22 (23) – Windsurfing Chiemsee; *Fezer*, § 14 Rn 42; *Fezer*, WRP 1996, 973 (974).

[165] *Busse/Starck*, § 15 Rn 15.

[166] So schon RGZ 149, 335 (342) – Kaisers Kaffeegeschäft; ebenso BGH, GRUR 1955, 484 (485).

[167] BGHZ 8, 203 (206) – Kabelkennstreifen; *Omsels*, GRUR 1997, 328 (334).

nügte es auch, wenn die Zeichenverwendung als Werbemaßnahme des Zeicheninhabers aufgefasst werden konnte[168].

Die Kriterien des WZG sind nach einer Auffassung auch nach Inkrafttreten des Markengesetzes weiter anwendbar[169]. Die Gegenauffassung lehnt die Beibehaltung der bisherigen Grundsätze unter der Geltung des neuen Markengesetzes ab[170]. Nach dieser Auffassung ist alleine darauf abzustellen, ob die Nutzung des Kennzeichens entsprechend des Wortlautes von §§ 14 II, 15 II MarkenG im geschäftlichen Verkehr erfolgt[171]. Weitere Anforderungen und Einschränkungen sollen nicht zu prüfen sein[172]. Diese Auffassung kann sich auf die Amtliche Begründung zum Markengesetz stützen[173].

(2) Relevanz der unterschiedlichen Auffassungen

Die kontrovers geführte Auseinandersetzung ist für den Bereich der Vanity-Nummern ohne Belang, wenn der Einsatz von Vanity-Nummern auch die höheren Anforderungen des markenmäßigen Gebrauchs erfüllt. Kann ein markenmäßiger Gebrauch angenommen werden, ist immer zugleich die geringere Voraussetzung der Nutzung im geschäftlichen Verkehr erfüllt[174].

Bereits im Rahmen der Prüfung, ob eine namensmäßige Nutzung bei Vanity-Nummern vorliegt, wurde festgestellt, dass einer Vanity-Nummer, die einem Namen entspricht, eine Identifizierungs- und Zuordnungsfunktion zukommt[175]. Nichts anderes gilt allgemein für Vanity-Nummern, die geschützten Kennzeichen entsprechen. So wird etwa erwartet, dass über eine Vanity-Nummer, die einer Produktbezeichnung entspricht, der Hersteller oder Anbieter des Produkts erreicht werden kann. Insofern wird die Vanity-Nummer zur Herkunftsangabe genutzt, so dass eine markenmäßige Nutzung vorliegt[176].

---

168 BGH, GRUR 1995, 57 (60) – Markenverunglimpfung II; BGH, GRUR 1994, 808 (812) – Markenverunglimpfung; dazu auch *Ingerl/Rohnke*, § 14 Rn 92.

169 OLG Hamburg, WRP 1996, 572 (576) – Les Paul Gitarren; aber offengelassen in der Revision BGH, WRP 1998, 732 (738); *Sack*, GRUR 1995, 81 (94); *von Schultz*, GRUR 1997, 408 (409); *Keller*, GRUR 1996, 607; *Piper*, GRUR 1996, 429 (434); wohl auch *Bücking*, Rn 136.

170 *Berlit*, Rn 241; *Berlit*, GRUR 1998, 423 (426); *Schmieder*, NJW 1994, 1241 (1244); *Ingerl/Rohnke*, NJW 1994, 1247 (1252).

171 *Fezer*, GRUR 1996, 566 (568).

172 *Starck*, GRUR 1996, 688 (693).

173 Begründung zum Entwurf eines Markenrechtsreformgesetzes, BT-Drucks. 12/6581, S. 80; a.A. die Begründung zum Regierungsentwurf eines Gesetzes zur vergleichenden Werbung und zur Änderung wettbewerbsrechtlicher Vorschriften, WRP 2000, 555 (557).

174 LG Düsseldorf, MittDPatAnw 1996, 22 (23) – Windsurfing Chiemsee.

175 Vgl. oben § 3 A. II. 1. a) aa) (Seite 18).

176 Ebenso *Schäfer*, CR 2002, 690; *Jonas/Schmitz*, GRUR 2000, 183 (184).

(3) Erfordernis der Visualisierung

Mit der Diskussion um das Erfordernis des markenmäßigen Gebrauchs hängt auch die Frage zusammen, ob eine Visualisierung des geschützten Kennzeichens für die Annahme einer Markenrechtsverletzung verlangt wird[177]. Ursprünglich wurde unter Geltung des WZG die mündliche Benutzung eines Warenzeichens nicht als kennzeichenmäßiger Gebrauch angesehen[178]. Begründet wurde dies damit, dass es bei einer mündlichen Nennung an einem nach § 15 WZG erforderlichen hinreichenden Anbringen fehle[179]. Fraglich ist, ob diese Wertung auf das geltende Markenrecht übertragen werden kann.

Wie im WZG ist der Begriff der Benutzung auch im Markengesetz nicht definiert, allerdings erfolgt eine Konkretisierung durch die beispielhafte Auflistung verletzungstypischer Handlungsformen in § 14 III MarkenG[180]. So enthält § 14 III Nr. 5 MarkenG eine ausdrückliche Regelung der Nutzung von geschützten Kennzeichen zur Werbung, wobei der Begriff der Werbung in einem weiten Sinne zu verstehen ist[181]. Umfasst ist dabei nach der Amtlichen Begründung neben der schriftlichen Werbung auch die mündliche[182]. Die Einbeziehung der mündlichen Verwendung in den Benutzungsbegriff gilt auch außerhalb der Fallkonstellation des § 14 III Nr. 5 MarkenG[183]. Dies ergibt sich aus der einheitlichen Auslegung des Benutzungsbegriffs im Rahmen des § 14 MarkenG[184]. Die Gleichstellung von schriftlicher und mündlicher Nutzung gilt nicht nur für Marken, sondern darüber hinaus auch für die Verwendung geschäftlicher Bezeichnungen wegen des gleichlaufenden Benutzungsbegriffs[185]. Für die Annahme einer Nutzung des geschützten Kennzeichens sowohl bei schriftlicher wie auch mündlicher Verwendung spricht weiter, dass es für den Empfänger im Hinblick auf die Einprägsamkeit und mögliche Assoziationen keinen Unterschied macht, ob er die Vanity-Nummer gesagt bekommt oder ablesen muss. Auf das Merkmal der Visualisierung kommt es somit nicht an. Dies gilt wegen der im Verhältnis zum WZG geänderten Rechtslage selbst dann, wenn grundsätzlich weiter eine markenmäßige Benutzung zu fordern ist.

---

177 Früher Schwarz-*Poeck/Jooss*, Kap. 4 - 2.2, S. 13; jetzt a.A. Schwarz/Peschel-Mehner-*Baronikians/Jooss*, Kap. 7 Rn 48.

178 *Fezer*, § 14 Rn 58.

179 BGH, GRUR 1958, 343 – Bohnergerät; BGH, GRUR 1959, 240 (241) – Nelkenstecklinge.

180 vonSchultz-*Schweyer*, § 14 Rn 188; *Ingerl/Rohnke*, § 14 Rn 65.

181 *Ingerl/Rohnke*, § 14 Rn 205.

182 Begründung zum Entwurf eines Markenrechtsreformgesetzes, BT-Drucks. 12/6581, S. 75; ebenso *Fezer*, § 14 Rn 490.

183 *von Gamm*, WRP 1993, 793 (798); *Ingerl/Rohnke*, § 14 Rn 135.

184 *Fezer*, § 14 Rn 29.

185 *Ingerl/Rohnke*, § 15 Rn 98.

bb) Mögliche Verletzungshandlungen

Durch die Vorschrift des § 14 II MarkenG für Marken bzw. § 15 II MarkenG für geschäftliche Bezeichnungen wird jede rechtsverletzende Nutzung des Kennzeichens untersagt. Der bereits zuvor erwähnte Katalog möglicher Verletzungshandlungen des § 14 III MarkenG ist als beispielhafte Aufzählung ohne abschließenden Charakter anzusehen[186]. Es ist daher unschädlich, wenn die Nutzung eines geschützten Kennzeichens nicht unter einen Fall des § 14 III MarkenG zu subsumieren ist.

Ein Abwehrrecht des Kennzeicheninhabers kommt aber dann nicht in Betracht, wenn die Nutzung des Kennzeichens außerhalb des Bereichs des geschäftlichen Verkehrs erfolgt. Das Merkmal des geschäftlichen Verkehrs setzt eine selbständige, wirtschaftliche Zwecke verfolgende Tätigkeit voraus, in der eine Teilnahme am Erwerbsleben zum Ausdruck kommt[187]. Ausgeschlossen sind damit die rein private und die ausschließlich unternehmensinterne Nutzung[188].

Fraglich ist, wie bei den Vanity-Nummern eine Abgrenzung zwischen einer Nutzung im geschäftlichen Verkehr und einer privaten oder unternehmensinternen Nutzung vorgenommen werden kann. Als Anhaltspunkte für die Abgrenzung kommen der Vorwahlbereich, der Inhalt der Gespräche und die Art der Bekanntmachung in Betracht.

(1) Aussagekraft des Vorwahlbereichs

Bereits aus dem gewählten Vorwahlbereich kann sich ein Anhaltspunkt für oder gegen eine geschäftliche Nutzung ergeben.

(a) Persönliche Rufnummern

Vanity-Nummern mit der Vorwahl 0700 werden als persönliche Rufnummern bezeichnet[189]. Die Bezeichnung als persönliche Rufnummer lässt vermuten, dass sich das Angebot vorwiegend an Privatpersonen richtet. Dies könnte dann dazu führen, dass Rufnummern, die mit der Vorwahl 0700 beginnen, der markenrechtlichen Beurteilung generell nicht zugänglich sind, da sie nicht für eine Nutzung im geschäftlichen Verkehr vorgesehen sind.

Nach den vorläufigen Zuteilungsbedingungen der Regulierungsbehörde können jedoch nicht nur natürliche Personen eine Rufnummer in dem Vorwahlbereich 0700 beantragen. Die Regelungen zur Antragsberechtigung sehen keine

---

186 Hasselblatt-*Raab*, § 32 Rn 173; *Ingerl/Rohnke*, § 14 Rn 65.

187 *Fezer*, § 14 Rn 41; *Baumbach/Hefermehl*, UWG Einl Rn 208; *Völker/Weidert*, WRP 1997, 652 (658).

188 *Meyer*, GRUR 2001, 204 (208).

189 Dazu *Schütz*, MMR 1998, 287 (288); vgl. auch oben § 2 B. I. 1. a) (Seite 9).

Beschränkung auf Privatpersonen vor[190], das Antragsformular berücksichtigt Privatpersonen und Unternehmen gleichermaßen, indem ein Feld für die Angabe des Namens oder der Firma vorgesehen ist. So können auch Unternehmen eine persönliche Rufnummer beantragen und zugeteilt bekommen.
Insoweit ist die Situation mit der Vergabe der Domänennamen für unterschiedliche Top-Level-Domains vergleichbar. Die gTLDs .com, .net und .org sind grundsätzlich für bestimmte Zielgruppen vorgesehen, stehen aber auch anderen Nutzern ohne Einschränkungen offen[191]. Daher ist die Wahl einer dieser gTLDs zwar grundsätzlich von Bedeutung, ihr kann aber nur eine Indizwirkung zukommen[192]. Diese Wertung kann möglicherweise auf den Bereich der Vanity-Nummern übertragen werden.

Eine Indizwirkung setzt voraus, dass die Erfahrung und gewichtige Argumente dafür sprechen, dass regelmäßig von einem bestimmten Tatbestand ausgegangen werden kann[193]. Für national oder international tätige Unternehmen ist die Wahl einer persönlichen Rufnummer, die vor allem für Privatpersonen vorgesehen ist, ungewöhnlich, es kann eher von der Nutzung einer Rufnummer aus den Vorwahlbereichen 0800 oder 0180 ausgegangen werden. Bei kleinen oder mittelständischen Unternehmen sowie Einzelkaufleuten ist die Ausgangslage dagegen anders. Von ihnen wird nicht erwartet, dass sie für ihren häufig überschaubaren Kundenkreis eine Rufnummer aus den Vorwahlbereichen 0800 oder 0180 bereithalten, die mit teilweise deutlich höheren Kosten für den Nummerninhaber verbunden wäre. Vor allem unter Berücksichtigung der Kostenaspekte können auch Unternehmen ein berechtigtes Interesse an der Nutzung einer persönlichen Rufnummer haben[194]. In der Praxis werden daher persönliche Rufnummern nicht nur von Privatpersonen, sondern auch von Unternehmen regelmäßig genutzt. Folglich kann die Nutzung einer Vanity-Nummer aus dem Vorwahlbereich 0700 nicht als Indiz für eine ausschließliche private Nutzung angesehen werden. Die Tatsache, dass eine Rufnummer aus dem Vorwahlbereich 0700 genutzt wird, sagt alleine nichts über eine private oder geschäftliche Nutzung aus.

---

190 Vorläufige Regeln für die Zuteilung von persönlichen Rufnummern, ABl. BMPT Nr. 27/1997, Vfg 249/1997, Ziff. 4.

191 *Forgó* in Mayer-Schönberger/Galla/Fallenböck, S. 7; dies gilt jedoch nicht für die gTLD .mil, .gov, .int und .edu.

192 *Meyer*, GRUR 2001, 204 (208); ähnlich Schwarz/Peschel-Mehner-*Baronikians/Jooss*, Kap. 7 Rn 52; *Völker/Weidert*, WRP 1997, 652 (658).

193 *Larenz/Canaris*, Kap. 3, 5. a) (S. 126).

194 Persönliche Rufnummern haben den Vorteil, dass bei einer Standardweiterleitung neben der festen Grundgebühr anders als bei Rufnummern für Shared-Cost-Dienste und entgeltfreie Mehrwertdienste keine gesprächsabhängigen Kosten anfallen.

(b) Entgeltfreie Mehrwertdienste und Shared-Cost-Dienste

Umgekehrt kann bei Verwendung einer Vanity-Nummer in einem Vorwahlbereich für entgeltfreie Mehrwertdienste oder Shared-Cost-Dienste möglicherweise von einer Indizwirkung für eine Nutzung der Rufnummer im geschäftlichen Verkehr ausgegangen werden. Während die persönlichen Rufnummern vor allem für Privatpersonen gedacht sind, ist das Angebot bei den Rufnummern für Mehrwertdienste primär für Unternehmen gedacht, die ihren Kunden die Kontaktaufnahme erleichtern möchten. Wie Unternehmen die Verwendung einer persönlichen Rufnummer nicht verwehrt ist, können auch natürliche Personen für private Zwecke eine Rufnummer aus den Vorwahlbereichen 0800 oder 0180 verwenden. Daher kann auch bei der Verwendung einer solchen Vanity-Nummer höchstens von einer Indizwirkung ausgegangen werden[195]. Im Regelfall erscheint es fernliegend, dass sich eine Privatperson bei allen Anrufen freiwillig an den Kosten des Telefongesprächs beteiligt oder diese gar vollständig trägt, wie dies bei Rufnummern für entgeltfreie Mehrwertdienste der Fall ist. Diese Überlegung spricht für eine Indizwirkung zugunsten einer geschäftlichen Nutzung.

Fraglich ist, ob sich auch für diese Konstellation ein Vergleich mit der Problematik bei den Domänennamen anbietet. Für die Registrierung und Nutzung eines Domänennamens fallen relativ geringe Kosten an[196]. Da es sich um festgelegte einmalige und monatliche Kosten handelt, sind die Aufwendungen gut zu kalkulieren[197]. Daher kann zumindest heute nicht mehr damit argumentiert werden, dass nur bei einer Nutzung im geschäftlichen Verkehr die Kosten für einen eigenen Domänennamen angemessen wären und deshalb bei einem eigenen Domänennamen eine Indizwirkung für die Nutzung im geschäftlichen Verkehr bestehen würde[198]. Anhand der Kosten für den eigenen Domänennamen kann nichts für die Entscheidung, ob eine private oder geschäftliche Nutzung anzunehmen ist, hergeleitet werden.

Die Kosten für eine Vanity-Nummer im Bereich der entgeltfreien Mehrwertdienste und Shared-Cost-Dienste sind aber deutlich höher als für einen eigenen Domänennamen. Neben den einmaligen und monatlichen Kosten kommen grundsätzlich noch – anders als bei den Domänennamen – die gesprächsabhängigen Kosten hinzu. Je häufiger eine Person angerufen wird, desto höher

---

195 Die Unterstellung der Nutzung im geschäftlichen Verkehr, wie sie Praxishandbuch-*Schäfer*, § 6 Rn 209 annimmt, dürfte daher zu weit gehen.

196 So ist ein eigener Domänenname unter der ccTLD .de nach einer einmaligen Zahlung von 9,80 EUR bereits für 0,29 EUR im Monat erhältlich, vgl. http://1und1.com unter dem Stichwort „Domains" (Stand: 15.07.2004).

197 Es kann aber auch bei Internet-Auftritten nach dem Datentransfervolumen abgerechnet, der sich vor allem daran orientiert, wie oft die Homepage aufgerufen wird.

198 *Völker/Weidert*, WRP 1997, 652 (658).

werden die Gesamtkosten für die Vanity-Nummer. Dies mag für ein Unternehmen oder eine Einzelperson bei geschäftlicher Nutzung kalkulierbar sein, es ist aber nicht ersichtlich, wieso eine Person für private Gespräche dieses Kostenrisiko auf sich nehmen sollte. Dies erscheint besonders fragwürdig, da gerade für die private Nutzung von Vanity-Nummern das Angebot zur Verwendung einer persönlichen Rufnummer besteht, bei der diese Kostenrisiken nicht gegeben sind.

Daher erscheint es gerechtfertigt, von einer Indizwirkung für eine Nutzung im geschäftlichen Verkehr auszugehen, wenn eine Vanity-Nummer in den Vorwahlbereichen 0800 oder 0180 genutzt wird. Ausgehend von dieser Indizwirkung ist zu prüfen, ob die tatsächlich Nutzung im konkreten Fall auch die Vermutung der Nutzung im geschäftlichen Verkehr bestätigt.

(c) Premium-Rate-Dienste

Bei der Verwendung einer Rufnummer für Premium-Rate-Dienste beteiligt sich der Angerufene nicht an den Kosten des Telefonats, sondern bekommt einen Teil der vom Anrufer zu tragenden Kosten ausbezahlt[199]. Der Nummerninhaber erzielt also Einnahmen durch die Entgegennahme von Anrufen, weswegen der Nutzung einer Rufnummer für Premium-Rate-Dienste Erwerbscharakter zukommt. Jede Tätigkeit mit Erwerbscharakter ist als geschäftliche Nutzung anzusehen und schließt eine private Nutzung aus[200]. Wegen der Vergütung des Angerufenen ist bei der Verwendung einer Vanity-Nummer für Premium-Rate-Dienste unabhängig vom Inhalt des Telefonats immer eine Nutzung im geschäftlichen Verkehr gegeben. Für den Fall der Nutzung einer Rufnummer aus den Vorwahlbereichen 0900 oder 0190 besteht also nicht nur eine Indizwirkung für eine geschäftliche Nutzung, sondern eine Nutzung im geschäftlichen Verkehr liegt unwiderlegbar vor, ohne dass noch weitere Anhaltspunkte im konkreten Fall berücksichtigt werden müssen.

(2) Inhalt der Gespräche

Für die Beurteilung, ob im konkreten Einzelfall eine Nutzung im geschäftlichen Verkehr vorliegt, kann nach der Wahl des Vorwahlbereichs auch auf den Inhalt der Gespräche, die der Anschlussinhaber über die Vanity-Nummer entgegennimmt, abgestellt werden.

Dabei ist als erster Anhaltspunkt die Begrüßung des Anrufers durch den Nummerninhaber zu berücksichtigen. Erfolgt die Begrüßung im Namen eines

---

199 Die Ausschüttungen betragen zwischen 0,11 EUR und 1,28 EUR pro Minute, vgl. etwa http://www.telekom.de/dtag/agb/dokument/pdf/0,1384,896,00.pdf (Stand: 15.07.2004) oder http://www.qs-com.de/pdf/ ServiceCall_komplett.pdf (Stand: 15.07.2004).

200 *Fezer*, § 14 Rn 41.

Unternehmens, ist davon auszugehen, dass es sich um eine geschäftlich genutzte Rufnummer handelt. Meldet sich der Angerufene nur mit seinem eigenen Namen oder erfolgt die Begrüßung ohne Namensnennung, erscheinen sowohl eine private wie eine geschäftliche Nutzung möglich.

Die Nutzungsart kann weiter anhand des gesamten Inhalts des Telefonats bewertet werden. Dienen Telefonate dazu, geschäftliche Vereinbarungen zu treffen oder Informationen geschäftlicher Art weiterzugeben, so liegt eine Nutzung im geschäftlichen Verkehr vor. Fraglich ist, wo die Grenze zwischen privater und geschäftlicher Nutzung zu ziehen ist, wenn über die Vanity-Nummer Gespräche mit teilweise privatem und teilweise geschäftlichem Inhalt geführt werden. Die Abgrenzung ist vor allem dann problematisch, wenn die Mehrzahl der Anrufe privaten Charakter hat, aber einzelne wenige Anrufe einen geschäftlichen Inhalt aufweisen.

Die Abgrenzungsschwierigkeiten entstehen dadurch, dass der Inhalt eines Telefonats nicht einseitig von einer Partei bestimmt werden kann. In diesem Punkt besteht ein großer Unterschied zur Situation bei den Domänennamen[201]. Wer eine Homepage unter einem eigenen Domänennamen zur Verfügung stellt, bestimmt grundsätzlich alleine den Inhalt seiner Internet-Seiten. Das Internet ist also gar nicht so interaktiv, wie es auf den ersten Blick scheint[202]. Zumindest ist es bei einer Homepage im Internet so, dass eine Partei schwerpunktmäßig Informationen zur Verfügung stellt, die von der anderen Partei abgerufen werden können. Beim Telefonat können beide Parteien dagegen grundsätzlich gleichberechtigt Informationen austauschen. Etwas anderes ist allerdings im Einzelfall auch bei Telefonaten vorstellbar, etwa wenn lediglich eine Tonbandansage abgehört werden kann. In diesem Fall kann anhand des Ansagetextes die eindeutige Bewertung als private oder geschäftliche Nutzung erfolgen. Es ist davon auszugehen, dass nahezu alle Tonbandansagen geschäftlicher Natur sein werden, da kaum ein Anwendungsbereich für private Tonbandansagen denkbar ist, wenn der Bereich der Anrufbeantworter außer Acht gelassen wird.

In allen Fällen, bei denen keine Tonbandansage eingesetzt wird, führt die gleichberechtigte Gesprächsführung durch Anrufer und Angerufenem möglicherweise dazu, dass das Verhalten des Anrufers, welches vom Anschlussinhaber kaum beeinflusst werden kann, mitentscheidend dafür ist, ob die Nutzung der Vanity-Nummer auf Seiten des Anschlussinhabers als Nutzung im geschäftlichen Verkehr zu bewerten ist. Lenkt der Anschlussinhaber das Gespräch selbst auf geschäftliche Themen, kann ohne weiteres von einer Nutzung im geschäftli-

---

201 *Jonas/Schmitz*, GRUR 2000, 183 (185) gehen davon aus, dass in diesem Punkt überhaupt keine Vergleichbarkeit besteht.

202 Dies gilt zumindest für gewöhnliche Unternehmenspräsentationen im Internet; selbstverständlich gibt es auch zahlreiche interaktive Elemente wie Chat-Foren.

chen Verkehr ausgegangen werden[203]. Schwieriger ist dagegen die Bewertung, wenn das geschäftliche Thema vom Anrufer eingeführt wird.

Selbst wenn der Anschlussinhaber die Vanity-Nummer nur für private Zwecke vorgesehen hat, kann von ihm nicht erwartet werden, eingehende geschäftliche Anrufe abzulehnen und auf eine anderslautende geschäftliche Rufnummer zu verweisen. Dies gilt zumindest insoweit, als der Anschlussinhaber nicht durch die Art der Bekanntgabe der Vanity-Nummer den Eindruck hat entstehen lassen, die Rufnummer könne auch für andere als private Gespräche genutzt werden. Das Vorbringen, die Vanity-Nummer sei ausschließlich für private Telefonate gedacht gewesen, wird aber regelmäßig als Schutzbehauptung anzusehen sein, wenn der Nummerinhaber eigenverantwortlich, insbesondere als Selbständiger, geschäftlich aktiv ist.

(3) Art der Bekanntmachung

Aus der Art der Bekanntmachung der Vanity-Nummer können sich ebenfalls Anhaltspunkte für die Prüfung der Nutzung im geschäftlichen Verkehr ergeben. Aus dem Kontext der Bekanntmachung sowie dem Adressatenkreis können sich Schlüsse auf die Absichten des Anschlussinhabers ziehen lassen. Daher ist die Bekanntgabe der Rufnummer von besonderer Bedeutung.

Wird die Vanity-Nummer beispielsweise auf Geschäftspapieren oder geschäftlichen Visitenkarten angegeben, kann grundsätzlich nicht mehr von einer ausschließlich privaten Nutzung der Rufnummer ausgegangen werden[204]. Fraglich ist, ob dies auch gilt, wenn die Vanity-Nummer ausdrücklich als private Rufnummer gekennzeichnet ist. Alleine die Angabe im Rahmen der geschäftlichen Tätigkeit – selbst bei Kennzeichnung als privater Rufnummer – lässt erkennen, dass die Rufnummer, wenn auch zweitrangig, zum Austausch geschäftlicher Nachrichten vorgesehen ist, ansonsten müsste die Rufnummer bei geschäftlicher Korrespondenz nicht angegeben werden. Damit besteht ein ausreichender Zusammenhang zur geschäftlichen Tätigkeit; eine ausschließlich private Nutzung liegt in diesem Fall nicht mehr vor.

(4) Inhaber der Rufnummer

Als weiterer Anhaltspunkt kommt die Person des Nummerninhabers in Betracht. Teilweise wird vertreten, für die Frage der geschäftlichen Nutzung müsse ausschließlich auf den Nummerninhaber abgestellt werden[205]. Dies wird damit begründet, dass anders als bei Domänennamen bei Anwahl einer Vanity-Nummer

---

203 BGH, GRUR 1953, 293 (294); BGH, GRUR 1960, 384 (386) – Mampe Halb und Halb.

204 Für den umgekehrten Fall der zusätzlichen Angabe der Geschäftsadresse neben der Privatadresse *Baumbach/Hefermehl*, Einl UWG Rn 209.

205 Hoeren/Sieber-*Viefhues*, Kap. 6 Rn 524.

kein Informationsangebot aufgerufen wird, sondern sich letztlich eine Person melde. Daher soll die Tätigkeit der Person für die Nutzungsart der Vanity-Nummer maßgeblich sein.

Die Argumentation ist insoweit zutreffend, dass durch die Anwahl einer Vanity-Nummer kein starres Informationsangebot aufgerufen wird, dennoch geht es aber auch bei Telefonaten regelmäßig um die Übermittlung von Informationen und nicht um die Person des Nummerninhabers. Bei Telefongesprächen ist es sehr wohl möglich, danach zu unterscheiden, ob es sich um Informationen geschäftlicher oder privater Art handelt, indem der Inhalt der Gespräche untersucht wird.

Einer natürlichen Person, die selbständig tätig ist, muss es möglich sein, für private Zwecke eine Vanity-Nummer zu nutzen, ohne dass automatisch eine Nutzung im geschäftlichen Verkehr angenommen wird. Würde ausschließlich auf die Person des Nummerninhabers abgestellt, könnte ein Gewerbetreibender niemals eine als privat eingestufte Vanity-Nummer innehaben. Allgemein gilt lediglich der Grundsatz, dass bei Gewerbetreibenden die Vermutung dafür spricht, dass das Handeln im Zusammenhang mit ihrem Gewerbe steht und daher ein Handeln im geschäftlichen Verkehr gegeben ist[206]. Es ist kein Grund dafür ersichtlich, im Bereich der Vanity-Nummern über diese Vermutungswirkung hinauszugehen.

Die Person des Nummerninhabers ist nur einer von mehreren Anhaltspunkten für die Beurteilung, ob eine Vanity-Nummer im geschäftlichen Verkehr genutzt wird. Ist der Nummerninhaber im geschäftlichen Verkehr tätig, spricht die Vermutung dafür, dass auch die von ihm genutzte Vanity-Nummer im geschäftlichen Verkehr verwendet wird.

c) Reichweite des markenrechtlichen Schutzes

Das Markenrecht gewährt einen Schutz für Fälle der Identität, der Verwechslungs- und der Verwässerungsgefahr[207]. Für den Bereich der Marken im Sinne von § 1 I MarkenG sind die Tatbestände einzeln in § 14 II Nr. 1 - 3 MarkenG geregelt[208]. Für geschäftliche Bezeichnungen besteht eine Regelung in § 15 II, III MarkenG, die in dem Aufbau und der Gliederung von der Formulierung des § 14 II MarkenG abweicht[209]. Inhaltlich besteht jedoch wie bei den Marken ein Schutz bei Identität, Verwechslungs- und Verwässerungsgefahr[210].

Wird ein identisches Kennzeichen für identische Waren oder Dienstleistungen genutzt, genießt der Kennzeicheninhaber bei Nutzung im geschäftlichen

206 *Ingerl/Rohnke*, § 14 Rn 48; *Baumbach/Hefermehl*, Einl UWG Rn 209.
207 *Steckler*, II. 6.4 (S. 94f.).
208 *Hubmann/Götting*, § 40 Rn 3.
209 *Ingerl/Rohnke*, § 15 Rn 1.
210 *Steckler*, II. 6.5 (S. 105).

Verkehr ohne weitere Voraussetzungen markenrechtlichen Schutz[211]. Im Ähnlichkeitsbereich ist dagegen zusätzlich zu prüfen, ob durch die Nutzung eine Verwechslungsgefahr hervorgerufen wird[212]. Der Ähnlichkeitsbereich umfasst dabei die Fälle der Nutzung eines identischen Zeichens für ähnliche Waren und Dienstleistungen sowie eines ähnlichen Zeichens für identische oder ähnliche Waren und Dienstleistungen[213]. Bekannte Marken und geschäftliche Bezeichnungen genießen einen weitergehenden Schutz, da es bei ihnen nicht auf die Waren- oder Dienstleistungsähnlichkeit ankommt[214]. Auch außerhalb des Bereichs der bekannten Kennzeichen besteht eine Wechselwirkung zwischen der Bekanntheit und dem einzuhaltenden Abstand[215]. Je bekannter ein Kennzeichen ist, desto größer ist der einzuhaltende Abstand hinsichtlich der Ähnlichkeit[216]. Neben der Kennzeichnungskraft, in deren Rahmen die Bekanntheit berücksichtigt wird, sind für die Verwechslungsgefahr die Waren- und Dienstleistungsähnlichkeit sowie die Zeichenähnlichkeit maßgeblich[217].

aa) Waren- und Dienstleistungsähnlichkeit

Im Rahmen der Waren- und Dienstleistungsähnlichkeit ist zu prüfen, ob zwischen den Produkten eine so enge Beziehung besteht, dass sich den Kunden, wenn sie an den Produkten dasselbe Zeichen angebracht sehen, der Schluss aufdrängt, die Produkte stammen vom selben Unternehmen[218]. Ausgangslage für die Prüfung der Waren- und Dienstleistungsähnlichkeit ist also der Vergleich der angebotenen Produkte. Für den Bereich der Vanity-Nummern ist allerdings fraglich, worauf sich der Vergleich zu beziehen hat.

Zum einen kann auf den Inhalt der Telefonate abgestellt werden, indem geprüft wird, welche Produkte am Telefon angeboten werden oder über welche Produkte informiert wird. Nach einer anderen Variante muss auf die Person des Nummerninhabers abgestellt und geprüft werden, welche Waren- und Dienstleistungen der Nummerninhaber überhaupt anbietet. Schließlich könnte die Va-

---

211 *Nordemann*, NJW 1997, 1891 (1893).

212 *Hubmann/Götting*, § 40 Rn 7.

213 *Ilzhöfer*, Rn 457; *Berlit*, Rn 128; *Hubmann/Götting*, § 40 Rn 7; *Fezer*, NJW 1988, 713 (714).

214 *Großner*, S. 149; Hasselblatt-*Raab*, § 32 Rn 122; *Berlit*, Rn 241 / 247.

215 BGH, GRUR 1997, 221 (222) – Canon; BGH, GRUR 1996, 198 (199) – Springende Raubkatze; zuletzt OLG Köln, Urt. v. 19.07.2002, AZ: 6 U 17/02 – HFV-Explorer; *Ingerl/Rohnke*, § 14 Rn 272.

216 EuGH, GRUR 1998, 387 (390) – Springende Raubkatze; *Fezer*, NJW 1998, 713 (714); *Hubmann/Götting*, §40 Rn 11; HK-MarkenR-*Ekey*, § 14 Rn 90.

217 *Berlit*, Rn 139.

218 EuGH, GRUR Int. 1994, 614 (615) – Ideal Standard II; LG München, CR 1997, 540 (541) – freundin.de; *Ingerl/Rohnke*, § 14 Rn 412.

nity-Nummer auch selbst als eigenständiges Produkt angesehen oder ganz auf eine Prüfung der Waren- und Dienstleistungsähnlichkeit verzichtet werden[219].

(1) Abstellen auf die Produkte des Nummerninhabers

Werden die angebotenen oder beworbenen Produkte als maßgeblich angesehen, ergibt sich zunächst die Schwierigkeit, überhaupt zu bestimmen, welche Waren oder Dienstleistungen unter der Vanity-Nummer angeboten oder beworben werden. Dabei besteht das Problem, dass anders als bei einer Unternehmenshomepage keine allgemeingültigen Aussagen darüber gemacht werden können, welche Produkte in den einzelnen Telefonaten angeboten und beworben werden[220]. Da über die Vanity-Nummer eines Unternehmens regelmäßig Informationen über alle vom Unternehmen angebotenen Produkte erreichbar sind, ist im Zweifelsfall die gesamte Produktpalette bei der Ermittlung der Waren- und Dienstleistungsähnlichkeit zu berücksichtigen.

Ausgehend von dieser Überlegung wird die Auffassung vertreten, es müsse grundsätzlich die gesamte Geschäftstätigkeit des Nummerninhabers berücksichtigt werden[221]. Einschränkend sollen lediglich Geschäftsbereiche, die unter einem eigenständigen, abweichenden Namen geführt werden, nicht zu beachten sein[222].

Beide Varianten kommen zum gleichen Ergebnis, wonach die gesamte Angebotspalette des Unternehmens für die Prüfung der Waren- und Dienstleistungsähnlichkeit herangezogen werden muss. Dies gilt zumindest dann, wenn die Vanity-Nummer der Unternehmensbezeichnung entspricht oder in anderer Weise auf das Unternehmen hindeutet. Wird als Vanity-Nummer der Name eines einzelnen Produkts des Unternehmens gewählt, ist es möglicherweise gerechtfertigt, den Produktvergleich auf dieses Produkt zu beschränken[223]. Dies gilt selbst dann, wenn auf Nachfrage des Anrufers auch Informationen über andere Produkte erfolgen oder eine entsprechende Weiterleitung vorgenommen wird. Eine Einschränkung ist jedoch dann zu machen, wenn es sich bei dem Produkt, dessen Name für die Vanity-Nummer genutzt wird, um das Haupterzeugnis des Unternehmens handelt und daher das Produkt mit dem Unternehmen gleichgesetzt wird.

---

219 *Ernstschneider*, JurPC Web-Dok. 219/2002, Abs. 18.

220 Dies übersieht Praxishandbuch-*Schäfer*, § 6 Rn 211, der auf das Angebot unter der Vanity-Nummer und deren Bewerbung abstellt. Das Problem ist vergleichbar mit den Abgrenzungsschwierigkeiten bei der Prüfung einer Nutzung im geschäftlichen Verkehr, vgl. § 3 A. II. 2. b) bb) (Seite 37).

221 Hoeren/Sieber-*Viefhues*, Kap. 6 Rn 529.

222 Hoeren/Sieber-*Viefhues*, aaO.

223 Praxishandbuch-*Schäfer*, § 6 Rn 211.

(2) Vanity-Nummer als eigenständiges Produkt

Denkbar ist es auch, nicht die Waren und Dienstleistungen, die von dem Unternehmen angeboten werden, als Vergleichsobjekte heranzuziehen, sondern die Vanity-Nummer oder die Erbringung von Telekommunikationsdienstleistungen unter einer Vanity-Nummer als das relevante Produkt anzusehen.

(a) Vergleichbarkeit mit anderen Konstellationen

Dieses Vorgehen entspricht dem Ansatz, bei Domänennamen die Homepage selbst als das relevante Produkt zu betrachten[224]. Sowohl bei den Domänennamen als auch bei den Vanity-Nummern wäre danach das Medium zugleich das relevante Produkt. Vergleichbare Konstellationen finden sich auch im Bereich der klassischen Medien. Wenn zwei Zeitschriften einen identischen oder ähnlichen Namen führen, besteht unabhängig vom Inhalt eine Waren- und Dienstleistungsidentität[225]. Maßgeblich ist alleine, dass es sich bei beiden Produkten um Zeitschriften handelt[226].

(b) Abgrenzung von eigenständigen Produkten und Hilfsprodukten

Beim Vergleich von Vanity-Nummern mit Zeitschriften ist zu beachten, dass nicht jedes Printerzeugnis als relevantes Produkt im Rahmen der Prüfung der Waren- und Dienstleistungsähnlichkeit in Betracht kommt. Bei dem Printerzeugnis muss es sich um ein eigenständiges Produkt handeln, damit das Medium selbst für die Waren- und Dienstleistungsähnlichkeit relevant ist. Eigenständige Produkte sind nur solche Publikationen, die nicht ausschließlich als reine Maßnahme zur Förderung anderer Produkte anzusehen sind, sondern denen eine eigenständige Bedeutung beikommt[227]. Werbebroschüren und Kataloge fallen daher anders als Zeitschriften nicht in die Kategorie der eigenständigen Produkte[228]. Aufgrund dieser Voraussetzung wird für den Bereich der Domänennamen die Auffassung vertreten, nur bestimmte Internet-Seiten kommen als eigenstän-

---

[224] LG Düsseldorf, NJW-RR 1998, 979 (982) – epson.de; zustimmend *Kilian*, DZWir 1997, 381 (388); ähnlich *Kloos*, CR 1997, 543.

[225] BGH, WRP 2000, 533 (534) – Facts; LG Düsseldorf, NJW-RR 1998, 979 (982) – epson.de; *Wegner*, CR 1999, 250 (255).

[226] Der BGH, WRP 2000, 533 (534) – Facts weist darauf hin, dass der Inhalt der Zeitschriften nur ausnahmsweise zu berücksichtigen ist, wenn der Inhalt deutlich hervorgehoben wird, insoweit missverständlich *Reinhart*, WRP 2001, 13 (19).

[227] *Reinhart*, WRP 2001, 13 (19); allgemein zur Abgrenzung von Hilfsprodukten und eigenständigen Produkten *Richter/Stoppel*, 6.2 (S. 27); Althammer-*Ströbele*, § 9 Rn 116; *Fezer*, § 3 Rn 148.

[228] *Ströbele*, GRUR 1981, 771 (777).

dige Produkte in Betracht. So soll die Homepage nur dann als relevantes Produkt anzusehen sein, wenn über die Internet-Seite eigenständige Unterhaltungs-, Recherche- oder Kommunikationsleistungen ermöglicht werden und nicht nur Produkt- und Unternehmensinformationen abrufbar sind[229].

Werden diese Grundsätze auf den Bereich der Vanity-Nummern übertragen, könnten viele Rufnummern, vor allem solche, unter denen nur Informationen zu einem Produkt angeboten werden, nicht als eigenständige Produkte anzusehen sein. Sofern unter einer Rufnummer nicht lediglich ein vorgegebener Ansagetext abrufbar ist, kann der Anrufer in einen Dialog mit dem Nummerninhaber treten, so dass die Kommunikationsmöglichkeiten regelmäßig über einen einseitigen Informationsabruf hinausgehen, was für eine Einordnung als eigenständiges Produkt spricht.

Daneben kann vorgebracht werden, dass sich die Erbringung von Telefondienstleistungen in den letzten Jahren als eigenständiges Produkt auf dem Markt etabliert hat und es sich daher nicht um ein bloßes Hilfsprodukt handelt[230]. Die Erbringung von Telefondienstleistungen für Unternehmen durch Fremdanbieter gewinnt zunehmend an Bedeutung, und der Betrieb von Call-Centern hat sich zu einem eigenständigen Wirtschaftszweig entwickelt[231]. Daher erscheint es möglich, die Entgegennahme von Anrufen unter einer Vanity-Nummer als eigenständige Telekommunikationsdienstleistung anzusehen, auf die für die Feststellung der Waren- und Dienstleistungsähnlichkeit abgestellt werden kann.

(c) Konsequenzen der Auffassung

Folgt man der Auffassung, wonach die Vanity-Nummer bzw. die Entgegennahme von Anrufen unter einer Vanity-Nummer das relevante Produkt ist, hat dies zur Folge, dass bei einem Rechtsstreit zwischen zwei Inhabern von Vanity-Nummern immer von einer Waren- und Dienstleistungsidentität ausgegangen werden kann. Handelt es sich dagegen um einen Konflikt zwischen dem Inhaber eines geschützten Kennzeichens und dem Inhaber einer ähnlich lautenden Vanity-Nummer, so ist zu prüfen, ob zwischen der Telekommunikationsdienstleistung des Nummerninhabers und den Produkten des Kennzeicheninhabers eine Branchennähe besteht. Würde es sich bei „Coca-Cola“ nicht um eine bekannte Marke handeln, bei der eine Waren- und Dienstleistungsähnlichkeit nicht zu prüfen ist, könnte sich der Getränkehersteller nicht gegen eine Person wehren, die sich 0700-COCA-COLA gesichert hätte, da zwischen der Erbringung von Telekommunikationsdienstleistungen und der Herstellung von Getränken keine

---

229 *Kort*, DB 2001, 249 (254); *Ingerl/Rohnke*, § 14 Rn 437 und Nach § 15 Rn 101; eine etwas andere Differenzierung wird von *Bottenschein*, MMR 2001, 286 (289) vorgeschlagen.

230 Vgl. die Berichterstattung im Handelsblatt v. 14.07.2004.

231 *Dame*, Cath.U.L.Rev. 1997, 1199 (1200), Fn 4.

Branchennähe besteht[232]. Dieses Ergebnis erscheint auf den ersten Blick bedenklich. Für einen umfassenden Schutz muss der Kennzeicheninhaber seine Marke neben dem eigentlichen Betätigungsfeld aber lediglich auch für Telekommunikationsdienstleistungen anmelden[233]. Sofern das Kennzeichen nicht für Telekommunikationsdienstleistungen eingetragen wurde, kann derjenige die Vanity-Nummer nach dem Prioritätsprinzip nutzen, der sie zuerst beantragt hat. Dabei ist es dann ohne Bedeutung, ob der Nummerninhaber über ein bestehendes Kennzeichenrecht an der Bezeichnung verfügt oder dieses erst durch die Nutzung der Bezeichnung für die Erbringung von Telekommunikationsdienstleistungen begründen möchte.

Gegen die Auffassung, wonach die Vanity-Nummer bzw. die Erbringung von Telekommunikationsdienstleistungen selbst das relevante Produkt ist, spricht die Gefahr einer zusätzlichen Verknappung des Nummernraumes für Vanity-Nummern. Wenn beim Aufeinandertreffen von zwei Vanity-Nummern automatisch von einer Waren- und Dienstleistungsidentität ausgegangen wird, müssen deutlich mehr Rufnummern wegen einer möglichen Verwechslungsgefahr freigehalten werden als wenn aufgrund fehlender Branchennähe keine Verwechslungsgefahr bestünde. Außerdem ist es bei Anerkennung der Entgegennahme von Anrufen als eigenständiger Dienstleistung möglich, sich eine Bezeichnung als Marke für diesen Bereich mit der Konsequenz schützen zu lassen, dass die entsprechende Vanity-Nummer in keinem Vorwahlbereich mehr von einem Dritten genutzt werden kann, ohne dass eine Verwechslungsgefahr besteht.

(3) Verzicht auf die Waren- und Dienstleistungsähnlichkeit

Eine Alternative wäre der völlige Verzicht auf das Kriterium der Waren- und Dienstleistungsähnlichkeit für den Bereich der Vanity-Nummern oder insgesamt bei eindimensionalen Namensräumen. Das Kriterium der Waren- und Dienstleistungsähnlichkeit beruht auf der Annahme, dass sich bei ausreichendem Abstand zwischen den angebotenen Waren und Dienstleistungen die Zeichenbenutzer gegenseitig grundsätzlich nicht stören[234]. Ein identisches oder ähnliches Kennzeichen kann unabhängig voneinander von mehreren Personen für unterschiedliche Marktsegmente genutzt werden ohne dass eine Zeichenkollision eintritt[235].

Eine Vanity-Nummer kann jedoch nur einmal vergeben werden. Selbst wenn die Vanity-Nummer nur für Produkte eines bestimmten Marktsegmentes

232 Ähnlich *Wegner*, CR 1999, 250 (255) allgemein für die vergleichbare Diskussion bei Domänennamen.

233 Vgl. Hoeren/Sieber-*Viefhues*, Kap. 6 Rn 506 f.

234 *Kur*, CR 1996, 590 (593).

235 OLG Düsseldorf, GRUR 1996, 361 (362) – Teco; Hoeren/Sieber-*Viefhues*, Kap. 6 Rn 64.

genutzt wird, ist für Zeicheninhaber, die in anderen Branchen tätig sind, die Vanity-Nummer blockiert und es kommt zu einer Zeichenkollision. Bei Anwahl der Vanity-Nummer ist für den Anrufer zunächst nicht erkennbar, für welche Produkte die Vanity-Nummer genutzt wird. Insoweit besteht bei eindimensionalen Namensräumen wie im Bereich der Vanity-Nummern eine andere Ausgangslage als bei der Nutzung von Kennzeichen in anderen Zusammenhängen[236]. Der Verzicht auf das Kriterium der Waren- und Dienstleistungsähnlichkeit widerspricht auch nicht den Grundsätzen des Markenrechts, da bei bekannten Kennzeichen ebenfalls darauf verzichtet wird[237]. Bei bekannten Marken wie eindimensionalen Namensräumen kann ein effektiverer kennzeichenrechtlicher Schutz durch Aufgabe der Notwendigkeit einer Waren- und Dienstleistungsähnlichkeit erreicht werden. Die Waren- und Dienstleistungsähnlichkeit ist kein unumstößliches Kriterium, allerdings ist zu beachten, dass der Verzicht auf das Kriterium bei bekannten Marken explizit durch § 14 II Nr. 3 MarkenG geregelt ist, während für eindimensionale Namensräume eine solche Ausnahme nicht vorgesehen ist.

(4) Stellungnahme und Zusammenfassung

Die Prüfung der Verwechslungsgefahr basiert auf einer Abwägung und Gewichtung verschiedener Faktoren[238]. Bereits bei den einzelnen Faktoren, zu denen neben der Kennzeichnungskraft und der Zeichenähnlichkeit auch die Waren- und Dienstleistungsähnlichkeit gehört, werden unterschiedliche Aspekte berücksichtigt. Daher erscheint es angemessen, in Rahmen dieser flexiblen Prüfung nicht ausschließlich die Erbringung von Telekommunikationsdienstleistungen als das relevante Produkt anzusehen. Daneben können ergänzend, vergleichbar den Ausführungen des BGH zur Verwechslungsgefahr bei Zeitschriften[239], die angebotenen Produkte herangezogen werden. Schließlich kann noch berücksichtigt werden, in welchen Branchen der Nummerninhaber überhaupt tätig ist. Aus diesen Elementen ergibt sich ein Gesamtbild, welches für oder gegen eine Waren- und Dienstleistungsähnlichkeit spricht[240].

Der Waren- und Dienstleistungsähnlichkeit ihrerseits sollte wegen der aufgezeigten Bedenken bezüglich der Anwendung des Kriteriums in eindimensionalen Namensräumen eine deutlich geringere Bedeutung als üblich im Verhältnis zu Kennzeichnungskraft und Zeichenähnlichkeit zukommen. Ein völliger

---

236 *Marwitz*, WRP 2001, 9 (11).

237 Dazu ausführlicher § 3 A. II. 2. c) cc) (Seite 48).

238 *Ingerl/Rohnke*, § 14 Rn 271.

239 BGH, WRP 2000, 533 (534) – Facts.

240 *Fezer*, WRP 2000, 669 (674) spricht dabei von dem „sachverhaltlichen Kontext“, aus dem die Waren- und Dienstleistungsähnlichkeit zu ermitteln ist.

Verzicht auf das Kriterium der Waren- und Dienstleistungsähnlichkeit sieht das Markenrecht außerhalb des Bereichs der bekannten Marken aber nicht vor.

bb) Zeichenähnlichkeit

Neben der Ähnlichkeit der angebotenen Produkte ist die Ähnlichkeit der verwendeten Zeichen bei der Prüfung, ob eine Markenrechtsverletzung vorliegt, zu beachten[241].

(1) Grundsatz

Für die Zeichenähnlichkeit ist auf den Gesamteindruck, den die zu vergleichenden Zeichen vermitteln, abzustellen[242]. Zur Ermittlung des Gesamteindrucks sind alle der menschlichen Sinneswahrnehmung und Erinnerung zugänglichen Übereinstimmungen und Unterschiede zu berücksichtigen[243]. Bei Wortzeichen sind dabei das Klangbild, das Schriftbild und der mögliche Sinn des Zeichens zu beachten[244]. Ergibt sich aus diesen Elementen ein hohes Maß an Übereinstimmung, welches zu einer Verwechslungsgefahr führen kann, kommt eine Markenrechtsverletzung in Betracht.

(2) Prägende Elemente eines Kennzeichens

Für die Prüfung der Zeichenähnlichkeit sind die Kennzeichen in der Form zu vergleichen, wie sie eingetragen sind, sofern es sich um eingetragene Marken handelt[245]. Ansonsten ist entscheidend wie das Zeichen im geschäftlichen Verkehr genutzt wird[246]. Dabei ist grundsätzlich auf das verwendete Kennzeichen in seiner Gesamtheit abzustellen[247]. Es ist nicht zulässig, ein beliebiges Element aus einer Gesamtbezeichnung herauszugreifen und die Prüfung der Verwechslungsgefahr auf dieses Element zu beschränken[248]. Danach ist bei Vanity-Nummern die gesamte Rufnummer, bestehend aus der Dienstekennzahl bzw. Vorwahl, gegebenenfalls der Tarifkennung sowie der Teilnehmerrufnummer, für

---

241 CompHdb-*Harte-Bavendamm*, Kap. 56 Rn 16.
242 BGH, GRUR 1993, 118 (120) – Corvaton / Corvasal; *Fezer*, NJW 1998, 713 (714).
243 *Ingerl/Rohnke*, § 14 Rn 529; deutlicher die Vorauflage, dort § 14 Rn 311.
244 BGH, GRUR 1990, 450 (452) – St. Petersquelle; BGH, GRUR 1997, 375 (376) – Crunchips / ran chips; BGHZ 28, 320 (328) – quick. Dies entspricht den Kriterien sight, sound und meaning im amerikanischen Recht, vgl. AMF, Inc. v. Sleekcraft Boats, 599 F. 2d 341, 351 (9th Cir. 1979).
245 *Ingerl/Rohnke*, § 14 Rn 516.
246 *Ingerl/Rohnke*, aaO.
247 BGH, GRUR 1996, 198 (199) – Springende Raubkatze.
248 EuGH, GRUR 1998, 387 (388) – Springende Raubkatze.

den Vergleich im Rahmen der Zeichenähnlichkeit heranzuziehen. Insbesondere bei der Prüfung der Verwechslungsgefahr zwischen zwei Vanity-Nummern kann folglich auch die Vorwahl zu berücksichtigen sein[249]. Bei der Nutzung eines geschützten Kennzeichens als Vanity-Nummer ist dagegen der isolierte Vergleich der Teilnehmerrufnummer mit dem Kennzeichen interessanter.

Es ist anerkannt, dass auch im Markenrecht einem einzelnen Element einer Gesamtbezeichnung eine so entscheidende Bedeutung beikommen kann, dass bei einem Vergleich maßgeblich auf dieses Element abzustellen ist[250]. Dazu muss es sich dann um einen prägenden Bestandteil der Gesamtbezeichnung handeln[251]. So kommt beispielsweise bei Firmenbezeichnungen von Familienunternehmen häufig dem Nachnamen eine prägende Bedeutung bei[252]. Bei einer Übertragung dieses Grundsatzes auf Vanity-Nummern kann die Teilnehmerrufnummer als prägender Bestandteil der Gesamtrufnummer angesehen werden. Wie im Namensrecht kann damit argumentiert werden, dass Vorwahl und Tarifkennung lediglich notwendige Bestandteile der Gesamtrufnummer sind, während der frei wählbaren Teilnehmerrufnummer, die auf den Anschlussinhaber verweist, eine zentrale Bedeutung zukommt[253]. Bei Konflikten zwischen geschützten Marken oder geschäftlichen Bezeichnungen und Vanity-Nummern ist daher auch die Teilnehmerrufnummer isoliert und nicht nur die Gesamtrufnummer zu berücksichtigen[254].

Wählt der Nummerninhaber eine Teilnehmerrufnummer, deren alphanumerische Umsetzung einem geschützten Kennzeichen entspricht, so sind die Vanity-Nummer und das Kennzeichen nicht identisch, da neben der Teilnehmerrufnummer auch die Vorwahl Teil der Vanity-Nummer ist. Wegen der Bedeutung der Teilnehmerrufnummer als prägendes Element kann aber dennoch stets von einer Zeichenähnlichkeit ausgegangen werden, wenn das geschützte Kennzeichen und die Teilnehmerrufnummer identisch sind.

---

249 Vgl. das einleitende Beispiel bei *Lock*, Cal.L.Rev. 1999, 371 (373); dazu auch § 3 A. II. 2. c) bb) (3) (Seite 48).

250 BGH, GRUR 1986, 72 (74) – Tabacco d'Harar; bestätigt für das Markengesetz durch den EuGH, GRUR 1998, 387 – Springende Raubkatze; *Marx*, Rn 206.

251 BGH, GRUR 1976, 353 – Colorboy.

252 BGH, GRUR 1961, 628 (630) – Umberto Rosso; insbesondere bei ungewöhnlichen Vornamen ist aber nicht immer der Nachname das alleinige prägende Merkmal, vgl. BPatG, GRUR 2000, 70 – Noelle Claris / CLARIS.

253 Dazu bereits oben § 3 A. II. 1. a) bb) (Seite 22).

254 So auch *Jonas/Schmitz*, GRUR 2000, 183 (184); Praxishandbuch-*Schäfer*, § 6 Rn 211; ein Beispiel für diese Konstellation ist Kelley Blue Book v. Car-Smarts, Inc., 802 F. Supp. 278 (C.D.Cal. 1992).

(3) Nutzung von Vanity-Nummern durch mehrere Berechtigte

Aufgrund der Tatsache, dass eine Bezeichnung für mehrere Unternehmen in verschiedenen Produktklassen geschützt werden kann, ist es möglich, dass mehrere Unternehmen die gleiche Teilnehmerrufnummer nur in unterschiedlichen Vorwahlbereichen gewählt haben und alle Parteien sich auf ein Recht zur Nutzung der Bezeichnung stützen können.

Würde nicht die Möglichkeit zugelassen, identische Teilnehmerrufnummern von verschiedenen Nummerninhabern in unterschiedlichen Vorwahlbereichen zu nutzen, würde der ohnehin knappe Nummernraum weiter eingeschränkt[255]. Das vorgesehene Verfahren, bei steigender Nummernknappheit alternative Vorwahlbereiche freizugeben, bliebe wirkungslos, wenn ein Nummerninhaber sich gegen jede Vergabe der identischen Teilnehmerrufnummer in anderen Vorwahlbereichen aufgrund einer Verwechslungsgefahr zur Wehr setzen könnte. Daher ist in dieser Konstellation trotz Zeichenähnlichkeit nicht automatisch von einer Kennzeichenkollision auszugehen, sobald eine Teilnehmerrufnummer von unterschiedlichen Nummerninhabern in verschiedenen Vorwahlbereichen genutzt wird. Eine Verwechslungsgefahr ist aber umso wahrscheinlicher, je stärker die Kennzeichnungskraft der Bezeichnung ist und je größer die Waren- und Dienstleistungsähnlichkeit ist.

Mangels Zeichenähnlichkeit besteht dagegen keine Verwechslungsgefahr, wenn in unterschiedlichen Vorwahlbereichen eine identische Teilnehmerrufnummer mit verschiedenen alphanumerischen Umsetzungen verwendet wird[256]. Bei Nutzung von alphanumerischen Bezeichnungen werden ausschließlich diese miteinander verglichen. Besteht zwischen diesen keine Verwechslungsgefahr, führt auch die zugrundeliegende Ziffernfolge nicht zu einer Annahme der Zeichenähnlichkeit.

cc) Bekannte Marken

Bei bekannten Marken ist die Waren- und Dienstleistungsähnlichkeit nicht zu prüfen[257]. Eine Verwechslungsgefahr besteht bereits dann, wenn ein ähnliches Zeichen für ein anderes Marktsegment im geschäftlichen Verkehr genutzt wird[258]. Die Schutzerweiterung des § 14 II Nr. 3 MarkenG beruht auf der Überlegung, dass Wertschätzung und Unterscheidungskraft bekannter Kennzeichen nicht nur besonders schutzwürdig, sondern auch besonders schutzbedürftig sind[259]. Sowohl Ausnutzungs- als auch Beeinträchtigungsversuchen sind be-

---

[255] *Dame*, Cath.U.L.Rev. 1997, 1199 (1232).
[256] Dazu *Strömer*, Kap. 3.6 (S. 116).
[257] *Berlit*, Rn 241.
[258] Hasselblatt-*Raab*, § 32 Rn 124.
[259] *Ingerl/Rohnke*, § 14 Rn 458.

kannte Kennzeichen in besonderem Maße ausgesetzt, und zwar gerade auch außerhalb des Bereichs ähnlicher Waren oder Dienstleistungen[260].

Der Begriff der bekannten Marke ist weder im Markengesetz noch in der zugrundeliegenden Markenrechtsrichtlinie näher konkretisiert[261]. Auf die Rechtsprechung zu berühmten Kennzeichen, für deren Schutz sehr hohe Voraussetzungen bestanden[262], kann wegen der überzogenen Anforderungen nicht zurückgegriffen werden[263]. Auf der anderen Seite genügt das Bestehen von Verkehrsdurchsetzung oder Verkehrsgeltung alleine nicht automatisch zur Rechtfertigung eines Schutzes als bekanntes Kennzeichen[264]. Unter Berücksichtigung europarechtlicher Vorgaben ist vielmehr darauf abzustellen, ob einem bedeutenden Teil des Publikums, das von den durch dieses Kennzeichen erfassten Waren oder Dienstleistungen betroffen ist, das Kennzeichen bekannt ist[265].

Als bekanntes Kennzeichen ist etwa die Bezeichnung Coca-Cola geschützt[266], so dass die Verwendung der Vanity-Nummer 0800-COCA-COLA durch ein anderes Unternehmen oder eine andere Person ohne weitere Prüfung, in welcher Branche der Nummerninhaber tätig ist, als unzulässig angesehen werden muss.

dd) Zwischenergebnis

Ergibt sich unter Berücksichtigung der Kennzeichnungskraft, der Waren- und Dienstleistungsähnlichkeit, soweit sie zu berücksichtigen ist, und der Zeichenähnlichkeit eine Verwechslungsgefahr zwischen einem geschützten Kennzeichen und einer Vanity-Nummer, so ist grundsätzlich von einer Markenrechtsverletzung auszugehen.

d) Schutzschranke des § 23 MarkenG

Im Einzelfall kann jedoch eine Markenrechtsverletzung ausgeschlossen sein, obwohl der Verletzungstatbestand des § 14 bzw. § 15 MarkenG erfüllt ist, wenn sich die Nutzung des geschützten Kennzeichens durch den Nummerninhaber im

---

260 Hasselblatt-*Raab*, § 32 Rn 123.

261 *Sack*, GRUR 1995, 81 (86); *Ingerl/Rohnke*, § 14 Rn 782.

262 BGHZ 114, 105 (108) – Avon; BGH, GRUR 1995, 154 (155) – Boss; BGH, GRUR 1987, 400 (401) – Pirelli; *Joller*, GRUR Int. 2000, 75.

263 Begründung zum Entwurf eines Markenrechtsreformgesetzes, BT-Drucks. 12/6581, S. 72; *Sack*, GRUR 1995, 81 (86); *Kur*, GRUR 1994, 330 (333).

264 *Bonn*, S. 138; *Rößler*, GRUR 1994, 559 (562); *Ingerl/Rohnke*, § 14 Rn 790; *Fezer*, § 14 Rn 416.

265 EuGH, GRUR Int. 2000, 73 – Chevy; *Berlit*, Rn 22; Hasselblatt-*Raab*, § 32 Rn 127.

266 BGH, GRUR 1987, 400 (401) – Pirelli, wonach die Bezeichnung Coca-Cola auf einen Bekanntheitsgrad von 99,7% kommt.

Rahmen der Schutzschranken des § 23 MarkenG bewegt[267]. Dem Nutzer darf in diesem Fall die Nutzung der Kennzeichen nicht untersagt werden, solange er nicht gegen die guten Sitten verstößt[268].

aa) Persönliche Angaben, § 23 Nr. 1 MarkenG

Nach der Vorschrift des § 23 Nr. 1 MarkenG kann ein Kennzeicheninhaber nicht gegen Personen vorgehen, die lediglich ihren Namen oder ihre Anschrift im geschäftlichen Verkehr verwenden, selbst wenn dadurch eine Verwechslungsgefahr entsteht. Der Begriff des Namens ist anders als bei § 12 BGB restriktiv auszulegen und erfasst nur den bürgerlichen Namen eines Menschen[269]. Auch wenn ein Nummerninhaber seinen bürgerlichen Namen als Vanity-Nummer verwendet, dient der Name nicht zur Bezeichnung des Menschen selbst, sondern bezeichnet nur dessen Rufnummer, was von § 23 Nr. 1 Alt. 1 MarkenG nicht erfasst ist.

Bei den Domänennamen wird vereinzelt die Auffassung vertreten, der Domänenname sei zwar kein Name im Sinne von § 23 Nr. 1 Alt. 1 MarkenG, könne aber als Anschrift im Sinne von § 23 Nr. 1 Alt. 2 MarkenG angesehen werden und so in den Regelungsbereich der Schutzschranke fallen[270]. Bei Berücksichtigung von Sinn und Zweck der Vorschrift kann dieser Argumentation nicht gefolgt werden[271]. Die Regelung des § 23 Nr. 1 Alt. 2 MarkenG beruht auf der Überlegung, dass zwar der Wohn- und Geschäftssitz frei wählbar ist, aber kein Einfluss auf die amtliche Bezeichnung der Postanschrift besteht[272]. Der Domänenname ist aber im Gegensatz zur Postanschrift wählbar, so dass es an einer vergleichbaren Ausgangslage fehlt[273]. Diese Argumentation kann auf den Bereich der Vanity-Nummern übertragen werden[274]. Selbst wenn man eine Vanity-Nummer als Anschrift ansehen würde[275], unter welcher der Nummerninhaber zwar nicht physikalisch, aber telefonisch erreichbar ist, wäre die Nutzung der Rufnummer wegen der freien Wählbarkeit nicht durch § 23 Nr. 1 Alt. 2 MarkenG erlaubt[276].

---

267 *Berlit*, GRUR 1998, 423 (424).

268 *Keller*, GRUR 1996, 607 (611); *von Schultz*, GRUR 1997, 408.

269 *Fezer*, § 23 Rn 20; *Ingerl/Rohnke*, § 23 Rn 12.

270 *Kur*, FS-Beier 1996, 265 (276).

271 Ebenso *Ingerl/Rohnke*, § 23 Rn 16.

272 *Völker/Weidert*, WRP 1997, 652 (659).

273 *Ubber*, WRP 1997, 497 (506); Hoeren/Sieber-*Viefhues*, Kap. 6 Rn 126.

274 *Fezer*, § 3 Rn 348; *Ingerl/Rohnke*, § 23 Rn 16.

275 Scheurle/Mayen-*Scheurle*, §43 Rn 3 bezeichnet Rufnummern als Adressen, zu denen Telekommunikationsverbindungen aufgebaut werden.

276 Ebenso *Jonas/Schmitz*, GRUR 2000, 183 (185).

bb) Notwendige Bestimmungsangaben, § 23 Nr. 3 MarkenG

Im Einzelfall kann sich ein Anbieter von Ersatzteilen oder Zubehörprodukten aber möglicherweise für die Nutzung eines fremden Kennzeichens als Vanity-Nummer auf die Regelung des § 23 Nr. 3 MarkenG berufen. Die Vorschrift des § 23 Nr. 3 MarkenG soll Bestimmungsangaben ermöglichen, bei denen ein geschütztes Kennzeichen genutzt wird, um die Original-Waren oder Original-Dienstleistungen des Kennzeicheninhabers zu identifizieren, für welche die Waren oder Dienstleistungen des Kennzeichenverwenders bestimmt sein sollen[277]. Teilweise wird vertreten, dass durch die Vorschrift des § 23 Nr. 3 MarkenG nicht jede Art der Nutzung des Kennzeichens abgedeckt ist[278]. Ein Gebrauch nach Art einer Marke ist danach unzulässig, und das Kennzeichen darf lediglich beschreibend benutzt werden[279]. Danach würde die Nutzung des Kennzeichens des Originalanbieters als Vanity-Nummer durch einen Anbieter von Zubehör oder Ersatzteilen wegen der Einordnung der Nutzung einer Vanity-Nummer als kennzeichenmäßige Verwendung[280] nicht durch § 23 Nr. 3 MarkenG gedeckt sein. Nach anderer Ansicht darf das Kennzeichen des Originalanbieters im Rahmen des § 23 Nr. 3 MarkenG auch als Kennzeichen genutzt werden[281]. Für diese Auffassung spricht unter anderem, dass nur bei dieser Auslegung ein eigenständiger Anwendungsbereich für § 23 Nr. 3 MarkenG gegenüber § 23 Nr. 2 MarkenG bestehen bleibt.

Unabhängig von der Frage, ob auch eine Nutzung des Kennzeichens wie eine Marke in den Anwendungsbereich des § 23 Nr. 3 MarkenG fällt, ist die Vorschrift nur einschlägig, wenn die Verwendung des Kennzeichens notwendig ist[282]. Zunächst ist zu prüfen, ob die Benutzung des geschützten Kennzeichens überhaupt notwendig ist. Danach ist darauf einzugehen, ob die Notwendigkeit auch hinsichtlich des konkreten Umfangs der Benutzung des Kennzeichens bejaht werden kann[283]. Bei der Nutzung notwendiger Bestimmungsangaben müssen Irreführung und Rufausbeutung mit allen dem Dritten objektiv zumutbaren Mitteln ausgeschlossen werden[284]. Dazu muss insbesondere die unterschiedliche Herkunft der Produkte klar und eindeutig erkennbar sein[285].

Selbst wenn der Hersteller von Zubehör oder Ersatzteilen grundsätzlich auf die Nutzung von Kennzeichen des Originalherstellers angewiesen ist, um die

277 *Ingerl/Rohnke*, § 23 Rn 68.
278 *Fezer*, WRP 1996, 973 (974).
279 *Fezer*, § 23 Rn 58.
280 Vgl. oben § 3 A. II. 2. b) aa) (2) (Seite 31).
281 *Ingerl/Rohnke*, § 23 Rn 70.
282 BGH, WRP 1996, 713 (715) – Verbrauchsmaterialien; *Fezer*, § 23 Rn 60.
283 *Ingerl/Rohnke*, § 23 Rn 72.
284 BGH, GRUR 1968, 698 (700) – Rekordspritzen.
285 BGH, WRP 1996, 713 (715) – Verbrauchsmaterialien.

Verwendungsmöglichkeiten seiner Produkte zu beschreiben, ist nicht ersichtlich, warum gerade die Nutzung fremder Kennzeichen als Vanity-Nummer notwendig sein soll. Bei Verwendung des Kennzeichens als Vanity-Nummer wird nicht ausreichend deutlich, dass der Originalanbieter und der Anbieter von Zubehör oder Ersatzteilen nicht identisch sind. Die Wahl fremder Kennzeichen als Vanity-Nummer durch Anbieter von Zubehör und Ersatzteilen ist sachlich nicht geboten und daher nicht vom Anwendungsbereich des § 23 Nr. 3 MarkenG gedeckt.

3. Wettbewerbsrecht

Die Unzulässigkeit der Nutzung einer Vanity-Nummer kann sich auch aufgrund von wettbewerbsrechtlichen Vorschriften ergeben. Das Wettbewerbsrecht soll die Lauterkeit des Wettbewerbs sicherstellen[286]. Die Vorschriften dienen dabei dem Schutz der Mitbewerber, dem Schutz eines anständigen Wettbewerbs als solchem und dem Schutz der Verbraucher[287]. Diese Schutzzwecktrias hat mit der letzten UWG-Reform[288] auch Eingang in den Gesetzeswortlaut des § 1 UWG gefunden[289].

Zentrale Norm des Wettbewerbsrechts ist die Generalklausel des § 3 UWG, die ein allgemein gefasstes Verbot unlauteren Wettbewerbs enthält[290]. In der Vergangenheit wurde ein Drittel aller behandelten Fälle durch die Generalklausel abgedeckt[291]. Daneben regelt § 5 UWG die Fälle irreführender Werbung. Die neu gefasste Bestimmung ersetzt die bisherige Vorschrift über irreführende Angaben, die auch als kleine Generalklausel bezeichnet wurde[292]. Die Nutzung von Vanity-Nummern ist in wettbewerbsrechtlicher Hinsicht insbesondere an diesen beiden Normen zu messen.

a) Allgemeine Voraussetzungen

Im Wettbewerbsrecht bestehen allgemeine Tatbestandsvoraussetzungen, die bei allen Einzelregelungen zu beachten sind[293]. Bisher wurde ein Handeln im geschäftlichen Verkehr und zu Zwecken des Wettbewerbs verlangt[294]. Nach der UWG-Reform ist zentrale Tatbestandsvoraussetzung das Vorliegen einer Wett-

---

286 *Emmerich*, § 1 1. (S. 2); *Lehmler*, A. I. (S. 1).
287 *Baumbach/Hefermehl*, Einl UWG Rn 42; *Rittner*, § 1 Rn 17.
288 BGBl. I 2004, 1414.
289 *Engels/Salomon*, WRP 2004, 32 (33).
290 *Engels/Salomon*, WRP 2004, 32 (34).
291 *Rittner*, § 2 Rn 1.
292 *Lehmler*, B. II. (S. 158); *Nordemann*, Rn 41.
293 *Nordemann*, Rn 81.
294 *Emmerich*, § 4 1. (S. 20).

bewerbshandlung im Sinne von § 2 Abs. 1 Nr. 1 UWG. Der Begriff der Wettbewerbshandlung entspricht inhaltlich dem Merkmal des Handelns im geschäftlichen Verkehr zu Zwecken des Wettbewerbs, wodurch die bisherige Rechtslage fortgeschrieben wird[295]. Neu eingeführt wurde allerdings die Erheblichkeitsschwelle in der Generalklausel des § 3 UWG[296].

aa) Handeln im geschäftlichen Verkehr

Wie die markenrechtlichen Bestimmungen sind die Normen des Wettbewerbsrechts nur einschlägig bei einem Handeln im geschäftlichen Verkehr. Bei privater oder betriebsinterner Betätigung kommt ein Wettbewerbsverstoß nicht in Betracht[297]. Für die Abgrenzung zwischen geschäftlicher Nutzung und privater oder betriebsinterner Verwendung kann auf die im Markenrecht entwickelten Kriterien zurückgegriffen werden[298].

bb) Handeln zu Zwecken des Wettbewerbs

Neben dem Erfordernis des Handelns im geschäftlichen Verkehr verlangen die Vorschriften des UWG zusätzlich ein Handeln zu Zwecken des Wettbewerbs[299]. Die Prüfung, ob eine Wettbewerbshandlung lauter oder unlauter ist, setzt zwingend voraus, dass zunächst untersucht wird, ob überhaupt eine Wettbewerbshandlung vorliegt[300]. Für die Annahme des Vorliegens einer Wettbewerbshandlung bestehen objektive und subjektive Voraussetzungen[301].

(1) Objektive Voraussetzungen

Als objektives Kriterium ist ein Verhalten erforderlich, das äußerlich geeignet ist, den Absatz oder Bezug einer Person zum Nachteil einer anderen Person zu fördern[302].

---

295 *Engels/Salomon*, WRP 2004, 32 (34).

296 *Sack*, WRP 2004, 30.

297 BGHZ 19, 299 (303) – Bad Ems; *Baumbach/Hefermehl*, Einl UWG Rn 208 mwN.

298 Vgl. oben § 3 A. II. 2. b) bb) (Seite 33).

299 *Köhler/Piper*, Einf Rn 203; GK-*Schünemann*, Einl Rn D 193.

300 *Ackermann*, B. I. (S. 15); *Baumbach/Hefermehl*, Einl UWG Rn 214.

301 *Rittner*, § 2 Rn 10; Hasselblatt-*Nordemann*, § 10 Rn 36. Zumindest die herrschende Meinung verlangt neben der objektiven auch eine subjektive Komponente, dazu BGHZ 3, 270 (277) – Constanze I; a.A. *Kraft*, S. 190.

302 BGHZ 19, 299 (303) – Bad Ems; BGHZ 3, 270 (277) – Constanze I; BGH, GRUR 1953, 293 (294) – Fleischbezug; BGH, GRUR 1962, 45 (47) – Betonzusatzmittel; BGH, GRUR 1981, 658 (659) – Preisvergleich; *Baumbach/Hefermehl*, Einl UWG Rn 215.

(a) Eignung zur Förderung wirtschaftlicher Betätigung

Dazu ist zunächst zu prüfen, ob ein Verhalten vorliegt, dass zur Förderung eigener oder fremder wirtschaftlicher Betätigung geeignet ist[303]. Im Bezug auf Vanity-Nummern muss demnach untersucht werden, ob die Nutzung einer Vanity-Nummer als Verhalten angesehen werden kann, das geeignet ist, den Absatz oder Bezug des Nummerninhabers zu fördern. Wegen der guten Einprägsamkeit von Vanity-Nummern können sich Kunden und Interessenten die Rufnummer gut merken und so schnell Kontakt mit dem Nummerninhaber aufnehmen, was als absatzfördernd einzustufen ist. In den Vereinigten Staaten von Amerika hat die Einführung der Vanity-Nummern zu einer Steigerung der Anruferzahlen bei den Nummerninhabern von bis zu 30 % geführt[304]. Die Nutzung einer Vanity-Nummer ist daher grundsätzlich geeignet, den Absatz der eigenen Produkte zu fördern. Der Einsatz einer Vanity-Nummer kann auch als Werbemaßnahme angesehen werden, die allgemein der Absatzförderung dient.

(b) Begünstigung auf Kosten eines anderen

Weiter müsste die erstrebte eigene Begünstigung notwendig die Beeinträchtigung der Wettbewerbssituation eines anderen zur Folge haben[305]. Dazu ist es erforderlich, dass die Parteien in einem Wettbewerbsverhältnis zueinander stehen[306]. Dies ist der Fall, wenn es sich um unmittelbare Konkurrenten handelt, also um Angehörige derselben Branche und Wirtschaftsstufe. Es ist jedoch anerkannt, dass auch ein mittelbares Wettbewerbsverhältnis zur Begründung wettbewerbsrechtlicher Ansprüche genügt[307]. In diesem Fall können die Parteien in verschiedenen Branchen oder auf verschiedenen Wirtschaftsstufen tätig sein[308]. Maßgeblich ist alleine, dass sich beide Wettbewerber um denselben Abnehmerkreis bemühen[309]. Aus Sicht dieses Abnehmerkreises müssen die angebotenen Waren substituierbar erscheinen[310].

Sind der Nummerninhaber und Kennzeicheninhaber, dessen Kennzeichen als Vanity-Nummer durch den Nummerninhaber genutzt wird, in der gleichen

---

303 *Baumbach/Hefermehl*, Einl UWG Rn 215; *Ring*, Wettbewerbsrecht, S. 25.

304 *Jonas/Schmitz*, GRUR 2000, 183.

305 *Baur/Klawitter*, JA 1984, 445 (447) mwN. Die Begünstigung auf Kosten eines Mitbewerbers ergibt sich jetzt ausdrücklich aus § 3 UWG.

306 Grundsätzlich können nur solche Gewerbetreibende gegen einen Wettbewerber vorgehen, die in einem konkreten Wettbewerbsverhältnis zu diesem stehen, allerdings wird der Kreis der klagebefugten Personen durch § 8 III UWG erweitert, dazu *Köhler/Piper*, Einf Rn 236.

307 GK-*Schünemann*, Einl Rn D 206.

308 *Baumbach/Hefermehl*, Einl UWG Rn 217.

309 BGH, GRUR 1966, 445 (446) – Glutamal; *Ring*, Wettbewerbsrecht, S. 26.

310 BGH, GRUR 1972, 553 – Onko-Kaffee; GK-*Schünemann*, Einl Rn D 209.

Branche und auf der gleichen Wirtschaftsstufe tätig, so geht die Absatzförderung des Nummerinhabers unmittelbar zu Lasten des Kennzeicheninhabers, der das für ihn geschützte Kennzeichen nicht als Vanity-Nummer nutzen kann und daher nicht so einfach für Interessenten und Kunden erreichbar ist. Außerdem besteht die Gefahr, dass Kunden und Interessenten, die durch die Anwahl der Vanity-Nummer in Kontakt mit dem Nummerninhaber getreten sind, sich von dem Kennzeicheninhaber abwenden, obwohl sie diesen ursprünglich erreichen wollten. Zwischen Nummerninhaber und Kennzeicheninhaber besteht daher ein Wettbewerbsverhältnis.

Fraglich ist dagegen, ob auch ein Wettbewerbsverhältnis besteht, wenn Nummerninhaber und Kennzeicheninhaber in verschiedenen Branchen tätig sind und bei den Produkten grundsätzlich nicht von einer Substituierbarkeit ausgegangen werden kann. Es ist anerkannt, dass es ausreicht, wenn Gewerbetreibende, die sonst in keinerlei Wettbewerb zueinander stehen, durch die beanstandete Handlung in einen Wettbewerb eintreten[311]. In dieser Konstellation wird von einem „Wettbewerbsverhältnis ad hoc" gesprochen[312].

Im Bereich der Vanity-Nummern kann damit argumentiert werden, dass Nummerninhaber und Kennzeicheninhaber zwar nicht im Wettbewerb um Kunden und Interessenten, wohl aber um die Rufnummer selbst stehen und so ein konkretes Wettbewerbsverhältnis begründet wird. Durch die Zuteilung der Vanity-Nummer kann der Nummerninhaber seine Erreichbarkeit verbessern, was unmittelbar auf Kosten des Kennzeicheninhabers geht, der sein Kennzeichen nicht als Vanity-Nummer nutzen kann und daher in seinen Bemühungen, möglichst einfach erreichbar zu sein, behindert wird. Damit ist auch in dieser Konstellation von einem Wettbewerbsverhältnis auszugehen.

(2) Subjektive Voraussetzung

In subjektiver Hinsicht erfordert eine Wettbewerbshandlung das Ziel, eigenen oder fremden Wettbewerb zum Nachteil eines anderen Mitbewerbers zu fördern[313]. Die Wettbewerbsabsicht braucht nicht die einzige oder wesentliche Zielsetzung des handelnden Wettbewerbers sein[314]. Es genügt, wenn die Wettbewerbsabsicht nicht hinter den anderen Zielen als völlig nebensächlich zurücktritt[315].

Um einen wirksamen Schutz gegen unlauteren Wettbewerb zu gewährleisten, legt die Rechtsprechung das Erfordernis der Wettbewerbsabsicht weit

311 BGH, GRUR 1972, 553 – Onko-Kaffee; *Köhler/Piper*, Einf Rn 237.
312 GK-*Schünemann*, Einl Rn D 213.
313 BGH, GRUR 1986, 898 (899) – Frank der Tat; *Baumbach/Hefermehl*, Einl UWG Rn 232 mwN.
314 BGH, NJW 1998, 604 (605) – Politikerschelte.
315 BGH, NJW 1992, 3304 – Erdgassteuer; BGH, GRUR 1964, 77 (79) – Blinkfüer.

aus[316]. Durch die subjektive Komponente sollen lediglich Handlungen, die ausschließlich außerwettbewerbliche, also etwa wissenschaftliche, religiöse oder caritative Zwecke verfolgen, ausgenommen werden, auch wenn objektiv eine Wettbewerbshandlung vorliegt[317].

Bei Wettbewerbshandlungen von Gewerbetreibenden und Wirtschaftsverbänden kann von dem Erfahrungssatz ausgegangen werden, dass es regelmäßig nicht an einer Wettbewerbsabsicht fehlen wird[318]. Aus diesem Grunde wird bei solchen Personen die Wettbewerbsabsicht vermutet, sofern die beanstandete Handlung objektiv wettbewerbsgeeignet ist und ein Wettbewerbsverhältnis bejaht werden kann[319].

Die Vermutung der Wettbewerbsabsicht bei Gewerbetreibenden gilt damit auch für die Inhaber von Vanity-Nummern, die im geschäftlichen Verkehr tätig sind. Der Nummerninhaber muss die Wettbewerbsabsicht im Einzelfall entkräften, indem er etwa vorträgt, die beantragte und zugeteilte Rufnummer wurde aus außerwettbewerblichen Gründen gewählt. Der Vortrag, die Vanity-Nummer würde nur für außerwettbewerbliche Zwecke verwendet, genügt dazu nicht. Es geht nicht um die Nutzung der Vanity-Nummer, sondern um die Wahl der Vanity-Nummer. Zwar kann auch durch die Nutzung einer Rufnummer gegen geltendes Wettbewerbsrecht verstoßen werden, etwa wenn eine eingespielte Tonbandansage irreführend ist; zunächst ist aber zu prüfen, ob bei der Wahl der Rufnummer eine Wettbewerbsabsicht vorlag. Auch Nummerninhaber, die außerwettbewerbliche Ziele zu erreichen suchen, werden ihre Rufnummer regelmäßig so wählen, dass sie möglichst einprägsam ist und daher häufig gewählt wird. Damit begibt sich der Nummerninhaber im Bezug auf die Rufnummer bewusst und gewollt in den Wettbewerb um begehrte Rufnummern. Sichert sich etwa eine Verbraucherinitiative die Vanity-Nummer 0800-WARENTEST, tritt sie hinsichtlich dieser Rufnummer in Wettbewerb zu anderen Organisationen, die Warentests durchführen, auch wenn der eigentliche Betätigungsbereich außerwettbewerblicher Natur ist. In dieser Konstellationen ist der Verbraucherinitiative auch eine Wettbewerbsabsicht zu unterstellen. An der subjektiven Voraussetzung der Wettbewerbsabsicht fehlt es daher in den seltensten Fällen.

cc) Unlauterkeit der Wettbewerbshandlung

Wichtigste Voraussetzung für das Bestehen von wettbewerblichen Ansprüchen ist die Unlauterkeit der Wettbewerbshandlung, die an die Stelle der Sittenwid-

316 *Baumbach/Hefermehl*, Einl UWG Rn 232.

317 BGH, NJW 1983, 1559 (1560) – Geldmafiosi; BGHZ 45, 296 (302) – Höllenfeuer; BGH, GRUR 1957, 360 (361) – Phylax-Apparate; *Rittner*, § 2 Rn 10.

318 BGH, GRUR 1990, 463 (464) – Firmenrufnummer.

319 *Baur/Klawitter*, JA 1984, 445 (448); *Baumbach/Hefermehl*, Einl UWG Rn 235; GK-*Schünemann*, Einl Rn D 217.

rigkeit getreten ist[320]. Eine Handlung, die im geschäftlichen Verkehr zu Zwecken des Wettbewerbs vorgenommen wird, wurde ursprünglich als unlauter angesehen, wenn sie gegen die guten Sitten verstieß[321].

Für die Konkretisierung des Begriffs der guten Sitten wurde anfangs wie im Rahmen des § 138 BGB auf das Anstandsgefühl aller billig und gerecht Denkenden abgestellt[322]. Zwischenzeitlich ist eine Modifizierung durch die Rechtsprechung dahingehend erfolgt, dass das Anstandsgefühl aller redlichen und verständigen Mitbewerber sowie der übrigen beteiligten Verkehrskreise maßgeblich ist[323]. Zunächst trat an die Stelle aller billig und gerecht Denkenden das Anstandsgefühl der Durchschnittsgewerbetreibenden[324]. Anschließend traten die Anschauungen der Allgemeinheit einschließlich der Verbraucher neben das Anstandsgefühl der Durchschnittsgewerbetreibenden[325]. Dies entspricht dem modernen Verständnis von Sinn und Zweck des Wettbewerbsrechts, wonach die Vorschriften des UWG nicht nur dem Schutz der Wettbewerber und der Lauterkeit des Wettbewerbs selbst dienen, sondern auch die Allgemeinheit und insbesondere die Verbraucher schützen sollen[326].

Mit der UWG-Reform ist diese geänderte Sichtweise auch sprachlich umgesetzt worden, indem der antiquierte Begriff der Unsittlichkeit durch den Begriff der Unlauterkeit ersetzt wurde, der auch in vielen gemeinschaftsrechtlichen Vorschriften verwendet wird[327].

Auch bei weiterer Konkretisierung des Begriffs der Unlauterkeit anhand des Anstandsgefühls und bestimmter Wertvorstellungen bleibt ein großer Prüfungsbereich, der sich nur schwer durch einen Oberbegriff abdecken lässt[328].

b) Einschlägige Fallgruppen und Normen

Um die Prüfung der Wettbewerbswidrigkeit zu systematisieren, sind verschiedene Fallgruppen gebildet worden, in welche alle wettbewerbswidrigen Handlungen eingeteilt werden können[329]. Die Einteilung in Fallgruppen soll dabei für Übersicht auf dem Gebiet des Wettbewerbsrechts sorgen. Die einzelnen Fallgruppen können nicht immer scharf voneinander abgegrenzt werden, im Einzel-

---

320 *Rittner*, § 2 Rn 14; *Lehmler*, B. I. 1. c) (S. 16); *Engels/Salomon*, WRP 2004, 32 (34).

321 *Baur/Klawitter*, JA 1984, 445 (448).

322 RGZ 166, 315 (318); *Emmerich*, § 5 1. a) (S. 41).

323 BGHZ 54, 188 (190); BGH, NJW 1995, 2486 (2487) – Busengrapscher / Schlüpferstürmer; *Kehl*, § 13 Rn 4.

324 BGHZ 10, 228 (232); BGHZ 23, 184 (186).

325 BGHZ 103, 203 (206) – BTX-Werbung.

326 Vgl. oben § 3 A. II. 3. (Seite 52).

327 BT-Drucks. 15/1487, S. 16.

328 *Kehl*, § 13 Rn 22 bereits zur alten Rechtslage.

329 *Baumbach/Hefermehl*, Einl UWG Rn 157 bezeichnen diese Einteilung als unentbehrlich; allgemein zur Konkretisierung von Generalklauseln *Ohly*, AcP 201 (2001), 1 (9).

fall ist es möglich, dass bestimmte Sachverhalte auch mehreren Fallgruppen zugeordnet werden können[330].

In der Literatur existieren verschiedene Vorschläge zur Bildung von Fallgruppen[331]. Die meisten Systeme basieren auf einer Dreiteilung in Irrleitung, Feindseligkeit und ungehörige Ausnutzung[332]. Durch Verfeinerung dieser Einteilung wurde eine Unterscheidung in fünf verschiedene Fallgruppen erreicht[333]. Als eigenständige Fallgruppen werden danach Kundenfang, Behinderung, Ausbeutung, Vorsprung durch Rechtsbruch und Marktstörung anerkannt[334]. Grundsätzlich kommen im Bereich der Vanity-Nummern alle diese Fallgruppen in Betracht. Durch die in § 4 UWG eingeführten Beispiele unlauteren Wettbewerbs soll keine neue Fallsystematik geschaffen werden, sondern es werden typische Unlauterkeitshandlungen beispielhaft und nicht abschließend aufgezählt[335]. Die wenig systematische Auswahl der in das Gesetz übernommenen Beispiele ist bereits auf Kritik in der Literatur gestoßen[336].

Im Folgenden wird weiter auf die klassische Einteilung in fünf Fallgruppen zurückgegriffen, was sich aber ausschließlich auf die systematische Gliederung und nicht auf inhaltliche Anforderungen auswirkt.

aa) Kundenfang

Die Fallgruppe des Kundenfangs ist einschlägig, wenn die Entschließungsfreiheit des Kunden unzulässig eingeengt wird[337]. Grundsätzlich ist die Beeinflussung von Kunden erlaubt, auch wenn sie der Erweiterung des eigenen Kundenkreises auf Kosten der übrigen Mitbewerber dient[338]. Dies gilt jedoch nur, soweit die Kundenbeeinflussung wahr und sachgerecht bleibt. Unzulässig sind dagegen die Irreführung des Kunden sowie das Einwirken auf den Kunden durch Zwang, Anreißen, Verlocken oder Gefühlsausnutzung[339].

Im Bereich der Vanity-Nummern kommt ein unzulässiger Kundenfang durch die Wahl einer irreführenden Bezeichnung als Rufnummer in Betracht. Die Irreführung von Kunden wird im Wettbewerbsrecht nicht nur durch § 3

---

330 *Lehmler*, B. I. 1. e) (S. 20).

331 Vgl. den Überblick bei *Baumach/Hefermehl*, Einl UWG Rn 158f.

332 *Emmerich*, § 5 10. (S. 57).

333 *Baumbach/Hefermehl*, Einl UWG Rn 160.

334 Köhler/Piper-*Köhler/Piper*, § 1 Rn 9; *Lehmler*, B. I. 1. e) (S. 20); dazu auch BVerfG, NJW 2001, 3403 (3404).

335 BT-Drucks. 15/1487, S. 17.

336 *Engels/Salomon*, WRP 2004, 32 (36).

337 *Baumbach/Hefermehl*, Einl UWG Rn 161.

338 *Ackermann*, C. II. (S. 49); *Nordemann*, Rn 201.

339 *Baumbach/Hefermehl*, Einl UWG Rn 161.

UWG erfasst, sondern für diesen Bereich besteht mit § 5 UWG eine besondere Regelung.

(1) Verhältnis von § 5 UWG zu § 3 UWG

Die Vorschrift des § 5 UWG stuft alle Arten von irreführender Werbung als unlauter ein[340]. Kann die Wettbewerbshandlung als irreführende Werbung eingeordnet werden, ergibt sich die Unzulässigkeit aus § 5 UWG; der Verweis auf die Generalklausel des § 3 UWG soll lediglich klarstellen, dass die dort genannten allgemeinen Tatbestandsvoraussetzungen auch im Rahmen von § 5 UWG zu beachten sind[341]. Anders als im Rahmen von § 3 UWG ist auch nach der UWG-Reform keine allgemeine Unlauterkeitsprüfung notwendig, wenn feststeht, dass es sich bei der Wettbewerbshandlung um eine irreführende Werbung handelt, die von § 5 UWG erfasst ist[342].

Nach der bisherigen Rechtslage war anerkannt, dass eine allgemeine Unlauterkeitsprüfung am Maßstab des jetzigen § 3 UWG zumindest nicht ausgeschlossen war, auch wenn sich die Wettbewerbswidrigkeit bereits aus § 5 UWG ergab[343]. Die Generalklausel blieb neben der spezielleren Bestimmung anwendbar, wenn die irreführende Angabe sittenwidrig war[344]. In diesem Fall bestand eine Anspruchskonkurrenz[345]. Denkbar waren auch Konstellationen, in denen wegen des offenen Tatbestandes der Generalklausel ein eigenständiger Anwendungsbereich für diese verblieb, weil die engeren Voraussetzungen der alten Fassung des Irreführungstatbestandes nicht vorlagen[346].

Diese Konzeption hat auch nach der UWG-Reform Bestand, wobei sich die Gewichtung durch die Ausdehnung des Anwendungsbereichs von § 5 UWG verschoben hat[347]. Es bleiben aber Fälle denkbar, bei denen § 5 UWG nicht einschlägig ist, etwa wenn die Irreführung nicht durch eine Werbemaßnahme erfolgt.

340 *Emmerich*, § 14 1. (S. 177); *Ackermann*, D. I. (S. 241).

341 *Engels/Salomon*, WRP 2004, 32 (37).

342 *Rittner*, § 2 Rn 52 sowie § 3 Rn 6 zur bisherigen Rechtslage.

343 *Baumbach/Hefermehl*, § 1 UWG Rn 9; vgl. auch BGH, GRUR 1952, 582 (584) – Sprechstunden.

344 HK-UWG-*Plaß*, § 1 UWG Rn 12. Hasselblatt-*Ahrens*, § 19 Rn 2 weist darauf hin, dass ein Verstoß gegen § 3 UWG a.F. in der Regel zugleich einen Verstoß gegen § 1 UWG a.F. darstellt.

345 *Lehmler*, B. I. 2. f) aa) (S. 58). In der Praxis erfolgt regelmäßig nur eine Verurteilung aus § 3 UWG, vgl. BGHZ 51, 295 (301) – Scotch Whisky; BGH, NJW 1972, 104 (105) – Der Meistgekaufte der Welt.

346 BGH, GRUR 1977, 257 (259) – Schaufensteraktion; BGH, GRUR 1967, 596 (597) – Kuppelmuffenverbindung; *Rittner*, § 2 Rn 52; *Ackermann*, C. II. 1. (S. 50).

347 *Engels/Salomon*, WRP 2004, 32 (37).

(2) Irreführende Angaben nach § 5 UWG

Das zentrale Element der Vorschrift des § 5 UWG ist auch nach der Neufassung die Abgabe einer irreführenden Angabe[348]. Daraus ergeben sich die zwei besonderen Anforderungen, die neben der allgemeinen Voraussetzung des Vorliegens einer Wettbewerbshandlung erfüllt sein müssen: Zunächst muss überhaupt eine Angabe vorliegen und diese muss weiter zur Irreführung geeignet sein[349].

Angaben im Sinne des § 5 UWG sind alle nachprüfbaren Aussagen über beliebige geschäftliche Verhältnisse[350]. Voraussetzung ist also die Vermittlung einer sachlich nachprüfbaren Information durch die Wettbewerbshandlung[351]. Erfasst sind danach Tatsachenbehauptungen, deren Wahrheit oder Unwahrheit bewiesen werden kann[352]. Auf der anderen Seiten fallen bloße subjektive Werturteile grundsätzlich nicht in den Anwendungsbereich des § 5 UWG[353]. Etwas anderes gilt jedoch, wenn sich das Werturteil auf einen Tatsachenkern stützt oder ein Werturteil als nachprüfbar aufgefasst wird[354]. Entscheidend ist nicht der Wortlaut der Angabe, sondern wie die Angabe vom Verkehr aufgefasst wird[355]. Diese verbraucherorientierte Sichtweise ergibt sich aus dem Schutzzweck der Norm, wonach zumindest auch die Kunden durch § 5 UWG geschützt werden sollen[356].

Bei Vanity-Nummern erscheint es angesichts der geringen Länge kaum möglich, ganze Aussagen, die auf ihre Richtigkeit überprüft werden können, als Rufnummer zu wählen. Der Platz reicht regelmäßig nur für ein einziges Schlagwort. Solche Schlagwörter können zwar Assoziationen beim Verbraucher hervorrufen, haben aber auf den ersten Blick keinen eindeutigen nachprüfbaren Gehalt, so dass es nicht ohne weiteres möglich ist, eine Vanity-Nummer als irreführende Angabe anzusehen.

Es ist jedoch anerkannt, dass auch in einer einzelnen Unternehmens- oder Warenbezeichnung eine irreführende Angabe gesehen werden kann[357]. So wird etwa bei der Wahl einer Vanity-Nummer wie 0700-PROF-BEST indirekt die

---

348 *Rittner*, § 3 Rn 8 zur alten Rechtslage.

349 *Lehmler*, B. II. (S. 158).

350 *Baumbach/Hefermehl*, § 3 UWG Rn 13.

351 BGH, GRUR 1992, 66 (67) – Königl.-Bayerische Weisse; *Ackermann*, D. I. (S. 242).

352 Hasselblatt-*Ahrens*, § 19 Rn 41.

353 *Emmerich*, § 14 4. (S. 182); *Lehmler*, B. II. 1. (S. 159).

354 Hasselblatt-*Ahrens*, § 19 Rn 42. So wurde der Slogan „Plim klebt besser", der als subjektives Werturteil aufgefasst werden kann, als nachprüfbar angesehen, so dass ein Gutachten erstellt wurde, welche Kleber tatsächlich am besten klebt, vgl. OGH, GRUR Int. 1962, 459 - Plim.

355 OGH, GRUR Int. 1962, 459 (461) – Plim; Hasselblatt-*Ahrens*, § 19 Rn 43.

356 Hasselblatt-*Ahrens*, § 19 Rn 36 zum Schutzzweck der Norm.

357 BGH, GRUR 1969, 422 (423) – Kaltverzinkung; BGH, NJW 1983, 2633 (2634) – Grippewerbung III; *Emmerich*, § 14 4. (S. 183).

Behauptung aufgestellt, der Inhaber der Rufnummer, oder der Namensgeber, wenn es sich um ein Unternehmen handelt, sei Professor[358]. Diese Frage ist der Nachprüfbarkeit zugänglich, so dass eine Angabe über geschäftliche Verhältnisse im Sinne von § 5 II Nr. 3 UWG vorliegt. Diese Möglichkeit der Irreführung ist keine Besonderheit bei Rufnummern, sondern kann auch außerhalb des Bereichs der Vanity-Nummern auftreten, etwa wenn eine Person zu Unrecht einen Professorentitel führt[359]. Bei vielen Unternehmens- und Produktbezeichnungen handelt es sich allerdings um Phantasiebegriffe ohne nachprüfbaren Bedeutungsgehalt.

(3) Irreführung durch Händler

Eine Besonderheit bei Vanity-Nummern, die sonst nur noch bei Domänennamen auftritt, ist die Exklusivität der Nutzung einer Bezeichnung, die Grundlage für eine Irreführung sein kann. So ist es etwa möglich, dass ein Händler den Namen eines Produktes, welches er als einer von mehreren Händlern vertreibt, als Vanity-Nummer nutzt[360]. Andere Händler, die ebenfalls das Produkt anbieten sowie der Hersteller des Produkts sind dann von der Möglichkeit, die Bezeichnung als Vanity-Nummer zu verwenden, ausgeschlossen. Eine Irreführung könnte sich in dieser Konstellation daraus ergeben, dass der Eindruck erweckt wird, der Nummerninhaber sei der einzige Händler für das Produkt[361] oder er sei der Hersteller, was beides unzutreffend ist.

Dazu müsste bei den Anrufern als dem relevanten Verkehrskreis eine entsprechende Erwartungshaltung bestehen. Anrufer erwarten, unter der Vanity-Nummer das entsprechende Produkt bestellen zu können oder zumindest Informationen über das entsprechende Produkt zu erhalten, wobei es ohne Bedeutung ist, ob diese vom Hersteller direkt oder von einem Händler stammen[362]. Meldet sich ein Nummerninhaber, der das Produkt nicht vertreibt und darüber auch keine Informationen geben kann, ist dies nicht von der Erwartung der Anrufer erfasst und es liegt eine Irreführung der Anrufer vor. Auf einen Händler, der als einer von mehreren Anbietern das Produkt vertreibt und darüber informieren

---

358 Vgl. dazu *Rittner*, § 3 Rn 12.

359 BGH, GRUR 1989, 445 – Professorenbezeichnung in der Arztwerbung I; BGHZ 118, 53 – Professorenbezeichnung in der Arztwerbung II; BGH, NJW 1998, 822 – Professorenbezeichnung in der Arztwerbung III; BGH, GRUR 1987, 839 – Professorentitel in der Arzneimittelwerbung; dazu *Hönn*, ZHR 153 (1989), 386 (400).

360 Vgl. U-Haul Int'l, Inc. v. Kresch, 943 F. Supp. 802 (E.D.Mich. 1996), wobei in diesem Fall der Händler nur eine verwechslungsfähige „complementary number“ nutzte.

361 Ausführlicher zur Alleinstellungsbehauptung § 3 A. IV. 3. b) (Seite 130).

362 Die nachprüfbare Aussage, die als Angabe über geschäftliche Verhältnisse im Sinne des § 5 II Nr. 3 UWG in Betracht kommt, kann darin gesehen werden, dass der Nummerninhaber durch Nutzung der Rufnummer zum Ausdruck bringt, er stünde zumindest in einer geschäftlichen Beziehung zum Hersteller des Produkts.

kann, trifft diese Wertung jedoch nicht zu. Es ist nicht unüblich, sich bei Interesse an einem Produkt nicht unbedingt an den Hersteller selbst, sondern an einen Händler zu wenden. Eine wettbewerbswidrige Irreführung kann dem Händler daher nicht vorgeworfen werden, allerdings ist er möglicherweise aus kennzeichenrechtlichen Gründen nicht zur Nutzung der Vanity-Nummer berechtigt[363].

(4) Irreführung nach § 3 UWG

Ein eigenständiger Anwendungsbereich für eine Irreführung nach § 3 UWG ist in den Fällen gegeben, bei denen keine irreführenden Angaben über geschäftliche Verhältnisse vorliegen[364]. So könnte ein Kinobetreiber oder ein Filmverleih die Rufnummer 0800-KINOTIP nutzen und damit den Anschein erwecken, es würde sich um eine neutrale Institution handeln, die auf aktuelle Kinofilme hinweist[365]. Wird die Rufnummer tatsächlich nur für Werbung für die im eigenen Kino angebotenen oder vom eigenen Unternehmen vertriebene Filme genutzt, liegt keine irreführende Angabe vor, da tatsächlich Kino-Tipps präsentiert werden. Dennoch liegt eine Täuschung der Anrufer vor, die allerdings nicht durch § 5 UWG erfasst wird. In dieser Konstellation bleibt Raum für die Anwendung des § 3 UWG wegen unlauterer Irreführung der Anrufer[366].

bb) Behinderung

Die Fallgruppe der Behinderung – in § 4 Nr. 10 UWG ausdrücklich als Beispiel unlauteren Verhaltens aufgenommen[367] – ist einschlägig, wenn ein Anbieter den Mitbewerber nicht sachlich durch die Güte der eigenen Ware oder Leistung zu überflügeln sucht, sondern ihn mit Mitteln, die sich gegen ihn persönlich oder sein Unternehmen richten, in seiner wettbewerblichen Betätigung zu hindern sucht, so dass er seine Leistung auf dem Markt nicht mehr rein zur Geltung bringen kann[368].

Die Behinderung richtet sich primär gegen einen oder mehrere Mitbewerber[369]. Damit unterscheidet sich die Zielrichtung von der beim Kundenfang, wo die Maßnahmen sich vor allem gegen die Kunden und nicht primär gegen die Mitbewerber richten. Beide Fallgruppen sind jedoch nicht streng voneinander

---

363 Vgl. dazu bereits § 3 A. II. 1. a) cc) (1) (Seite 24).
364 HK-UWG-*Plaß*, § 1 UWG Rn 12; vgl. oben § 3 A. II. 3. b) aa) (1) (Seite 59).
365 Allgemein geht es um Fälle, bei denen durch die Wahl der Rufnummer eine bestimmte Erwartungshaltung bei den Anrufern erweckt wird, ohne dass die Erwartung Folge einer dem Beweis zugänglichen Tatsachenbehauptung ist.
366 Vgl. dazu *Baumbach/Hefermehl*, § 1 UWG Rn 29b.
367 *Omsels*, WRP 2004, 136
368 *Baumbach/Hefermehl*, Einl UWG Rn 162.
369 *Rittner*, § 2 Rn 60.

getrennt, sondern eine Wettbewerbshandlung kann unter die Fallgruppe des Kundenfangs und die des Behinderungswettbewerbs gefasst werden, wenn eine Irreführung der Kunden vorliegt und dadurch gleichzeitig Mitbewerber in unlauterer Weise behindert werden[370].

(1) Grenzen zulässiger Behinderung

Grundsätzlich ist jede Wettbewerbshandlung dazu geeignet, Mitbewerber in ihrem Streben nach Geschäftsabschlüssen und Gewinn zu beeinträchtigen. Es ist Sinn und Zweck des Wettbewerbs, Mitbewerber zu überflügeln und ihnen Kunden abzunehmen[371]. Daher kann nicht jede Beeinträchtigung von Mitbewerbern als Maßnahme unzulässigen Behinderungswettbewerbs angesehen werden[372]. Das Abwerben von Kunden der Mitbewerber erfolgt regelmäßig nicht als Selbstzweck, sondern zur Gewinnung von Kunden für das eigene Angebot. Selbst wenn durch ein solches Verhalten einzelne Konkurrenten vollständig aus dem Markt verdrängt werden, spricht dies nicht für eine Wettbewerbswidrigkeit[373]. Die Grenze zur Wettbewerbswidrigkeit ist jedoch überschritten, wenn eine Wettbewerbshandlung alleine darauf abzielt, einen Mitbewerber zu behindern, ohne gleichzeitig das eigene Unternehmen zu fördern[374].

Danach würde es gegen §§ 3, 4 Nr. 10 UWG verstoßen, wenn ein Unternehmen sich eine Vanity-Nummer zuteilen lässt, die einem von einem Mitbewerber genutzten Kennzeichen oder dessen Unternehmensbezeichnung entspricht, ohne die Rufnummer tatsächlich zu nutzen. Denkbar, aber wettbewerbswidrig wäre es etwa, die Rufnummer zwar freizuschalten, um einen Verfall der Zuteilung[375] zu vermeiden, eingehende Anrufe aber nicht zu beantworten. In diesen Fällen wird durch das Verhalten des Nummerninhabers die eigene Wettbewerbsposition nicht unmittelbar verbessert. Der einzige denkbare Vorteil für den Nummerninhaber ist die Möglichkeit, dass Kunden, die den Mitbewerber nicht über „seine“ Vanity-Nummer erreichen, sich enttäuscht von diesem abwenden und dann eventuell an den Nummerninhaber herantreten. Verschafft der Nummerninhaber sich auf diese Weise einen Wettbewerbsvorsprung, beruht das nicht auf eigener unternehmerischer Leistung, sondern hat seinen Grund in der Ausschaltung des Mitbewerbers vom Leistungsvergleich, was durch das Wettbewerbsrecht verhindert werden soll[376].

---

370 *Baumbach/Hefermehl*, Einl UWG Rn 162.

371 BGHZ 10, 392 (396) – Anzeigenblatt; GK-*Brandner/Bergmann*, § 1 Rn A 235. *Nordemann*, Rn 2 vergleicht das Prinzip des Leistungswettbewerbs mit einem Radrennen.

372 *Baumbach/Hefermehl*, § 1 UWG Rn 208; *Omsels*, WRP 2004, 136 (140).

373 *Rittner*, § 2 Rn 60; Hasselblatt-*Gutsche*, § 14 Rn 1.

374 *Baumbach/Hefermehl*, § 1 UWG Rn 208.

375 Vgl. dazu § 2 B. I. 1. b) (Seite 10).

376 Hasselblatt-*Gutsche*, § 14 Rn 2; *Baumbach/Hefermehl*, § 1 UWG Rn 208.

Weniger eindeutig ist die Situation bei Maßnahmen des Leistungswettbewerbs, die zwar das eigene Unternehmen fördern, aber typischerweise zugleich Mitbewerber behindern. Solche Maßnahmen sind grundsätzlich erlaubt, soweit nicht besondere Unlauterkeitskriterien hinzukommen[377]. Verwendet der Nummerninhaber als Vanity-Nummer Kennzeichen eines Mitbewerbers, fördert dies grundsätzlich das eigene Unternehmen, da durch die Rufnummer neue Kunden und Interessenten erreicht werden. Gleichzeitig und zwangsläufig wird aber der Mitbewerber, der außerhalb des Bereichs der Vanity-Nummern das Kennzeichen nutzt und möglicherweise Inhaber der entsprechenden Kennzeichenrechte ist, massiv behindert; denn anders als in anderen Bereichen ist eine alternative Nutzung einer Bezeichnung durch mehrere Personen im Bereich der Vanity-Nummern nicht möglich. Der Kennzeicheninhaber kann also nicht einmal neben dem Nummerninhaber sein Kennzeichen als Vanity-Nummer nutzen – zumindest nicht im identischen Vorwahlbereich. Für den Mitbewerber besteht die Gefahr, dass ein Großteil seiner Kunden und auch potentielle Interessenten die Vanity-Nummer des Nummerninhabers anrufen, auf diese Weise in Kontakt mit dem Konkurrenten kommen und so zu diesem abwandern.

(2) Absatzbehinderung

Bei dieser Fallgestaltung bestehen Parallelen zur Absatzbehinderung durch das Abfangen von Kunden[378]. Typische Fälle sind das Verteilen von Werbezetteln[379] oder das Ansprechen[380] von Kunden unmittelbar vor den Räumen eines Mitbewerbers. Das Verteilen von Werbung und das Ansprechen von Passanten sind für sich betrachtet noch keine unlauteren Methoden zur Kundengewinnung. Daher genügt es nicht, wenn ein Unternehmen allgemein in einer Stadt wirbt und die Werbung dabei auch vor den Räumen des Mitbewerbers erfolgt[381]. Ein unzulässiges Abfangen liegt nur vor, wenn zielgerichtet vor den Räumen des Wettbewerbers geworben wird. Die besondere Unlauterkeit des Abfangens, die zur Wettbewerbswidrigkeit führt, ergibt sich dann aus der Tatsache, dass die Kunden gezielt von der Kontaktaufnahme mit dem Mitbewerber abgehalten werden, so dass dieser keine Chance hat, in einem sachlichen Leistungsvergleich mit dem abfangenden Unternehmen einzutreten. Besonders verwerflich ist das Verhalten, wenn durch das Abfangen Kunden, die eigentlich schon zum Besuch des

---

[377] *Baumbach/Hefermehl*, § 1 UWG Rn 208.

[378] Zum Abfangen *Baumbach/Hefermehl*, § 1 UWG Rn 214.

[379] KG, GRUR 1984, 601 – Handzettel-Verteilung.

[380] BGH, GRUR 1960, 431 – Kfz-Nummernschilder.

[381] OLG Hamburg, GRUR 1954, 409 (410); OLG Hamburg, GRUR 1955, 434; Hasselblatt-*Gutsche*, § 14 Rn 6.

Mitbewerbers entschlossen waren, im letzten Moment noch umgestimmt werden[382].

Bei der Nutzung der Vanity-Nummer fehlt es zwar an einer räumlichen Nähe, die grundsätzlich beim Abfangen verlangt wird, dies liegt aber darin begründet, dass das Telefon gerade zur Kontaktaufnahme über räumliche Entfernungen hinweg konzipiert ist. Auch ohne die räumliche Nähe werden die Kunden, die eigentlich den Mitbewerber anrufen wollten, gezielt abgefangen. Der Nummerninhaber drängt sich mit seiner Vanity-Nummer zwischen den Mitbewerber und den Kunden. Der Mitbewerber wird dadurch um seine Chance gebracht, gegenüber dem anrufenden Kunden in den Leistungsvergleich einzutreten. Damit ist die Situation bei der Nutzung einer Vanity-Nummer, die einem Kennzeichen eines Mitbewerbers entspricht, mit der Situation beim Abfangen von Kunden vor den Räumen des Mitbewerbers vergleichbar. Beide Praktiken sind mit den Gepflogenheiten im Handelsverkehr nicht vereinbar.

Aus diesem Grunde ist die Nutzung einer Vanity-Nummer, die einem Kennzeichen eines Mitbewerbers entspricht, als unzulässiger Behinderungsbewettbewerb im Sinne von §§ 3, 4 Nr. 10 UWG anzusehen[383].

(3) Werbebehinderung

Neben den Fällen der Absatzbehinderung, bei denen der Absatz von Produkten des Mitbewerbers behindert wird, erfasst die Fallgruppe der Behinderung auch die Fälle der Werbebehinderung, bei denen nicht unmittelbar auf den Produktabsatz des Mitbewerbers eingewirkt wird, sondern dessen Werbemaßnahmen zur Absatzförderung behindert werden[384].

Ein wichtiges Element in der Werbung ist der Einsatz von Marken und anderen Kennzeichen, mit deren Hilfe unter anderem eine Kundenbindung erreicht werden soll[385]. Die Kennzeichen dienen dabei dem Transport von Qualitäts- und Wertvorstellungen[386]. Versucht ein Mitbewerber die Kennzeichnungskraft eines Kennzeichens zu schwächen, wird daher der Kennzeicheninhaber auch in seinen Werbebemühungen behindert. Insofern könnte argumentiert werden, dass durch die Nutzung eines fremden Kennzeichens als Vanity-Nummer eine Verkehrsverwirrung erzeugt wird, die als unzulässige Werbebehinderung angesehen werden kann.

---

382 BGH, GRUR 1986, 547 (548) – Handzettelwerbung, BGH, GRUR 1963, 197 (201) – Zahnprothesen-Pflegemittel.

383 Ebenso wohl *Speckmann*, Rn 522.

384 Hasselblatt-*Gutsche*, § 14 Rn 18; HK-UWG-*Plaß*, § 1 UWG Rn 297.

385 *Henning-Bodewig/Kur*, 1. Kapitel, A. II. 2. a) (S. 11).

386 vonSchultz-*vonSchultz*, Einführung Rn 1; Hasselblatt-*Gutsche*, § 14 Rn 21.

Die Förderung einer Verkehrsverwirrung ist neben der Abwertung eines fremden Kennzeichens zur Gattungsbezeichnung[387] als eine Form der unlauteren Werbebehinderung durch Schwächung der Werbe- und Kennzeichnungskraft anerkannt[388]. Eine Verkehrsverwirrung tritt ein, wenn nicht ausschließlich der Kennzeicheninhaber sein Kennzeichen nutzt, sondern auch Konkurrenten das Kennzeichen einsetzen, der Kunde das Kennzeichen daher nicht mehr einem Unternehmen zuordnen kann und aus diesem Grunde nicht mehr auf die mit dem Kennzeichen verbundenen Qualitäts- und Wertvorstellungen vertraut[389].

Nutzt ein Konkurrent des Kennzeicheninhabers das Kennzeichen als Vanity-Nummer, wird die Gefahr begründet, dass Anrufer das Kennzeichen nicht mehr dem Kennzeicheninhaber, sondern dem Nummerninhaber zuordnen und infolge der Verkehrsverwirrung eine Schwächung der Werbe- und Kennzeichnungskraft eintritt. Daher kommt grundsätzlich die Annahme einer unlauteren Werbebehinderung in Betracht. Sofern die Werbebehinderung jedoch durch unbefugte Nutzung eines fremden Kennzeichens erfolgt, ist vorrangig auf die speziellen Regelungen des Markengesetzes zurückzugreifen[390]. Seit Inkrafttreten des Markengesetzes kommt ein Schutz nach dem UWG nur noch in Ausnahmefällen in Betracht, wenn das Markengesetz keinen ausreichenden Schutz gewährt[391]. Dies ist etwa der Fall, wenn es an einer kennzeichenmäßigen Nutzung der geschützten Bezeichnung fehlt[392]. Da jedoch die Verwendung eines Kennzeichens als Vanity-Nummer dem markenrechtlichen Benutzungsbegriff unterfällt[393], besteht keine Notwendigkeit, neben der Kennzeichenrechtsverletzung eine wettbewerbswidrige Werbebehinderung anzunehmen.

Ein eigenständiger Fall der Werbebehinderung könnte jedoch in Betracht kommen, wenn nicht auf die unzulässige Nutzung eines Kennzeichens abgestellt wird, sondern darauf, dass der Kennzeicheninhaber in seinen Möglichkeiten, eine einprägsame Vanity-Nummer als Werbemittel zu verwenden, beeinträchtigt wird. Für Werbemaßnahmen steht dem Kennzeicheninhaber sein Kennzeichen als Vanity-Nummer nicht zur Verfügung, was für eine Werbebehinderung sprechen könnte. Ein wesentliches Merkmal der Werbebehinderung ist die Abwertung der Werbung eines Mitbewerbers mit der Folge, dass dessen Werbung ihre Wirkung verfehlt[394]. Dies setzt voraus, dass überhaupt eine Werbemaßnahme des Mitbewerbers vorhanden ist, die abgewertet werden kann. Die bloße Erschwerung der Nutzung bestimmter Werbemöglichkeiten in der Zukunft wird

---

387 OLG Hamburg, WRP 1996, 215 (217) – Kinder-Schoko-Bons.

388 BGH, GRUR 1960, 126 (129) – Sternbild.

389 Hasselblatt-*Gutsche*, § 14 Rn 23.

390 Köhler/Piper-*Köhler*, § 1 Rn 418 unter Verweis auf BGHZ 138, 349 (351) – MAC Dog.

391 *Speckmann*, Rn 539; HK-UWG-*Plaß*, § 1 UWG Rn 300.

392 *Baumbach/Hefermehl*, § 1 UWG Rn 227.

393 Vgl. oben § 3 A. II. 2. b) aa) (2) (Seite 31).

394 HK-UWG-*Plaß*, § 1 UWG Rn 322; Hasselblatt-*Gutsche*, § 14 Rn 18.

nicht erfasst[395]. Auch unter diesem Gesichtspunkt ist daher nicht von einer unlauteren Werbebehinderung auszugehen.

(4) Betriebsstörung

Ein weiterer Unterfall in der Fallgruppe der Behinderung ist die Betriebsstörung[396]. Als Betriebsstörung kommen alle Eingriffe in Betracht, die sich auf den Geschäftsbetrieb eines Mitbewerbers auswirken[397]. So wird unter anderem die Sperre durch Markenerwerb als Betriebsstörung aufgefasst[398]. Möglicherweise kann nicht nur in der Eintragung eines fremden Kennzeichens als Marke, sondern auch in der Nutzung eines fremden Kennzeichens als Vanity-Nummer eine Betriebsstörung gesehen werden.

(a) Anwendungsbereich

Eine Sperre durch Markenerwerb ist möglich in den Fällen, in denen ein Unternehmen für geschäftliche Zwecke ein Kennzeichen nutzt, es jedoch versäumt, das Kennzeichen formell als Marke anzumelden[399]. Dadurch kann ein Konkurrent die formelle Position als Kennzeicheninhaber erlangen und den bisherigen Nutzer an der weiteren Nutzung des Kennzeichens hindern. Grundsätzlich genügt die formelle Position als Kennzeicheninhaber, um dem Mitbewerber, der zuvor das Kennzeichen genutzt hat, die weitere Nutzung auf der Grundlage des Markenrechts zu untersagen[400]. Dies gilt jedoch nur, solange nicht bereits durch die bloße Benutzung des Kennzeichens ein Markenrecht gem. § 4 Nr. 2 MarkenG entstanden ist, da sich ansonsten das durch Benutzung erworbene Kennzeichenrecht wegen des besseren Zeitranges gegen das eingetragene Kennzeichenrecht durchsetzt[401].

Doch auch wenn durch die bloße Benutzung kein eigenes Markenrecht erworben wird, kann in Einzelfällen die Anwendung wettbewerbsrechtlicher Grundsätze dazu führen, dass der Kennzeicheninhaber nicht aus dem eingetragenen Kennzeichenrecht gegen prioritätsältere Nutzer vorgehen kann[402]. Unter

---

395 Andernfalls könnte auch die Anmietung aller Werbeflächen in einem Gebiet als Werbebehinderung angesehen werden, da Konkurrenten die Möglichkeit genommen wird, in diesem Gebiet in der Zukunft Werbeflächen anzumieten.

396 Köhler/Piper-*Köhler*, § 1 Rn 470.

397 Hasselblatt-*Gutsche*, § 14 Rn 24.

398 *Baumbach/Hefermehl*, § 1 UWG Rn 240.

399 *Ackermann*, C. III. 3. c) (S. 147).

400 *Meyer*, Informatik 2001, 1037 (1041). Es besteht kein Vorbenutzungsrecht für den bisherigen Verwender des Kennzeichens, vgl. bereits RGZ 132, 374 (382) – Manon.

401 Hasselblatt-*Raab*, § 32 Rn 8; vonSchultz-*vonSchultz*, § 4 Rn 3; *Fezer*, § 4 Rn 138.

402 *Ackermann*, C. III. 3. c) (S. 148).

Umständen kann er sogar die Löschung der eingetragenen Marke verlangen[403]. Das Wettbewerbsrecht geht in Fällen der unlauteren Markenanmeldung den Regelungen des Kennzeichenrechts vor[404]. Jedoch genügt die Tatsache, dass das Kennzeichen, welches eingetragen werden soll, schon von einem Mitbewerber genutzt wird, alleine nicht, um die kennzeichenrechtlichen Regelungen durch das Wettbewerbsrecht zu verdrängen[405]. Selbst die Kenntnis des Kennzeicheninhabers von der Vorbenutzung ist unschädlich[406]. Zusätzlich müssen besondere Unrechtsmerkmale hinzukommen, welche die Annahme einer unlauteren Sperre durch Markenerwerb rechtfertigen[407].

Die Markenanmeldung muss als Wettbewerbshandlung zu qualifizieren sein, deren maßgebliches Ziel die unlautere Behinderung eines Mitbewerbers ist. Für die Unlauterkeit des Verhaltens können dabei verschiedene Anhaltspunkte sprechen[408]. Stärkstes Indiz ist die Anmeldung in dem Bewusstsein, dass ein Mitbewerber ein vergleichbares Kennzeichen nutzt und dadurch einen schutzwürdigen wertvollen Besitzstand geschaffen hat[409]. Als weiterer Anhaltspunkt für eine unlautere Behinderung ist es anzusehen, wenn die Anmeldung des Kennzeichens, welches bereits von einem Mitbewerber genutzt wird, ohne sachlichen Grund erfolgt; der Markenanmelder sich also ohne nachvollziehbaren Grund dem Kennzeichen des Mitbewerbers nähert[410].

(b) Übertragbarkeit auf Vanity-Nummern

Rechtsprechung und Literatur beziehen das Sperren durch Markenanmeldung bisher auf die Anmeldung von Kennzeichen zur Eintragung in das Markenregister. Vanity-Nummern werden zwar nicht in das Markenregister eingetragen, aber ebenfalls bei einer zentralen Stelle verwaltet, wo die einzelnen Rufnummern beantragt werden müssen. Daher besteht eine vergleichbare Ausgangslage, wenn der Nummerninhaber sich eine Vanity-Nummer sichert, die einem Kennzeichen entspricht, das von einem Mitbewerber genutzt wird, der es versäumt hat, das entsprechende Kennzeichen auch als Vanity-Nummer zu beantragen. Es könnten

403 BGH, GRUR 1961, 413 (416) – Dolex; *Kiethe/Groeschke*, WRP 1997, 269 (271); *Baumbach/Hefermehl*, § 1 UWG Rn 240.

404 BGHZ 46, 130 (132) – Modess; BGH, GRUR 1967, 490 (491) – Pudelzeichen.

405 BGH, WRP 1998, 373 (375) – Analgin; vonSchultz-*vonSchultz*, § 6 Rn 11.

406 BGH, GRUR 1980, 110 (111) – Torch; BGH, GRUR 1967, 304 (306) – Siroset.

407 BGH, GRUR 1986, 74 (76) – Shamrock III; BGH, GRUR 1969, 607 (609) – Recrin. Zur Vermutung eines sittenwidrigen Verhaltens vgl. *Kiethe/Groeschke*, WRP 1997, 269 (272).

408 *Ackermann*, C. III. 3. c) (S. 148).

409 BGH, GRUR 1967, 490 (492) – Pudelzeichen. Das OLG München, WRP 1996, 1056 – Sittenwidrige Markenanmeldung weist zutreffend darauf hin, dass das Bestehen eines schutzwürdigen wertvollen Besitzstandes keine zwingende Voraussetzung ist.

410 BGH, GRUR 1984, 210 – Arostar.

die zuvor dargestellten Kriterien herangezogen werden, um festzustellen, ob die Beantragung der Vanity-Nummer ebenfalls als unlautere Behinderung des Mitbewerbers einzustufen ist.

Beide Sachverhalte sind trotz der ähnlichen Ausgangslage nicht vollständig vergleichbar. Der erste Unterschied ergibt sich bereits in der Reichweite der Eintragung: Die Eintragung in das Markenregister begründet ein umfassendes Ausschließlichkeitsrecht[411], während die Zuteilung der Vanity-Nummer nur ein Ausschließlichkeitsrecht bezüglich der konkreten zugeteilten Rufnummer gewährt[412]. Aus diesem Grunde führt die Eintragung eines Kennzeichens zu einer deutlich stärkeren Behinderung von Mitbewerbern als die Zuteilung einer Vanity-Nummer. Weiter besteht bei Kennzeichen die Besonderheit, dass der Schutz auf unterschiedliche Weise – durch Eintragung, Verkehrsdurchsetzung oder notorische Bekanntheit – erlangt werden kann, aber auch eine Nutzung möglich ist, ohne dass ein Kennzeichenschutz entsteht. Bei Vanity-Nummern kann dagegen die Position von Rechtsinhaber und tatsächlichem Nutzer nicht auseinanderfallen. Zwar muss der Nummerninhaber nicht mit dem Inhaber des geschützten Kennzeichens identisch sein, die tatsächliche Nutzung der Vanity-Nummer ist aber nur durch die Person möglich, der das Recht zur Nutzung der Rufnummer eingeräumt wurde. Während ein Kennzeichen auch ohne Eintragung genutzt werden kann, ist die Nutzung einer Vanity-Nummer nicht ohne vorherige Zuteilung möglich. Schließlich ist zu beachten, dass im Rahmen der Betriebsstörung ein Eingriff in bestehende Betriebsabläufe erforderlich ist[413]. So kann durch die Eintragung einer Marke die bisherige Praxis der Nutzung des Kennzeichens behindert werden. Durch die Beantragung der Vanity-Nummer kann aber lediglich die zukünftige Nutzung der Rufnummer durch die Mitbewerber verhindert werden, Eingriffe in die aktuellen Betriebsabläufe sind nicht möglich.

Wegen dieser Unterschiede ist die Nutzung einer Vanity-Nummer, die einem fremden Kennzeichen entspricht, nicht mit der Sperre durch Markenerwerb vergleichbar und damit nicht als wettbewerbswidrige Betriebsstörung anzusehen.

(5) Zwischenergebnis

Die offene Nutzung einer Vanity-Nummer, die einem fremden Kennzeichen, sei es einer Unternehmens- oder Produktbezeichnung entspricht, kann unter dem Gesichtspunkt der Absatzbehinderung als wettbewerbswidriger Behinderungs-

---

[411] vonSchultz-*vonSchultz*, § 14 Rn 4; *Ingerl/Rohnke*, § 14 Rn 6. Allerdings ist das Ausschließlichkeitsrecht für eingetragene Marken insoweit begrenzt, als dass es sich auf die bei der Anmeldung angegebenen Produktklassen beschränkt.

[412] Vgl. oben § 3 A. II. 1. b) (Seite 27).

[413] Vgl. zur vergleichbaren Problematik im Rahmen des § 823 BGB MüKo-*Wagner*, § 823 Rn 185.

wettbewerb angesehen werden. Ein Fall der Werbebehinderung oder Betriebsstörung liegt daneben nicht vor.

cc) Ausbeutung

Der Einsatz fremder Kennzeichen als Vanity-Nummern könnte auch unter dem Gesichtspunkt der Ausbeutung bedenklich sein. Im Wettbewerbsrecht wird davon ausgegangen, dass die Grundlage jeder geschäftlichen Tätigkeit eine eigene Leistung des Wettbewerbers ist. Damit ist jedoch nicht gesagt, dass alleine das Aufbauen auf einer fremden Leistung zur Wettbewerbswidrigkeit führt[414]. Nahezu alle Wettbewerbshandlungen basieren in der einen oder anderen Weise auf den Vorleistungen anderer Personen[415]. Solange nicht besondere Ausschließlichkeitsrechte wie etwa gewerbliche Schutzrechte verletzt werden, sind nachahmender und anlehnender Wettbewerb erlaubt[416]. Aus der Tatsache, dass nur bestimmte Errungenschaft durch die Sonderschutzrechte vor einer Nachahmung durch Mitbewerber geschützt werden, ergibt sich das Prinzip der Nachahmungsfreiheit[417]. Diese Wertung, die sich aus den Sonderschutzrechten ergibt, darf durch das Wettbewerbsrecht nicht umgangen werden.

Die Grenze zur Wettbewerbswidrigkeit wird erst überschritten, wenn das Ergebnis fremder Leistung oder fremder Aufwendung mit verwerflichen Mitteln ausgenutzt wird, um so einen Vorsprung vor den Mitbewerbern zu erlangen[418]. Als eine fremde Leistung oder Aufwendung, die ein Mitbewerber in unlauterer Weise ausnutzen kann, kommen einzelne Produkte und Ideen, aber auch die Werbung oder der gute Ruf eines Unternehmens in Betracht[419]. Neben der sklavischen Nachahmung fremder Leistung und der unmittelbaren Übernahme fremder Leistung werden daher auch die Ausnutzung fremder Werbung und die Ausbeutung fremden Rufs sowie das Ausspannen von Kunden in die Fallgruppe der Ausbeutung einbezogen[420]. Bei der Nutzung fremder Kennzeichen als Vanity-Nummern könnten die drei letztgenannten Unterfälle der Ausbeutung einschlägig sein.

---

414 Anschaulich dazu *Nordemann*, Rn 1131.

415 Das RG formuliert dies so, dass alle Wettbewerbshandlungen der Gegenwart „auf dem Erbe der Vergangenheit“ beruhen: RGZ 135, 385 (394) – künstliche Blumen.

416 *Rittner*, § 2 Rn 77 mwN.

417 Köhler/Piper-*Piper*, § 1 UWG Rn 591; *Lehmler*, B. I. 4. a) (S. 104).

418 *Baumbach/Hefermehl*, § 1 UWG Rn 438; *Nordemann*, Rn 1151.

419 Hasselblatt-*Deck*, § 12 Rn 20.

420 *Emmerich*, § 11 1. (S. 130); *Baumbach/Hefermehl*, § 1 UWG Rn 438.

(1) Ausnutzung fremder Werbung

Die Nachahmung einer Werbung ist dann als unzulässig einzustufen, wenn der Werbemaßnahme eine wettbewerbliche Eigenart zukommt und durch die Anlehnung an die Werbung eine Herkunftstäuschung oder Rufausbeutung eintritt[421]. Wie bei der Prüfung des Vorliegens einer Werbebehinderung kann damit argumentiert werden, dass eine Vanity-Nummer, da sie vor allem bei Werbemaßnahmen verwendet wird, selbst als Werbemittel angesehen werden kann[422]. Die bloße Idee der Nutzung einer Vanity-Nummer zu Werbezwecken ist noch nicht schutzfähig, da nur die konkrete Gestaltung, nicht aber die zugrundeliegende Werbeidee wettbewerbsrechtlichen Schutz genießt[423]. Hinsichtlich der konkreten Gestaltung, also der Nutzung des fremden Kennzeichens als Vanity-Nummer kommt der Mitbewerber dem Kennzeicheninhaber aber zuvor und ahmt nicht dessen Werbemaßnahmen nach[424]. Ein Ausnutzen fremder Werbung scheidet daher aus.

(2) Ausbeuten fremden Rufs

Das Ausbeuten fremden Rufs wird ebenfalls als unlautere Verhaltensweise angesehen[425]. Grundsätzlich handelt derjenige wettbewerbswidrig, der die Qualität seiner Waren oder Leistungen mit denen geschätzter Konkurrenzerzeugnisse in Beziehung setzt, um den guten Ruf der Waren oder Leistungen eines Mitbewerbers zu seinem Vorteil auszunutzen[426]. Bei der Rufausbeutung sind zwei Grundtypen zu unterscheiden, die Ausbeutung durch Täuschung und durch Anlehnung[427].

(a) Täuschung

Bei der Täuschung verwendet ein Unternehmer eine identische oder verwechslungsfähige Bezeichnung, um den Eindruck der Identität oder Verbundenheit mit dem Kennzeicheninhaber zu vermitteln und so von dessen guten Ruf zu pro-

---

421 BGH, WRP 1997, 306 (308) – Wärme fürs Leben; *Baumbach/Hefermehl*, § 1 UWG Rn 522.

422 Vgl. § 3 A. II. 3. b) bb) (3) (Seite 66).

423 BGHZ 18, 175 (183) – Werbeidee; BGH, GRUR 1979, 705 (706) – Notizklötze.

424 Zu weitgehend LG Düsseldorf, GRUR 1949, 382 (384), wonach bereits eine in Aussicht genommene Werbeidee nachgeahmt werden kann; dazu *Baumbach/Hefermehl*, § 1 UWG Rn 523.

425 *Emmerich*, §9 8. (S. 174); kritisch zur Wettbewerbswidrigkeit durch Ausbeuten fremden Rufs *Rößler*, GRUR 1995, 549.

426 HK-UWG-*Kotthoff*, § 1 UWG Rn 563; *Ring*, Wettbewerbsrecht, S. 30 mwN.

427 RGZ 86, 123 (126) – Sackpflüge; RGZ 146, 247 (249) – Makkaroni-Packung; *Baumbach/Hefermehl*, § 1 UWG Rn 542; *Speckmann*, Rn 625.

fitieren[428]. Verwendet der Nummerninhaber die Vanity-Nummer, die einem fremdem Kennzeichen entspricht, um überhaupt einen Erstkontakt mit den Kunden eines Mitbewerbers herzustellen, ist der gute Ruf des Mitbewerbers regelmäßig ohne Bedeutung. Es geht dem Nummerinhaber vorrangig um die Gewinnung neuer Kunden; von dem guten Ruf des Mitbewerbers möchte der Nummerninhaber in diesem Fall nicht profitieren[429].

Anders ist die Situation zu beurteilen, wenn es dem Nummerninhaber nicht nur darum geht, überhaupt in Kontakt mit den Kunden eines Mitbewerbers zu treten, sondern der Nummerninhaber sich den Anrufern als Anbieter mit gutem Ruf präsentieren möchte. In dieser Konstellation überträgt der Nummerninhaber den guten Ruf des Mitbewerbers auf das eigene Unternehmen. Sofern es sich bei dem Kennzeichen, das der Nummerninhaber als Vanity-Nummer verwendet, um eine bekannte Marke handelt, wird der Mitbewerber bereits durch § 14 II Nr. 3 MarkenG[430] geschützt[431]. Die markenrechtliche Vorschrift erfasst ausdrücklich den Schutz vor der ungerechtfertigen Ausnutzung der Wertschätzung einer bekannten Marke[432]. Ist der Anwendungsbereich der Norm eröffnet, bleibt für einen ergänzenden wettbewerbsrechtlichen Schutz kein Raum[433]. Ein eigenständiger Anwendungsbereich für das Wettbewerbsrecht besteht damit praktisch nicht mehr[434], da die Rechtsprechung für eine Rufausbeutung im Sinne von § 3 UWG verlangt, dass das Kennzeichen einen hohen Grad an Bekanntheit und ein solches Ansehen haben muss, dass einerseits die Ausnutzung durch den Konkurrenten lohnend und andererseits wegen der mit der Marke durch besondere Leistungen des Inhabers geschaffenen Wertes objektiv unlauter erscheint[435].

(b) Anlehnung

Bei der Anlehnung wird ebenfalls ein Bezug zu einem Mitbewerber hergestellt, der für seinen guten Ruf bekannt ist. Anders als bei der Rufausbeutung durch

428 *Rittner*, § 2 Rn 82.

429 Zwar wird der Nummerninhaber regelmäßig die Kennzeichen von Unternehmen mit einem guten Ruf wählen, aber nicht wegen des guten Rufs, sondern weil bei solchen Unternehmen mit höheren Anruferzahlen zu rechnen ist.

430 Für geschäftliche Bezeichnungen und geografische Herkunftsangaben bestehen vergleichbare Regelungen in § 15 III MarkenG bzw. § 127 III MarkenG, vgl. *Fezer*, § 14 Rn 410.

431 Vgl. oben § 3 A. II. 2. c) cc) (Seite 48).

432 Damit wird ein Schutz vor Rufausbeutung und Rufschädigung gewährt, vgl. *Ilzhöfer*, Rn 457.

433 *Ingerl/Rohnke*, § 14 Rn 879; *Ackermann*, C. IV. 2. (S. 186); *Emmerich*, § 11 10. (S. 144); a.A. *Fezer*, § 14 Rn 411a.

434 Ebenso HK-UWG-*Kotthoff*, § 1 UWG Rn 572.

435 BGH, GRUR 1995, 697 (700) – Funny Paper; BGHZ 113, 115 (126) – SL; BGHZ 113, 83 (85) – Salomon.

Täuschung ist aber für den Kunden erkennbar, dass es sich um zwei unterschiedliche Unternehmen handelt. Die Anlehnung wird also nicht durch Irreführung des Publikums begangen[436]. Von einer offenen Anlehnung wird bei einer ausdrücklichen gleichstellenden Bezugnahme zur Empfehlung der eigenen Produkte gesprochen[437]. Eine verdeckte Anlehnung wird angenommen, wenn ohne eine direkte Gleichsetzung von dem guten Ruf eines Mitbewerbers profitiert werden soll[438].

Angesichts der begrenzten Länge einer Vanity-Nummer ist es nicht denkbar, dass alleine die Wahl einer bestimmten Rufnummer eine offene Anlehnung an den guten Ruf eines Mitbewerbers darstellt. Typische Fälle der Anlehnung sind Qualitätsvergleiche mit geschätzten Produkten, etwa durch die Formulierung „genauso gut wie"[439]. Ein vergleichbar deutlicher Sachverhalt kann bei Vanity-Nummern nicht vorliegen, solange alleine auf die Wahl der Rufnummer und nicht den Gesprächsinhalt abgestellt wird.

Bei der verdeckten Anlehnung genügt es dagegen, wenn der gute Ruf eines Mitbewerbers durch beliebige Maßnahmen auf die eigenen Produkte übertragen werden soll[440]. Damit die Nutzung der Vanity-Nummer als verdeckte Anlehnung qualifiziert werden kann, müsste das Publikum erkennen, dass der Nummerninhaber nicht Kennzeicheninhaber ist und dennoch den guten Ruf des Kennzeicheninhabers auf den Nummerninhaber übertragen. Auch eine solche Wirkung kann wegen der Längenbegrenzung für Vanity-Nummern nicht durch die Rufnummer alleine erreicht werden. Nutzt der Nummerninhaber ein fremdes Kennzeichen als Vanity-Nummer, kann er damit nicht vom guten Ruf des Kennzeicheninhabers profitieren, ohne zugleich für diesen gehalten zu werden.

(3) Ausspannen von Kunden

Von einem Ausspannen oder Abwerben von Kunden wird in Abgrenzung zum Abfangen[441] gesprochen, wenn der Kunde zum Abbruch der geschäftlichen Beziehung zu einem Konkurrenten bewegt werden soll, während beim Abfangen der Kunde vor der endgültigen Begründung der geschäftlichen Beziehung mit dem Konkurrenten umgestimmt werden soll[442]. Das Abwerben von Kunden ei-

---

436 BGH, GRUR 1957, 281 (285) – karo-as; *Baumbach/Hefermehl*, § 1 UWG Rn 547.

437 Hasselblatt-*Deck*, § 12 Rn 84; *Baumbach/Hefermehl*, § 1 UWG Rn 547; *Fezer*, GRUR 1986, 485 (486).

438 *Baumbach/Hefermehl*, § 1 UWG Rn 552; vgl. dazu auch BGH, GRUR 1966, 30 (33) – Konservenzeichen I; BGH, GRUR 1981, 142 (144) – Kräutermeister; BGH, GRUR 1988, 636 (638) - Golddarm.

439 *Baumbach/Hefermehl*, § 1 UWG Rn 549.

440 *Speckmann*, Rn 669; vgl. dazu BGHZ 86, 90 (95) – Rolls Royce.

441 Vgl. oben § 3 A. II. 3. b) bb) (2) (Seite 64).

442 *Emmerich*, § 6 4. (S. 75); *Baumbach/Hefermehl*, § 1 UWG Rn 597.

nes Mitbewerbers gehört, wie die Behinderung von Konkurrenten, bis zu einem gewissen Grad zum Wesen des Wettbewerbs[443]. Ein Gewerbetreibender kann seinen eigenen Kundenkreis häufig nur auf Kosten seiner Mitbewerber vergrößern, und dies darf er mit allen lauteren Mitteln versuchen[444]. Selbst das zielgerichtete und systematische Ausspannen von Kunden ist nicht stets wettbewerbswidrig[445]. Von einem wettbewerbswidrigen Ausspannen kann erst recht nicht gesprochen werden, wenn durch eine nicht-zielgerichtete Wettbewerbshandlung auch Kunden von Mitbewerbern abgeworben werden.

Durch die Bereitstellung einer Vanity-Nummer tritt der Nummerinhaber noch nicht aktiv an die Kunden der Mitbewerber heran und greift nicht in die vertraglichen Beziehungen zwischen Kunden und Mitbewerbern ein. Anders als bei den typischen Fällen des Ausspannens muss der Kunde aktiv werden und den Nummerninhaber anwählen. Ohne ein aktives Zugehen auf die Kunden der Mitbewerber kann von einem Ausspannen nicht gesprochen werden.

Das bloße Bereitstellen der Rufnummer führt alleine nicht dazu, dass dem Mitbewerber die Kunden ausgespannt werden. Allerdings kann die Rufnummer ein erster Schritt in diese Richtung sein und dazu dienen, mit den Kunden des Mitbewerbers ins Gespräch zu kommen, um diese im Laufe des Telefonats dazu zu bewegen, vom Mitbewerber zum Nummerninhaber zu wechseln. In dieser Konstellation erfolgt ein Ausspannen von Kunden jedoch nicht bereits durch die Wahl der Rufnummer, sondern durch das folgende Telefonat[446]. Wird der Kunde während des Telefonats in unlauterer Weise beeinflusst, etwa durch falsche Informationen über das Konkurrenzprodukt[447], so kann dies wie bei jedem Gespräch die Wettbewerbswidrigkeit begründen. Dies ist aber keine Besonderheit, die im Zusammenhang mit dem Einsatz von Vanity-Nummern steht.

(4) Zwischenergebnis

Damit kann die Nutzung fremder Kennzeichen wegen Ausbeutung unlauter sein. Ein in der Praxis bedeutsamer Anwendungsbereich besteht aber, insbesondere wegen des Vorrangs der markenrechtlichen Bestimmungen, bei der Rufausbeutung nicht.

---

443 Köhler/Piper-*Köhler*, § 1 UWG Rn 893.

444 Walter/Grüber-*Walter/Grüber*, S. 140; *Speckmann*, Rn 519.

445 RG, GRUR 1939, 728 (730); *Baumbach/Hefermehl*, § 1 UWG Rn 597.

446 So hat es der BGH als wettbewerbswidrig angesehen, dass ein Unternehmen die erkennbar an einen Konkurrenten gerichtete Bestellung abwickelt, vgl. BGH, GRUR 1983, 34 (36) – Bestätigungsschreiben.

447 OLG Köln, WRP 1985, 235; Hasselblatt-*Gutsche*, § 14 Rn 9.

dd) Vorsprung durch Rechtsbruch

Eine weitere Fallgruppe des unlauteren Wettbewerbs, welche von der Generalklausel des § 3 UWG erfasst und in dem Beispielkatalog unter § 4 Nr. 11 UWG ausdrücklich genannt wird, ist der Rechtsbruch. Durch diese Fallgruppe kann die Verletzung außerwettbewerbsrechtlicher Verpflichtungen zugleich zu einer Wettbewerbswidrigkeit nach § 3 UWG führen[448]. Damit ein wettbewerbswidriges Verhalten angenommen werden kann, müssen neben einem Verstoß gegen Normen außerhalb des Wettbewerbsrechts auch die allgemeinen Voraussetzungen für die Anwendbarkeit des UWG gegeben sein[449]. Es ist also insbesondere das Vorliegen einer Wettbewerbshandlung erforderlich[450].

(1) Zusammenhang von Gesetzesverstoß und Unlauterkeit

Selbst wenn die allgemeinen Voraussetzungen erfüllt sind, führt nach herrschender Meinung nicht jeder Gesetzesverstoß zu einem Wettbewerbsverstoß[451]. Es ist in jedem Einzelfall zu prüfen, ob das gesetzeswidrige Verhalten auch als unlauter im Sinne von § 3 UWG anzusehen ist[452]. Dabei ist bisher zwischen wertbezogenen und wertneutralen Normen unterschieden worden[453]. Bei Verstößen gegen wertbezogene Normen ging die Rechtsprechung regelmäßig[454] auch von einem Wettbewerbsverstoß aus[455]. Wertbezogene Normen untersagen ein Verhalten, weil das Verbot dem sittlichen Empfinden der Allgemeinheit entspricht[456]. Erfasst sind dadurch vor allem Normen, die als Rechtsfolge strafrechtliche Sanktionen vorsehen sowie andere Normen mit unmittelbarem Wettbewerbsbezug und Vorschriften, die dem Schutz wichtiger Gemeinschaftsgüter

---

448 *Rittner*, § 2 Rn 89.

449 *Mees*, GRUR 1996, 644; *Baumbach/Hefermehl*, § 1 UWG Rn 609.

450 Vgl. oben § 3 A. II. 3. a) (Seite 52).

451 BGH, GRUR 1957, 558 (559) – Bayern-Express; BGH, GRUR 1960, 193 (195) – Frachtenrückvergütung; BGHZ 23, 184 (186) – Spalttabletten; *Sack*, WRP 1985, 1 (9) mwN; anders dagegen teilweise die Situation im europäischen Ausland, zum Beispiel in den Niederlanden: Hoge Raad, GRUR Int. 1961, 347 (348); Hoge Raad, GRUR Int. 1962, 330.

452 *Hönn*, FS-Mühl 1981, 309 (322); *Köhler*, GRUR 2001, 777.

453 GK-*Teplitzky*, § 1 Rn G 30; *Meyer*, WRP 2002, 1028 (1032).

454 Eine Automatik, die ausnahmslos zur Bejahung der Wettbewerbswidrigkeit in Fällen der Verletzung wertbezogener Normen führt, gibt es aber nicht, vgl. BGHZ 140, 134 (138) – Hormonpräparate; Köhler/Piper-*Piper*, § 1 Rn 728.

455 BGHZ 110, 278 (290) – ZDF; BGHZ 98, 330 (336) – Unternehmensberatungsgesellschaft I; BGHZ 79, 390 (400) – Apotheken-Steuerberatungsgesellschaft; BGH, GRUR 1989, 673 (674) – Zahnpasta; BGH, NJW 1990, 3199 (3202) – Werbung im Programm.

456 *Baumbach/Hefermehl*, § 1 UWG Rn 613.

oder Institutionen dienen[457]. Ein Verstoß gegen wertneutrale Normen sollte dagegen nur dann zur Anwendbarkeit des § 3 UWG führen, wenn zusätzliche Umstände hinzutreten[458]. Dies ist insbesondere der Fall, wenn sich der Gewerbetreibende bewusst und planmäßig über die fragliche Vorschrift hinwegsetzt, um sich dadurch einen Vorsprung vor seinen gesetzestreuen Konkurrenten zu verschaffen[459].

Diese Differenzierung zwischen wertbezogenen und wertneutralen Normen ist in der Literatur auf Kritik gestoßen[460]. Teilweise wird abweichend von der bisher herrschenden Meinung die Gleichsetzung von Rechtswidrigkeit und Unlauterkeit gefordert, so dass jeder Gesetzesverstoß zur Wettbewerbswidrigkeit führt[461]. Begründet wird dies mit dem Argument, dass die Unterscheidung zwischen wertbezogenen und wertneutralen Normen zufällig und willkürlich sei, was anhand verschiedener Beispiele[462] veranschaulicht wird[463]. Gegen die klassische Differenzierung wird weiter vorgebracht, diese würde nur einen unzureichenden Schutz bieten, wenn es um Vorschriften geht, die nicht die Art und Weise des Wettbewerbs regeln. So wäre § 3 UWG nicht anwendbar, wenn eine Person entgegen den Berufszulassungsvorschriften ihre Tätigkeit aufnimmt, da durch dieses Verhalten kein Vorsprung gegenüber den Mitbewerbern, sondern nur die Teilnahme am Markt erreicht wird[464]. Schließlich soll die hergebrachte Differenzierung, die bei wertneutralen Normen das Erzielen eines Wettbewerbsvorsprungs verlangt, auch dann zu Problemen führen, wenn nicht ein unmittelbarer Konkurrent, sondern ein Verband einen Wettbewerbsverstoß unterbinden möchte, da diesem gegenüber kein Wettbewerbsvorsprung erzielt wird.

Der vorgetragenen Kritik an der klassischen Differenzierung ist zuzugeben, dass sich Sachverhalte konstruieren lassen, bei denen die Verletzung wertneutraler Normen nicht zu einem Sittenverstoß führt, obwohl dies wünschenswert wäre. Der Lückenschluss durch die vor allem von *Sack* vertretenen abweichende Auffassung hätte jedoch unübersehbare Risiken für alle Wettbewerber zur Folge. Die Unternehmen stünden einer Fülle von Rechtsnormen gegenüber, die alle eingehalten werden müssen, was kaum zu leisten ist[465]. Würde jeder Verstoß gegen eine beliebige Norm zu einem Wettbewerbsverstoß führen, müssten alle

---

457 *Lehmler*, B. I. (S. 130); *Baumbach/Hefermehl*, § 1 UWG Rn 614.

458 GK-*Teplitzky*, § 1 Rn G 191; *Meyer*, WRP 2002, 1028 (1032).

459 BGH, NJW 1992, 1894 (1895) – R.S.A. / Cape; *Emmerich*, § 20 1. (S. 310) mwN; *Sack*, WRP 1985, 1 (9) mwN.

460 Vgl. die Darstellung bei *Mees*, GRUR 1996, 644 (645).

461 *Sack*, WRP 1985, 1 (10); *Sack*, GRUR 1970, 493 (499); ebenso für das österreichische Recht Rummel-*Krejci*, §879 Rn 59.

462 Anschauungsfälle finden sich bei *Sack*, WRP 1985, 1 (10).

463 *Sack*, NJW 1985, 761 (768) mwN; *Schricker*, S. 240 teilt diese Wertung, zieht daraus aber einen anderen Schluss; ihm folgend *Doepner*, WRP 1980, 473 (475).

464 *Sack*, WRP 1985, 1 (10).

465 *Kroitzsch*, GRUR 1982, 389 (390) für öffentlich-rechtliche Vorschriften.

Unternehmen permanent gerichtliche Maßnahmen ihrer Wettbewerber fürchten[466]. Insbesondere Abmahnvereine würden eine Vielzahl neuer Betätigungsfelder finden. Der Kritik der willkürlichen Unterscheidung zwischen wertbezogenen und wertneutralen Normen könnte unter Berücksichtigung dieser Gesichtspunkte höchstens dadurch Rechnung getragen werden, dass ohne Differenzierung bei allen Normen für die Annahme einer Sittenwidrigkeit besondere Umstände verlangt werden[467]. Eine Gleichsetzung von Rechts- und Sittenwidrigkeit würde dagegen mehr Probleme schaffen als lösen und ist daher abzulehnen.

Vor diesem Hintergrund hat sich der Gesetzgeber im Rahmen der UWG-Reform ebenfalls dafür entschieden, auch weiterhin nicht jeden Gesetzesverstoß zugleich als Wettbewerbsverstoß anzusehen[468]. Die Beschränkung soll danach vorgenommen werden, dass der verletzten Norm zumindest eine sekundäre Schutzfunktion zu Gunsten des Wettbewerbs zukommen muss[469].

(2) Situation bei Vanity-Nummern

Folgt man der alten Zweiteilung der bisherigen herrschenden Meinung, ergibt sich die Frage, ob es sich bei den Normen des Kennzeichenrechts, die neben dem Wettbewerbsrecht auf Vanity-Nummern anwendbar sind, um wertbezogene oder wertneutrale Normen handelt. Charakteristisch für wertneutrale Normen ist es, dass sie nicht sittlichen Geboten Geltung verschaffen oder dem Schutz besonders wichtiger Gemeinschaftsgüter dienen sollen, sondern durch sie verwaltungs- oder wirtschaftspolitische Ziele verfolgt werden[470].

Das Kennzeichenrecht dient dazu, den Inhabern von Kennzeichen die Möglichkeit zu geben, den Wert ihrer Kennzeichen vor der Ausnutzung und Beeinträchtigung durch Dritte zu schützen[471]. Durch den kennzeichenrechtlichen Schutz wird ein Anreiz für Unternehmen geschaffen, in Marken zu investieren. Der kennzeichenrechtliche Schutz beruht auf wirtschaftspolitischen Erwägungen, wobei die markenrechtlichen Bestimmungen ein zentraler Bestandteil der Wirtschaftsordnung sind[472]. Somit handelt es sich bei den Vorschriften des Kennzeichenrechts um wertneutrale Normen, so dass in jedem Einzelfall zu prüfen ist, ob durch die kennzeichenrechtlich unzulässige Nutzung von Vanity-Nummern ein sachlich ungerechtfertigter Vorsprung gegenüber gesetzestreuen Mitbewerbern erzielt wird. Ein solcher unlauterer Wettbewerbsvorsprung kann

---

466 *Schricker*, S. 246 sieht die Gefahr ähnlich.
467 In diesem Sinne *Mees*, FS-Vieregge 1995, 617 (627); *Mees*, GRUR 1996, 644 (646).
468 BT-Drucks. 15/1487, S. 19.
469 *Engels/Salomon*, WRP 2004, 32 (36).
470 *Ackermann*, C. V. 1. b) (S. 210); *Baumbach/Hefermehl*, § 1 UWG Rn 630.
471 *Fezer*, Einl MarkenG Rn 28.
472 *Nordemann*, Rn 2002; *Fezer*, Einl MarkenG Rn 3.

im Bereich der Vanity-Nummern darin gesehen werden, dass der Nummerninhaber, der fremde Kennzeichen als Vanity-Nummern verwendet, deutlich höhere Anruferzahlen erreicht, als wenn er – wie die gesetzestreuen Mitbewerber – ausschließlich die eigenen Kennzeichen oder schutzunwürdige Begriffe als Vanity-Nummer nutzt.

Damit bestanden nach der alten Rechtslage neben den kennzeichenrechtlichen Ansprüchen zugleich stets wettbewerbsrechtliche Ansprüche. Bei Anwendung der neuen in § 4 Nr. 11 UWG vorgesehenen Kriterien ist darauf abzustellen, ob der kennzeichenrechtliche Schutz zumindest auch dazu bestimmt ist, im Interesse der Marktteilnehmer das Marktverhalten zu regeln, was unter Berücksichtigung des zuvor genannten Zwecks des Kennzeichenschutzes zu bejahen ist. Damit bestehen nach der UWG-Reform weiterhin neben den kennzeichenrechtlichen Ansprüchen auch wettbewerbsrechtliche Ansprüche.

Vor diesem Hintergrund stellt sich die Frage, welche Vorteile sich daraus ergeben, dass neben einem Verstoß gegen außerwettbewerbliche Normen zugleich ein Wettbewerbsverstoß vorliegt. Bisher führte die Anwendbarkeit der Vorschriften des UWG zu einer Ausweitung des Kreises der Aktivlegitimierten. Bei einem Verstoß gegen die wettbewerbsrechtliche Generalklausel konnten nicht nur alle Mitbewerber, die in einem konkreten Wettbewerbsverhältnis zu dem Nummerninhaber stehen, gegen diesen wegen seiner Rechtsverletzung vorgehen, sondern durch § 13 II Nr. 1 UWG a.F. wurde auch Marktteilnehmern, die in keinem konkreten Wettbewerbsverhältnis mit dem Nummerninhaber stehen, eine Klagebefugnis eingeräumt[473]. Für diese Regelung sprach, dass ein Konkurrent andernfalls insbesondere die Einhaltung von Ordnungsvorschriften oder öffentlich-rechtlichen Normen nur schwer durchsetzen kann, da es ihm an einer Aktivlegitimation fehlt[474]. In dieser Hinsicht wurde die Position der Mitbewerber gegenüber unlauter handelnden Konkurrenten gestärkt. Die bisherige Ausweitung des Kreises der Aktivlegitimierten ist jedoch mit der UWG-Reform entfallen[475]. Der Gesetzgeber ist davon ausgegangen, dass die weiterhin bestehende Möglichkeit, einen Wirtschafts- oder Verbraucherverband einzuschalten, ausreicht[476].

Für den Bereich der Rechtsverletzungen durch Nutzung eines fremden Kennzeichens als Vanity-Nummer wird diese Gesetzesänderung keine praktischen Auswirkungen haben. Der Kennzeicheninhaber ist gegenüber dem Nummerninhaber, der das fremde Kennzeichen als Vanity-Nummer nutzt, schon aufgrund der kennzeichenrechtlichen Bestimmungen aktivlegitimiert und muss daher nicht auf § 3 UWG mit seiner zusätzlichen Anforderung der Wettbewerbshandlung zurückgreifen, um gegen den Nummerninhaber vorzugehen. Dies

---

473 HK-UWG-*Kotthoff*, § 1 UWG Rn 609.

474 Hasselblatt-*Dittert*, § 11 Rn 2.

475 *Engels/Schwarz*, WRP 2004, 32 (41).

476 BT-Drucks. 15/1487, S. 22.

würde dem Kennzeicheninhaber keinerlei Vorteile bringen, da im Kennzeichenrecht wie im Wettbewerbsrecht identische Rechtsfolgen vorgesehen sind. Andere Marktteilnehmer, deren Aktivlegitimation sich nicht bereits aus dem Kennzeichenrecht ergibt und die sich früher auf § 13 II Nr. 1 UWG a.F. berufen konnte, werden regelmäßig ohnehin nur ein geringes Interesse daran haben, an Stelle des Kennzeicheninhabers gegen den Nummerninhaber vorzugehen, wenn dieser Rechte des Kennzeicheninhabers verletzt.

Unabhängig von dieser Überlegung muss bei einer Verletzung von Ausschließlichkeitsrechten die Entscheidung darüber, ob die Rechtsverletzung geduldet wird oder Abwehransprüche geltend gemacht werden, beim Rechteinhaber verbleiben[477]. Könnte ein Mitbewerber sich gegen den Rechtsverletzer durchsetzen, der die Ausschließlichkeitsrechte eines Dritten verletzt, würde dessen Dispositionsbefugnis unvertretbar eingeengt[478]. Der Mitbewerber kann gegen den Rechtsverletzer nur dann selbständig vorgehen, wenn besondere zusätzliche Umstände hinzutreten[479]. Damit können Mitbewerber gegen den Nummerninhaber grundsätzlich keine wettbewerbsrechtlichen Ansprüche geltend machen, wenn dieser Kennzeichen eines Dritten als Vanity-Nummer verwendet[480].

ee) Marktstörung

Die letzte Fallgruppe im Rahmen des § 3 UWG ist die Marktstörung[481]. Unter den Begriff der Marktstörung werden alle Verhaltensweisen subsumiert, bei denen ein Unternehmen nicht leistungsgerechte Mittel einsetzt, die geeignet sind, den Wettbewerb auf einem bestimmten Markt durch Beeinträchtigung der Freiheit von Angebot und Nachfrage zu verfälschen, so dass sich die bessere Leistung auf dem Markt nicht mehr durchsetzen kann und der Bestand des Wettbewerbs gefährdet wird[482]. Während sich bei der Behinderung die Wettbewerbshandlungen gegen einen individuellen Mitbewerber richten, sind bei der Markt-

---

477 OLG Köln, GRUR 1983, 133 – Schallplatte; OLG Hamm, GRUR 1984, 539 (540) – Videocassetten; *Baumbach/Hefermehl*, § 1 UWG Rn 666.

478 OLG Köln, GRUR 1983, 517 – Videofilme in Diskothek.

479 OLG Hamm, GRUR 1984, 539 – Videocassetten; *Baumbach/Hefermehl*, § 1 UWG Rn 666; a.A. *Seifert*, ZUM 1985, 81 (85), wonach nur bei besonderen Umständen ein Anspruch entfällt.

480 Zusätzliche Umstände, die ausnahmsweise zu einem Anspruch der Mitbewerber führen können, sind etwa bei der unberechtigten Nutzung von Kollektivmarken denkbar, wenn ein einzelnes Kollektivmitglied gegen den Rechtsverletzer vorgehen möchte, vgl. dazu *Fezer*, §101 Rn 5.

481 *Rittner*, § 2 Rn 99; *Lehmler*, B. I. 6. (S. 146); kritisch zur Einordnung der Marktstörung als Fallgruppe im Rahmen des § 3 UWG *Kraft*, GRUR 1980, 966 (968).

482 *Baumbach/Hefermehl*, Einl UWG Rn 165; *Baudenbach*, ZHR 144 (1980), 145 (154); *Ackermann*, C. VI. (S. 234); Walter/Grüber-*Krafft*, S. 670.

störung alle Mitbewerber auf einem Markt betroffen[483]. Ebenso wie die Behinderung einzelner Mitbewerber nicht als solche schon zur Unlauterkeit führt, ist die Tatsache, dass eine Marktverstopfung zu befürchten ist, alleine kein Anhaltspunkt für ein unlauteres Verhalten[484]. Auch ein leistungsgerechter Wettbewerb kann dazu führen, dass sich die Kunden etwa aufgrund der Qualität oder des Rufs für einen Anbieter entscheiden und alle anderen Mitbewerber so aus dem Markt gedrängt werden[485]. Auch bei dieser Fallgruppe müssen besondere Umstände hinzutreten, um eine unlautere Marktstörung und damit einen Wettbewerbsverstoß anzunehmen[486].

Im Bereich der Vanity-Nummern kommt eine Marktstörung damit in Betracht, wenn es einem Konkurrenten gelingt, sämtliche Vanity-Nummern für einen Bereich zu sichern und damit den Wettbewerb um einprägsame Rufnummern zum Erliegen zu bringen. Trotz der Nummernknappheit bei Vanity-Nummern ist nicht davon auszugehen, dass ein einzelnes Unternehmen derart erfolgreich bei der Beantragung der Vanity-Nummern sein kann. Selbst wenn dieser Fall eintreten sollte, erscheint die Annahme einer Marktstörung fraglich. Die Fallgruppe der Marktstörung soll vor allem die Fälle erfassen, bei denen durch eine einzelne Wettbewerbshandlung automatisch der gesamte Markt betroffen ist[487]. Hat der Nummerninhaber sich die Marken und andere Bezeichnungen aller konkurrierenden Unternehmen auf einem Markt als Vanity-Nummer zuteilen lassen, liegt darin zwar eine Behinderung aller Marktteilnehmer, aber noch keine Marktstörung. Jeder Betroffene kann gegen die Nutzung seiner Kennzeichen als Vanity-Nummer wegen individueller Behinderung vorgehen, nicht aber dem Nummerninhaber die Nutzung aller Rufnummern unter dem Gesichtspunkt der Marktstörung untersagen. Damit kommt eine Marktstörung durch die Nutzung fremder Kennzeichen als Vanity-Nummer nicht in Betracht.

4. Sonstige Rechtsnormen

Neben den Regelungen des Namens-, Marken- und Wettbewerbsrechts können sich je nach Sachverhalt und abhängig von der Tätigkeit des Nummerninhabers auch aus Spezialgesetzen Einschränkungen für die Nutzung von Vanity-Nummern ergeben.

---

483 GK-*Brandner/Bergmann*, § 1 Rn A 2; *Baumbach/Hefermehl*, §1 UWG Rn 208; HK-UWG-*Kotthoff*, § 1 UWG Rn 687.

484 Köhler/Piper-*Köhler*, § 1 Rn 512.

485 *Baumbach/Hefermehl*, § 1 UWG Rn 832.

486 Köhler/Piper-*Köhler*, § 1 Rn 512.

487 Vgl. dazu BGH, WRP 2000, 1394 (1396) – ad-hoc-Meldung.

a) Handelsrecht

Das Handelsrecht enthält in § 37 HGB eine Vorschrift über den unzulässigen Firmengebrauch. Tatbestandsvoraussetzung für einen Unterlassungsanspruch gem. § 37 II HGB ist der unbefugte Gebrauch einer Firma, durch die ein anderer in seinen Rechten verletzt wird[488].

aa) Persönlicher Anwendungsbereich

Die Reichweite der handelsrechtlichen Norm ist in persönlicher Hinsicht umstritten. Nach einer Auffassung beschränkt sich der Adressatenkreis nicht auf Kaufleute, sondern es werden auch alle Nichtkaufleute miteinbezogen[489]. Nach der Gegenauffassung soll gegenüber Nichtkaufleuten die Anwendbarkeit des § 37 HGB grundsätzlich ausscheiden[490]. Eine vermittelnde Meinung möchte schließlich den Anwendungsbereich so erweitern, dass nicht nur Kaufleute, sondern alle Gewerbetreibenden erfasst werden, während der Anwendungsbereich des § 37 HGB auf die übrigen Nichtkaufleute nicht ausgeweitet werden soll[491].

Durch eine extensive Auslegung des § 37 HGB, wie sie die erstgenannte Auffassung vertritt, soll sichergestellt werden, dass der Grundsatz der Firmenwahrheit umfassend Anwendung findet[492]. Dabei darf aber nicht übersehen werden, dass es sich bei § 37 HGB um eine Norm des Handelsgesetzbuches handelt, welches als Sonderrecht der Kaufleute nur für diese gilt[493]. Die Vorschriften der §§ 17 ff. HGB haben keine Bedeutung für Nichtkaufleute[494]. Alleine die Tatsache, dass eine Person den Eindruck erweckt, eine Firma zu nutzen und damit wie ein Kaufmann handelt, rechtfertigt es nicht, die Person tatsächlich wie einen Kaufmann zu behandeln[495]. Etwas anderes gilt auch nicht für Gewerbetreibende. Diese stehen dem Handelsrecht zwar näher als andere Nichtkaufleute, da sie sich zumindest freiwillig den Regeln des HGB unterstellen können; solange sie aber nicht von dieser Möglichkeit Gebrauch machen, bleibt kein Raum für eine Anwendbarkeit des HGB. Diese restriktive Auslegung des § 37 HGB führt auch nicht zu Lücken beim Rechtsschutz, da fast alle Sachverhalte bereits durch das

---

488 Heymann-*Emmerich*, § 37 Rn 22; *Brox*, Handelsrecht, Rn 112.

489 OLG Karlsruhe, NJW-RR 1986, 582; Koller/Roth/Morck-*Roth*, §37 Rn 2; *Baumbach/Hopt*, § 37 Rn 9; *Schmidt*, § 12 IV 2 a (S. 374); *Oetker*, § 4 F. II. (S. 99).

490 MüKo-*Lieb/Krebs*, HGB, § 37 Rn 41.

491 Röhricht/vonWestphalen-*Ammon*, § 37 Rn 13; *Canaris*, § 11 Rn 49.

492 *Canaris*, § 11 Rn 49.

493 Heymann-*Horn*, Einleitung I Rn 1.

494 Allerdings weiten Rechtsprechung und Literatur den Anwendungsbereich von handelsrechtlichen Konstruktionen etwa auch beim kaufmännischen Bestätigungsschreiben auf Nichtkaufleute aus; vgl. BGHZ 40, 42 (43); *Deckert*, JuS 1998, 121 (122).

495 *Schmidt*, § 10 VII 3 a aa (S. 328); so aber *von Gamm*, FS-Stimpel 1985, 1007 (1009).

Namens-, Marken- und Wettbewerbsrecht abgedeckt sind[496]. Aus diesem Grunde wird die handelsrechtliche Vorschrift teilweise als ohnehin entbehrlich angesehen[497].

bb) Unbefugter Firmengebrauch

Der Wortlaut verlangt für eine Anwendbarkeit des § 37 HGB, dass eine Firma unbefugt gebraucht wird. Dazu ist zunächst festzustellen, ob der Gebrauch einer Firma vorliegt, bevor in einem zweiten Schritt geprüft wird, ob der Firmengebrauch unbefugt ist[498].

(1) Gebrauch einer Firma

Der Gebrauch einer Firma ist die Benutzung des Namens des Kaufmanns für Geschäfte im Handelsverkehr[499]. Es ist dabei ohne Bedeutung, ob eine Eintragung der Firma in das Handelsregister erfolgt ist; erfasst sind auch solche Fälle, in denen die Firma nicht eingetragen ist[500]. Ursprünglich wurde darauf abgestellt, ob die Benutzung einer Bezeichnung als Willenskundgebung des Geschäftsinhabers, sich der verwendeten Bezeichnung als des eigenen Handelsnamens zu bedienen, angesehen werden konnte[501]. Die Bewertung der Frage, ob eine entsprechende Willenskundgebung vorliegt, richtete sich dabei nicht nach der Vorstellung des Geschäftsinhabers, sondern nach der Verkehrsanschauung[502]. Der Verkehr musste also die genutzte Bezeichnung als Namen des Geschäftsbetreibers und nicht nur als Hinweis auf das betriebene Geschäft oder die angebotenen Produkte auffassen[503]. Teilweise lassen sich aber die Nutzung als Name, Marke und Firma kaum voneinander unterscheiden. Dies trifft insbesondere auf die Nutzung von Schlagwörtern zu, die immer häufiger an die Stelle der vollständigen Firma treten[504]. Bei Vanity-Nummern ist es den meisten Unternehmen bereits wegen der Längenbegrenzung nicht möglich, ihre vollständige Firma zu verwenden, da eine Firma selten aus nicht mehr als acht Buchstaben besteht. Daher ist die Frage, ob auch die Nutzung von Schlagworten in den An-

---

496 MüKo-*Lieb/Krebs*, HGB, § 37 Rn 41.
497 *Schmidt*, § 12 IV 2 a (S. 374).
498 Vgl. *Baumbach/Hopt*, § 37 Rn 10.
499 MüKo-*Lieb/Krebs*, HGB, § 37 Rn 10.
500 OLG Düsseldorf, NJW-RR 1996, 936 (937) – Teco.
501 Röhricht/vonWestphalen-*Ammon*, § 37 Rn 4 mwN.
502 OLG Düsseldorf, NJW-RR 1996, 936 (937) – Teco; Ebenroth/Boujong/ Joost-*Zimmer*, § 37 Rn 3.
503 Röhricht/vonWestphalen-*Ammon*, § 37 Rn 4.
504 Ebenroth/Boujong/Joost-*Zimmer*, § 37 Rn 4; Röhricht/vonWestphalen-*Ammon*, § 37 Rn 4.

wendungsbereich des § 37 HGB fällt, für den Bereich der Vanity-Nummern von großer Bedeutung.

(2) Schlagwörter und Firmenkurzformen

Würde die Verwendung von Schlagwörtern ebenfalls als Firmengebrauch angesehen, wäre dieser zwangsläufig unberechtigt. Der Grundsatz der Firmeneinheit lässt grundsätzlich nur eine Firma für jedes Unternehmen zu[505]. Ein Unternehmen darf wegen dieses ungeschriebenen Grundsatzes nicht unter einer beliebigen anderen Bezeichnung im Geschäftsverkehr auftreten[506]. Um dem Bedürfnis, schlagwortartige Firmenkurzformen vor allem in der Werbung nutzen zu können, gerecht zu werden, sind in der Rechtsprechung und Literatur verschiedene Ansätze entwickelt worden. Teilweise wird vertreten, dass Schlagwörter und Firmenkurzformen zulässig sind, wenn diese für den Verkehr als solche erkennbar sind[507]. Ein anderer Ansatz nimmt bei Werbemaßnahmen generell keinen Gebrauch der Firma an[508]. Dies wird damit begründet, dass der Bereich der Werbung ein eigenständiger Bereich ist, der gleichberechtigt neben dem Geschäftsverkehr steht[509].

Durch das Handelsrechtsreformgesetz[510] ist das Problem, wann ein firmenmäßiger Gebrauch vorliegt, entschärft worden, da § 19 HGB nunmehr zwingend die Angabe des Rechtsformzusatzes verlangt[511]. Bezeichnungen, die keinen Rechtsformzusatz enthalten, scheiden als Firmenangabe automatisch aus[512]. Ein firmenmäßiger Gebrauch einer Vanity-Nummer kommt damit höchstens dann in Betracht, wenn der Rechtsformzusatz Teil der Vanity-Nummer ist, also etwa als Rufnummer 0800-BAUER-AG verwendet wird. In diesem Fall kann auf die zuvor erwähnten Kriterien zur Anwendbarkeit des § 37 HGB zurückgegriffen werden.

Folgt man der Abgrenzung zwischen Geschäftsverkehr und Werbemaßnahmen, so ist die Nutzung einer Vanity-Nummer als Werbemaßnahme einzuordnen, da für die Erreichbarkeit im Geschäftsverkehr auch jede andere Ziffernfolge genügen würde. Die Wahl einer Vanity-Nummer erfolgt zumindest auch

---

505 MüKo-*Lieb/Krebs*, HGB, § 37 Rn 21 mwN.

506 OLG Hamburg, BB 1973, 1456 (1457); Staub-*Hüffer*, § 37 Rn 7.

507 BayObLG, BB 1992, 993.

508 *Baumbach/Hopt*, § 37 Rn 3; *Frey*, DB 1993, 2169 (2170).

509 *Roth*, ZGR 21 (1992), 632 (637); kritisch Staub-*Hüffer*, § 37 Rn 15.

510 Gesetz zur Neuregelung des Kaufmanns- und Firmenrecht und zur Änderung anderer handels- und gesellschaftsrechtlicher Vorschriften (Handelsrechtsreformgesetz – HRefG) vom 22.06.1998, BGBl. I 1998, 1477; vgl. auch Entwurf eines Handelsrechtsreformgesetzes mit Begründung, BT-Drucks. 13/8444.

511 Ebenroth/Boujong/Joost-*Zimmer*, § 19 Rn 1.

512 Röhricht/vonWestphalen-*Ammon*, § 37 Rn 4.

zu dem Zweck, die Rufnummer als Werbemittel einzusetzen. Wird dagegen die Erkennbarkeit einer Bezeichnung als schlagwortartige Firmenkurzform als maßgebliches Kriterium angesehen, ist zu untersuchen, ob die Vanity-Nummer als Firma oder als offensichtliches Schlagwort aufgefasst wird. Durch den Rechtsformzusatz ist die Eigenschaft als Schlagwort oder Firmenkurzform nicht ohne weiteres erkennbar. Es kann jedoch wegen der Bekanntheit der Längenbegrenzung für Vanity-Nummern davon ausgegangen werden, dass der Verkehr unabhängig vom konkreten Einzelfall bei einer Vanity-Nummer nicht annimmt, bei der verwendeten Bezeichnung handele es sich um die vollständige Firma. Der Verkehr kennt zwar nicht die genauen Vorgaben für die Maximallänge von Rufnummern in den einzelnen Vorwahlbereichen, weiß aber, dass Längenbegrenzungen bestehen, die das Ausschreiben der vollständigen Firma im Regelfall unmöglich machen[513].

Damit scheidet nach beiden Auffassungen bei der Nutzung von Vanity-Nummern ein Firmengebrauch aus. Auf die Frage, ob ein Verstoß gegen das Firmenrecht vorliegt, wodurch ein unbefugter Firmengebrauch begründet würde, kommt es nicht mehr an[514].

b) Berufsrecht

Die meisten Angehörigen freier Berufe sind an spezielle berufsrechtliche Regelungen gebunden, die häufig wettbewerbliche Handlungen nur in sehr engen Grenzen zulassen[515]. Wesentliche Kennzeichen für freie Berufe sind neben einer Reglementierung durch Berufsausübungs- und Standesregeln eine berufliche Selbständigkeit sowie die Erbringung einer persönlicher Leistung, die auf einer qualifizierten Ausbildung, vornehmlich geistiger Art, beruht[516]. Durch die berufsrechtlichen Regelungen sollen im Bereich der freien Berufe unter anderem die Markttransparenz sichergestellt und Wettbewerbsverzerrungen verhindert werden[517]. Strenge berufsrechtliche Vorgaben werden für erforderlich gehalten, da Freiberufler Aufgaben, die im öffentlichen Interesse liegen, wahrnehmen und dabei besonderes Vertrauen in Anspruch nehmen[518]. Ferner kommt hinzu, dass

---

513 Auf Domänennamen lässt sich diese Argumentation dagegen nicht übertragen, da dort ein Vielfaches der Zeichen bis zum Erreichen der Maximallänge möglich ist.

514 Mit dem Anspruch aus § 37 II HGB könnte ohnehin nur ein Verstoß gegen Firmenrecht, nicht gegen Kennzeichenrechte geltend gemacht werden, vgl. Koller/Roth/Morck-*Roth*, § 37 Rn 10; Röhricht/vonWestphalen-*Ammon*, § 37 Rn 29; *von Gamm*, FS-Stimpel 1985, 1007; *Bokelmann*, Rn 886; *Oetker*, § 4 F. II. (S. 99); a.A. *Baumbach/Hopt*, § 37 Rn 10.

515 *Schöfer*, S. 7.

516 *Hackl*, S. 2; Bericht der Bundesregierung über die Lage der freien Berufe in der Bundesrepublik Deutschland, BT-Drucks. 8/3139, S. 7; ausführlich *Ziegenhagen*, S. 72.

517 Ausführlich zur Funktion der berufsrechtlichen Regelungen *Taupitz*, § 6 F. (S. 545).

518 Dazu *Ring*, WettbewR der freien Berufe, S. 46.

anders als in vielen anderen Bereichen eine Beurteilung der Leistung von Angehörigen freier Berufe nur schwer möglich ist, so dass ein starkes Bedürfnis besteht, die Markttransparenz durch berufsrechtliche Vorgaben sicherzustellen.

Die Zulässigkeit der Nutzung von Vanity-Nummern durch Angehörige freier Berufe soll im weiteren exemplarisch am Beispiel der Rechtsanwaltschaft erörtert werden. Für Rechtsanwälte ergeben sich die berufsrechtlichen Vorgaben aus der Bundesrechtsanwaltsordnung (BRAO) sowie aus der Berufsordnung (BORA), die aufgrund der Ermächtigung des § 59b BRAO erlassen worden ist[519]. Durch die anwaltlichen Berufsregeln wird unter anderem die Möglichkeit der Werbung eingeschränkt. Nach § 43b BRAO ist einem Rechtsanwalt Werbung nur dann gestattet, wenn durch sie sachlich über die berufliche Tätigkeit berichtet wird. § 6 BORA konkretisiert die Anforderungen für zulässige Werbung. Die berufsrechtlichen Vorschriften können der Nutzung von Vanity-Nummern durch Rechtsanwälte entgegenstehen, wenn darin eine unsachliche Werbemaßnahme des Rechtsanwaltes zu sehen ist.

aa) Begriff der Werbung

Als Werbung ist nach der herrschenden Meinung jedes Verhalten anzusehen, das darauf angelegt ist, andere dafür zu gewinnen, die Leistung desjenigen, für den geworben wird, in Anspruch zu nehmen[520]. Von der Werbung sind werbewirksame Maßnahmen abzugrenzen[521]. Werbung muss gerade darauf abzielen, eine Umsatzförderung herbeizuführen[522]. Es genügt nicht, wenn ein Verhalten lediglich die Wirkung hat, dass der Rechtsanwalt und seine Leistungen beim Publikum weiter bekannt werden und sich dies umsatzfördernd auswirkt[523]. In diesem Fall liegt nur eine werbewirksame Maßnahme vor, die nicht an den Anforderungen von § 43b BRAO i.V.m. § 6 BORA zu messen ist. Auf der anderen Seite muss die Umsatzförderung nicht der alleinige Zweck der Maßnahme sein, es kann auch eine Werbung vorliegen, wenn neben der Umsatzförderung andere Gründe hinzutreten[524]. Für die Frage, ob eine zielgerichtete Werbung oder eine werbewirksame Maßnahme vorliegt, ist nicht die Selbsteinschätzung des Handelnden, sondern die objektive Verkehrsanschauung maßgeblich[525]. Ist nach der Verkehrsanschauung von einer zielgerichteten Werbung auszugehen, wird in

---

519 *Römermann/Hartung*, § 5 Rn 7.

520 BGH, NJW 2001, 3193; OLG Köln, NJW-RR 2002, 1000 (1001); BGH, NJW 1992, 45; Henssler/Prütting-*Eylmann*, § 43b Rn 14; *Kleine-Cosack*, § 43b Rn 15.

521 *Jessnitzer/Blumberg*, § 43b BRAO Rn 3; kritisch *Hoß*, AnwBl. 2002, 377 (378).

522 Henssler/Prütting-*Eylmann*, § 43b Rn 14.

523 *Feuerich/Weyland*, § 6 BORA Rn 8 mwN.

524 BGH, NJW 1990, 1739.

525 *Kleine-Cosack*, § 43b Rn 18.

einem nächsten Schritt geprüft, ob das Sachlichkeitsgebot des § 43b BRAO und die Anforderungen des § 6 BORA beachtet wurden[526].

Vereinzelt sind die Differenzierung in Werbung und werbewirksamen Maßnahmen sowie die Abgrenzung nach der Zielrichtung der Handlung auf Kritik gestoßen[527]. Alternativ wird vorgeschlagen, nicht danach zu unterscheiden, ob ein Verhalten direkt auf eine Umsatzförderung abzielt, sondern Information und Kommunikation als entscheidende Kriterien anzusehen[528]. Danach liegt Werbung nur vor, wenn durch den Einsatz von Medien bestimmte Botschaften vermittelt werden, die bei der Zielgruppe eine positive Einstellung hervorrufen und die Erteilung von Mandaten und damit eine Umsatzförderung zur Folge haben[529].

Die Ausgangslage ist zwar wegen der voneinander abweichenden Definitionen für Werbung unterschiedlich, die Auffassungen unterscheiden sich im Ergebnis aber regelmäßig nicht voneinander[530].

bb) Vanity-Nummern als Werbung

Bei Favorisierung des Ansatzes der herrschenden Meinung ist zu prüfen, ob die Nutzung einer Vanity-Nummer vom Publikum nach der Verkehrsanschauung als Maßnahme zur Umsatzsteigerung angesehen wird. Gegen eine solche Einordnung spricht zunächst, dass eine Rufnummer allgemein zur Kontaktaufnahme dient und nicht speziell zur Gewinnung neuer Mandate und damit zur Umsatzsteigerung gedacht ist. Allerdings besteht keine Notwendigkeit für die zusätzliche Nutzung einer Vanity-Nummer neben der regulären Rufnummer, die zur Kontaktaufnahme genügen würde. Aufgabe der Vanity-Nummer ist es zumindest auch, die Bekanntheit der Rechtsanwaltspraxis zu erhöhen, indem ihr Name zugleich als Vanity-Nummer genutzt wird.

Die Nutzung einer Vanity-Nummer durch einen Rechtsanwalt lässt sich mit dem Anbringen eines Praxisschildes, das grundsätzlich berufsrechtlich zulässig[531] ist, vergleichen. Auch für das Praxisschild besteht – abgesehen von der rechtlichen Verpflichtung – keine Notwendigkeit, der Mandant und andere Besucher könnten die Praxis auch alleine anhand der Anschrift finden. Durch das Praxisschild wird die Suche lediglich vereinfacht. Hier könnte man ebenfalls

526 *Tröber/Käufer*, AnwBl. 2000, 347.

527 *Römermann/Hartung*, § 41 Rn 28.

528 Hartung/Holl-*Römermann*, § 6 BerufsO Rn 31; *Römermann/Hartung*, § 41 Rn 29.

529 Hartung/Holl-*Römermann*, § 6 BerufsO Rn 31.

530 *Feuerich/Weyland*, § 6 BORA Rn 9.

531 Das Anbringen eines Praxisschildes ist nicht nur erlaubt, sondern der Rechtsanwalt ist dazu verpflichtet, vgl. *Feuerich/Weyland*, § 5 BORA Rn 2; a.A. Hartung/Holl-*Römermann*, § 5 BerufsO Rn 13 mwN; bei Nichtbeachtung dieser Pflicht kann als letzte Konsequenz die Zulassung entzogen werden, dazu BVerfGE 72, 26 (33).

argumentieren, durch das Praxisschild werde nur die Bekanntheit erhöht mit dem Ziel neue Mandate zu gewinnen. Die Wahrscheinlichkeit, durch eine Vanity-Nummer oder ein Praxisschild zielgerichtet eine Umsatzsteigerung zu erreichen, ist aber eher gering[532]. Das Praxisschild und insbesondere die Vanity-Nummer werden häufig erst wahrgenommen, wenn bereits eine Beziehung zu der Praxis besteht. Beide Maßnahmen wenden sich nach der Verkehrsanschauung vorrangig an vorhandene Mandanten, um diesen die Suche nach den Praxisräumen bzw. der Rufnummer zu erleichtern. Die Tatsache, dass durch das Praxisschild oder die Vanity-Nummer im Einzelfall neue Mandate gewonnen werden und so eine Umsatzsteigerung eintritt, kann nur als nicht primär angestrebte Nebenerscheinung angesehen werden. Aufgrund dieser Wertung ist es gerechtfertigt, die Nutzung einer Vanity-Nummer wie die Anbringung eines Praxisschildes als werbewirksame Maßnahme anzusehen, so dass bei Zugrundelegen des Werbebegriffs der herrschenden Meinung die Verwendung des Praxisnamens als Vanity-Nummer nicht gegen § 43b BRAO i.V.m. § 6 BORA verstößt.

Wird der Ansicht von *Römermann* gefolgt, ist darauf einzugehen, ob durch eine Vanity-Nummer Informationen kommuniziert werden[533]. Durch den Einsatz der Vanity-Nummer wird eine Kommunikation zwischen dem Rechtsanwalt als Nummerninhaber und seinem Mandanten ermöglicht. Fraglich ist aber, ob schon durch die Wahl der Vanity-Nummer eine Botschaft oder Information übermittelt wird. Bei der Gestaltung eines Briefkopfes soll es etwa an dem Kriterium der Botschaft fehlen[534]. Praxisschilder oder Telefonbucheinträge sollen dagegen als Botschaft Informationen über den Anwalt oder die Sozietät liefern[535]. Vergleichbares kann die Rufnummer selbst nicht leisten, da sie lediglich den Praxisnamen enthält und keine weitergehenden Informationen über den Nummerninhaber oder die Sozietät vermittelt. Nach der Auffassung von *Römermann* liegt somit ebenfalls keine Werbung vor[536].

Nach beiden Auffassungen ist also die Wahl und Nutzung einer Vanity-Nummer durch Rechtsanwälte mit dem geltenden Berufsrecht grundsätzlich vereinbar[537].

---

532 Ähnlich *Zuck*, NJW 1988, 528 (531).

533 Vgl. *Römermann/Hartung*, § 41 Rn 29.

534 So die Einschätzung von *Feuerich/Weyland*, § 6 BORA Rn 9; ebenso Hartung/Holl-*Römermann*, Berufsrecht- und Werbe-ABC „Briefbögen".

535 Hartung/Holl-*Römermann*, § 6 BerufsO Rn 48.

536 Würde das Kriterium der Information bejahen werden, wäre die Wahl einer Vanity-Nummer, die aus dem Praxisnamen abgeleitet ist, zulässig, da nur eine richtige, sachliche und berufsbezogene Information übermittelt wird.

537 So auch im Ergebnis BGH, WRP 2002, 1050 (1053); *Härting*, K&R 2002, 561 (565).

cc) Unzulässigkeit im Einzelfall

Die grundsätzliche Zulässigkeit der Verwendung einer Vanity-Nummer schließt aber nicht aus, dass im Einzelfall die konkrete Wahl der Vanity-Nummer nach § 43b BRAO i.V.m. § 6 BORA unzulässig ist. Auch in diesem Punkt kann eine Parallele zu dem Anbringen eines Praxisschildes gezogen werden. Aus der prinzipiellen Zulässigkeit lässt sich nicht schließen, jede Gestaltung des Praxisschildes sei mit dem geltenden Berufsrecht vereinbar[538].

(1) Vanity-Nummern im Vorwahlbereich 0800

In einer Entscheidung aus dem Jahre 1987 ist etwa die Beleuchtung eines Praxisschildes zu Zeiten, an denen mit keinem Mandantenbesuch zu rechnen ist, untersagt worden[539]. Auch wenn von einer zwischenzeitlichen Lockerung des anwaltlichen Werberechts ausgegangen werden kann, bleibt zumindest die Verwendung von unsachlichen Werbemaßnahmen wie der Einsatz von Regenbogenfarben oder von Leuchtschrift unzulässig[540]. Allgemein muss der Anwalt bei der Gestaltung des Praxisschildes und beim Einsatz anderer Werbemaßnahmen auf alle Elemente verzichten, bei denen durch Form und Gestaltung der Inhalt in den Hintergrund gedrängt wird[541]. Das Erfordernis „sachlich in der Form" hat die früher eingesetzten Kriterien „reklamehaft" und „marktschreierisch" abgelöst[542].

Im Bereich der Vanity-Nummern kann möglicherweise die Wahl einer Vanity-Nummer im Vorwahlbereich für entgeltfreie Mehrwertdienste als unsachliche Form der Werbung angesehen werden. Durch die Verwendung einer für den Anrufer entgeltfreien Rufnummer werden Rechtsuchende möglicherweise bevorzugt mit dem Nummerninhaber Kontakt aufnehmen, da dieser Anruf keine Telefongebühren verursacht. Es kann daher eine vom Nummerninhaber ausgehende Beeinflussung der Rechtsuchenden vorliegen, die nicht durch eine berufsbezogene und sachliche Information erfolgt. Auf der anderen Seite kann die Wahl einer Vanity-Nummer im Vorwahlbereich 0800 aber auch als besonderer Service für die eigenen Mandanten zur einfachen und kostengünstigen Kontaktaufnahme angesehen werden. Dabei zielt die kostenlose Rufnummer nicht auf die Erlangung eines ganz konkreten Mandates, so dass kein Fall unzulässiger

---

538 Ebenso *Kleine-Cosack*, § 43b Rn 44.

539 OLG Düsseldorf, NJW-RR 1988, 101; ablehnend *Löwe*, AnwBl. 1988, 545 (550); Hartung/Holl-*Römermann*, § 6 BerufsO Rn 104.

540 *Eylmann*, AnwBl. 1996, 481 (483); Hartung/Holl-*Römermann*, Berufsrechts- und Werbe-ABC „Praxisschild" geht hier von einer Selbstregulierung durch den Markt aus.

541 *Eylmann*, AnwBl. 1996, 481 (483).

542 Hartung/Holl-*Römermann*, § 6 BerufsO Rn 87; *Kleine-Cosack*, § 43b Rn 29.

Einzelfallwerbung vorliegt[543]. Dies führt aber nicht automatisch zur Unbedenklichkeit des Einsatzes von Vanity-Nummern insgesamt, wie die Argumentation von *Römermann*[544] vermuten lässt. Es bleibt das Problem bestehen, dass allgemein Rechtsuchende durch die kostenlose Rufnummer angelockt werden. Allerdings wird ein Mandantenparkplatz, der kostenlos benutzt werden kann, auch nicht als unsachliche Werbung des Rechtsanwaltes angesehen[545]. Alleine durch die Tatsache, dass der Anwalt für das Angebot des Parkplatzes bzw. der Rufnummer kein Entgelt nimmt, sondern die Leistung den Mandanten und Rechtsuchenden unentgeltlich anbietet und selbst für die Kosten aufkommt, wird die Grenze zur übertriebenen Werbung nicht überschritten. Es ist anerkannt, dass die Kosten, die dem Anwalt entstehen, kein Anhaltspunkt für eine unsachliche Werbung sind[546]. Die Verwendung einer kostenlosen Rufnummer ist schließlich auch keine typische Werbeform, die kommerziell ausgerichteten Unternehmen vorbehalten bleiben sollte[547]. Nach der Liberalisierung des Werberechts in den letzten Jahren ist allgemein anerkannt, dass anwaltliche Werbung nicht auf bestimmte Medien oder Bereiche beschränkt ist und damit auch neue Möglichkeiten genutzt werden können[548]. Damit ist die Vanity-Nummer eines Rechtsanwaltes nicht alleine wegen der Tatsache zu beanstanden, dass sie im Vorwahlbereich für entgeltfreie Mehrwertdienste angesiedelt ist[549].

(2) Anwalts-Hotline als Premium-Rate-Dienst

Anstatt einer für den Anrufer kostenlosen Vanity-Nummer im Vorwahlbereich 0800 kann sich ein Rechtsanwalt für Auskünfte auch eine Rufnummer im Vorwahlbereich für Premium-Rate-Dienste registrieren. Eine solche Rufnummer

---

543 A.A. OLG Stuttgart, MMR 2000, 164 (166); zu Recht ablehnend und damit wie hier Hartung/Holl-*Römermann*, § 43b BRAO Rn 25.

544 Hartung/Holl-*Römermann*, § 43b BRAO Rn 25. Die Ausführungen von *Römermann* sind insoweit ungenau, da es auch außerhalb des Vorwahlbereichs 0800 Vanity-Nummern gibt, die dann nicht entgeltfrei sind. Auf die besondere Problematik der Entgeltlichkeit gehen weder das OLG Stuttgart noch *Römermann* ein.

545 Auf den kostenlosen Mandantenparkplatz darf sogar auf dem Briefbogen hingewiesen werden, vgl. Hartung/Holl-*Römermann*, Berufsrecht- und Werbe-ABC „Briefbögen"; *Ring*, Anwaltliche Werbung, S. 68.

546 *Kleine-Cosack*, § 43b Rn 31.

547 Es wäre im übrigen realitätsfern zu glauben, ein Rechtsanwalt handelt nicht auch unter kommerziellen Gesichtspunkten; dazu *Löwe*, AnwBl. 1988, 545 (547); *Tröber/Käufer*, AnwBl. 2000, 347.

548 BVerfG, NJW 2000, 3195 (3196); BGH, BRAK-Mitt. 1997, 172 (173); *Müller*, WRP 2002, 160 (164); *Dahns*, BRAK-Mitt. 2002, 235 (236); *Feuerich/Weyland*, § 6 BORA Rn 10; *Kleine-Cosack*, § 43b Rn 30 verweist noch auf üblicherweise verwandte Medien.

549 BGH, WRP 2002, 1050 (1054); das LG Ulm, Urt. v. 05.02.1999, AZ: 1 KfH O 308/98, S. 10 sieht die Nutzung einer entgeltfreien Rufnummer dagegen schon als bedenklich an.

dient dann wegen der für den Anrufer anfallenden Kosten vor allem der telefonischen Erteilung von Rechtsauskünften, ohne dass sich daraus eine weitere Beziehung zum rechtsuchenden Anrufer ergibt[550]. Der Rechtsanwalt erhält für seine Auskünfte einen Teil der Telefongebühren, die der Rechtsuchende zu tragen hat[551].

Dieses Verhalten dient nicht der Werbung mit dem Ziel der Gewinnung neuer Mandate, sondern ist schon als Rechtsberatung selbst zu sehen. Damit ergeben sich Bedenken gegen eine solche Anwalts-Hotline nicht aufgrund des Verbots der unsachlichen Werbung, sondern höchstens unter gebührenrechtlichen Gesichtspunkten sowie aufgrund anderer berufsrechtlicher Vorgaben[552]. Das Problem der Zulässigkeit von Anwalts-Hotlines stellt sich unabhängig von der Art der verwendeten Rufnummer[553]. Es ist für die rechtliche Beurteilung ohne Bedeutung, ob für die Anwalts-Hotline der Praxisname als Vanity-Nummer oder eine beliebige Ziffernfolge genutzt wird.

c) Unterlassungsanspruch nach § 1004 BGB

Die Vorschrift des § 1004 BGB gewährt einen weitreichenden Schutz vor Eigentumsbeeinträchtigungen[554]. Das Tatbestandsmerkmal der Eigentumsbeeinträchtigung ist nicht weiter positiv eingegrenzt; es werden lediglich negativ die Entziehung und Vorenthaltung des Besitzes aus dem Anwendungsbereich ausgenommen[555].

Unmittelbar schützt § 1004 BGB nur das Eigentum[556]. Die Regelung ist darüber hinaus eine wichtige Anspruchsgrundlage und Analogiebasis für Abwehrrechte und Unterlassungsansprüche[557]. Daher kann auch bei der unbefugten Verwendung von Vanity-Nummern möglicherweise auf § 1004 BGB zurückgegriffen werden. So ist die Vorschrift entsprechend anwendbar für bestimmte beschränkte Sachenrechte, wobei in diesen Fällen eine ausdrückliche Verweisung auf § 1004 BGB erfolgt[558]. Bei Konflikten um die Nutzung von Vanity-

---

550 Hartung/Holl-*Römermann*, Vor § 6 BerufsO Rn 248.

551 Zur genauen Situation bei Anwalts-Hotlines vgl. *Römermann/Funke*, MDR 2001, 1.

552 Hartung/Holl-*Römermann*, Berufsrechts- und Werbe-ABC „Hotline" stellt die vorgetragenen Bedenken zusammenfassend vor; ausführlicher Hartung/Holl-*Römermann*, Vor § 6 BerufsO Rn 248 und *Römermann/Funke*, MDR 2001, 1; vgl. auch AnwGH NW, K&R 1999, 324.

553 Der BGH hat das Angebot von Anwalts-Hotlines mittlerweile ausdrücklich als berufsrechtlich zulässig eingestuft, vgl. etwa BGHZ 152, 153; zust. jetzt in Abweichung zur Vorauflage *Feuerich/Weyland*, § 43b BRAO Rn 30.

554 *Baur/Stürner*, § 12 Rn 1.

555 MüKo-*Medicus*, § 1004 Rn 1.

556 Erman-*Hefermehl*, § 1004 Rn 4.

557 *Schwab/Prütting*, Rn 571; Bamberger/Roth-*Fritzsche*, § 1004 Rn 2.

558 Eine Auflistung findet sich bei Palandt-*Bassenge*, § 1004 Rn 4.

Nummern werden jedoch keine Eigentumsrechte oder andere Sachenrechte berührt. Der Inhaber einer Vanity-Nummer erwirbt an der Rufnummer kein Eigentum, sondern erhält lediglich ein Nutzungsrecht[559]. Eine Eigentumsbegründung scheitert an der fehlenden Körperlichkeit einer Rufnummer[560]. Der reguläre Nutzer einer Bezeichnung, die von dem Nummerninhaber als Vanity-Nummer verwendet wird, kann sich seinerseits ebenfalls nicht auf ein Eigentumsrecht oder ein anderes dingliches Recht an der Bezeichnung berufen. Bei Zeichen und Begriffen handelt es sich um immaterielle Güter, die nicht verkörpert sein müssen und daher nicht den Regelungen des Sachenrechts unterfallen[561].

Für absolute Rechte außerhalb des Sachenrechts, zu denen auch die Immaterialgüterrechte zählen, finden sich teilweise eigenständige Regelungen zur Abwehr von Rechtsbeeinträchtigungen in den entsprechenden Spezialgesetzen, ohne dass diese einen Verweis auf § 1004 BGB enthalten[562]. Wo ein absolutes Recht weder durch einen expliziten Verweis auf § 1004 BGB noch durch eine eigenständige Regelung geschützt wird, findet § 1004 BGB zumindest analog Anwendung[563]. Ohne die Möglichkeit zur Verteidigung gegen Übergriffe Dritter bliebe die absolute Zuweisung von Herrschaftsbefugnissen ansonsten eine leere Deklaration[564]. Die analoge Anwendung des § 1004 BGB dient in diesen Fällen dem Lückenschluss beim Schutz absoluter Rechte[565].

Wo keine Lücke im Schutzsystem besteht, bleibt für eine analoge Anwendung des § 1004 BGB kein Raum; es fehlt insoweit an der erforderlichen Regelungslücke[566]. Bei der Nutzung von Vanity-Nummern kommt die Anwendung zahlreicher spezialgesetzlicher Abwehransprüche, etwa aus § 12 BGB, §§ 14, 15 MarkenG und § 37 II HGB, in Betracht. Insoweit besteht keine Notwendigkeit für eine zusätzliche Anwendung von § 1004 BGB als eigenständiger Anspruchsgrundlage. Bei einer zusätzlichen Anwendbarkeit der Vorschrift bestünde sogar die Gefahr, dass die speziellen Wertungen des Immaterialgüterrechts durch den Rückgriff auf die allgemeine Norm umgangen würden[567]. Allerdings kann auf die Bestimmungen des § 1004 BGB zurückgegriffen werden, wenn die

559 BeckTKG-*Paul/Mellewigt*, § 43 Rn 13.

560 Manssen-*Demmel*, § 43 TKG Rn 6.

561 Vgl. zum Wesen der Immaterialgüterrechte *Hubmann/Götting*, § 5 Rn 1.

562 Staudinger-*Gursky*, § 1004 Rn 15; MüKo-*Medicus*, § 1004 Rn 5; *Baur/Stürner*, § 12 Rn 3.

563 *Esser/Weyers*, § 62 I (S. 257); Erman-*Hefermehl*, § 1004 Rn 4; Palandt-*Bassenge*, § 1004 Rn 4; *Schwab/Prütting*, Rn 571.

564 Staudinger-*Gursky*, § 1004 Rn 15.

565 *Hubmann/Götting*, § 6 Rn 5.

566 Bamberger/Roth-*Fritzsche*, § 1004 Rn 2 weist auf das Spezialitätsverhältnis zu den gesetzlichen Regelungen für Immaterialgüterrechte hin.

567 *Hubmann/Götting*, § 6 Rn 5.

spezialgesetzliche Anspruchsgrundlage in ihrer Rechtsfolge nicht weit genug geht[568].

d) Deliktische Ansprüche

Aus dem Bereich des Deliktsrechts können zur Lösung von Konflikten bei der Nutzung von Vanity-Nummern möglicherweise § 823 und § 826 BGB herangezogen werden.

aa) Schutz des eingerichteten und ausgeübten Gewerbebetriebs

Im Rahmen des Tatbestandes des § 823 I BGB kommt als verletztes Rechtsgut das Recht am eingerichteten und ausgeübten Gewerbebetrieb[569] in Betracht. Dieses Recht ist als sonstiges Recht im Sinne von § 823 I BGB anerkannt[570].

(1) Voraussetzungen

Ursprünglich schützte das Reichsgericht nur Gewerbebetriebe, die bereits eingerichtet waren und ihre Tätigkeit aufgenommen hatten, vor Eingriffen in den Bestand des Unternehmens[571]. In der Folgezeit ist der Anwendungsbereich des § 823 I BGB beständig ausgeweitet worden[572]. So umfasst der Schutzbereich mittlerweile neben dem Bestand auch die einzelnen Erscheinungsformen des Gewerbes, wozu der gesamte gewerbliche Tätigkeitskreis zu rechnen ist[573]. Weiter ist anerkannt, dass sich nicht nur Gewerbetreibende, sondern auch Angehörige freier Berufe auf das Recht am eingerichteten und ausgeübten Gewerbebetrieb berufen können[574]. Das Recht hat sich damit zu einer beschränkten deliktischen Generalklausel entwickelt, die allgemein dem Schutz der Grundlagen und

---

568 Denkbar ist dies etwa, wenn die spezialgesetzliche Norm nur einen Unterlassungsanspruch für die Zukunft gewährt, aber keinen Beseitigungsanspruch für eine bestehende Rechtsbeeinträchtigung vorsieht, vgl. Staudinger-*Gursky*, § 1004 Rn 15.

569 Statt der Bezeichnung „Recht am eingerichteten und ausgeübten Gewerbebetrieb" wird zunehmend auch der Begriff „Recht am Unternehmen" verwendet, dazu *Medicus*, Schuldrecht II, Rn 818; MüKo-*Wagner*, § 823 Rn 180.

570 RGZ 58, 23 (29); BGHZ 8, 142 (144) – Schwarze Liste; BGHZ 3, 270 (279) – Constanze I; zur dogmatischen Einordnung vgl. *Schmidt*, JuS 1993, 985 (987); Staudinger-*Hager*, § 823 Rn D 3.

571 RGZ 79, 224 (226); RGZ 101, 335 (337); RGZ 102, 223 (225).

572 BGHZ 29, 65 (68).

573 Palandt-*Sprau*, § 823 Rn 127.

574 AG Frankfurt, NJW-RR 1990, 1438; OLG München, NJW-RR 1996, 1487 (1488) – Sex-Papst; Staudinger-*Hager*, § 823 Rn D 6; Soergel-*Zeuner*, § 823 Rn 150; a.A. *Baumbach/Hefermehl*, Allg Rn 116.

des Freiheitsspielraums der unternehmerischen Tätigkeit dient[575]. Durch den relativ offenen Tatbestand sollen die verbleibenden Lücken im Schutz der unternehmerischen Tätigkeit vor Störungen von außen geschlossen werden[576].

Auf der anderen Seite ist es nicht Aufgabe des § 823 I BGB, einen umfassenden Schutz jeglicher unternehmerischer Tätigkeit zu gewähren, weswegen nur betriebsbezogene Eingriffe erfasst werden[577]. Die Betriebsbezogenheit ist das entscheidende Einschränkungskriterium beim Recht am eingerichteten und ausgeübten Gewerbebetrieb[578]. Für die Betriebsbezogenheit ist die Tendenz des Eingriffs maßgeblich[579]. Erforderlich ist, dass die Beeinträchtigung der unternehmerischen Tätigkeit der Willensrichtung des Handelnden entspricht und nicht nur eine unerwünschte oder zufällige Nebenfolge ist[580]. Der Eingriff muss sich gegen den Gewerbebetrieb als solchen richten, also den betrieblichen Organismus oder die unternehmerische Entscheidungsfreiheit beeinträchtigen[581]. Von einem Eingriff kann dabei nur gesprochen werden, wenn die Grenze zur bloßen Belästigung oder sozial üblichen Behinderung überschritten ist[582].

(2) Situation bei Vanity-Nummern

Bei der Übertragung der allgemeinen Voraussetzungen auf den Bereich der Vanity-Nummern stellt sich zunächst die Frage, ob es sich bei der Nutzung einer Rufnummer, deren alphanumerische Umsetzung einer Bezeichnung entspricht, die von einem anderen Unternehmen zur Unternehmens- oder Produktbezeichnung genutzt wird, um einen betriebsbezogenen Eingriff handelt. In den schützenswerten Bestand des Gewerbebetriebes wird nicht eingegriffen, da der Nummerninhaber das betroffene Unternehmen nicht an der Nutzung vorhandener Rufnummern hindert, sondern dem Unternehmen lediglich die zusätzliche Nutzung einprägsamer Vanity-Nummern in der Zukunft erschwert wird. Auf diese Weise wird das betroffene Unternehmen an der ungehinderten weiteren wirtschaftlichen Entfaltung gehindert. Dadurch wird die durch das Recht am eingerichteten und ausgeübten Gewerbebetrieb geschützte unternehmerische Entscheidungsfreiheit beeinträchtigt. Betriebsbezogene Eingriffe müssen sich nicht zwingend auf die Produktionsabläufe und Vermarktungsbemühungen be-

575 MüKo-*Wagner*, § 823 Rn 186.
576 *Medicus*, Schuldrecht II, Rn 819; Soergel-*Zeuner*, § 823 Rn 18.
577 BGHZ 69, 128 (139).
578 Staudinger-*Hager*, § 823 Rn D 9.
579 BGH, NJW 1969, 1207 (1208) mwN.
580 BGHZ 59, 30 (36); BGHZ 86, 152 (156).
581 BGH, NJW 1985, 1620; Jauernig-*Teichmann*, § 823 Rn 98; Palandt-*Sprau*, § 823 Rn 128.
582 BGH, NJW 1999, 279 (281); BGH, NJW 1998, 2141 (2143).

ziehen, erfasst werden auch Eingriffe, die sich gegen die Darstellung und Kontaktaufnahme des Unternehmens nach außen richten[583].

Allerdings werden durch § 823 I BGB nicht bereits abstrakte Marktchancen und Erwerbshoffnungen geschützt; das Unternehmen muss zumindest schon in das Planungs- und Vorbereitungsstadium eingetreten sein[584]. Bei der Nutzung eines Domänennamens wird daher verlangt, dass – wenn das Unternehmen sich gegenüber dem Domäneninhaber auf das Schutzrecht am eingerichteten und ausgeübten Gewerbebetrieb berufen möchte – zumindest ein Konzept zur Nutzung der Internet-Adresse vorliegen muss[585].

Fraglich ist, ob diese Anforderung auf den Bereich der Vanity-Nummern übertragbar ist. Die Nutzung eines Domänennamens ist nur möglich, wenn unter dem Domänennamen Internet-Seiten abgespeichert sind, die beim Aufruf des Domänennamens angezeigt werden. Solange ein Unternehmen nicht einmal über ein Konzept verfügt, welche Internet-Seiten unter dem Domänennamen abgelegt werden sollen, greift der Domäneninhaber nicht in das Recht am eingerichteten und ausgeübten Gewerbebetrieb ein. Bei Vanity-Nummern sind nach der Freischaltung der Rufnummer dagegen keine weiteren Schritte mehr zur Nutzung des Mediums erforderlich; es können sofort eingehende Anrufe entgegengenommen werden. Ein besonderes Konzept für den Einsatz der Vanity-Nummer ist nicht zwingend notwendig, vor allem bei kleineren Unternehmen wird es häufig keine entsprechenden Planungen geben. Daher kann die Nutzung einer Vanity-Nummer unabhängig von der Tatsache, ob bereits eine Konzeption des Unternehmers zum eigenen Einsatz der Vanity-Nummer vorliegt, in das Recht am eingerichteten und ausgeübten Gewerbebetrieb eingreifen[586].

Gegen das Vorliegen eines betriebsbezogenen Eingriffs könnten aber die fehlende Schwere und Zielgerichtetheit der Beeinträchtigung sprechen. Es genügt nicht, dass ein Teilbereich des Gewerbebetriebes oder ein Teilaspekt der Gewerbeausübung betroffen ist, solange dadurch der Betrieb nicht zum Erliegen gebracht oder in seiner Substanz ernstlich gefährdet wird[587]. Aufgrund der Tatsache, dass die Kontaktaufnahme per Telefon nur eine von mehreren Alternativen darstellt, mit dem Unternehmen zu kommunizieren und nicht einmal die Möglichkeit der Kontaktaufnahme per Telefon vollständig unterbunden wird, kann die Schwere der Beeinträchtigung in vielen Bereichen als eher gering eingestuft werden[588]. Weiter kommt hinzu, dass von der Beeinträchtigung nicht nur

---

583 BGH, DB 1971, 571.

584 *Bücking*, Rn 225 unter Verweis auf BGH, NJW 1969, 1207 (1208).

585 *Bücking*, NJW 1997, 1886 (1887); offengelassen durch das LG München I, CR 1997, 540 (542) – freundin.de.

586 Dies wird nicht gesehen von *Jonas/Schmitz*, GRUR 2000, 183 (187).

587 BGH, NJW 1983, 812 (813).

588 Von einem erheblichen Eingriff kann dagegen bei Anbietern von Telefondienstleistungen oder Teleshopping-Unternehmen ausgegangen werden.

ein einzelnes Unternehmen betroffen ist, sondern gleichzeitig alle diejenigen Namens-, Firmen- und Markeninhaber, die unter die gleiche Ziffernfolge fallen[589]. Die Nutzung einer Vanity-Nummer, die einer fremden Produkt- oder Unternehmensbezeichnung entspricht, richtet sich häufig nicht gezielt gegen ein bestimmtes Unternehmen. Es genügt nicht, wenn gleichsam zufälligerweise im konkreten Fall nur ein einziges Unternehmen betroffen ist[590].

Von einem unzulässigen betriebsbezogenen Eingriff kann regelmäßig nur dann ausgegangen werden, wenn dem Nummerninhaber die Nutzungsabsicht des Unternehmers bekannt wird und er daraufhin die Vanity-Nummer registriert[591]. Selbst bei dieser Konstellation handelt es sich lediglich dann um einen unzulässigen Eingriff in das Recht am eingerichteten und ausgeübten Gewerbebetrieb, wenn der Nummerninhaber kein eigenes legitimes Interesse an der Rufnummer vorweisen kann[592].

(3) Grundsatz der Subsidiarität

Aufgrund der Einstufung des Rechts an eingerichteten und ausgeübten Gewerbebetrieb als Auffangtatbestand ist ein Anspruch aus § 823 I BGB nur subsidiär zu prüfen[593]. Die Vorschrift kommt trotz Vorliegen eines betriebsbezogenen Eingriffs nur zur Anwendung, wenn die spezielleren Schutzvorschriften nicht durchgreifen[594]. Spätestens an dem Subsidiaritätsprinzip scheitern regelmäßig die Ansprüche wegen Verletzung des Rechts am eingerichteten und ausgeübten Gewerbebetrieb[595]. Sichert sich der Nummerninhaber die Vanity-Nummer mit dem Ziel, einen konkurrierenden Unternehmer zu behindern, indem er ihm mit der Registrierung der Rufnummer zuvorkommt, liegt ein Fall von unzulässigem Behinderungswettbewerb vor, der bereits von § 3 UWG erfasst wird[596]. Kann sich der Unternehmer auf ein Kennzeichenrecht berufen, besteht gegen den Nummerninhaber ein vorrangiger Abwehranspruch aus § 12 BGB oder §§ 14, 15 MarkenG[597]. Ein eigenständiger Anwendungsbereich für § 823 I BGB wegen Verletzung des Rechts am eingerichteten und ausgeübten Gewerbebetrieb bleibt

---

589 LG Aachen, MMR 2001, 178 – Vanity-Nummer.

590 BGHZ 29, 65 (74).

591 Ebenso für den Bereich der Domänennamen *Bücking*, Rn 225.

592 LG Bonn, MMR 1998, 111 (112) – detag.de für den – insoweit – vergleichbaren Bereich der Domänennamen.

593 Soergel-*Zeuner*, § 823 Rn 114; kritisch Staudinger-*Hager*, § 823 Rn D 23.

594 *Medicus*, Schuldrecht II, Rn 820 mwN.

595 BGHZ 36, 252 (257).

596 Vgl. dazu oben § 3 A. II. 3. b) bb) (2) (Seite 65).

597 Vgl. oben § 3 A. II. 2. c) dd) (Seite 49).

nur dann, wenn zwischen den Parteien kein Wettbewerbsverhältnis und zwischen den genutzten Kennzeichen keine Verwechslungsgefahr besteht[598].

Teilweise wird vertreten, dass bei der Verwässerung berühmter Marken die Vorschrift des § 823 I BGB gegenüber markenrechtlichen Bestimmungen nicht als subsidiär zurücktritt[599]. Begründet wird dies mit der Regelung des § 2 MarkenG, wonach andere Vorschriften des Kennzeichenschutzes durch das Markengesetz nicht ausgeschlossen werden[600]. Die zusätzliche Gewährung deliktsrechtlichen Schutzes bringt aber keinerlei Vorteile und ist in der Praxis ohne Bedeutung[601]. Wegen der identischen Rechtsfolge und den vergleichbaren Voraussetzungen besteht keine Notwendigkeit für die Anwendung des § 823 I BGB, so dass an dem Subsidiaritätsprinzip festzuhalten ist[602].

bb) Verletzung eines Schutzgesetzes

Während § 823 I BGB bestimmte enumerativ aufgeführte Rechtsgüter schützt, gewährt § 823 II BGB Abwehr- und Schadensersatzansprüche bei Verstößen gegen andere Schutzgesetze[603]. Diese Regelung ist vor allem von Bedeutung für Normen, die Verhaltensregeln aufstellen, aber keine Möglichkeit zur Durchsetzung der Regeln durch den einzelnen Betroffenen vorsehen. Die sich aus dem Kennzeichen- und Wettbewerbsrecht sowie aus den sonstigen zuvor betrachteten Rechtsbereichen ergebenen Bestimmungen können jedoch bereits ohne einen Rückgriff auf § 823 II BGB durchgesetzt werden, da sie dem Betroffenen eigene Abwehransprüche zur Verfügung stellen.

Nach einer Auffassung ist der deliktische Schutz des § 823 II BGB in solchen Fällen, bei denen die Interessen des Betroffenen schon anderweitig abgesichert sind und es damit an einer Schutzbedürftigkeit fehlt, entbehrlich[604]. Die Gegenauffassung lehnt ein Subsidiaritätsverhältnis ab und lässt nur den Schaden entfallen, wenn dem Geschädigten bereits aufgrund anderer Vorschriften Ersatzansprüche zustehen[605], wobei sich damit hinsichtlich des Ergebnisses kaum Unterschiede ergeben[606]. Eine zusätzliche eigenständige Anspruchsgrundlage wird

---

598 Dazu auch MüKo-*Wagner*, § 823 Rn 157.

599 Dazu Staudinger-*Hager*, § 823 Rn D 66.

600 So wohl OLG Hamburg, AfP 1998, 89; vgl. auch *Krings*, GRUR 1996, 624.

601 *Piper*, GRUR 1996, 429 (435).

602 Ebenso Staudinger-*Hager*, § 823 Rn D 66; *Piper*, GRUR 1996, 429 (436).

603 *Schellhammer*, Rn 1053; Soergel-*Zeuner*, § 823 Rn 285.

604 BGH, NJW 1980, 1792 (1793); *Medicus*, Bürgerliches Recht, Rn 621; *Schlosser*, JuS 1982, 657 (660).

605 *Cypionka*, JuS 1983, 23 (24); *Deutsch*, JZ 1984, 308 (312).

606 Staudinger-*Hoger*, § 823 Rn G 6.

durch die Anwendbarkeit des § 823 II BGB im übrigen ohnehin nicht geschaffen[607].

cc) Vorsätzliche sittenwidrige Schädigung

Als eigenständige deliktische Anspruchsgrundlage kommt aber § 826 BGB in Betracht. Die Vorschrift gewährt ohne Einschränkung auf bestimmte geschützte Rechtsgüter einen Schutz vor vorsätzlicher sittenwidriger Schädigung[608]. Tatbestandsvoraussetzung ist das Vorliegen einer sittenwidrigen Schädigung, die vorsätzlich erfolgt sein muss[609].

(1) Anspruchsvoraussetzungen

Ein Anspruch aus § 826 BGB setzt zunächst eine Schädigung des Anspruchsberechtigten voraus[610]. Durch die Vorschrift werden sowohl Vermögensschäden als auch Nichtvermögensschäden erfasst[611]. Neben einer nachteiligen Einwirkung auf die Vermögenslage kommt auch die Beeinträchtigung anderer rechtlich anerkannter Interessen in Betracht[612]. Erfasst ist daher auch das Interesse an einer umfassenden Nutzung von Kennzeichen, deren Etablierung häufig mit einem hohen – auch finanziellen – Aufwand verbunden ist[613]. Wegen der fehlenden Beschränkung auf Vermögensschäden muss die Einschränkung der Nutzungsmöglichkeiten für die eigenen Kennzeichen aber nicht einmal zwingend zu einer finanziellen Einbuße führen. Die bloße Tatsache, dass es einem Unternehmen nicht möglich ist, sein Unternehmens- oder Produktkennzeichen als Vanity-Nummer zu nutzen, ist daher als Schaden im Sinne von § 826 BGB anzusehen.
Für die Prüfung, ob ein sittenwidriges Verhalten vorliegt, kann auf die Definition der Sittenwidrigkeit bei § 138 BGB zurückgegriffen werden[614]. Danach kommt es darauf an, ob die schädigende Handlung, also die Registrierung der Vanity-Nummer, im Widerspruch zum Anstandsgefühl aller billig und gerecht Denkenden steht[615]. Kann der Nummerninhaber sich auf ein eigenes Recht stützen, etwa ein Kennzeichenrecht an dem gewählten Begriff, spricht dies gegen

---

607 Die Regelung des § 823 II BGB kann jedoch von Bedeutung sein, wenn eine Norm nur einen Unterlassungsanspruch, aber keinen Schadensersatzanspruch vorsieht.
608 *Medicus*, Schuldrecht II, Rn 834.
609 *Schellhammer*, Rn 1058.
610 Hk-BGB-*Staudinger*, § 826 Rn 1.
611 Soergel-*Hönn/Dönneweg*, § 826 Rn 61.
612 OLG Koblenz, WM 1989, 622.
613 Ähnlich *Völker/Weidert*, WRP 1997, 652 (661) unter Verweis auf BGH, GRUR 1986, 74 (76) – Shamrock III und BGH, NJW 1967, 493 (495) – Siroset.
614 Palandt-*Sprau*, § 826 Rn 2; kritisch Staudinger-*Oechsler*, § 826 Rn 44.
615 RGZ 80, 219 (221); BGH, NJW 1991, 913 (914); BGHZ 129, 136 (172); Hk-BGB-*Staudinger*, § 826 Rn 6; Palandt-*Heinrichs*, § 138 Rn 2.

ein sittenwidriges Verhalten[616]. In diesem Fall darf der Nummerninhaber sein Recht grundsätzlich selbst dann ausüben, wenn dies zu einem Schaden bei einem Dritten führt[617]. Wenn der Nummerninhaber sich dagegen lediglich auf seine allgemeine Handlungsfreiheit berufen kann, genügt dies regelmäßig nicht, um die Schädigung eines Dritten zu rechtfertigen[618]. Letztlich ist also zu untersuchen, ob die Wahl der Rufnummer durch ein legitimes und rechtlich anerkanntes Interesse des Nummerninhabers gedeckt ist.

Die sittenwidrige Schädigung müsste schließlich vorsätzlich herbeigeführt worden sein. Ausreichend ist dafür ein bedingter Vorsatz, der gegeben ist, wenn der Schadenseintritt als möglich vorausgesehen und billigend in Kauf genommen wird[619]. Hat der Nummerninhaber Kenntnis von dem Umstand, dass der als Rufnummer gewählte Begriff außerhalb des Bereichs der Vanity-Nummern von einer anderen Person oder einem anderen Unternehmen genutzt wird, muss es der Nummerinhaber als naheliegend oder wenigstens möglich ansehen, dass der Betroffene selbst Interesse an der Nutzung der Vanity-Nummer hat, diese aber wegen der bereits erfolgten anderweitigen Registrierung nicht mehr erwerben kann und daher einen Schaden erleidet. Bezüglich dieser Punkte kann dem Nummerninhaber zumindest bedingter Vorsatz vorgeworfen werden. Die Bewertung als sittenwidriges Verhalten muss nicht vom Vorsatz umfasst sein[620]. Es genügt, wenn die Tatsachen bekannt sind, die zur Bewertung als sittenwidrig führen[621]. Zum einen ist es kaum nachweisbar, dass der Handelnde seine Handlung als sittenwidrig angesehen hat und zum anderen soll sich eine entsprechende Fehlvorstellung nicht zu Gunsten des Handelnden auswirken[622].

(2) Konkurrenzen

Anders als beim Schutz des eingerichteten und ausgeübten Gewerbebetriebs durch § 823 I BGB besteht kein Subsidiaritätsverhältnis zwischen § 826 BGB und anderen Normen[623]. So ist § 826 BGB neben wettbewerbsrechtlichen Ansprüchen[624] und Ansprüchen aus dem Markengesetz[625] anwendbar.

---

616 *Medicus*, Schuldrecht II, Rn 840.

617 BGH, DB 1988, 226 (228); Palandt-*Sprau*, § 826 Rn 2.

618 *Medicus*, Schuldrecht II, Rn 841.

619 *Schlechtriem*, Rn 896; *Medicus*, Schuldrecht II, Rn 838; MüKo-*Wagner*, § 826 Rn 19.

620 BGH, NJW 1988, 1965 (1967); Soergel-*Hönn/Dönneweg*, § 826 Rn 54 mwN; a.A. *Mayer-Maly*, AcP 170 (1970), 133 (165).

621 BGHZ 101, 380 (388); *Kupisch/Krüger*, S. 72; Jauernig-*Teichmann*, § 826 Rn 4; *Schlechtriem*, Rn 895.

622 Hk-BGB-*Staudinger*, § 826 Rn 10; *Medicus*, Schuldrecht II, Rn 838; kritisch *Mayer-Maly*, AcP 170 (1970), 133 (163).

623 Hk-BGB-*Staudinger*, § 826 Rn 2.

624 BGHZ 36, 252 (256); MüKo-*Wagner*, § 826 Rn 40.

625 Palandt-*Sprau*, § 826 Rn 19.

Wegen der Sonderregelung des § 3 UWG für unlauteres und damit häufig sittenwidriges Verhalten ist § 826 BGB im Bereich des Wettbewerbsrechts aber trotz der grundsätzlichen Anwendbarkeit von nur geringer Bedeutung[626]. Bei einem sittenwidrigen Verhalten gegenüber einem Konkurrenten besteht regelmäßig bereits ein Anspruch aus § 3 UWG, so dass es auf § 826 BGB, der ein vorsätzliches Verhalten verlangt, nicht mehr ankommt[627]. Allerdings ist im Rahmen des § 826 BGB weder ein Handeln im geschäftlichen Verkehr noch zu Zwecken des Wettbewerbs erforderlich. Wegen der fehlende Beschränkung auf eine geschäftliche Tätigkeit ist § 826 BGB neben § 12 BGB eine der wenigen Normen, mit deren Hilfe sich ein Unternehmen, dessen Unternehmens- oder Produktbezeichnung von einer Privatperson als Vanity-Nummer verwendet wird, erfolgreich gegen die Nutzung der Rufnummer durch die Privatperson wehren kann. In diesem Bereich bleibt ein wichtiger eigenständiger Anwendungsbereich für einen Anspruch aus § 826 BGB.

(3) Zwischenergebnis

Ein Anspruch wegen vorsätzlicher sittenwidriger Schädigung gem. § 826 BGB kommt immer dann in Betracht, wenn ein Nummerninhaber, unabhängig davon, ob er im geschäftlichen Verkehr tätig wird oder nicht, sich einen Begriff als Rufnummer sichern lässt, von dem ihm bekannt ist, dass die Bezeichnung ansonsten von einer anderen Person genutzt wird, sofern der Nummerninhaber kein eigenes legitimes Interesse an der Rufnummer vorweisen kann[628].

III. Nutzung ähnlicher Bezeichnungen als Vanity-Nummern

Für den Nummerninhaber bringt es nicht nur Vorteile, wenn er als Vanity-Nummer eine fremde Produkt- oder Unternehmensbezeichnung wählt, sondern er kann auch davon profitieren, dass er eine Rufnummer verwendet, die einem geschützten Kennzeichen lediglich ähnelt[629]. Zum einen kann der Nummerninhaber hoffen, dass die Kunden sich das Kennzeichen nicht gut bzw. genau genug eingeprägt haben und zum anderen besteht die Möglichkeit, dass Anrufer sich beim Wählen vertippen[630]. Schließlich ist auch denkbar, dass der Nummernin-

---

626 *Medicus*, Schuldrecht II, Rn 836.

627 Palandt-*Sprau*, § 826 Rn 61.

628 Ähnlich *Jonas/Schmitz*, GRUR 2000, 183 (187).

629 Bei geschützten Kennzeichen, die länger als acht Zeichen sind, kann ohnehin nur eine ähnliche Bezeichnung genutzt werden, da wegen der Maximallänge von Rufnummern höchstens die ersten acht Zeichen für die Vanity-Nummer verwendet werden und der Rest abgeschnitten wird.

630 Hoeren/Sieber-*Viefhues*, Kap. 6 Rn 202 zur vergleichbaren Situation bei Domänennamen.

haber in gutem Glauben eine eigene Bezeichnung nutzt, die einem geschützten Begriff oder einer anderen Vanity-Nummer zufällig ähnelt, ohne dass dies dem Nummerninhaber bekannt ist.

1. Kennzeichenrecht

In kennzeichenrechtlicher Hinsicht stellt sich in diesem Zusammenhang die Frage, welcher Maßstab hinsichtlich der Zeichenähnlichkeit für die Annahme einer Verwechslungsgefahr anzulegen ist.

a) Anforderungen an die Verwechslungsgefahr

Für den Bereich der Vanity-Nummern könnte es gerechtfertigt sein, besonders hohe Anforderungen für die Annahme einer Verwechslungsgefahr zu stellen.

aa) Zulässigkeit abweichender Maßstäbe

Bestehen in einzelnen Bereichen besonders hohe oder niedrige Anforderungen zur Annahme einer Verwechslungsgefahr, kann dies zu einer Rechtsunsicherheit im Kennzeichenrecht führen. Der Inhaber eines geschützten Kennzeichen kann sich nicht mehr darauf verlassen, gegen alle Arten der unberechtigten Benutzung eines ähnlichen Kennzeichens erfolgreich vorgehen zu können[631]. Er müsste befürchten, dass er dem Nutzer des ähnlichen Kennzeichens die Verwendung auf einigen Bereichen verbieten könnte, die Nutzung als Vanity-Nummer aber etwa wegen der gesteigerten Anforderungen dulden müsste.

Es gilt jedoch schon bisher kein starrer und einheitlicher Maßstab für die Annahme einer Verwechslungsfähigkeit für das gesamte Markenrecht[632]. So bestehen beispielsweise für die Zeichenähnlichkeit pharmazeutischer Produkte ebenfalls besonders hohe Anforderungen[633]. Die durch das Markenrecht erzielten Ergebnisse beruhen regelmäßig auf einer Interessenabwägung aller relevanten Umstände im Einzelfall[634]. Im Rahmen der einzelfallbezogenen Betrachtung werden auch die Besonderheiten im jeweiligen Bereich, also etwa bei der Nutzung von Vanity-Nummern, berücksichtigt[635].

---

631 *Schanda*, ecolex 2001, 757.
632 *Hubmann/Götting*, § 40 Rn 9; *Fezer*, § 14 Rn 103.
633 BGH, GRUR 1958, 81 (83) – Thymopect; *Jaeger-Lenz*, K&R 1998, 9 (14).
634 EuGH, GRUR 1998, 387 (390) – Springende Raubkatze; Fezer, NJW 1998, 713 (714).
635 Ähnlich für den Bereich des Internets *Viefhues*, NJW 2000, 3239 (3243).

bb) Begrenzter Vorrat an Vanity-Nummern

Die Zahl möglicher Vanity-Nummern pro Vorwahlbereich ist begrenzt, da unabhängig von der Länge der Vanity-Nummer nur die ersten Ziffern der Teilnehmerrufnummer für den Verbindungsaufbau von Bedeutung sind. Abhängig vom Vorwahlbereich werden die ersten sechs bis acht Ziffern zur Herstellung der Verbindung verwendet[636]. Die Tatsache, dass jeder Ziffer mehrere Buchstaben zugeordnet sind, führt zu einer weiteren Verknappung der möglichen Vanity-Nummern.

Je nach Vorwahlbereich sind rechnerisch zwischen 1 und 100 Millionen Rufnummern möglich. Diese Zahl erweckt zunächst den Eindruck, es handele sich um einen ausreichend großen Vorrat; allerdings ist zu beachten, dass nur ein Bruchteil dieser Kombinationen in der alphanumerischen Umsetzung einen Sinn ergibt und damit von Interesse ist[637]. Die Enge des Namensraumes wird deutlich, wenn als Vergleichsmaßstab der Bereich der Domänennamen herangezogen wird, wo allgemein von gesteigerten Anforderungen für die Annahme einer Verwechslungsgefahr ausgegangen wird[638]. Pro Top-Level-Domain stehen rechnerisch bis zu 3×10^{66} mögliche Domänennamen zur Verfügung[639]. Dies ist ein Vielfaches der möglichen Vanity-Nummern, trotzdem ist es schon jetzt schwierig, unterhalb einzelner Top-Level-Domains einen noch freien und zugleich einprägsamen Namen zu finden. Der Namensraum bei den Vanity-Nummern ist noch deutlich enger als der Namensraum bei den Domänennamen. Um einer weiteren Verknappung entgegenzuwirken, empfiehlt es sich, auch bei den Vanity-Nummern gesteigerte Anforderungen an die Verwechslungsgefahr zu stellen.

---

636 Bei Rufnummern für Shared-Cost-Dienste mit der Vorwahl 0180 sind nach der Tarifkennung die ersten sechs Ziffern relevant, gleiches gilt für die Premium-Rate-Dienste mit der Vorwahl 0900. Für entgeltfreie Rufnummern mit der Vorwahl 0800 sind die ersten sieben Ziffern entscheidend und für persönliche Rufnummern im Vorwahlbereich 0700 die ersten acht Ziffern.

637 VG Köln, TKMR 2002, 305 (309).

638 OLG Rostock, MMR 2001, 128 – mueritz-online.de; *Bettinger*, GRUR Int. 1997, 402 (415); HK-MarkenR-*Wüst*, § 9 Rn 46a; vorsichtiger *Ernstschneider*, JurPC Web-Dok. 219/2002, Abs. 6; a.A. Gloy-*Jacobs/Schulte-Beckhausen*, § 27 Rn 46.

639 Die maximale Länge für einen Domänennamen beträgt 63 Stellen, wobei für jede Stelle 37 Zeichen (Buchstaben, Ziffern und Bindestrich) in Betracht kommen, vgl. RFC 1034, Punkt 3.5, im Internet abrufbar unter http://www.ietf.org/rfc/rfc1034.txt (Stand: 15.07.2004). Damit bestehen 37^{63} Möglichkeiten, was 3×10^{66} denkbaren Namen entspricht, wenn die weiteren Einschränkungen aus Vereinfachungsgründen außer Acht gelassen werden, vgl. für die genauen Regeln zur Namensbildung unterhalb der ccTLD .de die insoweit maßgeblichen Denic-Domainrichtlinien, im Internet abrufbar unter http://www.denic.de/media/pdf/dokumente/domainrichtlinien.pdf (Stand: 15.07.2004).

cc) Aufmerksamkeit der Telefonteilnehmer

Die Anforderungen, die an die Zeichenähnlichkeit zu stellen sind, hängen auch von dem Grad der Aufmerksamkeit ab, mit dem der Verkehr Kennzeichen wahrnimmt[640]. Je größer die Aufmerksamkeit des angesprochenen Verkehrskreises ist, desto höhere Anforderungen sind an die Zeichenähnlichkeit zu stellen[641]. Bei den Domänennamen ist dies ein weiteres Argument für das Bestehen von hohen Anforderungen für die Annahme einer Verwechslungsgefahr[642]. Die Internet-Nutzer müssen genau auf die Rechtschreibung achten, da bereits beim kleinsten Fehler die gewünschte Seite nicht aufgebaut wird[643]. Für den Bereich der Vanity-Nummern kann dieses Argument ebenfalls herangezogen werden. Die gewünschte Verbindung zum Nummerninhaber wird nur aufgebaut, wenn die gewählte Ziffernfolge korrekt ist. Diesbezüglich besteht anders als bei der Aussprache eines Namens oder der Adressierung eines Briefes keinerlei Fehlertoleranz.

Bei der alphanumerischen Umsetzung der Ziffernfolge kann nur insoweit von einer Fehlertoleranz gesprochen, als dass es unschädlich ist, wenn einzelne Buchstaben verwechselt werden, sofern der richtige und der irrtümlich gewählte Buchstabe der gleichen Ziffer zugeordnet sind. Da jedoch beim Verwählen in den wenigsten Fällen nur genau die Buchstaben vertauscht werden, die gemeinsam einer Ziffer zugeordnet sind, kann bei Nutzung einer alphanumerischen Bezeichnung als Vanity-Nummer zumindest von einer sehr geringen Fehlertoleranz gesprochen werden.

Die geringe Fehlertoleranz ist auch den Telefonnutzern bekannt, die daher regelmäßig beim Einprägen und Wählen von Rufnummern eine gesteigerte Aufmerksamkeit walten lassen. Dies schließt nicht aus, dass sich in der Praxis dennoch zahlreiche Nutzer verwählen[644].

dd) Geringe Auswahlmöglichkeiten im Vorwahlbereich

Für das Verlangen von hohen Voraussetzungen zur Annahme einer Verwechslungsfähigkeit spricht weiter die geringe Auswahlmöglichkeit bei den Teilnehmerrufnummern. Zur Vermeidung einer Verwechslungsgefahr wird im Markenrecht bei zu starker Ähnlichkeit zwischen zwei Zeichen oder bei Kennzeichenidentität die Hinzufügung eines unterscheidungskräftigen Zusatzes verlangt[645]. Die Umsetzung dieses Grundsatzes für den Bereich der Vanity-Nummern ist

---

640 *Ingerl/Rohnke*, § 14 Rn 299; HK-MarkenR-*Wüst*, § 9 Rn 46a.
641 BGH, GRUR 1995, 50 (53) – Indorektal / Indohexal.
642 Hoeren/Sieber-*Viefhues*, Kap. 6 Rn 90; a.A. *Kort*, WRP 2002, 302 (303).
643 OLG Hamm, NJW-RR 1999, 631 – pizza-direkt.de; *Biermann*, WRP 1999, 997 (1000).
644 *Dame*, Cath.U.L.Rev. 1997, 1199 (1243).
645 *Völker/Weidert*, WRP 1997, 652 (657).

aufgrund der technischen Vorgaben ausgeschlossen, da alle zusätzlich angefügten Ziffern bzw. alphanumerischen Zeichen auf die Herstellung der Verbindung keinen Einfluss haben und damit nicht zur Abgrenzung genutzt werden können[646]. Wenn also beispielsweise die Vanity-Nummer 0800-MUELLER bereits vergeben ist, kann nicht zusätzlich die Vanity-Nummer 0800-MUELLER-GMBH von einem anderen Nummerninhaber genutzt werden. Um zu verhindern, dass daneben auch noch Rufnummern gesperrt werden, deren erste Zeichen denen eines geschützten Kennzeichens nur ähneln und anderen Namensinhabern damit keine brauchbaren Alternativen verbleiben, sind hohe Anforderungen für die Annahme einer Verwechslungsfähigkeit sinnvoll.

2. Wettbewerbsrecht

Im Wettbewerbsrecht sind mit Ausnahme der Behinderung die gleichen Fallgruppen zu prüfen wie bei der Verwendung des geschützten Kennzeichens selbst als Vanity-Nummer. Eine wettbewerbswidrige Behinderung scheidet jedoch aus, da der Nummerninhaber gerade nicht das geschützte Kennzeichen als Teilnehmerrufnummer wählt und dem Kennzeicheninhaber daher nicht die Möglichkeit genommen wird, sein Kennzeichen auch als Vanity-Nummer zu nutzen[647].

Dem Nummerninhaber kann aber unlauterer Kundenfang[648] durch Täuschung der Kunden und unzulässige Ausbeutung[649] vorgeworfen werden, indem er fremde Werbung ausnutzt oder einen fremden Ruf ausbeutet.

IV. Schutz generischer Bezeichnungen

Es ist nicht nur möglich, Unternehmens- oder Produktbezeichnungen als Vanity-Nummern zu nutzen; auch generische Begriffe erfreuen sich als Vanity-Nummern großer Beliebtheit[650]. Generische Bezeichnungen sind Ausdrücke mit einem beschreibenden Charakter. Die wichtigste Gruppe generischer Bezeichnungen sind die Gattungsbegriffe. Beide Ausdrücke werden häufig synonym verwendet, sind aber nicht vollständig deckungsgleich[651]. Als Gattungsbegriffe sollten nur solche Ausdrücke bezeichnet werden, die als Oberbegriff für ver-

---

646 *Jonas/Schmitz*, GRUR 2000, 183 (184).

647 Hoeren/Sieber-*Viefhues*, Kap. 6 Rn 202 zur vergleichbaren Situation bei Domänennamen.

648 Vgl. oben § 3 A. II. 3. b) aa) (Seite 58).

649 Vgl. oben § 3 A. II. 3. b) cc) (Seite 70).

650 Vgl. etwa Dial-A-Mattress Franchise Corp. v. Page, 880 F. 2d 675, 676 (2d Cir. 1989); *Demmel/Skrobotz*, MMR 1999, 74 (78).

651 Die Begriffsdefinition von *Fezer*, § 8 Rn 263, die zwischen Gattungsbegriffen im engeren und weiteren Sinne unterscheidet, ist wenig hilfreich und stellt zu sehr auf die markenrechtlichen Anforderungen ab.

schiedene andere Einzelsubjekte oder -objekte einer Gattung oder Art angesehen werden können[652]. So sind Adjektive etwa wegen ihres beschreibenden Charakters generische Bezeichnungen, aber keine Gattungsbegriffe, da sie nicht zur Verwendung als Oberbegriff geeignet sind.

Die Nutzung von generischen Bezeichnungen hat für kleinere Unternehmen den Vorteil, dass sie in Kontakt mit Interessenten treten können, denen das Unternehmen namentlich überhaupt nicht bekannt ist. Angesprochen werden so vor allem die Kundenkreise, denen es um die Ware oder die Dienstleistung geht, ohne dass der konkrete Anbieter eine ausschlaggebende Rolle spielt.

Für die Nutzung einer generischen Bezeichnung als Vanity-Nummer werden sich daher insbesondere Unternehmen ohne eine eigene bekannte Marke, die als Vanity-Nummer benutzt werden könnte, interessieren. Es können aber auch bekannte Anbieter mit einem hohen Marktanteil und eingeführten Marken von einer Vanity-Nummer mit beschreibender Bedeutung profitieren. Sie haben ebenfalls ein Interesse daran, in Kontakt zu den Interessenten zu treten, die sich nicht für die bekannte Marke, sondern das Produkt als solches interessieren. Außerdem kann der marktmächtige Anbieter durch den verstärkten Einsatz der Gattungsbezeichnung versuchen, den Kunden dahingehend zu beeinflussen, dass dieser das Produkt des einen Anbieters mit der Gattung insgesamt gleichsetzt[653]. Bei Eigennamen ist es gerechtfertigt, lediglich dem entsprechenden Namensinhaber ein besonderes Nutzungsrecht auch im Hinblick auf eine Verwendung als Vanity-Nummer zuzubilligen, und bei Phantasienamen kann dieses Vorrecht dem Schöpfer der Bezeichnung gewährt werden. Im Bereich der generischen Bezeichnungen existiert jedoch häufig weder eine abgrenzbare Zahl an Nutzungsberechtigten noch ein Schöpfer der Bezeichnung. Daher ergibt sich für die Nutzung von generischen Bezeichnungen als Vanity-Nummer eine andere Ausgangslage als bei Eigen- und Phantasienamen, was auch bei der rechtlichen Bewertung zu berücksichtigen ist.

1. Namensrecht

Zunächst kann die Zulässigkeit der Wahl und Nutzung einer beschreibenden Vanity-Nummer unter namensrechtlichen Gesichtspunkten untersucht werden. Das Namensrecht dient dem Schutz des Namens von Personen und Personengemeinschaften[654]. Eine Anwendbarkeit des § 12 BGB kommt daher nur in Betracht, wenn eine beschreibende Bezeichnung zugleich ein Name sein kann.

---

[652] Eine vergleichbare Definition legt vonSchultz-*vonSchultz*, § 8 Rn 64 zugrunde.

[653] Allerdings kann sich auch eine bekannte Marke zu einer Gattungsbezeichnung entwickeln, vgl. RGZ 73, 229 (232) – Vaseline.

[654] Vgl. oben § 3 A. II. 1. (Seite 17).

a) Generische Bezeichnungen als Namen

Kennzeichnend für einen Namens ist es, dass er als sprachliche Bezeichnung für eine individuelle Person oder Personengruppe genutzt wird, die durch ihren Namen von anderen unterschieden wird[655].

Eine generische Bezeichnung ist unter Berücksichtigung dieser Definition als Name grundsätzlich nicht geeignet, denn eine beschreibende Angabe ist regelmäßig nicht bloß für eine Person charakteristisch, sondern kann für eine Mehrzahl von Personen genutzt werden[656]. Generische Bezeichnungen dienen nicht der Unterscheidung einzelner Personen, häufig ist es gerade die Funktion einer beschreibenden Angabe, mehrere individuelle Personen unter einem gemeinsamen Oberbegriff zusammenzufassen, in dem etwa durch Gattungsbezeichnungen Gruppen von Personen gebildet werden, die dem gleichen Beruf nachgehen. Eignet sich eine generische Bezeichnung nicht als Name, unterliegt sie auch nicht dem Schutz des Namensrechts[657]. Dies führt dazu, dass ein Nummerninhaber, der eine beschreibende Bezeichnung als Vanity-Nummer nutzt, sich nicht der Gefahr aussetzt, wegen Verletzung fremder Namensrechte aus § 12 BGB in Anspruch genommen zu werden.

Dieses Ergebnis gilt jedoch nicht uneingeschränkt. So sind Fälle denkbar, bei denen eine Bezeichnung sowohl als Name mit Unterscheidungskraft als auch als beschreibende Angabe aufgefasst werden kann[658]. Möglich ist dies zum einen, wenn eine an sich generische Bezeichnung aufgrund der extremen Bekanntheit einer Person oder eines Unternehmens automatisch damit in Verbindung gebracht wird und aus diesem Grunde zur Unterscheidung geeignet ist. Zum anderen sind die Konstellationen erfasst, dass eine generische Bezeichnung von einer Person oder einem Unternehmen als Name genutzt wird, wobei die beschreibende Bedeutung in den Hintergrund tritt und teilweise gar nicht mehr wahrgenommen wird. Ein typisches Beispiel für diese Fallgruppe sind Nachnamen natürlicher Personen, die von Berufsbezeichnungen abgeleitet sind wie Schlosser, Müller oder Bauer.

In diesen Fällen stellt sich die Frage, ob die entsprechende Vanity-Nummer nur von einem Inhaber der Namensrechte oder auch von einer Person, welche die Rufnummer wegen der beschreibenden Bedeutung nutzen möchte, beansprucht werden kann[659].

---

655 Staudinger-*Weick/Habermann*, § 12 Rn 2; vgl. auch die Darstellung oben unter § 3 A. II. 1. a) aa) (Seite 18).

656 Soergel-*Heinrich*, § 12 Rn 158; *Brandl/Fallenböck*, wbl 1999, 481 (491).

657 OLG Hamm, BB 1967, 1101 – Balkan-Restaurant; OLG Hamm, BB 1972, 589 – Fundgrube.

658 *Abel*, WRP 2001, 1426 (1431).

659 Dieses Problem wurde bereits oben unter § 3 A. II. 1. a) cc) (3) (Seite 26) angesprochen.

b) Anwendbarkeit von § 12 BGB bei mehrdeutigen Begriffen

Vor der Diskussion der Frage, wer nach § 12 BGB einen Anspruch oder ein Recht auf die Vanity-Nummer haben könnte, ist darauf einzugehen, wann in Fällen der Mehrdeutigkeit, bei denen eine Nutzung sowohl als Name als auch als generische Bezeichnung in Betracht kommt, die namensrechtliche Vorschrift Anwendung findet. Bisher wurde lediglich festgestellt, dass § 12 BGB dann unanwendbar ist, wenn sich die Bezeichnung überhaupt nicht zur Unterscheidung und damit als Name eignet.

Ist eine Nutzung als Name und als beschreibende Bezeichnung vorstellbar, könnte danach unterschieden werden, worauf der Wille des Nutzers der Bezeichnung gerichtet ist. Dies widerspricht jedoch dem Grundsatz des Kennzeichenrechts, wonach es auf die Verkehrsauffassung und nicht den subjektiven Willen des Nutzers ankommt[660]. Eine andere Wertung würde dazu führen, dass der Verwender der Bezeichnung sich durch die bloße Behauptung, der Begriff solle beschreibend verstanden werden, der Anwendbarkeit des Namensrechts entziehen könnte. Es ist ohne Bedeutung, ob der Begriff tatsächlich oder nach dem Willen des Nutzers zur Bezeichnung der eigenen Person eingesetzt wird. Für die Anwendbarkeit des Namensrechts ist es ausreichend, dass die Möglichkeit besteht, dass ein Inhaber des Namens vom Publikum mit Einrichtungen oder Produkten in Verbindung gebracht wird, mit denen er nichts zu tun hat[661]. Wer die Vanity-Nummer 0700-MUELLER verwendet, kann sich daher nicht dem Anwendungsbereich des § 12 BGB mit dem Argument entziehen, die Rufnummer solle nur auf die Berufsgruppe der Müller verweisen. Es genügt die abstrakte Möglichkeit, dass ein Inhaber des Namens Müller mit der Rufnummer zu Unrecht in Verbindung gebracht wird, um den Anwendungsbereich von § 12 BGB zu eröffnen. Sobald eine Bezeichnung nicht ausschließlich als generische Bezeichnung angesehen werden kann, sondern auch als Name verwendet wird, fehlt es bei der Nutzung einer entsprechenden Vanity-Nummer daher nicht an dem Kriterium des namensmäßigen Gebrauchs[662].

c) Reichweite des namensrechtlichen Schutzes

Das Namensrecht gewährt jedem Namensinhaber bei namensmäßiger Verwendung seines Namens einen Abwehranspruch gegen Dritte, die den Namen unbe-

660 *Bücking*, NJW 1997, 1886 (1890) verweist in diesem Zusammenhang auf eine entsprechende Anwendung von §§ 133, 157 BGB.

661 BGH, NJW-RR 1991, 934 (935) mwN; LG Deggendorf, CR 2001, 266 (267).

662 Dies entspricht der Wertung oben unter § 3 A. II. 1. a) aa) (2) (Seite 20). Während bei 0700-MUELLER die namensrechtliche Zulässigkeit fraglich sein kann, erübrigt sich bei vielen Vanity-Nummern wie etwa 0700-MOLKEREI eine entsprechende Prüfung.

fugt nutzen[663]. Damit kann der Namensinhaber aktiv gegen die unbefugte Nutzung seines Namens vorgehen und sich etwa dagegen wehren, dass Dritte den Namen als Vanity-Nummer nutzen[664]. Ist der Namensinhaber selbst Inhaber der entsprechenden Vanity-Nummer, kann er sein Nutzungsrecht an der Rufnummer gegen Ansprüche Dritter unter Hinweis auf das ihm zustehende Namensrecht verteidigen. Die Vorschrift des § 12 BGB gewährt dem Namensinhaber damit aktive und passive Rechtsschutzmöglichkeiten[665].

Wer eine Bezeichnung aufgrund ihrer beschreibenden Bezeichnung nutzen möchte, kann sich nicht auf ein eigenes Nutzungsrecht berufen, sondern nur vortragen, dass für die Nutzung generischer Bezeichnungen kein besonderes Recht erforderlich ist, die Verwendung jedem möglich sein muss und nicht monopolisiert werden darf[666]. Daher steht demjenigen, der eine Vanity-Nummer wegen ihrer generischen Bezeichnungen nutzen möchte, kein Recht zu, aufgrund dessen er – wenn die gewünschte Rufnummer bereits anderweitig vergeben wurde – gegen den Nummerninhaber vorgehen könnte. Ist die Vanity-Nummer dagegen dem Nummerninhaber zugeteilt worden, der sie wegen ihrer generischen Bezeichnungen nutzen möchte, kann dieser sich gegen Ansprüche Dritter mit dem Hinweis auf die beschreibende Bedeutung der Bezeichnung verteidigen. Die Möglichkeit der Nutzung als generische Bezeichnung, die jedem offen steht, genügt als berechtigtes Interesse, die eine unbefugte Nutzung im Sinne von § 12 BGB ausschließen kann[667]. Zugunsten des Nutzers der generischen Bezeichnung bestehen also (nur) passive Rechtsschutzmöglichkeiten.

d) Interessenverletzung im Rechtsstreit

Kommt es zu Rechtsstreitigkeiten zwischen einem Namensinhaber und dem Nummerninhaber, der den Namen der anderen Partei wegen der beschreibenden Bedeutung als Vanity-Nummer nutzt, ist zu prüfen, wer die besseren Rechte an der Vanity-Nummer hat. Dabei ist nicht von einem grundsätzlichen Vorrang der Namensrechte vor dem Interesse an der Nutzung der generischen Bezeichnung im Sinne eines starren Stufensystems auszugehen, sondern es erfolgt eine Interessenabwägung für den konkreten Einzelfall[668].

Auszugehen ist dabei von dem Prioritätsprinzip, wonach grundsätzlich derjenige das bessere Recht an der Vanity-Nummer hat, der diese zuerst beantragt

---

663 Hk-BGB-*Dörner*, § 12 Rn 1.

664 Vgl. dazu bereits oben § 3 A. II. 1. c) (Seite 28).

665 *Demmel/Skrobotz*, MMR 1999, 75 (77/79) sprechen insoweit von offensiven und defensiven Schutzwirkungen des Namensrechts.

666 Soergel-*Heinrich*, § 12 Rn 146.

667 OGH, MR 1999, 237 (238) – sattler.at.

668 Ebenso bereits oben unter § 3 A. II. 1. b) cc) (3) (Seite 26).

hat[669]. Lediglich wenn die Verkehrsauffassung eine Bezeichnung wegen der Verkehrsgeltung einer Person zuordnet, kommt eine Ausnahme vom Prioritätsprinzip in Betracht. Assoziiert das Publikum eine Bezeichnung mit einer einzigen Person, ist es gerechtfertigt, dieser auch dann die Vanity-Nummer zuzubilligen, wenn sie nicht als erste den Antrag auf Zuteilung gestellt hat. Dieses Vorrecht gilt jedoch nur für den bekannten Namensinhaber, nicht auch im Verhältnis eines anderen Inhabers gleichen Namens gegenüber einem Nummerninhaber, der die Vanity-Nummer wegen der generischen Bezeichnung nutzt. Nicht jeder Namensinhaber soll von der Bekanntheit eines anderen Trägers des gleichen Namens profitieren[670].

Danach könnte sich der Inhaber der Vanity-Nummer 0700-BECKENBA(UER) nicht gegen die Ansprüche des gleichnamigen ehemaligen Fußballspielers mit dem Argument wehren, er sehe die Bezeichnung als Beschreibung seiner beruflichen Tätigkeit, des Bauens von Becken, an. Gegenüber jedem anderen Namensträger genügt dieses Argument aber zur Begründung eines berechtigten Interesses an der Rufnummer und es bleibt beim Prioritätsprinzip. Würde der Formel-1-Weltmeister Michael Schumacher wie der Beruf des Schuhmachers geschrieben, könnte sich der Sportler trotz seiner Bekanntheit nicht gegen eine Person, die den Beruf des Schumachers ausübt, durchsetzen[671]. Zwar ist der Sportler im Verhältnis zu jedem anderen Namensträger deutlich bekannter, was eine Bevorzugung rechtfertigen würde. Im Verhältnis des Sportlers gegenüber der gesamten Berufsgruppe der Schuhmacher könnte aber nicht gesagt werden, dass die Einzelperson deutlich bekannter ist als die gesamte Berufsgruppe[672].

2. Markenrecht

Neben dem Namensrecht kann wie bei den Eigen- und Phantasienamen das Markenrecht zur rechtlichen Beurteilung der Nutzung von generischen Bezeichnungen als Vanity-Nummern herangezogen werden. Während das Namensrecht ausschließlich in einer Norm, § 12 BGB, verankert ist, enthält das Markenrecht umfangreiche Vorschriften zur Schutzfähigkeit von Begriffen und zur Reichweite des markenrechtlichen Schutzes, die teilweise unmittelbar und teilweise analog Anwendung finden könnten.

---

669 *Höhne*, MR 1999, 239 für einen vergleichbaren Fall im Bereich der Domänennamen.

670 Der unbekannte Namensinhaber würde sich ansonsten auch seinerseits den Ansprüchen des bekannten Namensinhabers aussetzen, wenn er sich gegen den bisherigen Nummerinhaber durchsetzt; vgl. dazu LG Bochum, Urt. v. 05.04.2001, AZ: 12 O 10/01.

671 Vgl. aber *Heindl*, Rechtsfragen im Internet, abrufbar im Internet unter http://www.heindl.de/eduard-heindl/rechtsfragen-im-internet.html (Stand: 15.07.2004)

672 Letztlich werden damit die Bekanntheit des Namensträgers und der generischen Bezeichnungen miteinander verglichen.

a) Schutzfähigkeit generischer Bezeichnungen

Zunächst ist zu untersuchen, ob eine generische Bezeichnung markenrechtlichen Schutz genießen kann, da ein Nummerninhaber in diesem Fall vor der Nutzung der generischen Bezeichnung als Vanity-Nummer prüfen muss, ob keine Markenrechtsverletzung vorliegt.

aa) Markenfähigkeit

Ausgangspunkt für die Frage, ob ein Begriff als Marke kennzeichenrechtlichen Schutz genießen kann, ist die Markenfähigkeit nach § 3 MarkenG[673]. Die Vorschrift verlangt für die Markenfähigkeit das Bestehen einer abstrakten Unterscheidungskraft[674].

Dazu ist es erforderlich und ausreichend, wenn das Zeichen in einem beliebigen, theoretisch vorstellbaren Fall zur Unterscheidung von Waren oder Dienstleistungen eines Unternehmens gegenüber denen anderer Unternehmen geeignet ist[675]. An die abstrakte Unterscheidungskraft werden nur geringe Anforderungen gestellt[676]. Ausschließlich Wörtern wie „ideal" oder „super" kommt nicht einmal eine abstrakte Unterscheidungskraft zu[677]; selbst das Wort „turbo" wurde dagegen als abstrakt unterscheidungskräftig angesehen[678]. Die meisten beschreibenden Bezeichnungen eignen sich lediglich für wenige Bereiche nicht zur Unterscheidung von Produkten eines Unternehmens von denen anderer[679]. Da aber bereits ein beliebiger Fall zur Bejahung der abstrakten Unterscheidungskraft genügt, scheitert die Schutzfähigkeit generischer Bezeichnungen nicht an diesem Kriterium[680].

---

673 *Junker/Benecke*, Rn 143.

674 *Ingerl/Rohnke*, § 3 Rn 9. Die abstrakte Unterscheidungskraft ist ein wesentliches Kriterium der Markenfähigkeit, daneben bestehen weitere Voraussetzungen, die aber im Zusammenhang mit generischen Bezeichnung ohne Belang sind, vgl. zu den Anforderungen an Selbständigkeit, Einheitlichkeit und Darstellbarkeit *Fezer*, § 3 Rn 197.

675 BPatG, GRUR 1999, 572 (573) – Zahl 9000; *Junker/Benecke*, Rn 144; *Hubmann/Götting*, §38 Rn 4.

676 *Fezer*, FS-Piper 1996, 525 (528); *Meyer*, GRUR 2001, 204 (205).

677 *Fezer*, § 3 Rn 209.

678 BGH, GRUR 1995, 408 (410) – turbo.

679 So ist die Bezeichnung „Windows" für Fenster nicht unterscheidungskräftig, wohl aber für Computersoftware; *Meyer*, GRUR 2001, 204 (205) zu weiteren Beispielen aus dem Bereich der Neuen Medien.

680 *Fezer*, § 3 Rn 242; anders nach der Geltung des WZG, dazu *Baumbach/Hefermehl*, Warenzeichenrecht, § 1 WZG Rn 63.

bb) Absolute Schutzhindernisse

Neben der Markenfähigkeit ist es für den Schutz einer Bezeichnung als Marke weiter erforderlich, dass keine absoluten Schutzhindernisse vorliegen[681]. Die absoluten Schutzhindernisse sind abschließend in § 8 II MarkenG aufgeführt[682]. Erstes Schutzhindernis ist das Fehlen jeglicher konkreter Unterscheidungskraft gem. § 8 II Nr. 1 MarkenG. Anders als bei der Prüfung der Markenfähigkeit ist im Rahmen der konkreten Unterscheidungskraft maßgeblich, ob ein Zeichen auch für den Bereich, in dem es eingesetzt werden soll, unterscheidungskräftig ist[683]. Nur wenn dies angenommen werden kann, ist ein markenrechtlicher Schutz möglich. Das Freihaltebedürfnis gem. § 8 II Nr. 2 MarkenG ist nach dem Fehlen der konkreten Unterscheidungskraft ein weiteres absolutes Schutzrecht von großer Bedeutung[684]. Ein Freihaltebedürfnis liegt vor, wenn im Interesse der Mitbewerber einer Monopolisierung des Zeichens entgegengetreten werden muss[685]. Fehlende Unterscheidungskraft und Freihaltebedürfnis sind grundsätzlich unabhängige Prüfungspunkte, die in der Praxis aber regelmäßig zusammenfallen[686]. Zwischen beiden Schutzhindernissen besteht eine Wechselwirkung: Je größer das Freihaltebedürfnis ist, desto höher muss die konkrete Unterscheidungskraft sein[687].

Gerade Gattungsbegriffe dienen ihrer Natur nach dazu, eine gesamte Produktgattung unabhängig vom Hersteller eines Produkts zu bezeichnen, so dass es ihnen bei Verwendung innerhalb des typischen Anwendungsbereichs an einer konkreten Unterscheidungskraft im Sinne von § 8 II Nr. 1 MarkenG fehlt[688]. Außerdem sind alle Hersteller und Anbieter darauf angewiesen, ihre Produkte durch die Verwendung generischer Begriffe zu beschreiben und zu kennzeichnen, so dass bereits aus diesem Grund eine Monopolisierung solcher Bezeichnungen zugunsten Einzelner verhindert werden muss[689]. Daher ist bei generischen Begriffen von einem Freihaltebedürfnis auszugehen. Aufgrund dieser beiden Schutzhindernisse können daher generische Bezeichnungen, egal ob Gat-

---

681 vonSchultz-*vonSchultz*, § 8 Rn 1.

682 BGH, WRP 2000, 95 (97) – Fünfer.

683 BGH, WRP 2002, 1073 (1074) – Bonus II; *Fezer*, FS-Piper 1996, 525 (528).

684 *Ensthaler*, Teil G 2.6 (S. 287).

685 BGH, GRUR 1997, 530 (531) – Rohrreiniger.

686 *Fezer*, § 8 Rn 30.

687 BPatG, GRUR 1996, 131 (133) – Fernettchen; BGH, GRUR 1991, 136 (137) – New Man; auch bereits BGH, GRUR 1969, 345 (347).

688 Ebenso *Fezer*, § 8 Rn 257; obwohl danach § 8 II Nr. 3 MarkenG speziell für Gattungsbegriffe anwendbar sein soll.

689 vonSchultz-*vonSchultz*, § 8 Rn 52.

tungsbegriffe oder andere beschreibende Angaben, grundsätzlich nicht als eingetragene Marken geschützt werden[690].

Allerdings sieht die Bestimmung des § 8 III MarkenG vor, dass die dort aufgeführten Schutzhindernisse, unter anderem die konkrete Unterscheidungskraft und das Freihaltebedürfnis, durch eine Verkehrsdurchsetzung überwunden werden können[691]. Dazu ist ein besonders hoher Bekanntheits- und Durchsetzungsgrad erforderlich[692]. Ein Großteil des angesprochenen Verkehrskreises muss die Bezeichnung mit dem Nutzer assoziieren, wobei ein einheitlicher Mindestprozentsatz nicht existiert[693]. Als Untergrenze für die Verkehrsdurchsetzung wurde in der Vergangenheit häufig ein Bekanntheitsgrad von 50 % angesehen[694]. Liegt diese Voraussetzung vor, ist ausnahmsweise der markenrechtliche Schutz für generische Bezeichnungen möglich, jedoch beschränkt auf die Bereiche oder Branchen, in denen die Verkehrsdurchsetzung besteht.

Die absoluten Schutzhindernisse gelten unmittelbar nur für eingetragene Marken im Sinne von § 4 Nr. 1 MarkenG und werden daher auch als Eintragungshindernisse bezeichnet[695]. Liegt ein absolutes Schutzhindernis vor, hat das Deutsche Patent- und Markenamt (DPMA) die Eintragung in das Markenregister gem. § 37 I MarkenG zurückzuweisen[696]. Erfolgt trotz der fehlenden Eintragungsfähigkeit die Eintragung, wird durch diese dennoch der markenrechtliche Schutz begründet. In einem gerichtlichen oder außergerichtlichen Verletzungsverfahren ist das Vorbringen, dass die Marke nicht hätte eingetragen werden dürfen, unbeachtlich[697]. Möchte der Betroffene gegen die Eintragung vorgehen, so muss ein gesondertes Löschungsverfahren betrieben werden[698].

Für Marken, die aufgrund ihrer Verkehrsgeltung gem. § 4 Nr. 2 MarkenG Schutz genießen, und geschäftliche Bezeichnungen im Sinne von § 5 MarkenG

---

690 Daneben ist häufig noch § 8 II Nr. 3 MarkenG einschlägig, dem jedoch kaum ein eigener Anwendungsbereich bleibt, da die meisten Fälle bereits durch § 8 II Nr. 1 und Nr. 2 MarkenG abgedeckt sind, vgl. dazu *Ingerl/Rohnke*, § 8 Rn 277; vonSchultz-*vonSchultz*, § 8 Rn 99.

691 *Berlit*, Rn 28; vonSchultz-*vonSchultz*, § 8 Rn 132.

692 Vgl. dazu ausführlicher EuGH, GRUR 1999, 723 (727) – Chiemsee.

693 *Ingerl/Rohnke*, § 8 Rn 336.

694 BGH, GRUR 1991, 609 (610) – SL; dazu auch BGH, GRUR 1990, 360 (361) – Apropos Film II; kritisch *Ingerl/Rohnke*, § 8 Rn 336. Nach der Entscheidung des EuGH, GRUR 1999, 723 (727) – Chiemsee wurde eine Änderung der Kriterien erwartet; vgl. dazu *Fezer*, § 8 Rn 430; vonSchultz-*vonSchultz*, § 8 Rn 145; der BGH, GRUR 2001, 1042 (1043) – REICH UND SCHOEN hält aber im Ergebnis an seiner Rechtsprechung fest.

695 *Ingerl/Rohnke*, § 8 Rn 1.

696 Dazu *Fezer*, § 37 Rn 5.

697 OLG Hamm, Urt. v. 15.05.2001, AZ: 4 U 33/01; *Ingerl/Rohnke*, § 8 Rn 23 sowie § 14 Rn 340.

698 *Berlit*, Rn 56; vgl. etwa DPMA, Beschluss v. 08.07.2002, AZ: S 37/01 Lösch – Explorer; ausführlicher dazu *Meyer*, Informatik 2001, 1037 (1041).

ist keine Prüfung der abstrakten Schutzhindernisse vorgesehen. Bei der Untersuchung der Schutzfähigkeit wird statt dessen allgemein auf das Merkmal der Verkehrsgeltung bzw. Kennzeichnungskraft abgestellt. Die absoluten Schutzhindernisse der fehlenden konkreten Unterscheidungskraft und des Freihaltebedürfnisses begründen dann einen Mangel der Verkehrsgeltung[699] bzw. Kennzeichnungskraft[700], was im Ergebnis ebenfalls zur Versagung des markenrechtlichen Schutzes führt[701].

cc) Zwischenergebnis

Damit genießen generische Bezeichnungen mit Ausnahme von Begriffen, die eine Verkehrsdurchsetzung erworben haben oder irrtümlich eingetragen wurden, keinen markenrechtlichen Schutz, weder als Marke noch als geschäftliche Bezeichnung. Dieses Ergebnis stimmt mit der Wertung des Namensrechts gem. § 12 BGB überein. Wer eine generische Bezeichnung als Vanity-Nummer nutzt, muss daher im Regelfall nicht befürchten, wegen einer Namens- oder Markenrechtsverletzung in Anspruch genommen zu werden[702].

b) Problem der Mehrdeutigkeit

Ausnahmen von dem Grundsatz, dass der Nutzer einer generischen Bezeichnung keine kennzeichenrechtlichen Ansprüche befürchten muss, ergeben sich dann, wenn die genutzte Bezeichnung nicht nur als beschreibende Angabe, sondern auch als Kennzeichen, das auf Produkte eines Herstellers oder das Unternehmen selbst verweisen soll, eingesetzt wird. Das Problem, dass ein Begriff mehrdeutig ist und sowohl als generische Angabe wie auch als geschütztes Kennzeichen genutzt werden kann, besteht sowohl im Namensrecht als auch im Markenrecht[703]. Im Namensrecht führt vor allem die Tatsache, dass der bürgerliche Name nicht frei wählbar ist, im Ergebnis dazu, dass teilweise eine generische Bezeichnung als Name geführt werden muss und sich so eine Mehrdeutigkeit ergibt. Marken sind dagegen anders als Namen frei wählbar. Das Problem der Mehrdeutigkeit besteht in diesem Bereich dadurch, dass Marken, abgesehen von Fällen überragender Bekanntheit, immer nur für bestimmte Produktklassen geschützt sind[704]. Es ist daher denkbar, dass eine Bezeichnung in bestimmten Branchen oder für einzelne Betätigungsbereiche markenrechtlichen Schutz genießt, auf anderen Gebieten dagegen nur eine beschreibende Bedeutung hat und dort somit schutz-

[699] *Fezer*, § 4 Rn 99 zu Verkehrsgeltungshindernissen.
[700] Dazu *Fezer*, § 15 Rn 41 mwN.
[701] *Ingerl/Rohnke*, § 5 Rn 52.
[702] Vgl. Catalog Age, October 1998, 7 zur vergleichbaren Situation in den USA.
[703] Vgl. zur Problematik im Namensrecht oben § 3 A. IV. 1. a) (Seite 105).
[704] *Fezer*, § 14 Rn 333.

unfähig ist[705]. Zur Verdeutlichung sollen die nachfolgenden Beispiele „Webspace“[706] und „Premiere“[707] dienen.

Der Begriff „Webspace“ ist ausschließlich für den Bereich der Internet-Dienstleistungen von beschreibender Natur und bezeichnet dort die Überlassung von Speicherplatz im Internet[708]. Für alle anderen Branchen ist die Bezeichnung nicht beschreibender Art und hinreichend unterscheidungskräftig, so dass ein Unternehmen sie sich als Marke schützen lassen könnte. Vor diesem Hintergrund stellt sich die Frage, wie ein Streit um die Vanity-Nummer 0700-WEBSPACE zu beurteilen wäre, wenn ein Anbieter von Internet-Speicherplatz etwa einem Verkäufer von Weberei-Produkten gegenübersteht, der seine Produkte unter dieser für ihn geschützten Marke anbietet.

Weiter sind auch Fälle denkbar, in denen ein Kennzeichen allgemein beschreibender Art ist, dieses aber dennoch für eine Branche von einem Unternehmen als Herkunftsangabe genutzt wird. Die Schutzunfähigkeit mangels ausreichender Unterscheidungskraft oder wegen Bestehen eines Freihaltebedürfnisses kann durch den Erwerb von Verkehrsdurchsetzung überwunden werden[709]. So ist die Bezeichnung „Premiere“ für einen Fernsehkanal zwar als generisch eingestuft worden, wegen der Verkehrsdurchsetzung des Begriffs für Fernsehübertragungen eines Anbieters ist das Wort auf diesem Gebiet aber dennoch kennzeichenrechtlich geschützt und kann nicht von jedermann als generische Bezeichnung frei genutzt werden[710]. Solange die Grenze zur bekannten Marke im Sinne von § 14 II Nr. 2 MarkenG[711], für die höhere Anforderungen als bei der Verkehrsdurchsetzung bestehen[712], nicht überschritten ist, bleibt die Schutzfähigkeit auch aufgrund von Verkehrsdurchsetzung aber auf den Bereich der betroffenen Produktkategorie beschränkt[713]. Ausgehend von diesen Grundsätzen ist zu prüfen, ob der Fernsehsender sich bezüglich der Vanity-Nummer 0700-PREMIERE aufgrund seines Markenrechts kraft Verkehrsdurchsetzung gegen den Nummerninhaber durchsetzen kann, wenn dieser die Rufnummer unter Hinweis auf den beschreibenden Charakter des Wortes „Premiere“ nutzt.

---

705 Hasselblatt-*Raab*, § 32 Rn 200.

706 Beispiel nach *Meyer*, GRUR 2001, 204 (205).

707 BPatGE 36, 126 – Premiere I.

708 *Meyer*, GRUR 2001, 204 (205).

709 Vgl. dazu zuvor unter § 3 A. IV. 2. a) bb) (Seite 111).

710 BPatGE 36, 126 (129) – Premiere I.

711 Bekannte Marken, die in allen Produktsegmente geschützt werden, sind etwa Mercedes, vgl. OLG Frankfurt, GRUR 1992, 445 – Wiederholungszeichen und Adidas, vgl. OLG München, MittDPatAnw 1982, 198. Seit Inkrafttreten des MarkenG sind die Anforderungen zu einem produktklassenunabhängigen Schutz noch gesunken, vgl. dazu *Ingerl/Rohnke*, § 14 Rn 788 mwN.

712 *Ingerl/Rohnke*, § 14 Rn 790 zur Abgrenzung von Bekanntheit und Verkehrdurchsetzung.

713 BPatG, GRUR 1996, 494 (495) – Premiere III; vonSchultz-*vonSchultz*, § 8 Rn 140.

Zur Lösung der aufgezeigten Konflikte kann zum einen auf die allgemeinen markenrechtlichen Ansprüche aus §§ 14, 15 MarkenG zurückgegriffen werden, zum anderen kann möglicherweise die Regelung des § 23 Nr. 2 MarkenG herangezogen werden.

aa) Lösung über die Verwechslungsgefahr

Bei allen Konstellationen, bei denen ein Kennzeicheninhaber gegen einen Dritten wegen einer Markenrechtsverletzung vorgehen möchte, sind zunächst Ansprüche aus §§ 14, 15 MarkenG zu prüfen. Dabei ist nach Feststellung der Nutzung eines Kennzeichens im geschäftlichen Verkehr auf die Verwechslungsgefahr einzugehen, die neben der Zeichenähnlichkeit auch von der Waren- und Dienstleistungsähnlichkeit abhängt, wobei zu beachten ist, dass in eindimensionalen Namensräumen wie bei Domänennamen oder Vanity-Nummern, bei denen ein Begriff trotz verschiedener Produktklassen wegen technischer Vorgaben nur von einer Person verwendet werden kann, die Waren- und Dienstleistungsähnlichkeit nur eine untergeordnete Bedeutung hat[714]. Aufgrund der fehlenden Ausweichmöglichkeiten bei der Bildung von Rufnummern und der geringen Bedeutung der Waren- und Dienstleistungsähnlichkeit wird regelmäßig von einer Kennzeichenkollision auszugehen sein, bei der zu entscheiden ist, wer sich auf das stärkere Recht zur Nutzung der streitgegenständlichen Vanity-Nummer berufen kann.

Der Inhaber der geschützten Marke kann sich auf sein Kennzeichenrecht an der Bezeichnung berufen. Der Nummerninhaber, welcher die Rufnummer wegen ihrer beschreibenden Bedeutung benutzen möchte, kann sich dagegen nicht auf ein eigenes Kennzeichenrecht berufen. Allerdings nutzt der Nummerninhaber auch nicht ohne jegliche eigene Berechtigung die Vanity-Nummer, sondern kann sich auf das allgemeine Interesse an der freien Nutzung generischer Bezeichnungen stützen[715].

(1) Gleichwertigkeit von Marken und generischen Bezeichnungen

Fraglich ist, welchen Stellenwert dieses Interesse der freien Nutzung generischer Bezeichnungen hat. Es könnte dem Recht des Kennzeicheninhabers an einer geschützten Marke oder geschäftlichen Bezeichnung gleichgestellt sein. Dies entspräche dem im Namensrecht gefundenen Ergebnis[716]. Danach würde bei Fällen, bei denen sich eine Seite auf ein eigenes Markenrecht und die andere Seite auf die freie Benutzung von generischen Bezeichnungen beruft, das Prioritätsprinzip

[714] Vgl. oben § 3 A. II. 2. c) aa) (4) (Seite 45).
[715] Vgl. oben § 3 A. IV. 2. a) bb) (Seite 110).
[716] Vgl. oben § 3 A. IV. 1. d) (Seite 107).

zur Anwendung kommen, wonach derjenige, der zuerst die Vanity-Nummer zugesprochen bekommen hat, diese auch weiterhin nutzen dürfte. Der Markeninhaber könnte dann nicht mit Aussicht auf Erfolg gegen den Nummerninhaber vorgehen. Wer Speicherplatz im Internet anbietet, könnte also weiterhin die Rufnummer 0700-WEBSPACE nutzen und wer über Theaterpremieren informiert, bliebe unter 0700-PREMIERE erreichbar. Etwas anderes gilt nur ausnahmsweise bei bekannten Marken, die umfassender geschützt werden. Dieser umfassendere Schutz gebietet es, in solchen Fällen die Vanity-Nummer dem Inhaber der bekannten Marke zuzusprechen, auch wenn der ursprüngliche Nummerninhaber die Rufnummer zuerst zugeteilt bekommen hat und sie bisher als generische Bezeichnung genutzt hat. Die bloße Erlangung von Verkehrsgeltung oder Verkehrsdurchsetzung genügt dazu jedoch nicht, da diese Kriterien erst dazu erforderlich sind, einen markenrechtlichen Schutz von nicht eingetragenen bzw. an sich schutzunfähigen Kennzeichen zu ermöglichen[717].

Unter Billigkeitsgesichtspunkten und bei Berücksichtigung der zur Etablierung eines Kennzeichens aufgewendeten Mittel ergeben sich keine Bedenken gegen die Gleichstellung des Interesses an der freien Nutzung generischen Bezeichnungen mit den Rechten an einem geschützten Kennzeichen. Es kann nicht damit argumentiert werden, dass die Etablierung einer Marke, insbesondere wenn sie zur Erlangung von Verkehrsdurchsetzung im markenrechtlichen Sinne mit großem Aufwand – auch finanzieller Art – verbunden war, nicht ausreichend gewürdigt und berücksichtigt wird, wenn der Kennzeicheninhaber sein Kennzeichen aufgrund des Prioritätsprinzips nicht auch als Vanity-Nummer nutzen kann, weil ein Dritter die entsprechende Rufnummer als generische Bezeichnung verwendet. Da im Markenrecht das Kennzeichen frei wählbar ist, hätte der Kennzeicheninhaber zur Vermeidung dieses Risikos eine andere, phantasievollere Bezeichnung wählen können, die keine oder eine nicht so starke beschreibende Bedeutung aufweist. Entscheidet sich der Markeninhaber bewusst für eine Bezeichnung mit beschreibendem Charakter, muss er die Einschränkungen in Kauf nehmen, die sich daraus ergeben, dass andere Personen ein berechtigtes Interesse an der Nutzung der generischen Bezeichnung haben[718].

(2) Vorrang des Kennzeichenrechts

Die Tatsache, dass die fehlende konkrete Unterscheidungskraft und das Freihaltebedürfnis generischer Bezeichnungen durch die Erlangung von Verkehrsdurchsetzung überwunden werden können, spricht gegen eine Gleichstellung der Kennzeichenrechte mit dem Interesse an der freien Nutzung generischer Be-

---

717 *Rößler*, GRUR 1994, 559 (562); a.A. für die Verkehrsgeltung *Ingerl/Rohnke*, § 14 Rn 791, wonach die Schwellen für die Verkehrsgeltung und die Bekanntheit zusammenfallen können.

718 Vgl. auch *Ingerl/Rohnke*, § 14 Rn 344.

zeichnungen. Das Markengesetz erkennt zwar durch Statuierung der absoluten Schutzhindernisse des § 8 II MarkenG die Notwendigkeit der freien Nutzbarkeit generischer Bezeichnungen an, sieht aber gleichzeitig den Vorrang des Markenrechts im Falle von Verkehrsdurchsetzung vor, welche die absoluten Schutzhindernisse überwindet.

Zugunsten der stärkeren Rechtsposition der Markenrechte kann weiter angeführt werden, dass das Interesse an der freien Nutzung generischer Bezeichnungen zwar rechtlich in § 8 II Nr. 1, 2 MarkenG verankert ist, dadurch aber kein aktiver Schutz durch eigene Nutzungsrechte gewährt wird. Nur der Inhaber eines Markenrechts kann sich auf eigene Abwehransprüche stützen und gegen den Nutzer einer beschreibenden Bezeichnung vorgehen; umgekehrt ist dies nicht möglich[719].

Sieht man das Markenrecht prinzipiell als die stärkere Rechtsposition gegenüber dem Interesse an der freien Nutzung generischer Bezeichnungen an, könnte ein Kennzeicheninhaber, auch wenn es sich nicht um eine bekannte Marke handelt, grundsätzlich gegen jeden Nummerninhaber vorgehen, der für die Vanity-Nummer eine verwechslungsfähige Bezeichnung als beschreibende Angabe nutzt. Der Anbieter von Webspace würde seine Rufnummer an das Textilunternehmen verlieren und der Fernsehsender würde sich gegen die Theaterinformationen durchsetzen.

Eine derart weitgehende Privilegierung der Markeninhaber würde allerdings die Nutzung generischer Bezeichnung als Vanity-Nummer nahezu unmöglich machen. Der Nutzer einer generischen Bezeichnung müsste jederzeit fürchten, dass ein – möglicherweise unbekanntes – Unternehmen unter Hinweis auf seine Markenrechte die bisherige Nutzung durch den Nummerninhaber unterbindet. Eine grundsätzliche Privilegierung der Inhaber geschützter Kennzeichen kommt nur dann in Betracht, wenn durch andere Vorschriften das Interesse an der freien Nutzung generischer Bezeichnungen bereits ausreichend berücksichtigt wird. Diese Aufgabe kann weder durch § 8 II Nr. 2 MarkenG, der lediglich die Schutzunfähigkeit bestimmt, noch im Rahmen der allgemeinen Interessenabwägung gelöst werden, vielmehr ist vor diesem Hintergrund die Regelung des § 23 Nr. 2 MarkenG zu sehen[720].

bb) Freie Benutzung gem. § 23 Nr. 2 MarkenG

Die Vorschrift des § 23 Nr. 2 MarkenG sieht vor, dass ein Kennzeicheninhaber einem Dritten trotz seines Kennzeichenrechts nicht die Nutzung einer Bezeichnung als beschreibende Angabe verbieten darf[721]. Diese Gestattung der Nutzung

---

719 Vgl. zur ähnlichen Situation im Namensrecht oben § 3 A. IV. 1. c) (Seite 107).

720 BGH, WRP 1997, 758 (761) – Turbo II; *Ingerl/Rohnke*, § 14 Rn 345; *Raßmann*, GRUR 1999, 384.

721 *von Schultz*, GRUR 1997, 408 (412); vonSchultz-*vonSchultz*, § 23 Rn 14.

generischer Bezeichnungen wird als Flankenschutz des Freihaltebedürfnisses angesehen[722]. Sie beruht wie das Freihaltebedürfnis auf dem Grundgedanken, dass generische Bezeichnungen von jedem frei genutzt werden können und nicht monopolisiert werden dürfen[723].

(1) Anwendungsbereich

Innerhalb des Markenrechts kommt § 23 Nr. 2 MarkenG nur zur Anwendung, wenn überhaupt ein Verletzungstatbestand nach §§ 14, 15 oder 17 MarkenG verwirklicht wurde[724]. Zunächst ist also zu prüfen, ob der Kennzeicheninhaber nach den zuvor genannten Normen grundsätzlich gegen den Nutzer der Bezeichnung vorgehen kann. Erst wenn diese Voraussetzung erfüllt ist, kann geprüft werden, ob ausnahmsweise aufgrund des § 23 Nr. 2 MarkenG die Nutzung als beschreibende Angabe nicht untersagt werden kann[725].

Würden Markenrechte und das Interesse an der freien Benutzung generischer Bezeichnungen gleichgestellt, bliebe für die Regelung des § 23 Nr. 2 MarkenG kein Raum, da es schon an einer Verletzungshandlung nach §§ 14, 15 MarkenG fehlen würde und daher § 23 Nr. 2 MarkenG nicht zur Anwendung kommen könnte.

Nur wenn das Markenrecht als stärkeres Recht im Verhältnis zum Interesse an der freien Nutzung generischer Zeichen angesehen wird, können die Rechtsstreitigkeiten um die Nutzung einer mehrdeutigen Vanity-Nummer durch Rückgriff auf § 23 Nr. 2 MarkenG gelöst werden, sofern die Vorschrift für diesen Bereich anwendbar ist. Wie zuvor ausgeführt soll durch die Vorschrift eine Monopolisierung von generischen Bezeichnungen verhindert werden[726]. Der Regelung liegt die Vorstellung zugrunde, dass neben dem Inhaber des Kennzeichenrechts noch Dritte die Bezeichnung als generische Bezeichnung verwenden können. Als Vanity-Nummer kann die Bezeichnung jedoch nur entweder vom Kennzeicheninhaber oder von einem Dritten genutzt werden. Eine so weitgehende Gestattung mit Exklusivwirkung auch gegenüber den Kennzeicheninhaber wird von § 23 MarkenG möglicherweise nicht mehr gedeckt. Aus dem Wortlaut der Vorschrift ergibt sich keine entsprechende Einschränkung; für eine solche besteht auch kein Bedürfnis, da unbillige Ergebnisse durch die vorgesehene Lauterkeitsprüfung verhindert werden können. Damit ist bei jeder Nutzung eines geschützten Kennzeichens, das aber im konkreten Fall als generische Bezeichnung

---

722 OLG Frankfurt, GRUR 2000, 905 – Schaftol / Schaftöl; *Ingerl/Rohnke*, § 23 Rn 37.
723 *Ingerl/Rohnke*, § 23 Rn 4; *Fezer*, § 23 Rn 5.
724 BGHZ 139, 59 (63) – Fläminger; vonSchultz-*Stuckel*, § 23 Rn 2; *Ingerl/Rohnke*, § 23 Rn 1.
725 BGH, GRUR 1999, 992 (994) – Big Pack.
726 Vgl. oben § 3 A. IV. 2. b) bb) (Seite 117).

genutzt wird, der Tatbestand der §§ 14, 15 MarkenG erfüllt; es besteht aber die Möglichkeit einer Gestattung § 23 Nr. 2 MarkenG.

(2) Sittenwidrigkeit als Grenze des § 23 MarkenG

Trotz Vorliegen eines markenrechtlichen Verletzungstatbestandes gestattet § 23 Nr. 2 MarkenG die Nutzung einer kennzeichenrechtlichen geschützten Bezeichnung durch Dritte, solange die Nutzung nicht gegen die guten Sitten verstößt.

Die Benutzung der Bezeichnung muss im Einklang mit den Grundsätzen des lauteren Wettbewerbs stehen, wozu zunächst auf die Grundsätze des § 3 UWG zurückgegriffen werden kann[727]. Für eine identische Auslegung sprechen der ähnliche Wortlaut und die Tatsache, dass bei einer einheitlichen Auslegung keine Differenzen zwischen der wettbewerbsrechtlichen und markenrechtlichen Beurteilung eines Sachverhaltes entstehen[728]. Allerdings ist zu beachten, dass das Markengesetz anders als das UWG auf einer europäischen Richtlinie[729] beruht und daher eine richtlinienkonforme Auslegung zu erfolgen hat[730]. Die Markenrechtsrichtlinie spricht von den anständigen Gepflogenheiten in Gewerbe oder Handel[731]. Damit ist dieser Begriff der Ausgangspunkt für die Auslegung des Unlauterkeitsvorbehalts des § 23 MarkenG[732]. Die Verbote des nationalen Wettbewerbsrechts sind ein Teil der zu beachtenden Unlauterkeitsschranken, insgesamt ist der Anwendungsbereich des markenrechtlichen Unlauterkeitsvorbehalts jedoch weiter gefasst[733].

Letztlich läuft die Prüfung des Unlauterkeitsvorbehalts auf eine allgemeine Interessenabwägung hinaus, bei der das Interesse des Markeninhabers an dem Schutz seiner Marke und das Interesse an der freien Nutzung einer generischen Bezeichnung gegeneinander abzuwägen sind[734]. Dabei darf jedoch die Grundentscheidung zugunsten der freien Nutzung, also die Wertung, dass lediglich

---

727 *Fezer*, WRP 1996, 973 (976); Begründung zum Entwurf eines Markenrechtsreformgesetzes, BT-Drucks. 12/6581, S. 80.

728 BPatG, GRUR 1996, 284 (285) – Fläminger, wobei auch das BPatG nicht von einem identischen Schutzumfang ausgeht.

729 Erste Richtlinie des Rates zur Angleichung der Rechtsvorschriften der Mitgliedsstaaten über die Marken (89/104/EWG) vom 21. Dezember 1988 – Markenrechtsrichtlinie (MRRL), ABl. EG L 40.

730 vonSchultz-*Stuckel*, § 23 Rn 30; *Ingerl/Rohnke*, § 23 Rn 11; *Berlit*, Rn 316.

731 Art. 6 I MRRL.

732 *Fezer*, § 23 Rn 14.

733 *Ingerl/Rohnke*, § 23 Rn 11.

734 *Fezer*, WRP 1996, 973 (976); *Fezer*, §23 Rn 16; so wohl auch BGH, GRUR 1999, 992 (994) – Big Pack; *Raßmann*, GRUR 1999, 384 (389) möchte bei der Lauterkeitsprüfung verschiedene Fallgruppen bilden.

einzelne Fälle der Nutzung, etwa die missbräuchliche Verwendung, ausgeschlossen werden sollen, nicht aus den Augen verloren werden[735].

In diesem Zusammenhang ist zu prüfen, ob die generische Verwendung nicht zu nah an die Nutzung durch den Inhaber der Markenrechte heranreicht. Die bloße Nähe und Verwechslungsfähigkeit führt aber alleine noch nicht zur Sittenwidrigkeit, sonst brächte die Gestattung des § 23 MarkenG gegenüber der Regelung der §§ 14, 15 MarkenG für den Nutzer einer generischen Bezeichnung keine Vorteile[736]. Es müssen weitere Umstände hinzukommen, um eine Bewertung als sittenwidriges Verhalten zu rechtfertigen[737]. Während bei der Prüfung der Verwechslungsgefahr im Rahmen der §§ 14, 15 MarkenG ausschließlich der objektive Tatbestand von Bedeutung ist, können bei der umfassenden Interessenabwägung im Rahmen des § 23 MarkenG auch subjektive Komponenten berücksichtigt werden. So begründet etwa eine bewusste und zielgerichtete Annäherung an geschützte Kennzeichen die Unlauterkeit[738]. Dies entspricht der Wertung, dass insbesondere ein willkürliche Annäherung oder Anlehnung sowie eine Behinderung des Markeninhabers als Verstoß gegen die Verkehrsgepflogenheiten angesehen wird[739]. Sobald eine subjektive Komponente wie etwa eine Behinderungsabsicht hinzutritt, kann der Unlauterkeitsvorbehalt des § 23 MarkenG eingreifen und eine Privilegierung der Nutzer von generischen Beizeichnungen im Einzelfall verhindern. In Fällen der gutgläubigen Nutzung einer generischen Bezeichnung als Vanity-Nummer kann der Nummerninhaber sich dagegen gegenüber dem Kennzeicheninhaber erfolgreich auf die Gestattungswirkung nach § 23 Nr. 2 MarkenG berufen.

(3) Gestattung nach § 23 MarkenG bei bekannten Kennzeichen

Die grundsätzliche Gestattung der gutgläubigen Nutzung einer beschreibenden Bezeichnung als Vanity-Nummer gilt zumindest im Falle einer Markenrechtskollision nach § 14 II Nr. 1, 2 MarkenG. Fraglich ist, ob an dieser Wertung auch gegenüber bekannten Marken im Sinne von § 14 II Nr. 3 MarkenG festgehalten werden kann.

Die praktische Bedeutung dieser Frage ist gering, da nur selten eine generische Bezeichnung eine derartige Bekanntheit als Marke erlangen wird, dass sie nicht nur für einzelne Produktklassen, sondern umfassend zugunsten eines Anbieters geschützt wird. Der Begriff würde seine Eigenschaft als generische Bezeichnung verlieren, wenn er nur in Verbindung mit einem einzigen Anbieter genutzt werden kann und darf.

---

735 *Ingerl/Rohnke*, § 23 Rn 11; insoweit zu eng LG Bochum, CR 1996, 478 (479) – Triton.

736 vonSchultz-*Stuckel*, § 23 Rn 32.

737 *Ingerl/Rohnke*, § 23 Rn 62.

738 *Ingerl/Rohnke*, a.a.O.

739 *Fezer*, § 23 Rn 65; *Fezer*, WRP 1996, 973 (977).

In dieser Konstellation stehen sich zwei Grundprinzipien des Markenrechts gegenüber: Zum einen der durch § 14 II Nr. 3 MarkenG gewährte umfassende Schutz bekannter Kennzeichen und zum anderen die Möglichkeit der freien Nutzung generischer Bezeichnungen. Eine generelle Unanwendbarkeit der Vorschrift des § 23 MarkenG ist in diesem Fall nicht vorgesehen, vielmehr ist die Bekanntheit des geschützten Kennzeichens als ein Aspekt im Rahmen der Abwägung bei der Lauterkeitsprüfung zu berücksichtigen. Aufgrund des hohen Stellenwertes der Verkehrsauffassung im Markenrecht ist es nicht mehr als lautere Benutzung einer generischen Bezeichnung anzusehen, wenn eine große Mehrheit des Publikums das Zeichen einem Kennzeicheninhaber zuordnet und für den Adressatenkreis die beschreibende Bedeutung damit in den Hintergrund tritt. Zumindest bei Sachverhalten wie der Nutzung als Vanity-Nummer, bei denen die streitgegenständliche Bezeichnung nur von einer Partei genutzt werden kann[740], entspricht es nicht den Gepflogenheiten von Gewerbe und Handel, die Bezeichnung dem Kennzeicheninhaber vorzuenthalten, zumal bei dieser Konstellation für denjenigen, welcher die Bezeichnung beschreibend nutzen möchte, das Bestehen von Kennzeichenrechten aufgrund der Bekanntheit erkennbar war.

(4) Vorteil der Anwendbarkeit von § 23 MarkenG

Durch die Unlauterkeitsschranke des § 23 Nr. 2 MarkenG ist es möglich, die Besonderheiten des Einzelfalls zu berücksichtigen und nicht nur schematisch entweder nur das Prioritätsprinzip anzuwenden oder grundsätzlich Markeninhabern den Vorzug zu geben, wodurch die Interessen beider Seiten angemessen berücksichtigt werden[741]. Die Abwägung im Rahmen des § 23 Nr. 2 MarkenG läuft darauf hinaus, dass grundsätzlich derjenige die Vanity-Nummer nutzen darf, der sie als Erster zugewiesen bekommen hat, wobei es keine Rolle spielt, ob sich der Nummerninhaber auf ein eigenes Markenrecht oder eine bloße Gestattung nach § 23 Nr. 2 MarkenG stützt. Neben der Verwendung bekannter beschreibender Kennzeichen als Vanity-Nummern werden lediglich einzelne Fälle unlauterer Nutzung generischer Bezeichnungen ausgeschlossen, was ohne die Anwendbarkeit von § 23 MarkenG und dessen Unlauterkeitsvorbehalt nicht möglich wäre. Auch vor diesen Hintergrund ist die Auffassung zu favorisieren, die grundsätzlich die Markenrechte als stärkere Rechte ansieht, aber als Ausgleich bei der Nutzung generischer Bezeichnungen § 23 Nr. 2 MarkenG eingreifen lässt[742].

---

740 Vgl. oben § 3 A. IV. 2. b) bb) (1) (Seite 117).

741 Vgl. auch vonSchultz-*Stuckel*, § 23 Rn 31.

742 Ähnlich Gloy-*Jacobs/Schulte-Beckhausen*, § 27 Rn 46 für Domänennamen.

(5) Unterschiedliche Bewertung im Namens- und Markenrecht

Im Markenrecht wird damit ein anderer Weg zur Konfliktlösung bei Kollisionen von Marken und generischen Bezeichnungen gegangen als im Namensrecht, wo § 23 MarkenG keine Anwendung findet und keine Unlauterkeitsprüfung erfolgt[743]. Dort gilt das reine Prioritätsprinzip, solange sich nicht eine Seite auf eine besondere Bekanntheit berufen kann[744].

Im Markenrecht sind alleine aufgrund der Tatsache, dass mit dem Markengesetz ein umfangreiches Gesetzeswerk vorliegt, feinere Differenzierungen möglich als im Namensrecht, welches ausschließlich in § 12 BGB kodifiziert ist. Auch inhaltlich ist eine abweichende Beurteilung in beiden Rechtsbereichen gerechtfertigt, da zwischen dem Namens- und Markenrecht zahlreiche Unterschiede bestehen. So schützt das Namensrecht den Namen, der häufig nicht frei gewählt werden kann, während sich das Markenrecht auf frei wählbare Kennzeichen bezieht, sich aber auf den geschäftlichen Verkehr beschränkt.

Daher bestehen keine Bedenken, im Namensrecht am Prioritätsprinzip festzuhalten, im Markenrecht dagegen den geschützten Kennzeichen den Vorzug einzuräumen, aber dieses Ergebnis durch § 23 MarkenG auszugleichen. Vor diesem Hintergrund kann es für ein Unternehmen, welches eine Bezeichnung als Unternehmens- und als Produktbezeichnung nutzt[745], sinnvoll sein, Ansprüche nur auf das Namens- oder das Markenrecht zu stützen.

c) Freihaltebedürfnis nach § 8 II MarkenG analog

Möglicherweise führt die Schutzunfähigkeit generischer Bezeichnungen aber auch dazu, dass solche Begriffe überhaupt nicht als Vanity-Nummern von einem einzelnen Unternehmen oder einer einzelnen Person genutzt werden dürfen. Ein solches Ergebnis könnte sich bei analoger Anwendung der Schutzhindernisse des § 8 II MarkenG ergeben.

Ziel der Regelung des § 8 II MarkenG ist es, zu verhindern, dass eine Bezeichnung, die allgemein benötigt wird, durch Eintragung in das Markenregister für eine Person monopolisiert wird. Eine direkte Anwendung der Vorschrift kommt nicht in Betracht, da Vanity-Nummern nicht in das Markenregister eingetragen werden. Für eine analoge Anwendung ist neben einer planwidrigen Regelungslücke immer auch ein vergleichbarer Sachverhalt und eine im wesentlichen gleiche Interessenlage erforderlich[746].

---

743 Vgl. LG Düsseldorf, GRUR 2000, 334 – Dr. Brugger.

744 Zur Situation bei Gleichnamigkeit im Rahmen von § 12 BGB vgl. oben § 3 A. IV 1. d) (Seite 107).

745 Dies ist etwa bei dem Produkt Coca-Cola der Coca-Cola Corp. der Fall.

746 *Kramer*, III. 5. a) (S. 149); *Schmalz*, Rn 389.

aa) Situation bei den Domänennamen

Für den Bereich der Domänennamen wird das Vorliegen dieser Voraussetzungen für eine Analogie einhellig abgelehnt[747]. Es wird damit argumentiert, dass es an einem vergleichbaren Sachverhalt fehlt, da durch die Eintragung in das Markenregister ein Kennzeichen umfassend monopolisiert wird, während die Registrierung eines Domänennamens zu keiner vergleichbaren Monopolisierungswirkung führt[748].

Die Registrierung eines Domänennamens zugunsten einer Person führt lediglich aufgrund technischer Vorgaben dazu, dass ausschließlich diese Person den Domänennamen nutzen kann[749]. Die Benutzung des Domänennamens wird damit zwar nicht auf rechtliche[750], aber auf tatsächliche Weise monopolisiert[751]. Allerdings genügen bereits geringfügige Unterschiede oder Zusätze zur Überwindung der Sperrwirkung eines Domänennamens[752]. Unter einer anderen Top-Level-Domain kann sogar weiterhin der gleiche Domänenname gewählt werden[753]. Damit ist die Wirkung der Registrierung eines Domänennamens weniger umfangreich als die Eintragung in das Markenregister, bei der auch gegen ähnliche Kennzeichen vorgegangen werden kann[754].

Gegen eine Analogie spricht auch ein Vergleich der zuständigen Stellen für die Eintragung und Löschung[755]. Bei Marken erfolgt die Eintragungsverweigerung sowie die Löschung aus dem Markenregister durch das Deutsche Patent- und Markenamt als staatliche Behörde[756]. Eine vergleichbare staatliche Stelle zur Verwaltung der Domänennamen besteht jedoch nicht[757]. Bei der Denic, die für den deutschen Namensraum[758] die Domänennamen vergibt, handelt es sich

---

747 BGH, MMR 2001, 666 (668) – mitwohnzentrale.de; ebenso *Sosnitza*, K&R 2000, 209 (213); *Biermann*, WRP 1999, 997 (1003); *Fezer*, § 3 Rn 308 sowie 343.

748 OLG Braunschweig, MMR 2000, 610 – stahlguss.de; *Wendlandt*, WRP 2001, 629 (634).

749 *Kur*, CR 1996, 325 (328).

750 *Essl*, ÖBl. 2000, 99 (100). Eine rechtliche Monopolisierung liegt nicht vor, da durch die Registrierung kein ausschließliches Benutzungsrecht gewährt wird. Es wird dem Domäneninhaber nur eine alleinige faktische Nutzungsmöglichkeit eingeräumt.

751 OLG Frankfurt, NJW 1998, 165 (166) – wirtschaft-online.

752 LG München I, NJW-RR 1998, 978 (979) – sat-shop.

753 Das OLG Frankfurt, NJW 1998, 165 (166) – wirtschaft-online geht ausdrücklich auf die zahlreichen Ausweichmöglichkeiten ein.

754 *Bettinger*, CR 1997, 273 (274); *Essl*, ÖBl. 2000, 99 (100).

755 Ebenso *Fezer*, § 3 Rn 343.

756 Vgl. §§ 37, 50, 56 MarkenG; vgl. dazu auch *Lutz*, GRUR 1999, 847 (848).

757 *Sosnitza*, K&R 2000, 209 (215); *Bettinger*, CR 1997, 273 (274).

758 Die Denic ist zuständig für die Registrierung von Domänennamen unter der ccTLD .de; vgl. dazu auch *Forgó* in Mayer-Schönberger/Galla/Fallenböck, S. 9.

um eine privatrechtlich organisierte eingetragene Genossenschaft[759]. Ihr stehen keine hoheitlichen Prüfungs- und Überwachungsinstrumentarien zur Verfügung[760]. Daher können die Regelungen des Markengesetzes, die sich an eine staatliche Behörde richten[761], nicht im Wege der Analogie für eine privatrechtliche Genossenschaft übernommen werden[762].

bb) Übertragbarkeit auf Vanity-Nummern

Mit den Argumenten, die bei den Domänennamen gegen eine analoge Anwendung von § 8 II MarkenG sprechen, kann möglicherweise auch eine Analogie für den Bereich der Vanity-Nummern abgelehnt werden. Dazu müsste die Situation bei Domänennamen und Vanity-Nummern vergleichbar sein, so dass die Argumentation übertragen werden kann.

(1) Gefahr der Monopolisierung

Wie bei den Domänennamen besteht im Bereich der Vanity-Nummern zugunsten des Nummerninhabers eine begrenzte Monopolstellung tatsächlicher Natur. Wer eine Rufnummer zugeteilt bekommt, deren alphanumerische Umsetzung einer generischen Bezeichnung entspricht, kann als einziger die entsprechende Rufnummer nutzen, während in allen anderen Lebensbereichen der als Vanity-Nummer monopolisierte Begriff weiterhin frei genutzt werden darf. Allerdings kann diese faktische Monopolstellung nicht so einfach wie bei den Domänennamen umgangen werden. Das Anfügen von Zusätzen ist beispielsweise überhaupt nicht möglich und für das Ausweichen auf andere Vorwahlbereiche bestehen enge Grenzen, da nur in sehr wenigen Vorwahlbereichen die freie Wahl der Rufnummer möglich ist.

Während eine Metzgerei im Internet unter www.metzger.de, www.metzgerei.de oder www.metzgermeister.de auftreten kann[763], ist die Auswahl an geeigneten Vanity-Nummern stärker beschränkt. So können wegen des identischen Wortanfangs 0800-METZGER, 0800-METZGEREI und 0800-

---

[759] § 1 Statut der Denic eG, Stand: 12. April 2002; im Internet abrufbar unter der Adresse http://www.denic.de/de/mitgliedschaft/statut/statut.html (Stand: 15.07.2004).

[760] *Renck*, WRP 2000, 264 (267); *Gabel*, NJW-CoR 1996, 322 (326).

[761] Busse-*Schwendy*, § 26 PatG Rn 7.

[762] So auch LG München I, NJW-RR 1998, 978 (979) – sat-shop; OLG Frankfurt, NJW 1998, 165 (166) – wirtschaft-online; *Sosnitza/Leible*, K&R 2001, 587 (588) weisen aber darauf hin, dass eigene gesetzliche Grundlagen für die Vergabe von Domänennamen angedacht sind.

[763] Die drei Domänennamen werden tatsächlich von unterschiedlichen Unternehmen genutzt.

METZGERMEISTER nicht als unterschiedliche Vanity-Nummern genutzt werden.

Selbst durch die Eintragung eines Kennzeichens in das Markenregister tritt aber keine umfassende Monopolisierung ein, da sich der Schutz durch das Kennzeichenrecht auf die Produktklassen beschränkt, die bei der Markenanmeldung angegeben wurden[764]. Daher scheidet eine analoge Anwendung von § 8 II MarkenG bei beschreibenden Vanity-Nummern nicht schon zwingend wegen der unterschiedlichen Reichweite der Monopolisierungswirkung aus.

(2) Vergabe durch staatliche Stellen

Das Vergabeverfahren für Vanity-Nummern entspricht eher dem Verfahren bei der Eintragung von Marken als der Registrierung von Domänennamen. Die Denic schließt als privatrechtlich organisierte Genossenschaft mit den Antragstellern einen zivilrechtlichen Vertrag über die Vergabe der Domänennamen ab[765]. Bei der Verwaltung der Rufnummern nach § 43 TKG wird mit der Regulierungsbehörde für Telekommunikation und Post dagegen eine staatliche Behörde tätig[766]. Die Zuteilung einer Rufnummer durch die Regulierungsbehörde ist dabei als Verwaltungsakt im Sinne des § 35 VwVfG zu qualifizieren[767]. Wie die Regulierungsbehörde, welche die Rufnummern als knappe Ressource verwaltet, ist das Deutsche Patent- und Markenamt für die Verwaltung von eingetragenen Marken zuständig. Anders als der privatrechtlich organisierten Denic stehen der Regulierungsbehörde auch staatliche Überwachungs- und Kontrollinstrumentarien zur Verfügung[768]. Auch in diesem Punkt bestehen also Parallelen zwischen der Tätigkeit der Regulierungsbehörde für Telekommunikation und Post sowie dem Deutschen Patent- und Markenamt.

Wegen der größeren Gemeinsamkeiten als zwischen eingetragenen Marken und Domänennamen wäre eine analoge Anwendung des § 8 II MarkenG bei Vanity-Nummern zumindest näherliegend als im Bereich der Domänennamen.

(3) Prüfungs- und Überwachungspflichten

Im Markenrecht wird die Beachtung der Schutzhindernisse des § 8 II MarkenG durch das Deutsche Patent- und Markenamt sichergestellt, das alle eingehenden Anträge gem. § 37 MarkenG dahingehend überprüft, ob nicht Schutz für eine

---

764 Vgl. § 32 II Nr. 3 MarkenG. Zumindest wird bei Bestimmung des sachlichen Schutzbereichs zunächst von diesen Angaben ausgegangen, vgl. *Ingerl/Rohnke*, § 32 Rn 9.

765 LG Magdeburg, MMR 1999, 607 (610) – foris.de.

766 Wissmann-*Wissmann*, Kap. 3 Rn 5; *Geppert/Ruhle/Schuster*, Rn 821.

767 BeckTKG-*Paul/Mellewigt*, § 43 Rn 15.

768 *Geppert/Ruhle/Schuster*, Rn 827.

generische Bezeichnung begehrt wird[769]. Eine analoge Anwendung des § 8 II MarkenG erscheint nur dann sinnvoll, wenn die Regulierungsbehörde als Vergabestelle für Vanity-Nummern bei deren Zuteilung die Einhaltung der Vorschrift überprüft.

Nur wenn von der Regulierungsbehörde für Telekommunikation und Post die Wahrnehmung vergleichbarer Prüfungs- und Überwachungsaufgaben verlangt werden kann, wie sie von dem Deutschen Patent- und Markenamt wahrgenommen werden, kommt eine analoge Anwendung von § 8 II MarkenG bei der Vergabe von Vanity-Nummern in Betracht.

Die Regulierungsbehörde vergibt die Rufnummern grundsätzlich nur in Form von Ziffernfolgen. Sie hat keine Kontrolle darüber, ob die zugeteilten Rufnummern von den Nummerninhaber als alphanumerische Bezeichnungen oder numerische Ziffernfolgen genutzt werden[770].

Wegen der fehlenden eindeutigen Zuordnung der Buchstaben zu bestimmten Ziffern kann die Regulierungsbehörde die beantragte Ziffernfolge nicht darauf überprüfen, ob bei einer möglichen Verwendung der alphanumerischen Bezeichnung fremde Kennzeichenrechte verletzt oder freihaltebedürftige Begriffe monopolisiert werden[771]. Daher scheidet nach den geltenden Regelungen über das Zuteilungsverfahren eine Vorabkontrolle durch die Regulierungsbehörde aus. Es besteht für die Regulierungsbehörde lediglich die Möglichkeit, im Nachhinein bei entsprechenden Hinweisen oder auf Antrag tätig zu werden und die weitere Nutzung einer Rufnummer, die einer beschreibenden Bezeichnung entspricht, zu untersagen[772].

Eine nachträgliche Kontrolle der ordnungsgemäßen Nutzung von zugeteilten Rufnummern ist aber mit einer umfassenden Vorabkontrolle, die jeder Antrag auf Eintragung in das Markenregister durchlaufen muss, nicht vergleichbar, da sie keine ausreichende Gewähr einer rechtmäßigen und berechtigten Verwendung ab dem Zeitpunkt der Nutzungsaufnahme bietet[773].

cc) Zwischenergebnis

Bei den Domänennamen scheitert eine Analogie vor allem an dem Fehlen einer staatlichen Kontrollinstanz, welche die Vorschrift des § 8 II MarkenG durchsetzen könnte, sowie der weniger einschneidenden Monopolisierung bei Registrierung eines generischen Domänennamens. Im Bereich der Vanity-Nummern ist

---

769 Vgl. *Lutz*, GRUR 1999, 847 (848).

770 Das VG Köln, MMR 2001, 190 (192) weist in diesem Zusammenhang treffend darauf hin, dass die Regulierungsbehörde Nummern und nicht Marken vergibt.

771 VG Köln, MMR 2001, 190 (191); zur Erkennbarkeit der alphanumerischen Bezeichnung ausführlich § 3 B. I. 1. a) aa) (Seite 136).

772 Vgl. dazu später ausführlich § 5 A. II. (Seite 210)

773 Ebenso *Essl*, ÖBl. 2000, 99 (101).

eine staatliche Kontrollinstanz mit der Regulierungsbehörde für Telekommunikation und Post zwar vorhanden, allerdings prüft diese die eingehenden Zuteilungsanträge nicht auf ihre kennzeichenrechtliche Zulässigkeit. Eine entsprechende Prüfung ist ihr auch wegen der ausschließlichen Beantragung der Ziffernfolge nicht möglich. Vor allem dieser Unterschied verbietet eine analoge Anwendung der Vorschrift des § 8 II MarkenG bei Vanity-Nummern.

Es erscheint auch zweifelhaft, ob eine Zurückhaltung beschreibender Vanity-Nummern im Interesse der Telefonnutzer und eines fairen Wettbewerbs geboten ist[774]. Zwar könnten Wettbewerbsverzerrungen verhindert werden; aus Sicht des Telefonnutzers ist es aber sinnvoller, dass überhaupt irgendein Anbieter unter der beschreibenden Bezeichnung erreicht wird anstatt diese insgesamt freizuhalten[775]. Der Telefonnutzer wird zumindest bei bekannten generischen Bezeichnungen[776] nicht davon ausgehen, dass der Inhaber der Rufnummer, die der beschreibenden Bezeichnung entspricht, der einzige Anbieter auf dem Markt ist[777].

3. Wettbewerbsrecht

Bei der Nutzung von generischen Bezeichnungen als Vanity-Nummern kommt dem Wettbewerbsrecht möglicherweise eine besondere Bedeutung zu, da sich anders als bei der Nutzung von Eigen- und Phantasienamen nur in seltenen Fällen schon Ansprüche aus dem Namensrecht oder aus dem Markenrecht ergeben. Ein Unternehmen, das eine beschreibende Bezeichnung für die Branche, in der es tätig ist, als Vanity-Nummer nutzt, ist einfach telefonisch zu erreichen und kann sich so einen Wettbewerbsvorsprung gegenüber den Mitbewerbern erarbeiten. Zu prüfen ist, ob dieser Wettbewerbsvorsprung auf einem unlauteren und damit unzulässigen Verhalten gem. § 3 oder § 5 UWG basiert.

Diskutiert werden kann in diesem Zusammenhang vor allem, ob die Nutzung einer generischen Bezeichnung als unlautere Kanalisation von Kundenströmen anzusehen ist. Im Bereich der Domänennamen haben einzelne Instanz-

---

774 *Demmel/Skrobotz*, MMR 2000, 167.

775 Ebenso *Härting*, BB 2001, 491 (492); die Alternativlösung, dass ein Portal für alle Anbieter unter der beschreibenden Vanity-Nummer betrieben wird, erscheint praktisch nur schwer realisierbar.

776 Lediglich wenn der Anrufer die Bezeichnung nicht als beschreibend erkennt, besteht die Gefahr einer Irreführung; insoweit muss auf die nachfolgend dargestellten Möglichkeiten des Wettbewerbsrechts zurückgegriffen werden.

777 LG Hamburg, K&R 2000, 409 (411) – lastminute.de für beschreibende Domänennamen, wobei die Argumentation übertragbar ist. Das OLG Hamburg MMR 2001, 612 (614) – startup.de unterscheidet in diesem Zusammenhang zwischen bestimmten und allgemeinen Gattungsbezeichnungen.

gerichte diese Auffassung vertreten und die Nutzung generischer Domänennamen untersagt[778].

a) Abfangen von Kunden

In Betracht kommt insbesondere das Abfangen von Kunden als Modalität der Absatzbehinderung. Es ist vorstellbar, dass Kunden ohne vorherige Suche einen Gattungsbegriff als Vanity-Nummer eingeben und darauf hoffen, so einen Anbieter für das gesuchte Produkt zu erreichen. Erfüllt sich diese Erwartung, wird der Kunde häufig nicht noch weiter nach anderen Anbietern suchen. Mitbewerber, die nicht über eine vergleichbare beschreibende Vanity-Nummer verfügen, werden nicht mehr kontaktiert und können den Kunden ihre Leistung nicht mehr präsentieren. Dies könnte als unzulässiges Abfangen von Kunden angesehen werden.

aa) Merkmal des Abfangens

Allerdings ist zu beachten, dass ein wettbewerbswidriges Abfangen im Sinne des § 3 UWG nur dann vorliegt, wenn sich ein Unternehmen zwischen den Kunden und den Mitbewerber schiebt[779]. Erforderlich ist dazu, dass der Kunde sich eigentlich schon für den Mitbewerber entschieden hatte[780]. Dies ist aber gerade nicht der Fall, wenn ein Kunde sich an der generischen Bezeichnung orientiert. Es geht dem Kunden dann alleine darum, das gesuchte Produkt zu erhalten, ohne dass der Person des Herstellers oder Händlers eine Bedeutung zukommt. Der Kunde hatte sich in dem Moment, in dem er die Vanity-Nummer wählt, noch nicht für einen bestimmten Anbieter entschieden, so dass er nicht auf dem Weg zum Anbieter abgefangen werden kann[781].

Diese Konstellation ist vergleichbar mit dem Fall, dass zwei Anbieter eines Produktes sich in einer Stadt niedergelassen haben, der eine direkt an der einzigen Zufahrtsstraße zum Ort, der Mitbewerber an einem weniger auffälligen Standort innerhalb der Stadt. Die Tatsache, dass potentielle auswärtige Kunden zuerst am Anbieter, der sein Geschäft an der Zufahrtsstraße eröffnet hat, vorbeikommen und deswegen gar nicht mehr weiter in den Ort fahren, ist noch kein unlauteres Abfangen von Kunden[782].

---

[778] Nachweise bei *Jaeger-Lenz*, CR 2001, 780.

[779] Hasselblatt-*Gutsche*, § 14 Rn 6; vgl. auch bereits oben § 3 A. II. 3. a) bb) (2) (Seite 65).

[780] BGH, GRUR 1963, 197 (201) – Zahnprothesen-Pflegemittel.

[781] BGH, MMR 2001, 666 (668) – mitwohnzentrale.de für die insoweit vergleichbare Nutzung von beschreibenden Bezeichnungen als Domänenname.

[782] *Hartmann*, CR 1999, 782 (783); *Müller/Piepenstock*, WuB V B. § 1 UWG 1.02.

bb) Erraten von Vanity-Nummern

Bei der Prüfung, ob ein Fall des unzulässigen Abfangens von Kunden vorliegt, sind die Gewohnheiten des angesprochenen Publikums zu berücksichtigen[783]. Vor diesen Hintergrund erscheint bereits die Ausgangsvermutung zweifelhaft, wonach Kunden bei Interesse an einem Produkt die Gattungsbezeichnung oder eine andere beschreibende Angabe als Vanity-Nummer ausprobieren und darauf hoffen, auf diesem Weg einen beliebigen Anbieter zu erreichen. Für den Bereich der Domänennamen mag diese Vorstellung zutreffen[784], bei Vanity-Nummern ist ein vergleichbares Verhalten eher unwahrscheinlich, selbst wenn die Nutzung von Vanity-Nummern zukünftig an Bedeutung gewinnt.

Im Internet kann der Nutzer auf gut Glück einen Domänennamen eingeben und sieht direkt das Ergebnis seiner Eingabe[785]. Wurde der eingegebene Domänennamen noch nicht vergeben, was angesichts der hohen Anzahl an registrierten Domänennamen selten sein dürfte, erhält der Nutzer eine Fehlermeldung. Andernfalls werden dem Nutzer die Internetseiten angezeigt, auf die der Domänenname verweist. Anhand des Seiteninhalts kann der Nutzer überprüfen, ob das Ergebnis seinen Vorstellungen und Erwartungen entspricht. Wenn dieses nicht der Fall ist, kann der Nutzer seine Suche völlig unverbindlich mit einem anderen Domänennamen fortsetzen oder doch eine Suchmaschine bemühen[786].

Bei einer Vanity-Nummer muss der Nutzer – sofern er nicht die Meldung erhält, dass die Rufnummer noch nicht vergeben ist – auf die Entgegennahme des Anrufs warten, um überprüfen zu können, ob ein Anbieter des gesuchten Produktes erreicht wurde. Dazu muss der Nutzer im Rahmen des Telefonats die gewünschten Informationen erfragen. Der Aufwand, um zu überprüfen, ob die gewählte Rufnummer zum Ziel führt, ist viel größer als ein kurzer Blick auf eine Internetseite. Zudem ist der Blick auf eine computergenerierte Internetseite deutlich unverbindlicher als ein Anruf, da die meisten Anrufe persönlich entgegengenommen werden[787].

Dabei muss der Kunde seinem Gesprächspartner vermitteln, was er sucht und kann nicht wie in einem Geschäftslokal oder auf einer Homepage einfach

---

783 OLG Hamburg, MMR 2000, 40 (42) – mitwohnzentrale.de.

784 LG München I, MMR 2001, 179 (180) – rechtsanwaelte.de; OLG Hamburg, MMR 2000, 40 (42) – mitwohnzentrale.de; *Hoeren*, MMR 2001, 669 (670); kritisch *Essl*, ÖBl. 2000, 99 (102).

785 *Wendlandt*, WRP 2001, 629 (637).

786 OLG Hamburg, MMR 2000, 40 (42) – mitwohnzentrale.de; insoweit zustimmend BGH, MMR 2001, 666 (668) – mitwohnzentrale.de; *Renck*, WRP 2000, 264 (266).

787 *Burgstaller*, ecolex 2001, 753 (755); auch das LG Hamburg, MMR 2000, 763 (765) weist auf die Unverbindlichkeit beim Surfen im Internet hin.

nur schauen[788]. Im Bereich der Domänennamen kann sich der suchende Kunde relativ sicher sein, einen Anbieter des gesuchten Produkts zu erreichen, wenn der eingetippte Domänenname überhaupt vergeben wurde, da es für andere Personen wenig interessant ist, sich den entsprechenden Domänennamen zu sichern.

Bei Vanity-Nummern ist es dagegen genauso gut denkbar, dass der Nummerninhaber die Rufnummer aus anderen Gründen beantragt hat, etwa weil die Ziffernfolge eine einprägsame Zahlenkombination ergibt. Das Erraten einer Vanity-Nummer ist insgesamt deutlich schwieriger als bei Domänennamen, obwohl die Zahl der theoretischen Möglichkeiten bei Rufnummern geringer ist. Während etwa die Domänennamen der großen deutschen Automobilhersteller Audi und BMW leicht zu erraten sind[789], ist ein Tipp für die Vanity-Nummer bei diesen Beispielen kaum möglich. Zum einen erfüllen die Firmenschlagworte nicht die Mindestlänge, so dass der Rest der Rufnummer kaum zu erraten ist[790]. Zum anderen kommen mehrere Vorwahlbereiche in Betracht[791]. Auf Domänennamen trifft das letzte Argument hinsichtlich der Top-Level-Domains zwar auch zu, allerdings nutzen fast alle Unternehmen entweder die Endung .de oder .com, häufig führt der Domänennamen auch unter mehreren Top-Level-Domains zur gewünschten Homepage. Ein Unternehmen wird jedoch telefonisch nicht unter verschiedenen Vorwahlbereichen erreichbar sein, für die unterschiedliche Tarifmodelle gelten. Schließlich kann überhaupt erst erwartet werden, dass Kunden versuchen, eine Vanity-Nummer zu erraten, wenn für Unternehmen die eigene Vanity-Nummer ähnlich selbstverständlich ist wie die eigene Homepage; dies wird aber in absehbarer Zeit noch nicht der Fall sein.

Daher ist momentan nur bei Domänennamen mit der Möglichkeit zu rechnen, dass Anrufer ohne vorherige Recherche versuchen, die Adresse eines Anbieters zu erraten. Bei Vanity-Nummern besteht wegen der aufgezeigten Schwierigkeiten ein entsprechendes Nutzerverhalten nicht.

---

788 Selbst bei Einsatz eines Computertelefonsystems kann sich der Anrufer nur schwer allgemein und unverbindlich über das Angebot des Nummerninhabers informieren. *Burgstaller*, ecolex 2001, 753 (755) geht vor diesem Hintergrund von der Gefahr eines psychischen Kaufzwangs aus.

789 Audi ist im Internet erreichbar unter http://www.audi.de (Stand: 15.07.2004), BMW unter http://www.bmw.de (Stand: 15.07.2004).

790 BMW könnte sich etwa für 0800-BMW-CARS aber auch für 0800-BMW-GROU(P) entscheiden.

791 Vgl. Miss Dig, Inc. v. Power Plus Engineering, 944 F. Supp. 600, 601 (E.D. Mich. 1996): Selbst wenn der Anrufer die richtige Teilnehmerrufnummer errät, muss er sich für die korrekte Vorwahl entscheiden.

cc) Zwischenergebnis

Damit ist die Nutzung generischer Bezeichnungen als Vanity-Nummern nicht als Fall einer unlauteren Absatzbehinderung anzusehen.

b) Alleinstellungsbehauptung

Bei der Nutzung einer generischen Bezeichnung als Vanity-Nummer durch einen einzigen Anbieter könnte der Eindruck entstehen, dieser sei der einzige Anbieter auf dem Markt[792]. Eine solche Alleinstellungsbehauptung ist nicht automatisch als unlautere vergleichende Werbung anzusehen[793], sondern am Maßstab des § 5 UWG zu messen[794]. Danach ist die Wettbewerbswidrigkeit davon abhängig, ob durch das Verhalten eine Irreführung der Adressaten erfolgt.

In vielen Fällen wird den Kunden bekannt sein, dass es eine Vielzahl von Anbietern für das gesuchte Produkt gibt[795]. Es ist nicht davon auszugehen, dass bei Nutzung der Rufnummer 0700-METZGER der Verkehr glauben würde, der Nummerninhaber sei der einzige Metzger oder unter der Rufnummer wären alle Metzger erreichbar.

Durch die bloße Nutzung einer bekannten generischen Bezeichnung wird noch keine Alleinstellungsbehauptung aufgestellt[796]. Eine Alleinstellungsbehauptung kann erst durch den Inhalt des Telefonats in Verbindung mit der generischen Rufnummer aufgestellt werden[797]. Selbst wenn es sich um weniger bekannte generische Bezeichnungen handelt, sagt die Benutzung der Bezeichnung höchstens aus, dass der Nummerninhaber in einer Beziehung mit der Bezeichnung steht. Aus der Tatsache, dass ein einziger Anbieter die Bezeichnung nutzt bzw. nutzen kann, ergibt sich nicht automatisch, dass der Anbieter sich rühmt, einziger Anbieter zu sein[798]. Auch wenn ähnlich wie bei Domänennamen die

792 Die Alleinstellungsbehauptung muss nicht zwingend ausdrücklich erfolgen, insbesondere ist die Nutzung des Superlativs nicht zwingend, vgl. *Thiele/Rohlfing*, MMR 2000, 592 (596).

793 Früher wurde zunächst geprüft, ob in der Alleinstellungsbehauptung eine unlautere vergleichende Werbung zu sehen war, auch wenn nicht direkt auf andere Mitbewerber Bezug genommen wird, vgl. BGH, GRUR 1961, 85 (90) – Pfiffikus-Dose. Mittlerweile prüft auch der BGH die Alleinstellungsbehauptung nur noch nach § 3 UWG, vgl. BGH, GRUR 1977, 110 (112) – Kochbuch.

794 *Nordemann*, Rn 422.

795 *Bettinger*, CR 1997, 273 (274).

796 *Ernst*, MMR 2001, 181 (182).

797 Für den Bereich der Domänennamen verweist *Hoeren*, MMR 2001, 669 (671) auf das Zusammenspiel von Adresse und Homepage.

798 Ähnlich *Hoeren*, MMR 2001, 669 (671); *Wendlandt*, WRP 2001, 629 (636); a.A. *Thiele/Rohlfing*, MMR 2000, 592 (596).

Nutzung einer Vanity-Nummer als Portal möglich ist[799], wird dies von den Nutzern üblicherweise nicht erwartet[800]. Nur wenn generische Vanity-Nummern grundsätzlich als Portale genutzt würden, könnte die Nutzung einer generischen Bezeichnung durch einen einzelnen Anbieter implizieren, dieser sei der einzige Anbieter auf dem Markt.

c) Nutzung mehrerer Vanity-Nummern

Der Bundesgerichtshof hat in seiner Entscheidung zur Nutzung generischer Bezeichnungen als Domänennamen angemerkt, dass ein wettbewerbswidriges Verhalten ausnahmsweise dann vorliegen soll, wenn die generische Bezeichnung unter mehreren Top-Level-Domains genutzt wird oder unter der gleichen Top-Level-Domain verschiedene Schreibweisen der Bezeichnungen registriert wurden[801]. In diesem Fall wird den Mitbewerbern die Möglichkeit genommen, ebenfalls eine generische Bezeichnung zu nutzen, was im Interesse der Chancengleichheit der Konkurrenten verhindert werden soll.

Übertragen auf andere Bereiche würde diese Auffassung aber bedeuten, dass es etwa unzulässig wäre, wenn ein Unternehmen viele oder sämtliche Werbeflächen in einer Stadt für die eigenen Plakate anmieten würde[802]. Ein Grund für die Annahme eines wettbewerbswidrigen Verhaltens bei Nutzung mehrerer generischer Vanity-Nummern oder mehrerer Werbeflächen ist nicht ersichtlich[803]. Denkbar ist hier höchstens eine Prüfung nach dem Kartellrecht, da es hier um die Schaffung von Monopolen geht, die nach dem GWB zu beurteilen sind[804].

d) Zwischenergebnis

Die Nutzung generischer Bezeichnungen als Vanity-Nummern ist für sich genommen grundsätzlich nicht wettbewerbswidrig[805]. Es bewegt sich im Rahmen des lauteren Wettbewerbs, wenn sich jemand einen Vorsprung vor den Mitbewerbern erarbeitet, indem er schneller als die Konkurrenz neue Werbeformen nutzt und etwa als erster eine oder mehrere Vanity-Nummern mit beschreiben-

---

799 So ist es denkbar, dass etwa unter 0700-HANDWERK Anbieter aus unterschiedlichen handwerklichen Bereichen erreicht werden können. Über ein computergesteuertes Telefonsystem oder durch persönliche Vermittlung könnte dann das Gespräch zu einem Handwerker aus dem gewünschten Bereich weitergeleitet werden.

800 Vgl. dazu BGH, MMR 2001, 666 (667) – mitwohnzentrale.de für Domänennamen.

801 BGH, MMR 2001, 666 (669) – mitwohnzentrale.de.

802 *Hoeren*, MMR 2001, 669 (671).

803 *Schafft*, CR 2002, 434 (441); *Abel*, WRP 2001, 1426 (1430).

804 Ebenso *Hoeren*, MMR 2001, 669 (671); kritisch *Schafft*, CR 2002, 434 (439).

805 Ebenso *Schäfer*, CR 2002, 690 (691); kritisch *Burgstaller*, ecolex 2001, 753 (756).

dem Charakter für seine Angebote verwendet[806]. Dies schließt jedoch nicht aus, dass die Wahl der generischen Vanity-Nummer im Einzelfall wettbewerbswidrig ist, etwa weil die generische Bezeichnung irreführend ist und nicht auf die angebotenen Produkte zutrifft[807].

4. Sonstige Rechtsnormen

Neben den Regelungen des Kennzeichen- und Wettbewerbsrechts könnten sich möglicherweise aus anderen Normen Einschränkungen hinsichtlich der Nutzung beschreibender Vanity-Nummern ergeben, wobei vor allem an berufsrechtliche Aspekte zu denken ist. Grundsätzlich ist die Nutzung von Vanity-Nummern unter berufsrechtlichen Gesichtspunkten nicht zu beanstanden[808]. Jedoch könnte die Nutzung generischer Bezeichnungen für Berufsgruppen, die einem restriktivem Werberecht unterliegen, unzulässig sein.

So hat das OLG Stuttgart[809] ebenso wie das LG Ulm[810] als Vorinstanz in einem der wenigen Verfahren, in denen sich ein deutsches Gericht mit dieser Problematik befassen musste, die Nutzung der Vanity-Nummer 0800-RECHTSANWALT als unvereinbar mit § 43b BRAO angesehen. Der Bundesgerichtshof hat dagegen letztinstanzlich keinen Rechtsverstoß erkennen können und die Klage abgewiesen[811].

a) Nutzung durch Berufsträger

Das OLG Stuttgart sieht in der Wahl einer solchen Vanity-Nummer eine unzulässige Alleinstellung[812]. Kein Anrufer wird davon ausgehen, dass der Inhaber der Vanity-Nummer 0800-RECHTSANWALT oder 0800-FACHANWALT der einzige Rechtsanwalt bzw. Fachanwalt ist, schon gar nicht im gesamten deutschen Bereich[813]. Selbst bei sehr eng begrenzten Spezialgebieten erscheint es fernliegend, die Allgemeinheit würde glauben, es gäbe nur einen Anwalt auf

---

806 *Loock-Wagner*, S. 43 spricht sich zwar gegen eine Nutzung generischer Bezeichnungen aus, geht aber wie hier davon aus, dass es an einer rechtlichen Grundlage für eine Untersagung fehlt.

807 So ist es etwa als irreführend anzusehen, wenn ein Lohnsteuerhilfeverein den Domänennamen www.steuererklaerung.de nutzt, vgl. OLG Nürnberg, K&R 2002, 155 – steuererklaerung.de; *Biermann*, WRP 1999, 997 (1003). Gleiches würde für den Bereich der Vanity-Nummern gelten.

808 Vgl. dazu bereits oben § 3 A. II. 4. b) (Seite 84).

809 OLG Stuttgart, MMR 2000, 164.

810 LG Ulm, Urt. v. 05.02.1999, AZ: 1 KfH O 308/98.

811 BGH, WRP 2002, 1050.

812 OLG Stuttgart, MMR 2000, 164 (166).

813 BGH, WRP 2002, 1050 (1054).

diesem Spezialgebiet[814]. Auch erwartet der Anrufer nicht, unter der Rufnummer eine Übersicht über alle Rechtsanwälte zu erhalten[815]. Damit liegt eine Alleinstellungsbehauptung im Sinne des § 5 UWG nicht vor[816]. Die Begründung der Unzulässigkeit mit dem Hinweis auf eine Alleinstellungsbehauptung ist daher missverständlich.

Allerdings dient die Wahl der generischen Vanity-Nummer dazu, möglichst viele Mandanten und damit Mandate zu gewinnen, indem der Nummerninhaber sich gegenüber Mitbewerbern auf dem Gebiet der Rechtsberatung, also gegenüber konkurrierenden Rechtsanwälten, einen Wettbewerbsvorsprung durch eine einprägsame Vanity-Nummer verschafft[817]. Dieser Vorsprung beruht nicht wie durch § 43b BRAO gefordert auf sachlichen Informationen, zumindest stehen diese nicht im Vordergrund. So ist es nicht vorrangiges Ziel durch die Wahl der Rufnummer 0800-FACHANWALT den Anrufer darüber zu informieren, dass der Nummerninhaber zugleich Fachanwalt ist[818]. Das OLG Stuttgart vergleicht die Nutzung von Vanity-Nummern zu Recht mit der Eintragung in ein Branchenverzeichnis, wo ein Eintrag grundsätzlich zulässig ist, dieser aber nicht so gestaltet sein darf, dass die übrigen Einträge im Vergleich dazu ins Hintertreffen geraten; gleiches gilt für die Wahl der Vanity-Nummer[819]. Durch die Nutzung des eigenen Namens oder der Kanzleibezeichnung als Vanity-Nummer hebt sich ein Rechtsanwalt noch nicht unsachlich von anderen Rechtsanwälten ab; durch die Nutzung generischer Vanity-Nummern würden diese jedoch ins Hintertreffen geraten[820]. Daher ist der Entscheidung des OLG Stuttgart zuzustimmen und der Einsatz generischer Vanity-Nummern durch Rechtsanwälte entgegen der Auffassung des Bundesgerichtshofs als unzulässige Werbung einzustufen, die gegen § 43b BRAO verstößt[821].

b) Nutzung durch andere Anbieter

Die Untersagung der Nutzung generischer Vanity-Nummern durch Rechtsanwälte führt auch nicht dazu, dass die Rufnummern überhaupt nicht vergeben werden dürfen. So ist es etwa möglich, dass unter der Vanity-Nummer 0800-

---

814 Vgl. dazu *Feuerich/Weyland*, § 6 BORA Rn 30 für den Bereich der Domänennamen, wobei die Vorauflage noch von einer entsprechenden Erwartungshaltung ausging.

815 BGH, WRP 2002, 1050 (1054); *Demmel/Skrobotz*, MMR 2000, 167 (168).

816 Ebenso *Hoß*, AnwBl. 2002, 377 (379).

817 *Abel*, WRP 2001, 1426 (1431); *Hoß*, AnwBl. 2002, 377 (380).

818 Der BGH, WRP 2002, 1050 (1053) stellt dagegen nur darauf ab, dass tatsächlich eine Information übermittelt wird.

819 OLG Stuttgart, MMR 2000, 164 (166) mwN.

820 *Härting*, K&R 2002, 561 (565) weist zutreffend darauf hin, dass die Verwendung der Rufnummer nicht schon unzulässig ist, weil sie nur einmal vergeben werden kann, verkennt aber, dass zugleich eine unsachliche Werbung vorliegt.

821 Ebenso wohl *Remmertz*, Foris AnwaltsZeitung 1/2001, 3.

RECHTSANWALT ein Anwaltsuchservice betrieben wird[822]. Anbieter von Auskunftsdiensten sind, da sie selbst nicht wie Rechtsanwälte Rechtsberatung betreiben, nicht an die werberechtlichen Beschränkungen der BRAO gebunden. Wer jedoch als Telekommunikationsunternehmen eine generische Vanity-Nummer einem Rechtsanwalt anbietet, handelt selbst wettbewerbswidrig. Die Unzulässigkeit ergibt sich für das Unternehmen dann nicht aus der BRAO, die insoweit keine Anwendung findet, sondern aus § 3 UWG[823]. Der Anbieter bereitet durch sein Verhalten bewusst eine unzulässige Werbung eines Dritten vor und fördert diese, was als Anknüpfungspunkt für die eigene Wettbewerbswidrigkeit genügt[824].

c) Situation in den Vereinigten Staaten von Amerika

In den Vereinigten Staaten von Amerika ist es dagegen selbstverständlich, dass auch Rechtsanwälte Vanity-Nummern mit generischen Bezeichnungen nutzen und mit diesen werben[825]. So ging es bei Bell v. Kidan[826] etwa nicht um die Frage, ob eine Vanity-Nummer wie 1-800-LAW-CALL überhaupt von einer Anwaltskanzlei genutzt werden darf, sondern lediglich darum, ob eine Verwechslungsgefahr mit der Vanity-Nummer CALL-LAW in verschiedenen area codes (Ortsnetzkennzahlen) besteht[827]. Dem amerikanischen Rechtssystem ist ein restriktives Berufsrecht für Anwälte fremd. Die Zulässigkeit der Nutzung von Vanity-Nummern durch Rechtsanwälte wird in den Vereinigten Staaten von Amerika ausschließlich nach den allgemeinen Kriterien beurteilt. Daher können aus der amerikanischen Praxis bezüglich des Umgangs mit Vanity-Nummern keine Anhaltspunkte für die berufsrechtliche Zulässigkeit von Vanity-Nummern nach deutschem Recht gewonnen werden.

---

822 Vgl. *Ring*, Anwaltliche Werbung, S. 34.

823 LG Ulm, Urt. v. 05.02.1999, AZ: 1 KfH O 308/98, S. 7.

824 OLG Stuttgart, MMR 2000, 164 (166); zur Haftung Dritter ausführlich unter § 5 B. (Seite 219).

825 So wird die Rufnummer LAWYERS bereits seit über 25 Jahren genutzt, vgl. Murrin v. Midco Communications, Inc., 726 F. Supp. 1196, 1197 (Minn. 1989).

826 Bell v. Kidan, 836 F. Supp. 125 (S.D.N.Y. 1993).

827 Ähnlich Murrin v. Midco Communications, Inc., 726 F. Supp. 1196 (Minn. 1989). In einem anderen Fall stritten zwei Anwälte über die Verwechslungsgefahr der Rufnummern INJURY-1 und INJURY-9, wobei das Berufungsgericht den Rechtsstreit zur Klärung der Frage, ob es sich um generische Bezeichnungen handelt, zurückverwiesen hat, vgl. Dranoff-Perlstein v. Sklar, 967 F. 2d 852, 862 (3d Cir. 1992).

B. Verwendung der Ziffernfolge

In allen Vorwahlbereichen, auch denen, die explizit eine Nutzung von Vanity-Nummern vorsehen, werden im Grundsatz Ziffernfolgen vergeben[828]. Dem Nummerninhaber steht es frei, ob er die zugeteilte Rufnummer als Ziffernfolge oder als alphanumerische Bezeichnung verwendet, oder unter Umständen von beiden Möglichkeiten Gebrauch macht. Es gibt unterschiedliche Gründe für einen Nummerninhaber, ausschließlich die Ziffernfolge einzusetzen. Zum einen kann die Ziffernfolge einprägsamer sein als eine mögliche alphanumerische Umsetzung. Dies ist etwa bei 0700-12345678 der Fall. Zum anderen kann aber auch bewusst auf die Nutzung der alphanumerischen Bezeichnung verzichtet werden, um dadurch juristischen Konflikten im Bereich des Kennzeichen- und Wettbewerbsrechts aus dem Wege zu gehen. Es ist sogar denkbar, dass absichtlich eine Ziffernfolge verwendet wird, die einer geschützten alphanumerischen Bezeichnung entspricht. Insbesondere bei dieser Konstellation ist zu prüfen, welche Rechtsnormen zur Anwendung kommen.

I. Kollision von Zahlen und alphanumerischen Bezeichnungen

Wenn eine Person eine Ziffernfolge zugeteilt bekommen hat, es ist für Dritte nicht mehr möglich, eine alphanumerische Bezeichnung als Vanity-Nummer zu verwenden, deren numerische Umsetzung mit der Ziffernfolge identisch ist, selbst dann, wenn der Nummerninhaber überhaupt kein Interesse an der alphanumerischen Bezeichnung hat und diese auch nicht nutzt. So können sich auch Konfliktfälle zwischen der Nutzung von Ziffernfolgen und alphanumerischen Bezeichnungen ergeben.

1. Namens- und Markenrecht

Die Anwendbarkeit des Namens- und Markenrechts auf solche Konstellationen könnte aufgrund des Erfordernisses der Nutzung eines geschützten Kennzeichens sowie wegen der notwendigen Verwechslungsgefahr problematisch sein.

a) Nutzung von alphanumerischer Bezeichnung oder Ziffernfolge

Bevor auf die Frage eingegangen wird, wann von einer ausschließlichen Nutzung der Ziffernfolge ausgegangen werden kann, ist zu untersuchen, ob dadurch die Anwendbarkeit der namens- und markenrechtlichen Vorschriften ausgeschlossen würde.

---

[828] Vgl. oben § 2 B. I. 1. b) (Seite 10).

aa) Folgen bei ausschließlicher Verwendung der Ziffernfolge

Aufgrund der Tatsache, dass jeder Ziffer mehrere Buchstaben zugeordnet sind[829], entspricht zwar jedes Wort genau einer Ziffernfolge, aber von der Ziffernfolge kann umgekehrt zumindest nicht ohne weiteres auf das zugehörige Wort geschlossen werden[830]. Selbst mit Hilfe von Computerprogrammen lassen sich aus den theoretisch möglichen Umsetzungen für eine Ziffernfolge kaum die sinnvollen Bezeichnungen oder Wörter herausfiltern[831]. Dieses ist angesichts der Tatsache, dass bei der alphanumerischen Bezeichnung häufig Buchstaben und Ziffern kombiniert sind, auch nicht verwunderlich[832]. Selbst die Software T9, die ursprünglich zum einfachen Versenden von SMS entwickelt wurde, kann anhand der gewählten Ziffern lediglich einzelne Wörter, nicht aber auch Begriffskombinationen wie PIZZA-4-U erkennen[833]. Eine Zuordnungstabelle, wie sie im Internet auf den DNS-Servern zur Auflösung von alphanumerischen Domänennamen in numerische IP-Adressen hinterlegt ist[834], existiert für Vanity-Nummern ebenfalls nicht[835]. Zwar hält die Regulierungsbehörde für Telekommunikation und Post für einzelne Vorwahlbereiche Listen aller bereits vergebenen Rufnummern bereit, in diesen Listen werden aber nur die Ziffernfolgen und nicht zusätzlich die alphanumerischen Umsetzungen abgespeichert, die bei der Antragstellung nicht einmal angegeben werden müssen[836].

(1) Erkennbarkeit der alphanumerischen Bezeichnung

Für die Öffentlichkeit ist aufgrund der fehlenden eindeutigen Zuordnung die Nutzung eines geschützten Kennzeichens bei bloßer Angabe einer Ziffernfolge, die dem Kennzeichen entspricht, nicht ersichtlich[837]. Von einer Nutzung eines geschützten Kennzeichens wird üblicherweise nur gesprochen, wenn ein Außen-

[829] Vgl. oben § 2 A. II. (Seite 4).

[830] *Demmel/Skrobotz*, MMR 1999, 74 (77).

[831] Eine Möglichkeit zur Umrechnung von Ziffernfolgen in alphanumerische Bezeichnungen wird im Internet unter http://www.vanity-rechner.de (Stand: 15.07.2004) angeboten.

[832] Darauf weist auch das LG Aachen, MMR 2001, 178 – Vanity-Nummer hin.

[833] Dies übersieht Praxishandbuch-*Schäfer*, § 6 Rn 209.

[834] *Köhntopp/Köhntopp*, CR 2000, 248; *Nordemann/Czychowski/Grüter*, NJW 1997, 1897 (1898); *Eckhard*, S. 12.

[835] *Demmel/Skrobotz*, MMR 1999, 74 (77).

[836] Entsprechende Listen sind frei zugänglich für die Vorwahlbereiche 0700 und 0180, vgl. dazu im Internet http://www.regtp.de/reg_tele/rufnummern/mwd/0700Verg.zip bzw. 0180Verg.zip (Stand: 15.07.2004); für die Vorwahlbereiche 0190 und 0900 sind ähnliche Listen im Internet verfügbar, vgl. http://www.regtp.de/reg_tele/start/in_05-06-03-04-00_m/fs.html (Stand: 15.07.2004).

[837] BVerwG, MMR 2004, 345 (346).

stehender das Kennzeichen erkennen kann[838]. Dabei genügt es nicht, dass die alphanumerische Umsetzung der Ziffernfolge neben anderen Möglichkeiten auch dem geschützten Kennzeichen entspricht. In der Nutzung der Ziffernfolge kann unmöglich zugleich eine Benutzung aller denkbaren alphanumerischen Kennzeichen gesehen werden[839]. Eine Benutzung eines Kennzeichens, dessen numerische Umsetzung der Ziffernfolge entspricht, liegt selbst dann nicht vor, wenn nur wenige andere Kombinationen einen offensichtlichen Sinn ergeben[840]. Es kann nicht davon ausgegangen werden, dass es dem Anrufer ohne jegliche Hinweise gelingt, die Ziffernfolge in eine sinnvolle Buchstabenkombination umzuwandeln[841].

(2) Vergleichbarkeit mit der Situation bei Meta-Tags

Möglicherweise kann jedoch eine Parallele zu dem Einsatz geschützter Kennzeichen in Meta-Tags gezogen werden. Meta-Tags sind Bestandteil der Programmiersprache HTML, die Informationen über die HTML-Seite enthalten[842]. Für den Betrachter der Seite sind die Meta-Tags nicht sichtbar[843], sie werden aber von zahlreichen Suchmaschinen ausgewertet[844]. Verwendet etwa ein Mitbewerber in den Meta-Tags ein Kennzeichen, welches für einen anderen Anbieter geschützt ist, erhält der Internet-Nutzer, der über die Suchmaschine nach dem Anbieter bzw. dessen Kennzeichen sucht, als Treffer auch die Seite des Mitbewerbers, obwohl diese dem Inhalt nach nicht der Suchanfrage entspricht[845].

Obwohl das geschützte Kennzeichen für den Internet-Nutzer unsichtbar ist, haben die Gerichte, die sich bisher mit diesem Problem auseinandersetzen mussten, eine Markenrechtsverletzung angenommen, zumeist allerdings ohne genau-

---

838 *Kotthoff*, K&R 1999, 157 (160).

839 Hoeren/Sieber-*Viefhues*, Kap. 6 Rn 522.

840 Damit hat der (unterlegene) Kläger in dem Rechtsstreit vor dem LG Aachen, MMR 2001, 178 – Vanity-Nummer argumentiert.

841 Selbst bei Einsatz der T9-Software können nur Wörter, nicht aber beispielsweise Abkürzungen und Wort-Zahl-Zeichen zurückgerechnet werden; dazu auch *Schäfer*, CR 2002, 690 (694).

842 *Herberger*, NJW 2000, 2082 (2083).

843 OGH, K&R 2001, 276 (278) – Numtec-Interstahl. Sie werden jedenfalls nicht bei der Darstellung der Internet-Seite berücksichtigt, können aber durch die Anzeige des Quelltextes der Seite entdeckt werden.

844 OGH, K&R 2001, 276 (278) – Numtec-Interstahl. Aufgrund der sich durch Meta-Tags bietenden Manipulationsmöglichkeiten werden diese nicht mehr von allen Suchmaschinen berücksichtigt bzw. wird deren Bedeutung für das Ranking der Treffer sehr niedrig angesetzt.

845 CompHdb-*Renck*, Kap. 58 Rn 45. Ein vergleichbarer Effekt kann auch durch sogenanntes „Word-Stuffing" erreicht werden, vgl. dazu Hoeren/Sieber-*Viefhues*, Kap. 6 Rn 482.

er auf die Frage der Benutzungshandlung einzugehen[846]. Die Unzulässigkeit der Nutzung von geschützten Kennzeichen in Meta-Tags kann damit begründet werden, dass wegen des weit auszulegenden Benutzungsbegriffs im Kennzeichenrecht nicht nur die sichtbare, sondern auch die unsichtbare Nutzung erfasst ist[847]. Eine Ablehnung der Benutzung des geschützten Kennzeichens wegen der Unsichtbarkeit würde auch die Wirkung und Funktionsweise von Meta-Tags nicht ausreichend beachten[848]. Die Wirkung des Kennzeicheneinsatzes ist identisch wie bei der offenen Verwendung[849]: Der potentielle Kunde stößt auf die Homepage des Konkurrenten und vermutet einen Zusammenhang zwischen Kennzeicheninhaber und Homepagebetreiber, auch wenn er das geschützte Kennzeichen, nach dem gesucht wurde, nicht sieht[850]. Aufgrund dieser Ähnlichkeiten kann von einer mittelbaren Wahrnehmung gesprochen werden[851]. Die Wahrnehmung erfolgt durch den Gebrauch des Kennzeichens als Suchwort in Verbindung mit der Anzeige der Trefferliste, in der die Meta-Tags berücksichtigt sind. Der Internet-Nutzer nimmt das geschützte Kennzeichen indirekt wahr, und zwar durch die Suchmaschine, derer sich der Nutzer als Hilfsmittel bedient. Weiter ist zu berücksichtigen, dass die Meta-Tags nicht vollständig unsichtbar sind, sondern durch entsprechende Hilfsmittel ohne weiteres sichtbar gemacht werden können[852].

Bei den Vanity-Nummern kann aber nicht damit argumentiert werden, dass zumindest indirekt durch Werkzeuge die alphanumerische Bezeichnung ausgewertet oder wahrgenommen wird. Tippt der Telefonteilnehmer die Vanity-Nummer ein, wird diese als Zahlenfolge aufgefasst und weiterverarbeitet; nicht einmal mittelbar oder indirekt kommt der alphanumerischen Bezeichnung dann eine Bedeutung bei. Auch kann anders als bei Meta-Tags selbst durch technische Hilfsmittel die alphanumerische Bezeichnung nicht eindeutig sichtbar gemacht werden, da die sogenannten „Vanity-Rechner“ keine befriedigenden Ergebnisse

---

846 LG Mannheim, MMR 1998, 217 – Arwis; LG Hamburg, MMR 2000, 46 – galerie d'histoire; OLG München, MMR 2000, 546 – hanseatic; ebenso Østre Landsret Kopenhagen, GRUR Int. 1999, 879; zur Rechtsprechung in den USA vgl. *Kotthoff*, K&R 1999, 157 (158).

847 CompHdb-*Renck*, Kap. 58 Rn 46; Hoeren/Sieber-*Viefhues*, Kap. 6 Rn 453 / 461 nimmt eine rechtserhebliche Benutzungshandlung an, eine kennzeichenmäßige Nutzung wird jedoch abgelehnt; ebenso *Viefhues*, MMR 1999, 336 (339); a.A. *Kotthoff*, K&R 1999, 157 (160), der bereits eine rechtserhebliche Benutzungshandlung ablehnt; noch anders *Strittmatter*, CR 2000, 701 (703), der auch eine kennzeichenmäßige Nutzung bejaht.

848 *Herberger*, NJW 2000, 2082 (2083).

849 *Ernst*, CR 2000, 122.

850 *Müller/Schuster*, MMR-Beilage 7/2001, S. 28; *Menke*, WRP 1999, 982 (985).

851 *Thiele*, K&R 2001, 279 (280); *Ernst*, CR 2000, 122.

852 *Menke*, WRP 1999, 982 (983). Alle aktuellen Browser sehen die Möglichkeit der Darstellung des Quelltextes einschließlich der Meta-Tags vor, so dass nicht einmal ein zusätzliches Hilfsmittel benötigt wird.

liefern und eindeutige Zuordnungstabellen nicht existieren[853]. Damit ist die Situation bei Meta-Tags nicht vergleichbar mit der Situation bei Vanity-Nummern.

(3) Konsequenz

Nutzt der Nummerninhaber ausschließlich die Ziffernfolge, besteht für Außenstehende keine Möglichkeit zu erkennen, dass die Ziffernfolge einem geschützten Kennzeichen entspricht. Daher liegt keine Nutzung des geschützten Kennzeichens vor und der Kennzeicheninhaber kann aus namens- und markenrechtlichen Normen nicht gegen die Nutzung der Ziffernfolge vorgehen.

bb) Unterscheidung nach Art der Nutzung

Aufgrund der fehlenden kennzeichenrechtlichen Ansprüche bei ausschließlicher Nutzung der Ziffernfolge, die einem geschützten Kennzeichen entspricht, kommt der Frage, in welchen Konstellationen die Grenze der bloßen Nutzung der Ziffernfolge überschritten ist und auch die alphanumerische Bezeichnung verwendet wird, eine große Bedeutung zu.

Der Nummerninhaber muss sich nicht förmlich für die eine oder andere Alternative entscheiden und seine Nutzungsabsicht offen legen. Zugeteilt wird grundsätzlich die Ziffernfolge, unabhängig davon ob später eine alphanumerische Bezeichnung oder die Ziffernfolge genutzt werden soll[854]. Daher ist nach Anknüpfungspunkten zu suchen, die für die eine oder andere Art der Nutzung sprechen.

(1) Tatsächliche Nutzung als Anknüpfungspunkt

Erster Anhaltspunkt könnte die Rufnummer sein, die bei Anrufern auf dem Display angezeigt wird. Danach würde stets nur die Ziffernfolge genutzt. Dies beruht jedoch auf technischen Gründen und ist unveränderbar, da ausschließlich die Ziffernfolge für den Verbindungsaufbau erforderlich ist und übertragen wird. Würde alternativ auf die Vorstellung des Anrufers abgestellt, ob dieser eine Buchstaben- oder Ziffernfolge wählen wollte, würde dies dazu führen, dass der Nummerninhaber sich die Vorstellung des Anrufers zurechnen lassen müsste. Die Folge wäre eine Rechtsunsicherheit für den Nummerninhaber, der nicht vorhersehen kann, wie die Anrufer seine Vanity-Nummer wählen werden, und zusätzliche Beweisschwierigkeiten, wenn es darum geht, was sich der Anrufer beim Wählen vorgestellt hat.

---

853 Vgl. oben § 3 B. I. 1. a) aa) (Seite 136).
854 Vgl. dazu bereits oben § 2 B. I. 1. b) (Seite 10).

Die Anzeige der Rufnummer in Display und die Vorstellung der Anrufer sind damit keine tauglichen Abgrenzungskriterien für die Entscheidung, ob die alphanumerische Bezeichnung oder lediglich die Ziffernfolge genutzt wird.

(2) Bekanntgabe als maßgeblicher Anknüpfungspunkt

Statt dessen könnte die Bekanntgabe der Vanity-Nummer als relevanter Anknüpfungspunkt dienen[855]. Damit der Nummerninhaber überhaupt über seine Vanity-Nummer angerufen wird, muss er diese auf irgendeine Art bekannt geben. Ohne eine solche Bekanntgabe macht die Freischaltung einer Vanity-Nummer wenig Sinn, außer der Nummerninhaber hofft darauf, dass Telefonnutzer die Rufnummer erraten[856], oder erwartet Anrufer, die sich verwählen und eigentlich eine ähnliche Rufnummer eines Mitbewerbers anrufen wollten[857]. In allen anderen Fällen ist eine Bekanntgabe der Vanity-Nummer erforderlich, bei der deutlich zu erkennen ist, ob der Nummerninhaber auch eine alphanumerische Umsetzung angibt oder nur die Ziffernfolge verwendet[858].

(a) Arten der Bekanntmachung

Die Bekanntgabe kann auf ganz unterschiedliche Weise erfolgen. Zunächst ist an die Bewerbung der Vanity-Nummer oder an die Aufnahme der Rufnummer auf Briefbögen und Geschäftsvordrucke zu denken. Die Vanity-Nummer kann aber auch individuell, etwa an einzelne Geschäftspartner weitergegeben werden, was bereits genügt. Ob die Bekanntgabe schriftlich oder mündlich erfolgt, ist dabei ohne Bedeutung[859].

(b) Bekanntgabe durch Dritte

Die Bekanntgabe wird üblicherweise vom Nummerninhaber ausgehen, da nur dieser anfangs seine Rufnummer kennt. Lässt der Nummerninhaber seine Rufnummer durch einen Dritten bekannt geben, indem etwa eine Werbeagentur beauftragt wird, so muss der Nummerninhaber sich dessen Verhalten zurechnen lassen[860]. Dies gilt natürlich nur so weit, wie der Nummerninhaber die Bekannt-

---

855 In dem Fall Miss Dig, Inc. v. Power Plus Engineering, 944 F. Supp. 600, 604 (E.D. Mich. 1996) wird die Art der Bekanntgabe als „controlling factor" bezeichnet.

856 Davon ist aber kaum auszugehen, vgl. oben § 3 A. IV. 3. a) bb) (Seite 129).

857 Vgl. dazu ausführlich § 3 B. I. 1. b) (Seite 148).

858 Hoeren/Sieber-*Viefhues*, Kap. 6 Rn 522 bezeichnet dies zutreffend als einzigen Anknüpfungspunkt.

859 Vgl. oben § 3 A. II. 2. b) aa) (3) (Seite 32).

860 Insoweit werden die allgemeinen Grundsätze zur Zurechnung von Handlungen Dritter zu gelten haben.

gabe veranlasst oder in Kauf genommen hat[861]. Gibt etwa ein Außenstehender die Vanity-Nummer als alphanumerische Bezeichnung an, obwohl der Nummerninhaber nicht auf die Umsetzung in die alphanumerische Bezeichnung hingewiesen hat, darf dem Nummerninhaber dies nicht zum Nachteil gereichen. Auch wenn der Verdacht besteht, dass der Hinweis auf die Möglichkeit der Umsetzung in die alphanumerische Bezeichnung vom Nummerninhaber ausgegangen ist, da für andere ein Rückschluss von einer Zahlenkombination auf eine sinnvolle alphanumerische Bezeichnung kaum möglich ist, darf dieses nicht ohne weiteres unterstellt werden.

b) Verwechslungsgefahr

Verwendet der Nummerninhaber ausschließlich die Ziffernfolge, so erfolgt keine Nutzung des geschützten Kennzeichens[862]. Fehlt es schon an einer rechtlich relevanten Benutzungshandlung, so kommt es auf das Vorliegen einer Verwechslungsgefahr zwischen der alphanumerischen Umsetzung und dem geschützten Kennzeichen nicht mehr an.

Eine Prüfung der Verwechslungsgefahr kommt aber bezüglich der Ziffernfolge in Betracht, die von dem Nummerinhaber verwendet wird. Es kann geprüft werden, ob die Gefahr besteht, dass die Ziffernfolge und das geschützte Kennzeichen verwechselt werden. Hinsichtlich der Aussprache wie des Schriftbildes bestehen keinerlei Ähnlichkeiten zwischen einer Ziffernfolge und einer alphanumerischen Bezeichnung. Zwar sehen einige Ziffern bestimmten Buchstaben ähnlich[863], etwa die 0 dem O[864] oder die 1 dem l, eine Konstellation, dass eine gesamte Ziffernfolge mit mindestens sechs Ziffern[865] einem Wort nach dem Schriftbild insgesamt ausreichend ähnelt, ist jedoch nicht vorstellbar. Gleiches gilt bezüglich der Aussprache. Einzelne Ziffern lassen sich in Worte integrieren[866], lediglich aus Zahlwörtern lässt sich aber kein schützenswerter alphanumerischer Begriff bilden.

---

861 So liegt auch keine Namensanmaßung vor, wenn eine Person von Dritten mit einem falschen Namen angesprochen wird, so schon OGH, JBl. 1935, 124 (125).

862 Zum Schutz von Zahlen im Kennzeichenrecht vgl. § 3 B. II. (Seite 156).

863 *Dame*, Cath.U.L.Rev. 1999, 1199 (1291).

864 Holiday Inns, Inc. v. 800 Reservation, Inc., 838 F. Supp. 1247, 1251 (E.D. Tenn. 1993); U-Haul Int'l, Inc. v. Kresch, 943 F. Supp. 802, 804 (E.D. Mich. 1996); *Burgstaller*, ecolex 2001, 753 (756), Fn 16.

865 Die Länge der Teilnehmerrufnummer ist abhängig vom Vorwahlbereich, beträgt aber in keinem Vorwahlbereich weniger als sechs Zeichen, vgl. *Demmel/Skrobotz*, MMR 1999, 74 (77), Fn. 53.

866 Etwa N8schicht; vgl. auch das Beispiel Fun-4-You bei Hoeren/Sieber-*Viefhues*, Kap. 6 Rn 537.

aa) Begriffliche Verwechslungsgefahr

Neben dem Klang- und Schriftbild ist im Rahmen der Zeichenähnlichkeit die begriffliche Verwechslungsgefahr zu berücksichtigen[867]. Grundsätzlich genügt eine Ähnlichkeit auf einem der drei Bereiche[868]. Daher genügt die Übereinstimmung zweier Zeichen nach dem Sinngehalt selbst dann, wenn keine zusätzlichen klanglichen oder schriftbildlichen Ähnlichkeiten hinzukommen[869]. Von einer begrifflichen Verwechslungsgefahr kann ausgegangen werden, wenn die angesprochenen Verkehrskreise zwei Zeichen eine vergleichbare Bedeutung beimessen und wegen des ähnlichen Sinns eine gedankliche Verbindung herstellen[870]. So wurden etwa die Bezeichnungen „Rancher" und „Farmer"[871] ebenso wie „Picador" und „Torero"[872] als verwechslungsfähig angesehen.

bb) Situation bei Vanity-Nummern

Damit würde ein vergleichbarer Sinn von Ziffernfolge und geschützter Bezeichnung trotz völliger Verschiedenheit hinsichtlich Aussprache und Schriftbild zur Begründung einer Verwechslungsgefahr genügen. Darauf aufbauend könnte argumentiert werden, dass auch die bloße Ziffernfolge, ihrem Sinn nach beurteilt, auf die alphanumerische Bezeichnung hindeutet und aus diesem Grund eine begriffliche Verwechslungsgefahr besteht. Vergleichbar ist dies mit der Entscheidung zur Verwechslungsgefahr bezüglich der Farbe „lila". Der Bundesgerichtshof[873] hat angenommen, dass die Nutzung der Farbbezeichnung „lila" verwechslungsfähig ist mit der tatsächlichen Nutzung der Farbe[874]. Wie bei der Nutzung der Ziffernfolge wird auf der einen Seite die Bezeichnung genutzt und auf der anderen Seite eine Umsetzung der Bezeichnung verwendet. Entscheidend ist jedoch, dass die angesprochenen Verkehrskreise den Zusammenhang zwischen Bezeichnung und Umsetzung herstellen können.

---

867 Zu den Kriterien für die Prüfung der Zeichenähnlichkeit vgl. oben § 3 A. II. 2. c) bb) (1) (Seite 46).

868 *Berlit*, Rn 148.

869 *Ingerl/Rohnke*, § 14 Rn 576.

870 *Berlit*, Rn 162; *Ingerl/Rohnke*, § 14 Rn 574.

871 BPatG, MittDtPatAnw 1984, 56 – Rancher / Farmer.

872 BPatG, MittDtPatAnw 1970, 196 – Picador / Torero.

873 BGHZ 75, 7 (11) – lila.

874 Letztlich wurde eine Kennzeichenrechtsverletzung jedoch abgelehnt, da „lila" nicht als Herkunftsangabe aufgefasst werden konnte, was nach dem WZG erforderlich war, vgl. BGHZ 75, 7 (12); nach dem Markengesetz wäre wohl von einem Abwehranspruch auszugehen, so zumindest *Berlit*, Rn 163.

Für den Käufer von Schaumwein ist ein Zusammenhang zwischen der Bezeichnung „lila" und der Nutzung der Farbe „lila" sogar naheliegend. Ein Anrufer sieht dagegen keinen Zusammenhang zwischen einer Ziffernfolge und der zugehörigen alphanumerischen Bezeichnung, da ihm wegen der nicht eindeutigen Zuordnung von Buchstaben und Ziffern die Möglichkeit fehlt, von den Ziffern auf die Bezeichnung zu schließen[875].

Nur bei einer eindeutigen Zuordnung von Zahlen zu einem Buchstaben könnte der Verkehr Ziffernfolge und alphanumerische Bezeichnung vergleichen und möglicherweise den Zusammenhang sehen. Selbst dann wäre der Zusammenhang aber nicht so offensichtlich wie bei der Verwendung einer Farbbezeichnung und der Farbe selbst. Während diese Übereinstimmung ohne Hilfsmittel und daher offensichtlich erkennbar ist, wird für die Umwandlung der Ziffern in Buchstaben eine entsprechende Tabelle oder ein Telefon mit Doppelbeschriftung benötigt. Im übrigen ist nicht ersichtlich, warum ein Anrufer die Telefonnummer in eine Buchstabenfolge umrechnen sollte[876]. Ebenso wenig kommt jemand auf die Idee, eine gehörte Melodie in eine Notenfolge umzusetzen und von einem Zusammenhang auszugehen, wenn sich eine Ähnlichkeit zu einer geschützten Bezeichnung wie bei B^b A Es F ergibt[877]. Selbst bei einer eindeutigen Zuordnung drängt sich eine Verwechslungsgefahr folglich nicht ohne weiteres auf. Ohne eine solche eindeutige Zuordnung ist eine Zeichenähnlichkeit im Fall der ausschließlichen Nutzung der Ziffernfolge aber in jedem Fall ausgeschlossen[878].

2. Wettbewerbsrecht

Das Wettbewerbsrecht knüpft anders als das Namens- und Wettbewerbsrecht nicht an die Nutzung der alphanumerischen Bezeichnung an und kann daher auch bei ausschließlicher Verwendung der Ziffernfolge zur Anwendung kommen. Voraussetzung ist lediglich eine Nutzung der Rufnummer im geschäftlichen Verkehr zu Wettbewerbszwecken[879].

Entscheidend ist die Frage, ob die Nutzung der Ziffernfolge als wettbewerbswidrig einzustufen ist. Im Rahmen der Sittenwidrigkeitsprüfung des § 3 UWG kann dabei anders als im Kennzeichenrecht bei einzelnen Fallgruppen auch die subjektive Einstellung des Handelnden, also dessen „böser Wille" be-

---

875 Denkbar wäre höchstens der umgekehrte Fall, dass eine alphanumerische Vanity-Nummer einer geschützten Ziffernfolge entspricht; in diesem Verhältnis besteht eine eindeutige Zuordnung.

876 *Strömer*, Kap. 3.6 (S. 117).

877 Im übrigen ist selbst die Notenfolge nicht ganz eindeutig, so könnte die Note Es (E^b) auch als Dis ($D^{\#}$) angesehen werden.

878 Zu diesem Ergebnis kommt auch das VG Köln, MMR 2001, 190 (191).

879 Vgl. oben § 3 A. II. 3. a) (Seite 52).

rücksichtigt werden[880]. Es ist daher danach zu differenzieren, ob der Nummerninhaber einen plausiblen Grund für die Nutzung der Rufnummer vorweisen kann oder die Ziffernfolge lediglich verwendet wird, um den Kennzeicheninhaber zu behindern oder zu dessen Kunden Kontakt aufzunehmen. Die Anforderungen an die Rechtfertigung des Nummerninhabers dürfen dabei aber nicht so hoch angesetzt werden, dass dieser letztlich doch ein Recht zur Nutzung der Nummer nachweisen muss[881]. Vielmehr muss umgekehrt der Kennzeicheninhaber nachweisen, dass der Nummerninhaber die Ziffernfolge in missbräuchlicher Weise nutzt, indem er sich an der Bezeichnung des Kennzeicheninhabers orientiert[882].

a) Nutzung einer identischen Ziffernfolge

Bei der Prüfung der Wettbewerbswidrigkeit ist danach zu differenzieren, ob der Nummerninhaber eine Ziffernfolge wählt, die genau der numerischen Umsetzung einer Bezeichnung, die von einem Mitbewerber genutzt wird, entspricht, oder ob die gewählte Ziffernfolge der numerischen Umsetzung lediglich ähnelt.

aa) Behinderung

Die Nutzung einer Ziffernfolge als Vanity-Nummer, die identisch mit der numerischen Umsetzung einer von einem Mitbewerber genutzten Bezeichnung ist, könnte sich zunächst als Absatz- und Werbebehinderung darstellen. Für den betroffenen Mitbewerber macht es keinen Unterschied, ob der Nummerninhaber die alphanumerische Bezeichnung selbst oder nur die zugehörige Ziffernfolge als Vanity-Nummer nutzt. In beiden Fällen ist es ihm unmöglich, seinerseits am Markt unter der gewünschten Vanity-Nummer aufzutreten[883]. Er wird also in seinen Bemühungen, eine einprägsame Vanity-Nummer zu Werbezwecken zu verwenden und so letztlich seinen Absatz zu steigern, durch den Nummerninhaber behindert. Für diesen bringt die Verwendung der Vanity-Nummer dagegen kaum Vorteile. Solange er nur die Ziffernfolge nutzt, hätte er auch eine beliebige andere Rufnummer wählen können, durch die der Mitbewerber nicht behindert wird. Entscheidet sich der Nummerinhaber in Kenntnis der Tatasche, dass die Umsetzung der gewählten Rufnummer genau dem geschützten Kennzeichen eines Mitbewerbers entspricht, für die Ziffernfolge, deutet bereits dies auf einen unzulässigen Behinderungswettbewerb hin.

---

880 *Emmerich*, § 5 10. (S. 57).

881 So hat das LG Aachen, MMR 2001, 178 – Vanity Nummer den Hinweis des Nummerninhabers auf den hohen Wiedererkennungs- und Werbewert der Ziffernfolge genügen lassen.

882 BGH, WRP 2000, 724 (727) – Space Fidelity Peep-Show allgemein zur Beweislastverteilung.

883 Vgl. dazu oben § 2 A. II. (Seite 4).

Es ist möglich, dass Interessenten die Rufnummer in dem Glauben wählen, sie würden so den Mitbewerber erreichen, der außerhalb des Bereichs der Vanity-Nummern die Bezeichnung nutzt, deren Umsetzung die Ziffernfolge ergibt. Bei offener Nutzung der alphanumerischen Bezeichnung wurde ausgehend von dieser Überlegung eine unlautere Absatzbehinderung angenommen[884]. Der Nummerninhaber drängt sich zwischen den Anrufer und den gewünschten Mitbewerber, den der Anrufer eigentlich erreichen wollte. Dabei ist es ohne Bedeutung, ob der Nummerninhaber die alphanumerische Bezeichnung oder nur die Ziffernfolge verwendet. In beiden Fällen fängt der Nummerninhaber Anrufer ab, die sich bereits für einen Mitbewerber entschieden hatten; daher ist in beiden Fällen von einer unzulässigen Absatzbehinderung auszugehen.

bb) Täuschung

Steht nicht die Schädigung des Mitbewerbers im Vordergrund, sondern kommt es dem Nummerinhaber vor allem darauf an, mit Hilfe der Vanity-Nummer, die der numerischen Umsetzung einer von einem Mitbewerber genutzten Bezeichnung entspricht, in Kontakt mit dessen Kunden zu treten, liegt die Annahme einer wettbewerbswidrigen Täuschungshandlung nahe.

Ein Fall der unzulässigen Irreführung nach § 5 UWG kann aber nur vorliegen, wenn eine Täuschung auf irreführenden Angaben basiert[885]. Eine Ziffernfolge kann jedoch niemals eine nachprüfbare Aussage enthalten. Solange der Nummerninhaber ausschließlich die Ziffernfolge verwendet, fehlt es an einer irreführenden Angabe und die Wettbewerbswidrigkeit ergibt sich nicht schon aus § 5 UWG. Die Zulässigkeit eines solchen Verhaltens ist aber dann weiter an der Generalklausel des § 3 UWG zu messen[886].

Im Rahmen des § 3 UWG kommt es nicht darauf an, ob eine Irreführung über geschäftliche Angaben oder andere Tatsachen vorliegt, sondern es werden generell alle Wettbewerbshandlungen erfasst, welche die Gefahr einer Täuschung des Publikums zur Folge haben[887]. Nach der allgemeinen Definition genügt das Hervorrufen einer falschen, der Wirklichkeit nicht entsprechenden Fehlvorstellung[888].

Zunächst müssten die angesprochenen Verkehrskreise überhaupt einer Fehlvorstellung unterliegen. Wirbt der Nummerninhaber für seine Vanity-Nummer und gibt er im Rahmen dieser Werbung ausschließlich die Ziffernfolge bekannt, ist davon auszugehen, dass die meisten Anrufer aufgrund der Werbung

---

884 Vgl. oben § 3 A. II. 3. b) bb) (2) (Seite 65).
885 Vgl. oben § 3 A. II. 3. b) aa) (2) (Seite 60).
886 Vgl. oben § 3 A. II. 3. b) aa) (4) (Seite 62).
887 *Baumbach/Hefermehl*, § 1 UWG Rn 5.
888 Köhler/Piper-*Köhler/Piper*, § 1 Rn 12; *Baumbach/Hefermehl*, § 1 UWG Rn 5.

anrufen und tatsächlich den Nummerninhaber erreichen wollten[889]. Für den Anrufer besteht keine Veranlassung, nach einer alphanumerischen Umsetzung zu suchen und aufgrund dieser irrigerweise einen Zusammenhang zwischen Nummern- und Kennzeicheninhaber anzunehmen, wenn der Nummerninhaber nur die Ziffernfolge angibt. Wirbt der Nummerninhaber dagegen nicht für seine Vanity-Nummer, muss angenommen werden, dass die Anrufer die Rufnummer in der irrigen Annahme wählen, sie würden so den Kennzeicheninhaber erreichen. Die Anrufer gehen dann von der Fehlvorstellung aus, der Kennzeicheninhaber wäre zugleich auch Inhaber der entsprechenden Vanity-Nummer.

Fraglich ist, ob in diesen Fällen die Fehlvorstellung durch ein dem Wettbewerber zurechenbares Verhalten hervorgerufen oder zumindest verstärkt wurde. Dies könnte problematisch sein, da der Nummerninhaber nicht aktiv den Anrufer täuscht, indem er etwa durch Verwendung oder Bewerbung der alphanumerischen Bezeichnung des Mitbewerbers als Vanity-Nummer eine falsche Vorstellung beim Anrufer erweckt[890]. Der Nummerninhaber hält lediglich die Vanity-Nummer bereit und profitiert von der Fehlvorstellung des Anrufers. Dies ist mit der Situation vergleichbar, dass ein bereits bestehender Irrtum lediglich ausgenutzt wird[891]. Der Wortbedeutung nach kann das Ausnutzen eines bestehenden Irrtums nicht mehr als Hervorrufen einer Fehlvorstellung angesehen werden.

Allerdings ist zu beachten, dass § 3 UWG als Auffangtatbestand konzipiert ist[892]. Durch die Vorschriften soll unter anderem die Umgehung anderer wettbewerbsrechtlicher Verbote verhindert werden. Daher ist die Regelung bewusst als offener Tatbestand ohne enge Grenzen ausgestaltet[893]. § 3 UWG soll umfassend die Lauterkeit des Wettbewerbsrechts gewährleisten[894]. Der Wahrheitsgrundsatz ist dabei ein wesentlicher Grundsatz des Lauterkeitsrechts, den es zu bewahren gilt[895]. Vor diesem Hintergrund ist es auch zu verstehen, dass auch tatsächliche Maßnahmen, die den Umworbenen zu Fehleinschätzungen verleiten, von § 3 UWG erfasst werden[896]. Einschränkend ist eine Täuschung durch tatsächliche Maßnahmen aber nur dann unlauter, wenn dem Handelnden die zur

---

889 Dies entspricht etwa dem Sachverhalt, welcher der Entscheidung des LG Aachen, MMR 2001, 178 – Vanity-Nummer zugrunde liegt.

890 In diesem Fall liegt eine irreführende Nutzung einer geschützten Bezeichnung vor, vgl. dazu oben § 3 A. II. 3. b) aa) (3) (Seite 61); daneben kommen kennzeichenrechtliche Ansprüche in Betracht.

891 In diesem Sinne auch Holiday Inns, Inc. v. 800 Reservation, Inc., 86 F. 3d 619, 625 (6th Cir. 1996).

892 *Baumbach/Hefermehl*, § 1 UWG Rn 1.

893 BVerfGE 32, 311 (317); BVerfG, WRP 2001, 129 (134) – Benetton; *Ohly*, AcP 201 (2001), 1 (5).

894 *Lehmler*, B. I. 1. (S. 9); *Nordemann*, Rn 41.

895 *Baumbach/Hefermehl*, § 1 UWG Rn 5; *Lehmler*, B. II. (S. 137).

896 HK-UWG-*Plaß*, § 1 UWG Rn 12.

Täuschungen führenden Tatumstände bekannt sind oder er sich der Kenntnis bewusst entzogen hat[897].

Bezüglich der Vanity-Nummern kann damit argumentiert werden, dass letztlich erst durch die Nutzung der Rufnummer als tatsächliches Verhalten des Nummerninhabers die Fehlvorstellung der Anrufer begründet wird. Wäre die Rufnummer überhaupt nicht vergeben, würden die Anrufer auch nicht von der irrigen Vorstellung ausgehen, der Kennzeicheninhaber wäre zugleich auch der Nummerninhaber. Ferner kann dem Nummerninhaber unterstellt werden, dass ihm bekannt ist, dass dem geschützten Kennzeichen des Mitbewerbers die genutzte Ziffernfolge zugrunde liegt, da andernfalls die Nutzung der Rufnummer ohne eigene Bekanntmachung keinen Sinn ergibt. Damit liegen alle Voraussetzungen für die Annahme einer unzulässigen Irreführung nach § 3 UWG vor.

cc) Ausbeutung

Wie bei der Nutzung der alphanumerischen Bezeichnung kommt auch bei ausschließlicher Nutzung der Ziffernfolge die Ausnutzung fremder Werbung nicht in Betracht, da dem Mitbewerber zwar durch den Nummerninhaber die Möglichkeit genommen wird, die von ihm verwandte Bezeichnung auch als Vanity-Nummer zu nutzen sowie damit zu werben, aber der Nummerinhaber bei Nutzung der identischen Ziffernfolge nicht eine vorhandene Werbung ausnutzen kann[898].

Denkbar ist dagegen, dass das Verhalten des Nummerninhabers als unzulässige Ausbeutung fremden Rufs angesehen werden kann. Mangels Erkennbarkeit der alphanumerischen Bezeichnung bei Nutzung der Ziffernfolge scheidet eine Rufausbeutung durch Anlehnung aus. Selbst für eine verdeckte Anlehnung ist es erforderlich, dass die angesprochenen Verkehrskreise das Kennzeichen, auf das Bezug genommen wird, erkennen, damit dessen Ruf übertragen werden kann[899]. Bei der Rufausbeutung durch Täuschung geht es dem Handelnden dagegen nicht darum, mit dem Kennzeicheninhaber verglichen oder in Zusammenhang gebracht zu werden, sondern der Kunde soll den guten Ruf des Mitbewerbers auf den Handelnden übertragen, ohne dass ihm dabei bewusst ist, dass es sich um zwei unterschiedliche Anbieter handelt. Bei den Vanity-Nummern ist die Situation ähnlich, sofern der Nummerninhaber darauf abzielt, Kontakt mit den Kunden eines Mitbewerbers herzustellen, der für seinen guten Ruf bekannt ist. Der Anrufer soll dann die Rufnummer in dem Glauben wählen, er würde so den Mitbewerber mit dem guten Ruf erreichen. Der Nummerninhaber nutzt den mühsam erworbenen guten Ruf des Konkurrenten für eigene Zwe-

---

897 BGH, GRUR 1955, 411 (414) – Unterlassungsklage; HK-UWG-*Plaß*, § 1 UWG Rn 12.
898 Vgl. oben § 3 A. II. 3. b) cc) (1) (Seite 71).
899 *Baumbach/Hefermehl*, § 1 UWG Rn 554.

cke aus, was nicht mit den Prinzipien des lauteren Wettbewerbs vereinbar ist. Bei der Täuschung der Anrufer, die Grundlage für die Rufausbeutung ist, kommt es nicht darauf an, ob die Anrufer wegen der Angabe der Vanity-Nummer als alphanumerischer Bezeichnung den Kennzeicheninhaber für den Nummerninhaber halten oder ob sie von sich aus die Ziffernfolge wählen, in der Hoffnung, so den Kennzeicheninhaber zu erreichen.

dd) Zwischenergebnis

Selbst wenn ausschließlich eine Ziffernfolge genutzt wird, die der Umsetzung einer alphanumerischen Bezeichnung entspricht, kann dies wettbewerbswidrig sein. Wird die Ziffernfolge lediglich gewählt, um zu verhindern, dass ein Konkurrent seine Bezeichnung als Vanity-Nummer nutzen kann, liegt ein Fall des unzulässigen Behinderungswettbewerbs vor. Geht es dem Nummerninhaber darum, mit Anrufern, die eigentlich den Konkurrenten erreichen wollten, Kontakt aufnehmen zu können, ist dies unzulässiger Kundenfang durch Täuschung. Sind die Anrufer für den Nummerninhaber vor allem von Interesse, weil der Konkurrent einen guten Ruf besitzt, kommt daneben eine Rufausbeutung in Betracht.

b) Nutzung ähnlicher Ziffernfolgen

Für den Nummerninhaber kann es sinnvoll sein, eine Ziffernfolge als Vanity-Nummer zu wählen, die nicht identisch ist mit der numerischen Umsetzung einer Bezeichnung, die von einem Konkurrenten genutzt wird, sondern bei der nur eine Ähnlichkeit besteht zu der Ziffernfolge, die der Bezeichnung zugrunde liegt[900]. Verwendet der Nummerninhaber die identische Ziffernfolge, kann er nur von den Anrufern profitieren, welche die Rufnummer in der Hoffnung gewählt haben, der gewünschte Anbieter würde unter dieser Vanity-Nummer zu erreichen sein. Zumindest bei der aktuellen Verbreitung von Vanity-Nummern ist es noch eher unwahrscheinlich, dass ein Anrufer „auf gut Glück" eine Vanity-Nummer testet. Daher kann es für den Nummerninhaber erfolgversprechender sein, eine Ziffernfolge zu wählen, die einer Vanity-Nummer ähnelt, die bereits von einem Konkurrenten benutzt und vor allem beworben wird[901]. In dieser Konstellation kann der Nummerninhaber dann davon profitieren, wenn sich ein-

---

900 *Dame*, Cath. U.L.Rev. 1997, 1199 (1201).

901 Vgl. zur Lukrativität von sogenannten „complementary numbers" die Übersicht bei Holiday Inns, Inc. v. 800 Reservation, Inc. 838 F. Supp. 1247, 1252 (E.D. Tenn. 1993).

zelne Anrufer die gewünschte Rufnummer nicht richtig eingeprägt haben oder sich beim Wählen vertippen[902].

Die Rufnummer, welche der Bezeichnung des Konkurrenten entspricht, wird dabei nicht blockiert, sondern der Nummerninhaber ist darauf angewiesen, dass der Mitbewerber die Vanity-Nummer nutzt, damit er sich an die Zugkraft der Rufnummer anhängen kann. Von einem unzulässigen Behinderungswettbewerb kann daher nicht ausgegangen werden. Zwar wird eine Rufnummer blockiert, an welcher der Inhaber der eigentlichen Vanity-Nummer ein Interesse haben kann, um sicherzustellen, dass Anrufer, die sich verwählen, dennoch mit dem richtigen Anbieter verbunden werden; der Schwerpunkt des Handelns des Nummerninhabers liegt aber nicht auf der Schädigung des Konkurrenten, sondern darin, von dem Mitbewerber und dessen Vanity-Nummer zu profitieren. Ein vergleichbares Problem besteht im Bereich der Domänennamen, wo von Tippfehler-Domänen gesprochen wird[903], wenn falsche Schreibweisen bekannter Internet-Seiten registriert werden sollen[904]. Wettbewerbsrechtlich ist dies nicht als Behinderung im Sinne des § 3 UWG anzusehen, sondern kann höchstens als Täuschung oder Ausbeutung qualifiziert werden[905].

aa) Kundenfang durch Täuschung

Im Falle der Nutzung einer identischen Ziffernfolge ist eine wettbewerbswidrige Täuschungshandlung im Sinne des § 3 UWG mit dem Argument zu begründen, der Nummerninhaber mache sich den Umstand zu nutze, dass die Anrufer glauben, sie würden unter der Rufnummer den Anbieter erreichen, der das Kennzeichen gewöhnlich nutzt[906]. Die Vorstellung und Erwartungshaltung der einzelnen Anrufer ist auch bei der Wahl einer lediglich ähnlichen Ziffernfolge vergleichbar. Der Anrufer, der sich eine falsche Rufnummer eingeprägt hat oder sich beim Wählen vertippt, geht ebenfalls davon aus, den Kennzeicheninhaber zu erreichen. Es ist jedoch nicht auf den tatsächlichen Erwartungshorizont der konkreten Person abzustellen, sondern auf die Sichtweise eines durchschnittlich

---

902 Vgl. die Sachverhalte bei U-Haul Int'l, Inc. v. Kresch, 943 F. Supp. 802, 803 (E.D. Mich. 1996) und Holiday Inns, Inc. v. 800 Reservation, Inc., 838 F. Supp. 1247, 1248 (E.D. Tenn. 1993).

903 Ein Beispiel wäre etwa http://www.jahoo.net statt http://www.yahoo.com (Stand: 15.07.2004).

904 Hoeren/Sieber-*Viefhues*, Kap. 6 Rn 202; Der Spiegel Nr. 39/2003 v. 22.09.2003, S. 69: „Geklaute Klicks".

905 Hoeren/Sieber-*Viefhues*, Kap. 6 Rn 202 lehnt ebenfalls die Fallgruppe der Behinderung ab und verweist ohne Begründung auf die Gesichtspunkte Rufausbeutung, Rufschädigung, Verwässerung und Abfangen.

906 Vgl. oben § 3 B. I. 2. a) bb) (Seite 147).

aufmerksamen Beobachters[907]. Unter Berücksichtigung dieses wettbewerbsrechtlichen Grundsatzes unterscheiden sich die beiden Konstellationen. Wer eine Rufnummer wählt, deren alphanumerische Umsetzung einem Kennzeichen entspricht, wird zu Recht erwarten, den Kennzeicheninhaber und nicht einen seiner Konkurrenten zu erreichen. Nutzt ein Mitbewerber die Rufnummer mit dem Ziel, die Erwartungshaltung auszunutzen, ist dies unlauter.

Wer dagegen eine andere Rufnummer wählt als die Vanity-Nummer, welche dem Kennzeichen entspricht, darf vom objektiven Standpunkt aus betrachtet nicht erwarten, dass er auch unter dieser Rufnummer den Kennzeicheninhaber erreicht. Der wettbewerbsrechtliche Schutz des Kennzeicheninhabers darf nicht so weit gehen, dass alle ähnlichen Ziffernfolgen freizuhalten sind um Verwechslungen zu vermeiden. Dies würde eine zu starke Verknappung der verfügbaren Rufnummern zur Folge haben[908]. Aufgabe des Wettbewerbsrechts ist es nicht, den Kunden vor jedem vermeidbaren Irrtum zu schützen, sondern einen Schutz vor planmäßiger Irreführung zu bieten. Für eine planmäßige und damit unzulässige Irreführung würde etwa die Tatsache sprechen, dass beide Unternehmen unmittelbare Konkurrenten sind, substituierbare Produkte vertreiben und sich der Nummerninhaber bewusst der fremden Rufnummer annähert.

Entscheidend für die Frage, ob eine wettbewerbswidrige Täuschung oder eine noch zulässige Wahl einer verwechslungsfähigen Rufnummer vorliegt, sind vor allem zwei Faktoren. Zum einen ist zu prüfen, ob der Nummerninhaber einen plausiblen Grund für die Wahl der Rufnummer hat; zum anderen ist darauf einzugehen, wie groß die Gefahr ist, dass der Anrufer versehentlich die falsche Ziffernfolge statt der richtigen eingibt. Damit erfolgt die Untersuchung in weiten Bereichen nach markenrechtlichen Kriterien. Die Frage nach dem Grund für die Wahl der Rufnummer ist vergleichbar mit der Prüfung des Vorliegens eines Kennzeichenrechts zugunsten des Nutzers der Bezeichnung und der Abschätzung der Gefahr der Irreführung der Kunden. Die Untersuchung ähnelt insofern der Prüfung der Verwechslungsgefahr im Markenrecht.

Kommt das Markenrecht selbst bei ausschließlicher Verwendung der Ziffernfolge wegen fehlender Nutzung geschützter Kennzeichen nicht zur Anwendung, kann dennoch im Rahmen der wettbewerbsrechtlichen Prüfung auf die markenrechtlichen Grundsätze zurückgegriffen werden. Wenn die Verwendung einer alphanumerischen Bezeichnung als Vanity-Nummer wegen zu großer Nähe zu einem geschützten Kennzeichen nach dem Markenrecht unzulässig wäre, spricht dies dafür, dass die Verwendung der zugrundeliegenden Ziffernfolge ebenfalls wettbewerbswidrig ist, wenn der Nummerninhaber mit Täuschungsab-

[907] EuGH, WRP 1998, 848 (850) – 6-Korn-Eier; EuGH, WRP 2000, 489 (491) – naturrein; Hasselblatt-*Ahrens*, § 19 Rn 61; zum Verbraucherleitbild *Emmerich*, §14 3. (S. 181).
[908] Vgl. die Argumentation oben unter § 3 A. III. 1. a) bb) (Seite 101).

sicht handelt. So wird eine Umgehung des markenrechtlichen Schutzes eines Kennzeichens mit Hilfe des Wettbewerbsrechts verhindert[909].

bb) Ausbeutung

Neben einer Täuschung kommen bei der Nutzung ähnlicher Ziffernfolgen auch eine Ausnutzung fremder Werbung sowie eine Rufausbeutung in Betracht. Verwendet der Kennzeicheninhaber sein Kennzeichen selbst als Vanity-Nummer, ist die Vanity-Nummer nicht lediglich eine Kommunikationsmöglichkeit, sondern wegen der Nennung des Kennzeichens zugleich selbst ein Werbemittel. Nutzt der Nummerninhaber eine ähnliche Ziffernfolge, wird er regelmäßig hoffen, von der Werbung für die Rufnummer des Kennzeicheninhabers zu profitieren und so ohne eigene Werbung Anrufe über seine ähnlich-lautende Vanity-Nummer zu erhalten.

(1) Ausnutzung fremder Werbung

Unter dem Aspekt der Ausnutzung fremder Werbung werden solche Fälle zusammengefasst, bei denen ein Unternehmer die Werbung eines Mitbewerbers nachahmt[910]. Es wird die Werbung der beiden Unternehmen untersucht und überprüft, ob ein Unternehmen nicht nur die Werbeidee, sondern auch die konkrete Ausgestaltung unzulässigerweise von dem Mitbewerber übernommen hat[911]. Ein solcher Vergleich ist nicht möglich, wenn lediglich eine Partei ihre Vanity-Nummer bewirbt und die andere Seite gerade auf eine eigene Werbung verzichtet und lediglich von der fremden Werbung profitieren möchte. Es kann dann nur darauf abgestellt werden, dass die Nutzung der Vanity-Nummer selbst schon die Werbung ist. Die bloße Werbeidee ist jedoch wettbewerbsrechtlich niemals geschützt[912]. Dadurch soll verhindert werden, dass ganze Werbeformen monopolisiert werden[913]. Demnach ist die Idee, Rufnummern selbst als Werbeträger und für Werbezwecke einzusetzen, frei. Die besondere Ausgestaltung der Idee, welche schützenswert sein könnte, würde nur übernommen, wenn die identische Vanity-Nummer von einem Konkurrenten genutzt würde, was aber bereits aus technischen Gründen unmöglich ist.

Dem Nummerninhaber geht es auch nicht darum, die Werbung eines Mitbewerbers zu übernehmen, damit für ein eigenes Produkt zu werben und so

909 Ähnlich nach amerikanischen Recht Holiday Inns, Inc. v. 800 Reservation, Inc., 838 F. Supp. 1247, 1255 (E.D. Tenn. 1993), anders dagegen die Berufungsinstanz 86 F. 3d 619, 625 (6th Cir. 1996).

910 *Rittner*, § 2 Rn 84.

911 BGH, GRUR 1961, 244 – natürlich in Revue.

912 BGHZ 18, 175 (183) – Werbeidee; Köhler/Piper-*Piper*, § 1 Rn 416.

913 *Baumbach/Hefermehl*, § 1 UWG Rn 521.

Kunden zu gewinnen, sondern für den Nummerninhaber ist es entscheidend, Kontakt mit den Kunden und Interessenten des Mitbewerbers aufzunehmen. Daher erscheint es naheliegender, von einem Fall des Kundenfangs oder der Rufausbeutung und nicht der Ausnutzung fremder Werbung auszugehen.

(2) Rufausbeutung

Scheidet bei einer ähnlichen Ziffernfolge die Ausnutzung fremder Werbung aus, bleibt auch in diesem Bereich die Möglichkeit der Rufausbeutung. An den guten Ruf eines Mitbewerbers kann sich ein Unternehmen nicht nur anhängen, wenn es ein Kennzeichen oder eine wettbewerbliche Eigenart des Mitbewerbers exakt übernimmt[914]. Dieses Verhalten ist bereits über das Kennzeichenrecht und den wettbewerblichen Schutz vor identischer Leistungsübernahme hinreichend sanktioniert. Die Rufausbeutung erfasst auch gerade die Fälle, bei denen sich ein Unternehmer lediglich in die Nähe eines Mitbewerbers begibt, um an dessen guten Ruf zu partizipieren[915].

Erfolgt die Rufausbeutung durch Anlehnung an fremde Kennzeichen, ist dies aber nur dann unlauter, wenn das Kennzeichen einen rechtlichen Schutz genießt und die Grenze der Annäherungsfreiheit überschritten wurde[916]. Dies könnte bei Anlehnung an eine andere Ziffernfolge problematisch sein, da grundsätzlich nur die der Ziffernfolge entsprechende Bezeichnung geschützt ist. Jedoch lehnt sich der Nummerninhaber nicht an die Ziffernfolge als Kennzeichen, sondern an die Ziffernfolge in ihrer Eigenschaft als Rufnummer an. Dabei bestehen keine kennzeichenrechtlichen Anknüpfungspunkte, weswegen das Markenrecht auch nicht anwendbar ist[917]. Hat der Nummerninhaber die Ziffernfolge gezielt gewählt, um von dem guten Ruf des Mitbewerbers zu profitieren, der eine ähnliche Ziffernfolge nutzt, liegt ein Fall der Rufausbeutung vor. Es kommt dann nicht darauf an, ob die Ziffernfolge einen kennzeichenrechtlichen Schutz genießt.

c) Verhältnis zum Markenrecht

Bei der Verwendung von geschützten Kennzeichen als Vanity-Nummern stimmen die Wertungen des Markenrechts und des Wettbewerbsrechts regelmäßig überein. Wird dagegen ausschließlich eine Ziffernfolge verwendet, deren alphanumerische Umsetzung einem geschützten Kennzeichen entspricht oder ähnelt,

---

914 *Baumbach/Hefermehl*, § 1 UWG Rn 552.

915 Vgl. etwa BGHZ 5, 1 (11) – Hummel-Figuren.

916 BGH, GRUR 1997, 754 (755) – grau/magenta; *Hefermehl*, GRUR 1968, 378 (379).

917 Vgl. oben § 3 B. I. 1. a) aa) (3) (Seite 139).

ist das Markenrecht unanwendbar, während zahlreiche Konstellationen nach dem Wettbewerbsrecht als unlauter eingestuft werden[918].

Mit Einführung des Markengesetzes sollte ein umfassender Schutz für Kennzeichen erreicht werden, ohne dass ein Rückgriff auf das Wettbewerbsrecht oder andere Vorschriften notwendig wird[919]. So wurde der Schutz geschäftlicher Bezeichnungen sowie bekannter und berühmter Marken aus dem UWG in das Markengesetz übernommen[920]. Auf der anderen Seite bestätigt § 2 MarkenG den schon im Warenzeichenrecht anerkannten Grundsatz, dass die Anwendbarkeit anderer Vorschriften zum Schutz der Kennzeichen nicht ausgeschlossen ist[921]. Dies darf jedoch nicht dazu führen, dass die Wertungen des Markenrechts ausgehöhlt werden, indem eine nach dem Markenrecht zulässige Nutzung eines Kennzeichens aufgrund anderer Normen untersagt wird[922]. Vor diesem Hintergrund lehnt etwa die Rechtsprechung die Überprüfung der Nutzung von bekannten Kennzeichen am Maßstab des § 3 UWG ab, da insoweit die Bestimmungen des Markengesetzes abschließend sein sollen[923]. Ähnlich argumentiert ein Teil der Literatur, wonach das Wettbewerbsrecht nur subsidiär Anwendung finden soll[924]. Danach bleibt Raum für eine Anwendung von § 3 UWG, wenn besondere wettbewerbliche Umstände vorliegen, die nicht bereits durch markenrechtliche Tatbestände erfasst sind[925]. Einen anderen Ansatz verfolgt die Lehre von der kumulativen Anspruchskonkurrenz[926]. Danach sollen Markengesetz und UWG grundsätzlich parallel Anwendung finden, wobei die Normzwecke der Gesetze wechselseitig zu berücksichtigen sind[927].

Die Nutzung von Ziffernfolgen, die geschützten Zeichen entsprechen, wird nach dem Markenrecht nicht als zulässig angesehen, sondern von den markenrechtlichen Vorschriften überhaupt nicht erfasst. Wird der Lehre von der subsidiären Anspruchskonkurrenz gefolgt, können die wettbewerbsrechtlichen Regelungen angewandt werden, da das primär heranzuziehende Markenrecht keine Anwendung findet.

---

918 Vgl. etwa oben § 3 B. I. 2. b) aa) (Seite 150).

919 *Helm*, GRUR 2001, 291; Begründung zum Entwurf eines Markenrechtsreformgesetzes, BT-Drucks. 12/6581, S. 55.

920 *Starck*, DZWir 1996, 313 (315); Gloy-*Greuner*, § 4 Rn 16; *Schmieder*, NJW 1994, 3335 (3336).

921 vonSchultz-*vonSchultz*, § 2 Rn 1.

922 *Helm*, GRUR 2001, 291.

923 BGHZ 138, 349 (351) – Mac Dog; zurückhaltender für Werktitel BGH, GRUR 2000, 70 (73) - Szene.

924 *Ingerl/Rohnke*, § 2 Rn 1; *Teplitzky*, Kap. 4 Rn 10a; ebenso wohl *Piper*, GRUR 1996, 429 (435).

925 Hasselblatt-*Deck*, § 12 Rn 88; vonSchultz-*vonSchultz*, § 2 Rn 3.

926 *Fezer*, WRP 2000, 863 (870).

927 *Deutsch*, WRP 2000, 854 (857); *Fezer*, § 2 Rn 10.

Nach der Lehre von der kumulativen Anspruchskonkurrenz kann ohnehin gleichberechtigt neben bzw. nach dem Markenrecht das Wettbewerbsrecht geprüft werden, wobei im Rahmen der wettbewerbsrechtlichen Prüfung auch der Normzweck und die Schutzrechtsgrenzen des Markenrechts berücksichtigt werden können[928]. Somit ist nach keiner der beiden Theorien ein Wertungswiderspruch darin zu sehen, dass die Nutzung der Ziffernfolge, die mit der numerischen Umsetzung eines fremden Kennzeichens identisch ist oder dieser ähnelt, markenrechtlich nicht zu beanstanden ist, die Verwendung der Rufnummer aber gegen das Wettbewerbsrecht verstoßen kann.

d) Beispiel aus der Rechtsprechung: 0800-37386343

In einem Fall musste sich bereits ein deutsches Gericht mit der Nutzung einer Ziffernfolge, die einer kennzeichenrechtlich geschützten Bezeichnung entspricht, befassen[929]. Ein Anbieter von Dating- und Chatdiensten hatte sich die Vanity-Nummer 0800-37386343 zuteilen lassen. Die Ziffernfolge entspricht den zu wählenden Ziffern für den Begriff „Freundin“, ohne dass der Nummerninhaber das Wort selbst genutzt hat. Der Verlag, der unter diesem Titel eine Zeitschrift vertreibt, hat daraufhin von dem Nummerninhaber die Freigabe der Rufnummer verlangt. Das LG Aachen[930] lehnt in der Urteilsbegründung namens- und markenrechtliche Ansprüche mit dem Hinweis ab, dass von der Ziffernfolge nicht auf eine geschützte Bezeichnung geschlossen werden kann. Im Anschluss daran wird ein wettbewerbsrechtlicher Anspruch aus § 3 UWG geprüft. Dabei beschränken sich die Ausführungen jedoch auf das Vorliegen eines Wettbewerbsverhältnisses. Nach Auffassung des Gerichts bieten die Parteien völlig unterschiedliche Produkte an, so dass es schon an einem Wettbewerbsverhältnis fehlt und auf die weiteren Voraussetzungen im Rahmen von § 3 UWG nicht mehr einzugehen war.

Wird dagegen die Auffassung favorisiert, ein Wettbewerbsverhältnis kann darin gesehen werden, dass beide Parteien um die Vanity-Nummer, die nur einmal vergeben werden kann, konkurrieren[931], wäre weiter zu prüfen gewesen, ob das Verhalten des Nummerninhabers in eine Fallgruppe des § 3 UWG eingeordnet werden kann und damit als unlauterer Wettbewerb eingestuft werden muss.

Ein unzulässiger Behinderungswettbewerb käme vor allem in Betracht, wenn die Schädigungsabsicht im Vordergrund stehen würde[932]. Allerdings nutzt der Nummerninhaber im vorliegenden Fall die Rufnummer für eigene Zwecke, da unter der Rufnummer die Dating- und Chatdienste erreichbar sind. Die Nut-

---

928 Vgl. dazu oben § 3 B. I. 2. b) aa) (Seite 150).
929 LG Aachen, MMR 2001, 178 – Vanity-Nummer.
930 LG Aachen, MMR 2001, 178 – Vanity-Nummer.
931 Vgl. oben § 3 A. II. 3. a) bb) (1) (b) (Seite 55).
932 Köhler/Piper-*Köhler*, § 1 Rn 386.

zung der Ziffernfolge, die dem Begriff „Freundin" entspricht, ist insoweit nachvollziehbar und die Störung des Kennzeicheninhabers nur ein unvermeidbarer Nebeneffekt. Die Möglichkeit oder gar Absicht, von den Kunden zu profitieren, welche die Rufnummer in dem Glauben wählen, sie würden so den Verlag oder die Zeitschriftenredaktion erreichen, ist ebenfalls fernliegend. Insoweit kann die Argumentation des LG Aachen aufgegriffen werden, wonach beide Parteien unterschiedliche Zielgruppen ansprechen und der Anbieter von Dating- und Chatdiensten nicht unbedingt daran interessiert ist, Zeitschriftenleser abzufangen. Die Fallgruppe des Kundenfangs durch Täuschung ist damit nicht einschlägig. Eine Rufausbeutung ist dagegen selbst dann möglich, wenn die Parteien in unterschiedlichen Branchen tätig sind[933]. Dazu müsste sich der Nummerninhaber Vorteile davon versprechen, dass er mit dem Kennzeicheninhaber in Verbindung gebracht oder in dessen Nähe gerückt wird. Der Vorteil der Nutzung der Ziffernfolge 37386343, die der Bezeichnung „Freundin" entspricht, liegt vor allem darin, dass der Begriff wegen seiner beschreibender Bedeutung sehr einprägsam ist. Die Tatsache, dass der Kennzeicheninhaber einen guten Ruf durch seine Zeitschrift besitzt, der auf den Nummerninhaber abfärben kann, ist dagegen wohl von nachrangiger Bedeutung. Gegen die Wettbewerbswidrigkeit des Verhaltens des Nummerninhabers spricht weiter, dass wegen der beschreibenden Bedeutung des Begriffs „Freundin", die mit der Tätigkeit des Nummerninhabers in Verbindung steht, ein plausibler Grund für die Wahl der Rufnummer vorliegt. Die Tatsache, dass der Nummerninhaber eine Rufnummer wählt, die einer einprägsamen Bezeichnung entspricht, diese selbst aber nicht nutzt, macht das Verhalten alleine noch nicht unlauter[934]. Vielmehr kann sogar argumentiert werden, dass der Nummerninhaber dadurch gerade die Rechte des Kennzeicheninhabers akzeptiert und den größtmöglichen Abstand einhält.

Im Ergebnis ist der Entscheidung des LG Aachen damit zuzustimmen, dass im konkreten Fall keine Rechtsverletzung vorliegt und der Kennzeicheninhaber nicht die Freigabe der Rufnummer verlangen kann.

3. Berufsrecht

Verwendet ein Rechtsanwalt die Ziffernfolge 0700-732487269258 ohne darauf hinzuweisen, dass diese Ziffernfolge dem Wort „Rechtsanwalt" entspricht, sieht die Allgemeinheit die Vanity-Nummer wie jede andere Ziffernfolge als beliebige Rufnummer an. Der Nummerninhaber hebt sich nicht mehr in unsachlicher Weise von anderen Rechtsanwälten ab und verstößt damit zunächst nicht gegen § 43b BRAO. Auch blockiert er nicht in wettbewerbswidriger Weise die Ruf-

[933] *Rittner*, § 2 Rn 83.

[934] Das LG Aachen, MMR 2001, 178 – Vanity-Nummer weist zutreffend darauf hin, dass bei Vanity-Nummern nicht zwingend die alphanumerische Bezeichnung genutzt werden muss.

nummer gegenüber anderen Rechtsanwälten, da diese ebenfalls nicht die alphanumerische Bezeichnung nutzen dürften. Andere Unternehmen könnten zwar die alphanumerische Bezeichnung verwenden, haben aber wegen der Schutzunfähigkeit generischer Bezeichnungen keinen Anspruch auf die Buchstabenfolge und können daher nicht die Freigabe der Rufnummer verlangen.

Es ist jedoch zu bedenken, dass kein Grund ersichtlich ist, warum ein Rechtsanwalt sich die Ziffernfolge sichern sollte, wenn er die alphanumerische Bezeichnung nicht nutzt; die Ziffernfolge selbst ist schließlich wenig einprägsam. Es kann dem Rechtsanwalt unterstellt werden, dass er die Rufnummer wegen der alphanumerischen Bezeichnung gewählt hat. Die Motivation des Nummerninhabers, die zur Wahl der Rufnummer geführt hat, ist jedoch so lange unbeachtlich, wie die Grenze des Zulässigen tatsächlich nicht überschritten wird. Verwendet der Nummerninhaber selbst nicht die alphanumerische Bezeichnung und macht er diese nicht bekannt, hält er sich an die gesetzlichen Vorgaben. Wenn seine Mandanten sich die Rufnummer anhand der alphanumerischen Bezeichnung merken, entzieht sich das dem Einflussbereich des Nummerninhabers und darf sich für diesen folglich nicht nachteilig auswirken[935], selbst wenn dies vom Rechtsanwalt so eingeplant und beabsichtigt war. Solange der Rechtsanwalt nicht selbst an den unzulässigen Werbemaßnahmen Dritter beteiligt ist, begeht er keine Berufspflichtverletzung[936].

II. Eigenständiger Schutz der Ziffernfolge

Wie zuvor dargestellt, kann der Rechteinhaber aufgrund seiner Namens- und Markenrechte an einem geschützten Begriff nicht gegen Nummerninhaber vorgehen, die lediglich die dem Begriff zugrundeliegende Ziffernfolge nutzen. Auch mit Hilfe des Wettbewerbsrechts kann der Inhaber eines geschützten Kennzeichens, wie das Beispiel 0800-FREUNDIN gezeigt hat, nicht gegen jeden Nummerninhaber vorgehen. Möglicherweise bestehen aber an der Ziffernfolge eigenständige Rechte, die zugunsten des Rechteinhabers Abwehransprüche begründen.

1. Schutzfähigkeit von Zahlen

Um in den Genuss des markenrechtlichen Schutzes zu gelangen, müssten Zahlen zunächst als schutzfähige Kennzeichen angesehen werden können.

---

935 Vgl. oben § 3 B. I. 1. a) bb) (2) (b) (Seite 140).

936 *Kleine-Cosack*, §43b Rn 20; offengelassen durch das OVG Koblenz, ZIP 1996, 520 (521) – EDEKA.

a) Marken- und Eintragungsfähigkeit

Unter Geltung des alten WZG waren Zahlen grundsätzlich nicht schutzfähig. Zwar war anerkannt, dass Zahlen eine Unterscheidungskraft zukommen kann, aber § 4 II Nr. 1 WZG schloss explizit die Eintragungsfähigkeit und damit den kennzeichenrechtlichen Schutz aus[937]. Begründet wurde die Schutzunfähigkeit damit, dass Zahlen als Sortenbezeichnungen und Gewichtsangaben üblich seien sowie für Preis- und Mengenangaben benötigt würden[938]. Aus diesem Grunde sollten sich Zahlen auch nicht als Herkunftsangabe eignen, was aber für den Schutz nach dem WZG erforderlich gewesen wäre[939]. Abweichend von diesem Grundsatz konnte eine Zahl nur dann einen kennzeichenrechtlichen Schutz genießen, wenn ein Fall der Verkehrsdurchsetzung gegeben war[940]. Dies wurde etwa für die Zahl 4711 angenommen[941]. Neben diesem Standardbeispiel, das häufig zitiert wurde, gab es kaum weitere Fälle der Verkehrsdurchsetzung für Zahlen[942]. Nach Erlass der Markenrechtsrichtlinie wurden teilweise bereits vor Inkrafttreten des Markengesetzes die strengen Regeln zum Schutz von Zahlen aufgelockert[943].

Das Markengesetz erkennt nun in § 3 I MarkenG explizit die Markenfähigkeit von Zahlenmarken an[944]. Danach scheitert ein markenrechtlicher Schutz einzelner Ziffern und mehrstelliger Zahlen nicht an der fehlenden abstrakten Unterscheidungskraft[945]. In einem zweiten Schritt ist jedoch noch das Bestehen von Schutzhindernissen gem. § 8 MarkenG zu untersuchen. Für jede Zahl, deren Schutz begehrt wird, ist im Einzelfall insbesondere die konkrete Unterscheidungskraft sowie das Fehlen eines Freihaltebedürfnisses zu prüfen[946]. Die ausdrückliche Berücksichtigung von Zahlen in § 3 MarkenG ist dabei kein Präjudiz für die Eintragungsfähigkeit[947]. Die generelle Eignung von Zahlen im Sinne ei-

---

937 *Baumbach/Hefermehl*, Warenzeichenrecht, § 4 WZG Rn 56.

938 *Busse/Starck*, § 4 Rn 35.

939 Kritisch dazu *Endemann*, GRUR 1930, 719 (725).

940 *Baumbach/Hefermehl*, Warenzeichenrecht, § 4 WZG Rn 56. Die Verkehrsdurchsetzung war in § 4 III WZG geregelt. Zur Definition vgl. oben § 3 A. III. 2. a) bb) (Seite 111).

941 *Utescher*, MuW 1927/1928, 421 (423); RG, GRUR 1931, 1148, *Endemann*, GRUR 1930, 719 (726).

942 *Busse/Starck*, § 4 Rn 132; *Baumbach/Hefermehl*, Warenzeichenrecht, § 4 Rn 115.

943 Näher dazu *Fezer*, § 8 Rn 115.

944 Begründung zum Entwurf eines Markenrechtsreformgesetzes, BT-Drucks. 12/6581, S. 56; Althammer-*Ströbele*, § 3 Rn 20; *Fezer*, § 8 Rn 113; Gloy-*Greuner*, § 4 Rn 16.

945 *Ingerl/Rohnke*, § 3 Rn 29; *Fezer*, § 8 Rn 116a.

946 BGH, MittDtPatAnw 1996, 184 (186) – quattro II; *Albrecht*, GRUR 1996, 246; *Ingerl/Rohnke*, § 8 Rn 152.

947 BPatG, GRUR 1998, 572 (573) – Zahl 9000.

ner abstrakten Unterscheidungskraft ist unabhängig von der Schutzfähigkeit der konkreten Zahl[948].

b) Kennzeichnungskraft von Zahlen

Im Rahmen der Prüfung der Eintragungsfähigkeit der konkreten Zahl ist vor allem auf deren Kennzeichnungskraft einzugehen, die ein maßgebliches Kriterium für die Schutzfähigkeit ist[949]. Je größer die Kennzeichnungskraft eines Zeichens ist, desto eher ist von einer ausreichenden konkreten Unterscheidungskraft auszugehen und desto seltener besteht ein Freihaltebedürfnis.

aa) Grundsatz

Aus der Tatsache, dass eine mit § 4 II Nr. 1 WZG vergleichbare Regelung, die der Eintragung und dem Schutz von Zahlen als Marke entgegensteht, im Markengesetz fehlt, könnte zunächst geschlossen werden, dass grundsätzlich von einer ausreichenden Kennzeichnungskraft auszugehen ist[950]. Anhaltspunkte für eine Umkehrung des bisherigen Grundsatzes lassen sich aus dem Fortfall der alten Regelung[951] nicht ohne weiteres entnehmen. Es erscheint zu weitgehend, aus der Tatsache, dass die Schutzunfähigkeit entfallen ist, automatisch auf eine generelle Schutzfähigkeit zu schließen[952].

Es bestehen einige Anhaltspunkte für eine eher geringe Kennzeichnungskraft, zumindest im Verhältnis zu Buchstabenkombinationen, was ebenfalls gegen die Schutzfähigkeit von Zahlen als Regelfall spricht. Bei Zahlen besteht ein größeres Freihaltebedürfnis, da anders als bei Wörtern die Möglichkeit, Synonyme zu verwenden, nicht gegeben ist[953]. Außerdem existieren mehr Buchstaben als Ziffern, so dass mit Buchstaben bei gleicher Zeichenlänge mehr Kombinationen möglich sind[954]. Dies rechtfertigt die Annahme, dass Buchstaben und Wörter vom Grundsatz her kennzeichnungskräftiger sind als Ziffern und Zahlen[955].

Bei der Kennzeichnungskraft wird eine grobe Einteilung in Marken mit schwacher, normaler und starker Kennzeichnungskraft vorgenommen[956]. Trotz

---

948 *Fezer*, § 3 Rn 203.
949 BGH, GRUR 1992, 110 (111) – dipa / dib.
950 Ähnlich ist wohl die Begründung zum Entwurf eines Markenrechtsreformgesetzes, BT-Drucks. 12/6581, S. 70 zu verstehen.
951 Diese wäre auch nicht mehr mit Art. 2 MRRL vereinbar gewesen.
952 Ebenso BPatG, GRUR 1998, 572 (573) – Zahl 9000.
953 *Albrecht*, GRUR 1996, 246 (247).
954 *Albrecht*, a.a.O.
955 *Ingerl/Rohnke*, § 14 Rn 363.
956 BGH, GRUR 1957, 27 (32) – Spiegel; *Fezer*, § 14 Rn 272; *Ingerl/Rohnke*, § 14 Rn 326.

der im Vergleich zu Buchstaben und Wörtern geringeren Kennzeichnungskraft von Zahlen wird auch bei den Zahlen von einer normalen Kennzeichnungskraft ausgegangen[957]. Die Tatsache, dass es sich bei dem zu schützenden Zeichen um eine Zahl handelt, hat daher keinerlei Indizwirkung, weder für noch gegen eine Schutzfähigkeit. Vielmehr ist für jede Zahl einzeln die Kennzeichnungskraft festzustellen.

bb) Kennzeichnungskraft im Einzelfall

Innerhalb des Zahlensystems besteht eine unterschiedliche Kennzeichnungskraft. Dabei gilt der Grundsatz, dass die Schutzfähigkeit umso wahrscheinlicher ist, je länger eine Zahl ist[958]. Ein- oder zweistellige Grundzahlen sowie runde Zahlen sind auch nach dem Markengesetz regelmäßig nicht schutzwürdig[959]. Allerdings ist auch für solche Zahlen die Eintragung für bestimmte Produktklassen nicht ausgeschlossen[960]. Insoweit kann von einer widerlegbaren Vermutung eines Freihaltebedürfnisses bei Grundzahlen gesprochen werden[961].

Bei dem Schutz von Zahlen, die als Vanity-Nummer genutzt werden, geht es nicht um Grundzahlen, sondern entsprechend der Mindestlänge für Teilnehmerrufnummern um Zahlen mit sechs oder mehr Zeichen. Weiter ist zu beachten, dass der Ziffer 0 keine Buchstaben zugeordnet sind. Daher können sich bei der Umwandlung einer alphanumerischen Bezeichnungen in eine Ziffernfolge, deren eigenständiger Schutz geprüft wird, auch keine runden Zahlen ergeben.

Folglich ist bei Rufnummern von einer ausreichenden Kennzeichnungskraft auszugehen. Die Ziffernfolge kann einen eigenständigen Schutz als Kennzeichen nach dem Markenrecht genießen[962].

2. Erlangung kennzeichenrechtlichen Schutzes

Doch auch die Schutzfähigkeit einer konkreten Zahl besagt noch nicht, dass diese Zahl tatsächlich geschützt ist. Das Markengesetz kennt für Marken drei Tatbestände, die zur Entstehung eines markenrechtlichen Schutzes führen kön-

---

957 OLG Hamburg, GRUR 2001, 838 (839) – 1001buecher.de; *Ingerl/Rohnke*, § 14 Rn 362.

958 BPatGE 39, 45 (47); Begründung zum Entwurf eines Markenrechtsreformgesetzes, BT-Drucks. 12/6581, S. 70; Richtlinie für die Prüfung von Markenanmeldungen, III. 4. e), abgedruckt in BlPMZ 1995, 378.

959 OLG München, AfP 1995, 676 (677) – ARD-1 / Kabel-1; OLG Hamburg, NJW-RR 1998, 554 – ARD-1 / HH-1; *Fezer*, § 8 Rn 116b; Althammer-*Ströbele*, § 8 Rn 147; Prüfungsrichtlinien des HABM, Ziff. 8.3.

960 BPatGE 41, 139 (141) – Zahl „1“; BGH, WRP 2002, 1071 – Zahl „1“; ebenso BPatG, GRUR 1999, 1088 – Zahl „6“; *Fezer*, § 8 Rn 116a.

961 HK-MarkenR-*Fuchs-Wissemann*, § 8 Rn 47.

962 BGHZ 8, 387 (389); in Betracht kommt vor allem der Schutz als Marke, die Wahl der Ziffernfolge als geschäftliche Bezeichnung oder als Name erscheint fernliegend.

nen[963]: Eine schutzfähige Marke kann aufgrund einer Eintragung in das Markenregister, durch Erlangung von Verkehrsgeltung oder wegen notorischer Bekanntheit markenrechtlichen Schutz genießen.

Die bloße Tatsache, dass die alphanumerische Bezeichnung, welche der Ziffernfolge entspricht, markenrechtlich geschützt ist, genügt nicht als Begründung für die Annahme eines Schutzes der Ziffernfolge, sonst müsste auch von einem Schutz der Melodie[964] B^b A Es F ausgegangen werden, da die Melodie ebenso als Umsetzung der Abkürzung des Chemieunternehmens angesehen werden kann wie die Ziffernfolge die Umsetzung der geschützten alphanumerischen Bezeichnung ist[965]. Ein Kennzeichen wird nur in einer konkreten Form und Gestaltung geschützt[966]. Genießt eine alphanumerische Bezeichnung einen markenrechtlichen Schutz, erstreckt sich der Schutzumfang nur auf die alphanumerische Wiedergabe und nicht automatisch auch auf andere Umsetzungen, etwa als Ziffernfolge[967] oder gar als Melodie[968]. Wenn auch der Ziffernfolge ein eigenständiger Schutz gewährt werden soll, müssen für die Ziffernfolge selbst die Voraussetzungen eines Entstehungstatbestandes erfüllt sein[969].

a) Eintragung

Eine förmliche Eintragung einer Zahl, die lediglich als Basis anzusehen ist für eine alphanumerische Bezeichnung, die als Vanity-Nummer verwendet werden soll, ist unwahrscheinlich. Dagegen spricht auch, dass für eine eingetragene Marke ein Benutzungszwang gem. §§ 25, 26 MarkenG besteht[970]. Nutzt der Markeninhaber die Marke nicht innerhalb von fünf Jahren gemessen ab dem Zeitpunkt der Eintragung, stehen ihm keine Abwehransprüche zu[971]. Erfolgt die Eintragung der Zahl lediglich, um gegen Nutzer identischer oder verwechslungsfähiger Ziffernfolgen aus einem eingetragenen Markenrecht vorgehen zu können, genügt dies nicht als rechtserhaltende Nutzung, wenn der Markeninhaber selbst nur die alphanumerische Bezeichnung verwendet. Die Ziffernfolge wird dann nur als Defensivzeichen eingesetzt, was gegen das geltende Markenrecht

---

963 Vgl. § 4 MarkenG.

964 Nach dem Markengesetz sind auch Hörzeichen als Marke grundsätzlich schutzfähig, vgl. § 3 MarkenG und § 11 MarkenV.

965 Zu diesem Beispiel bereits oben § 3 B. I. 1. b) bb) (Seite 143).

966 BGH, GRUR 1982, 51 (52) – „Rote-Punkt-Garantie"; BGH, GRUR 1982, 672 (674) – Aufmachung von Qualitätsseife; *Ingerl/Rohnke*, § 4 Rn 13.

967 *Strömer*, Kap. 3.6 (S. 117).

968 LG Aachen, MMR 2001, 178 – Vanity-Nummer; Königshofen-*Choron*, II. 5. (S. 24).

969 Ähnlich VG Köln, RTkom 2001, 107 (109).

970 *Berlit*, Rn 330.

971 *Ingerl/Rohnke*, § 25 Rn 5. Nach § 25 II MarkenG scheiden Abwehransprüche auch aus, wenn die Marke nach der Eintragung zwar benutzt wurde, nicht aber in den letzten fünf Jahren vor Geltendmachung des Anspruchs.

verstößt[972]. Selbst vor Ablauf der Benutzungsfrist kann der Markeninhaber keine Abwehransprüche geltend machen, wenn keine eigene ernsthafte Benutzungsabsicht besteht. Einem solchen Vorgehen steht der Einwand[973] der unzulässigen Rechtsausübung gem. § 242 BGB entgegen[974]. Eine Eintragung der Ziffernfolge als Marke kann daher nur dann einen Markenschutz begründen, wenn neben der alphanumerischen Bezeichnung auch die Ziffernfolge wie ein Kennzeichen genutzt wird, was regelmäßig nicht der Fall sein wird[975]. In allen anderen Fällen ist die Eintragung in das Markenregister nicht geeignet, Schutzansprüche gegen den Verwender einer identischen oder ähnlichen Ziffernfolge zu begründen.

Für geschäftliche Bezeichnungen ist ohnehin eine Schutzbegründung durch Eintragung ausgeschlossen[976]. Zur Begründung des markenrechtlichen Schutzes für geschäftliche Bezeichnungen genügt grundsätzlich die Benutzungsaufnahme, bei fehlender originärer Kennzeichnungskraft ist zusätzlich eine Verkehrsgeltung erforderlich[977].

b) Verkehrsgeltung und notorische Bekanntheit

Die Begründung des markenrechtlichen Schutzes durch notorische Bekanntheit gem. § 4 Nr. 3 MarkenG hat eine eigenständige Bedeutung nur bei ausländischen Marken, die im Inland zwar bekannt sind, aber nicht benutzt werden[978]. In allen anderen Fällen ist bereits die Schutzbegründung aufgrund der Verkehrsgeltung einschlägig[979]. Von der Verkehrsgeltung eines Kennzeichens kann gesprochen werden, wenn ein nicht unerheblicher Teil des Verkehrs in dem Kennzeichen einen Herkunftshinweis sieht[980]. Für die Annahme der Verkehrsgeltung bestehen dabei deutlich geringere Anforderungen als bei der Verkehrsdurchsetzung[981]. So kann es bei einem Kennzeichen mit normaler Kennzeichnungs-

---

972 *Fezer*, § 3 Rn 172.

973 Die Nichtbenutzung nach § 25 MarkenG ist eine Einrede, die geltend gemacht werden muss, vgl. *Ingerl/Rohnke*, § 25 Rn 16. Der Einwand der unzulässigen Rechtsausübung ist dagegen von Amts wegen zu berücksichtigen, vgl. BGHZ 37, 147 (152); Palandt-*Heinrichs*, § 242 Rn 15; ebenso *Fezer*, § 25 Rn 7.

974 *Fezer*, § 25 Rn 7 und § 3 Rn 175.

975 Vgl. etwa BVerwG, MMR 2004, 345 (346).

976 *Ingerl/Rohnke*, § 5 Rn 31.

977 *Berlit*, Rn 40.

978 BGH, GRUR Int. 1969, 257 (258) – Recrin; *Ingerl/Rohnke*, § 4 Rn 27; vonSchultz-*vonSchultz*, § 4 Rn 20.

979 *Fezer*, § 4 Rn 224.

980 BGHZ 19, 367 (376) – W 5; BGH, GRUR 1969, 681 (682) – Kochendwassergerät; *Ingerl/Rohnke*, § 4 Rn 19 verlangen jetzt eine umfassende Einzelprüfung.

981 *Ingerl/Rohnke*, § 4 Rn 11; vgl. zur Verkehrsdurchsetzung oben § 3 A. IV. 2. a) bb) (Seite 111).

kraft[982] bereits genügen, wenn 20 – 25 % des angesprochenen Verkehrskreises in dem Zeichen eine Herkunftsbezeichnung sehen[983].

Doch auch das Vorliegen eines so geringen Prozentsatzes scheint bei Vanity-Nummern fraglich. Zumindest der Schwerpunkt der Nutzung von Vanity-Nummern liegt auf der alphanumerischen Bezeichnung, während der Ziffernfolge keine eigenständige Bedeutung beikommt[984]. Sie wird zumeist nur als eine Art Übersetzung mitgeliefert, die sich nicht einprägt. Es ist schließlich gerade beabsichtigt, dass sich der Anrufer die alphanumerische Bezeichnung und nicht die Ziffernfolge merkt. Daher kommt der einer alphanumerischen Bezeichnung zugrundeliegenden Ziffernfolge grundsätzlich auch keine Verkehrsgeltung zu.

c) Sonderfälle

Als Zwischenergebnis lässt sich festhalten, dass Rufnummern zwar grundsätzlich schutzfähig sind, es aber im Bereich der Vanity-Nummern regelmäßig an einem Entstehungstatbestand fehlt, der zur Begründung des markenrechtlichen Schutzes an der Ziffernfolge gem. § 4 MarkenG führt.

Jedoch sind auch Sonderfälle denkbar, bei denen der Ziffernfolge neben der alphanumerischen Bezeichnung eine eigene Bedeutung zukommt, die über die Funktion als Übersetzung hinausgeht, wodurch die Erlangung von Verkehrsgeltung möglich wird. Dies kann vor allem bei solchen Vanity-Nummern angenommen werden, deren Ziffernfolge ebenso wie die alphanumerische Bezeichnung einprägsam ist und sich so zu Werbezwecken eignet. So wirbt eine Berliner Taxizentrale vor allem mit der Rufnummer 0800-CABCALL[985], fügt aber regelmäßig als Werbeslogan hinzu „0800 – fünfmal die Zwei, zweimal die Fünf"[986]. Wegen der Einprägsamkeit und Bewerbung auch der Ziffernfolge kann hier ausnahmsweise von einem kennzeichenrechtlichen Schutz ausgegangen werden[987]. Wie weit unter Berufung auf das Kennzeichenrecht gegen andere

---

982 Zur Kennzeichnungskraft vgl. oben § 3 B. II. 1. b) aa) (Seite 158).

983 BGH, GRUR 1960, 130 (133) – Sunpearl II; *Ingerl/Rohnke*, § 4 Rn 21; *Schramm*, MA 1973, 87 (92); zur aktuellen Entwicklung vonSchultz-*vonSchultz*, § 4 Rn 12.

984 An der alphanumerischen Bezeichnung, die als Vanity-Nummer verwendet wird, kann der Nummerninhaber dagegen alleine durch Nutzung der Rufnummer ein eigenes Kennzeichenrecht bei Verkehrsdurchsetzung begründen.

985 Vgl. Deutsche Telekom AG, Referenzkundenlösung „Würfelfunk", 01.09.2001, im Internet unter http://www.telekom.de/dtag/kr/cda/main/1,16455,2-1-100-55-1,00.html (Stand: 15.07.2004).

986 Vgl. Pressemitteilung der Würfelfunk e.G., Berlin vom 25.02.1998, sowie die Internet-Seite der Würfelfunk e.G. http://www.wuerfelfunk.de/cabc-descr.htm (Stand: 15.07.2004); für Österreich vgl. „Der Standard" vom 09.02.1999: „Fünfmal die zwei und zweimal die Fünf – Hallo Taxi!".

987 So bereits BGHZ 8, 387 (390) für den Schutz der Rufnummer eines Taxi-Unternehmens.

Vanity-Nummer vorgegangen werden kann, hängt auch in dieser Konstellation von der Verwechslungsgefahr ab.

3. Verwechslungsgefahr

Eine Verwechslungsgefahr kann vor allem dann vorliegen, wenn neben der geschützten Zahl von einem Dritten eine andere Vanity-Nummer genutzt wird, welche der geschützten Zahl ähnelt[988]. Bei Verpackungsaufdrucken für Dufterzeugnisse hat das Reichsgericht eine Verwechslungsgefahr zwischen den Ziffernfolgen 1827 und 4711 angenommen, wobei allerdings weniger auf die Ähnlichkeit der Zahlen als auf sonstige Gemeinsamkeiten abgestellt wurde[989]. Für Rufnummern hat der BGH die Verwechslungsgefahr zwischen 30001 und 30031 offengelassen[990]. Allerdings darf der kennzeichenrechtliche Schutz einer Zahlenkombination nicht dazu führen, dass etwa in keinem Vorwahlbereich mehr Rufnummern mit der Ziffernfolge 4711 genutzt werden dürfen[991]. Bei der Nutzung einer Rufnummer wie 0700-4711-4711 durch ein Kosmetikunternehmen wäre dagegen von einer Verwechslungsgefahr auszugehen.

Möglicherweise kann auch eine Verwechslungsgefahr zwischen der geschützten Zahl und einer alphanumerischen Bezeichnung, die als Vanity-Nummer genutzt wird, bestehen. Für den umgekehrten Fall, dass die alphanumerische Umsetzung einer Ziffernfolge einer geschützten Bezeichnung entspricht, wurde die Verwechslungsgefahr mit dem Argument abgelehnt, dass wegen der fehlenden Eindeutigkeit der Zuordnung von Außenstehenden kein Zusammenhang zwischen der Ziffernfolge und der alphanumerischen Bezeichnung hergestellt werden kann[992]. Im umgekehrten Verhältnis besteht dagegen eine eindeutige Zuordnung: Die alphanumerische Bezeichnung lässt sich eindeutig und für jeden Nutzer erkennbar auf die zugrundeliegende Zahl zurückführen[993]. Die Erkennbarkeit für den Anrufer ergibt sich daraus, dass er letztlich zur Wahl der Vanity-Nummer die entsprechenden Zifferntasten auf der Telefontastatur nutzt.

Allerdings besteht für den Anrufer, der eine alphanumerische Vanity-Nummer wählt, keine Veranlassung, sich die zugrundeliegende Ziffernfolge einzuprägen oder über diese nachzudenken. Der Anrufer orientiert sich ausschließlich an den Buchstaben, aus denen sich für ihn die anzuwählende Rufnummer zusammensetzt. Dabei ist dem Anrufer klar, dass sich der Nummerninhaber we-

---

988 Diese Konstellation ist mit dem Sachverhalt vergleichbar, über den der BGH zu entscheiden hatte, vgl. BGHZ 8, 387.

989 RG, GRUR 1931, 1148 – 4711 / 1827.

990 BGHZ 8, 387 (395).

991 Tatsächlich nutzt etwa ein Beckumer Taxiunternehmen die einprägsame Rufnummer 02521-4711; vgl. auch BGH, GRUR 1990, 711 – Telefonnummer 4711.

992 Vgl. oben § 3 B. I. 1. a) aa) (3) (Seite 139).

993 Vgl. bereits eingangs § 2 A. II. (Seite 4).

gen der angegebenen alphanumerischen Bezeichnung für die Rufnummer entschieden hat und die Ziffernfolge ohne Bedeutung ist. Unabhängig von der Frage der Verwechslungsgefahr erscheint bereits eine Nutzung der geschützten Zahl fraglich, wenn lediglich die alphanumerische Bezeichnung verwendet wird[994].

Eine Verwechslungsgefahr kommt also nur zwischen Ziffernfolgen in Betracht, die lediglich geringfügig voneinander abweichen.

C. Grenzfälle zwischen Antragstellung und Nutzung

Bereits vor der Freischaltung einer Vanity-Nummer können sich Konflikte zwischen dem Nummerninhaber, der eine bestimmte Vanity-Nummer nutzen möchte, und dem Kennzeicheninhaber ergeben. Bisher wurden lediglich Konstellationen untersucht, in denen bereits eine Freischaltung der Rufnummer erfolgt ist. Nachfolgend soll auf die Situation von der Beantragung der Rufnummer bis zur Freischaltung eingegangen werden.

I. Beantragung einer Vanity-Nummer

Mit der Beantragung der Vanity-Nummer wird erstmals auf diese Bezug genommen. Damit kommt die Antragstellung als erster Anknüpfungspunkt für eine Rechtsverletzung durch den zukünftigen Nummerninhaber in Betracht.

1. Kennzeichenrecht

In kennzeichenrechtlicher Hinsicht ist zu prüfen, ob bereits in der Antragstellung eine unzulässige Nutzung eines geschützten Kennzeichens gesehen werden kann. Der Antrag auf Zuteilung einer Vanity-Nummer ist an die Regulierungsbehörde für Telekommunikation und Post zu richten; er wird nur der Behörde und nicht der Öffentlichkeit gegenüber bekannt, was gegen das Vorliegen einer Nutzungshandlung sprechen könnte. Für die Nutzung eines Kennzeichens ist es aber nicht zwingend erforderlich, dass die Nutzung gegenüber einer Vielzahl von Personen oder in der Öffentlichkeit erfolgt[995]. Eine Nutzung im geschäftlichen Verkehr, wie sie das Markenrecht verlangt, kann auch bereits bei einer einmaligen Zeichenverwendung gegenüber einer Person oder Institution vorlie-

---

[994] Ebenso wird schließlich die Nutzung der geschützten alphanumerischen Bezeichnung bei bloßer Verwendung der Ziffernfolge abgelehnt, allerdings wird die Ziffernfolge in der vorliegenden Konstellation zumindest zum Verbindungsaufbau benötigt und kann vom Anrufer sichtbar gemacht werden.

[995] BGH, GRUR 1959, 488 (489) – Konsumgenossenschaft.

gen[996]. Danach kann auch in der Antragstellung gegenüber der Regulierungsbehörde eine Nutzungshandlung gesehen werden.

a) Vergleichbarkeit mit der Markenanmeldung

Die Situation bei der Beantragung einer Vanity-Nummer ist ähnlich wie bei der Anmeldung einer Marke zur Eintragung in das Markenregister, so dass sich ein Vergleich anbietet[997]. In beiden Fällen erschöpft sich die Verwendung des Kennzeichens zunächst in der Antragstellung gegenüber der zuständigen Vergabestelle.

Nach einer Auffassung genügt bereits die bloße Anmeldung eines verwechslungsfähigen Kennzeichens zur Eintragung für das Vorliegen einer Verletzungshandlung[998]. Dagegen spricht aber, dass sich die Wiedergabe des Kennzeichens in einem reinen Aktenvorgang erschöpft und das Kennzeichen nicht zur Unterscheidung von Waren oder Dienstleistungen dient[999]. Zumindest nach dem alten WZG, welches eine kennzeichenmäßige Benutzung verlangte, war damit in der Anmeldung eines Warenzeichens zur Eintragung noch keine Verletzungshandlung zu sehen[1000].

Folgt man der Auffassung, wonach das Erfordernis der kennzeichenmäßigen Nutzung auch für das Markengesetz gilt, so scheidet eine Verletzungshandlung aus. Fraglich ist, ob die Ansicht, nach der jede Nutzung im geschäftlichen Verkehr als Verletzungshandlung angesehen werden kann, zum gleichen Ergebnis gelangt. Wegen der dann bestehenden geringeren Anforderungen an eine Verletzungshandlung könnte eine solche bereits anzunehmen sein, wenn die Vanity-Nummer nur für den Aktenvorgang und nicht zur Unterscheidung von Waren und Dienstleistungen verwendet wird. Auch wenn jede Nutzung im geschäftlichen Verkehr eine Markenrechtsverletzung darstellt, kommt eine Verletzungshandlung nur in Betracht, wenn das Zeichen für Waren- oder Dienstleistungen genutzt wird[1001]. Das Kriterium der Nutzung eines Zeichens für Waren oder Dienstleistungen, welches sich aus dem Wortlaut von § 14 II MarkenG ergibt, ist nicht mit dem Erfordernis einer kennzeichenmäßigen Benutzung gleichzusetzen[1002]. Für die Nutzung eines Zeichens für Waren oder Dienstleistungen ist lediglich erforderlich, dass das Kennzeichen zum Zweck des Produktabsatzes oder der Erbringung von Dienstleistungen benutzt wird[1003]. Die Verwendung im

---

996 BGH, GRUR 1953, 293 (294) – Fleischbezug; *von Gamm*, § 1 Rn 14.
997 So für den Bereich der Domänennamen *Nordemann*, NJW 1997, 1891 (1893).
998 RG, GRUR 1942, 432 (437).
999 *Ingerl/Rohnke*, § 14 Rn 142.
1000 *Bauer*, GRUR 1965, 350 (351); *Bobsin*, GRUR 1954, 290 (294).
1001 *Fezer*, § 14 Rn 66.
1002 HK-MarkenR-*Ekey*, § 14 Rn 60; *Fezer*, § 14 Rn 68.
1003 *Fezer*, § 14 Rn 68.

Aktenvorgang dient aber bei der Anmeldung eines Kennzeichens zur Eintragung in das Markenregister nicht dem Zweck des Produktabsatzes oder der Erbringung von Dienstleistungen, sondern erfolgt zu dem Zweck der rechtlichen Absicherung des Kennzeichens. Der Produktabsatz und die Erbringung von Dienstleistungen sind unabhängig davon, ob ein Kennzeichen im Markenregister eingetragen ist.

Möchte ein Unternehmen dagegen seinen Produktabsatz durch den Einsatz einer Vanity-Nummer steigern oder unter dieser Rufnummer Dienstleistungen erbringen, so ist die Beantragung der Rufnummer unabdingbare Voraussetzung. Ohne eine Zuteilung der Rufnummer, die ihrerseits einen entsprechenden Antrag voraussetzt, ist die Nutzung der Vanity-Nummer überhaupt nicht möglich. Die Beantragung einer Vanity-Nummer ist selbst noch keine Maßnahme des Produktabsatzes oder der Erbringung von Dienstleistungen, allerdings sind durch das Abstellen auf den Zweck der Nutzung auch Handlungen erfasst, die der Vorbereitung des Produktabsatzes dienen. Als solche Vorbereitungshandlung kann auch die Beantragung der Vanity-Nummer angesehen werden, durch die eine Steigerung des Produktabsatzes bezweckt werden soll. Damit kommt dieser Beantragung ein anderer Stellenwert als der Anmeldung zur Eintragung in das Markenregister zu, wodurch trotz der Ähnlichkeit beider Fälle, die Wertung, dass die Anmeldung zur Eintragung keine Verletzungshandlung darstellt, nicht auf den Bereich der Vanity-Nummern übertragen werden kann.

b) Nutzungshandlung gegenüber der Regulierungsbehörde

Solange die Vanity-Nummer lediglich beantragt wurde, könnte eine Verletzungshandlung an der mangelnden Nutzung eines geschützten Kennzeichens scheitern. In dem Antrag auf Zuteilung von persönlichen Rufnummern mit der Vorwahl 0700, Rufnummern für entgeltfreie Mehrwertdienste mit der Vorwahl 0800 und Rufnummern für Premium-Rate-Dienste mit der Vorwahl 0190 ist ausschließlich die Ziffernfolge, deren Nutzung beabsichtigt ist, anzugeben; ein Feld zur Angabe der alphanumerischen Bezeichnung ist nicht vorgesehen[1004]. Lediglich bei Beantragung einer Rufnummer für Shared-Cost-Dienste mit der Vorwahl 0180 ist die Angabe der alphanumerischen Umsetzung möglich, sie wird allerdings nur erwartet, wenn das Bestehen eines Schutzrechtes nachgewiesen werden soll[1005]. Wird von der Möglichkeit der Angabe der alphanumerischen Umsetzung kein Gebrauch gemacht, bleibt es bei der ausschließlichen

---

[1004] Vgl. Formulare für den Antrag auf Zuteilung der Rufnummer; abrufbar im Internet unter http://www.regtp.de (Stand: 15.07.2004), Stichwort: „Regulierung Telekommunikation" – „Nummernverwaltung".

[1005] Vorläufige Regeln für die Zuteilung von Rufnummern für „Shared Cost"-Dienste, ABl. BMPT Nr. 34/1997, Vfg 302/1997, Ziff. 5.2, Abs. 2.

Verwendung der Ziffernfolge, die nicht zu einer Verletzung fremder Namens- oder Markenrechte führt.

Selbst wenn wie im Fall der Beantragung von Shared-Cost-Rufnummern die alphanumerische Bezeichnung angegeben wird, ist bei der Antragstellung nicht immer schon absehbar, ob die Rufnummer im geschäftlichen Verkehr oder ausschließlich für private Zwecke eingesetzt werden soll[1006]. Diese markenrechtliche Hürde kann jedoch häufig mit einer Vermutung der Nutzung im geschäftlichen Verkehr überwunden werden[1007].

2. Wettbewerbsrecht

Im Wettbewerbsrecht stellt sich ebenfalls das Problem, dass alleine aufgrund des Antrags beurteilt werden muss, ob eine Nutzung im geschäftlichen Verkehr und nicht ausschließlich zu privaten Zwecken vorliegt. Beantragt eine Privatperson eine Rufnummer, kann ihr nicht ohne weiteres unterstellt werden, im geschäftlichen Verkehr zu handeln[1008].

Kann dem Antragsteller ein Handeln im geschäftlichen Verkehr zu Zwecken des Wettbewerbs und damit eine Wettbewerbshandlung nachgewiesen oder unterstellt werden, sind also die allgemeinen wettbewerbsrechtlichen Voraussetzungen erfüllt, ist auf die einzelnen Fallgruppen einzugehen. Ein unzulässiger Behinderungswettbewerb kann bereits mit der Antragstellung beginnen, da die Anträge nach ihrem Eingang bei der Regulierungsbehörde bearbeitet werden[1009]. Der Antragsteller kann also den Kenzeicheninhaber alleine dadurch behindern und ihm die Möglichkeit nehmen, die Vanity-Nummern zu nutzen, indem er vor diesem den Antrag auf Zuteilung der Rufnummer stellt. Eine Täuschung von Kunden oder Rufausbeutung ist dagegen erst denkbar, wenn die Vanity-Nummer tatsächlich freigeschaltet ist[1010].

II. Reservierung einer Vanity-Nummer

Im Bereich der Domänennamen war es lange Zeit umstritten, wie die Situation rechtlich zu beurteilen ist, wenn ein Unternehmen oder eine Privatperson zwar

---

[1006] *Fezer*, § 3 Rn 332 für Domänennamen.

[1007] Vgl. dazu ausführlich oben unter § 3 A. II. 2. b) bb) (Seite 33), insbesondere § 3 A. II. 2. b) bb) (1) (b) (Seite 36) sowie die nachfolgenden Ausführungen zur wettbewerbsrechtlichen Situation.

[1008] So aber wohl Praxishandbuch-*Schäfer*, § 6 Rn 209.

[1009] *Fezer*, § 3 Rn 349 zur Behinderung eines Konkurrenten durch Beantragung eines Domänennamens; ähnlich *Höhne*, MR 2000, 356 (359), ohne allerdings explizit auf die Antragstellung abzustellen.

[1010] Zuvor werden die Kunden überhaupt nicht angesprochen, vgl. *Bücking*, Rn 137 für den Bereich der Domänennamen.

einen Domänennamen auf sich hat registrieren lassen, diesen aber nicht freischalten lässt[1011]. Das gleiche Problem besteht bei den Vanity-Nummern, wenn die Rufnummer zwar bereits dem Antragsteller zugeteilt wurde, dieser die Rufnummer aber noch nicht in Betrieb genommen hat.

1. Echte und faktische Reservierung

Bei den Domänennamen war es ursprünglich möglich, sich eine Internet-Adresse für eine spätere Benutzung bei der Vergabestelle reservieren zu lassen[1012]. Solange der Domänenname reserviert war, konnte kein anderer Antragsteller sich die Internet-Adresse registrieren lassen, die entsprechenden Anträge wurden mit dem Hinweis, der Domänenname sei bereits vergeben, abgelehnt. Für ein Unternehmen, welches „sein" Kennzeichen als Domänennamen registrieren lassen möchte, macht es keinen Unterschied, ob die gewünschte Internet-Adresse vom Domäneninhaber nur reserviert wurde oder tatsächlich genutzt wird; in beiden Fällen ist es ihm nicht mehr möglich, sich den gewünschten Domänennamen zu sichern. Wegen zahlreicher Missbrauchsfälle ist die Reservierung von Domänennamen unter der Top-Level-Domain .de allerdings mit Wirkung zum 1. Februar 1997 eingestellt worden[1013].

Viele Domäneninhaber, die kein Interesse an der sofortigen Nutzung einer Internet-Adresse haben, sind seitdem dazu übergegangen, den gewünschten Domänennamen zwar registrieren zu lassen und zu konnektieren[1014], aber unter dem Domänennamen lediglich eine leere Seite abzuspeichern[1015]. Alternativ kann statt einer leeren Seite auch eine Seite hinterlegt werden, die – ohne einen Hinweis auf den Domäneninhaber zu enthalten – ausschließlich darüber informiert, dass sich die entsprechende Homepage noch im Aufbau befindet[1016].

Wegen der mit der echten Reservierung vergleichbaren Wirkung bietet es sich an, in diesen Fällen von einer faktischen Reservierung zu sprechen[1017]. Dadurch wird klargestellt, dass es sich wegen der bereits erfolgten Konnektierung

---

1011 Dazu *Bücking*, Rn 107 ff. und 136 ff.; *Joller*, MarkenR 2000, 341 (342).

1012 Schwarz-*Poeck/Jooss*, Kap. 4 - 2.2, S. 12; weniger differenzierend Schwarz/Peschel-Mehner-*Baronikians/Jooss*, Kap. 7 Rn 106.

1013 *Ubber*, WRP 1997, 497 (499); *Strömer*, CR 1997, 290. Für andere Top-Level-Domains ist dagegen teilweise noch eine Reservierung möglich, vgl. dazu *Fezer*, § 3 Rn 333.

1014 Mit der Konnektierung ist die grundsätzliche Erreichbarkeit über das Internet hergestellt; dazu muss zumindest eine Internet-Seite unter dem entsprechenden Domänennamen hinterlegt werden.

1015 *Reinhart*, WRP 2001, 13 (15), Fn 30; *Bücking*, Rn 139 spricht in diesem Zusammenhang von der „weißen Website".

1016 Beliebt sind insbesondere Seiten mit einem Baustellensymbol und / oder dem Hinweis „Under Construction"; vgl. auch Schwerdtfeger-*Poeck*, V. 5.1 (S. 114); *Bücking*, Rn 139.

1017 Schwerdtfeger-*Poeck*, V. 5.1 (S. 114); Schwarz-*Poeck/Jooss*, Kap. 4 - 2.2, S. 13 für den Bereich der Domänennamen.

technisch nicht um eine echte Reservierung handelt, de facto aber eine Reservierungswirkung erreicht wird.

Bei Vanity-Nummern war die Möglichkeit einer echten Reservierung von Anfang an nicht vorgesehen. Der Nummerninhaber muss vielmehr nach spätestens 180 Tagen die Vanity-Nummer in Betrieb nehmen, damit sie nicht an die Regulierungsbehörde für Telekommunikation und Post zurückfällt[1018]. Lediglich bis zum Ablauf dieser Frist kann von einer Reservierung gesprochen werden.

Darüber hinaus bieten einige Telekommunikationsunternehmen ihren Kunden an, die Vanity-Nummer zwar zu schalten, aber noch nicht zur Benutzung freizugeben. Der Nummerninhaber zahlt für diesen Service ein im Vergleich zur regulären Grundgebühr vermindertes Entgelt, für das er sich schon frühzeitig eine Vanity-Nummer sichern kann, deren Nutzung erst für einen späteren Zeitpunkt vorgesehen ist[1019]. Bei der Deutschen Telekom kann sich ein Unternehmer auf diese Weise eine Rufnummer ein Jahr lang sichern[1020]. Dieses Vorgehen ist vergleichbar mit der Hinterlegung einer leeren Internet-Seite unter einem Domänennamen. In beiden Fällen werden die formalen Kriterien zur Nutzung eines Domänennamens bzw. einer Vanity-Nummer eingehalten, von einer tatsächlichen Nutzung kann jedoch noch nicht gesprochen werden. Der Begriff der faktischen Reservierung kann insoweit auf den Bereich der Vanity-Nummern übertragen werden[1021].

2. Kennzeichenrecht

a) Tatsächliches Gesprächsaufkommen als Kriterium

Sowohl während der echten Reservierung als auch bei einer faktischen Reservierung werden noch keine Gespräche über die Vanity-Nummer abgewickelt. Daher wird teilweise die Auffassung vertreten, die Reservierung genüge für die Annahme einer Verletzungshandlung alleine noch nicht[1022]. Fraglich ist, ob die tatsächliche Abwicklung von Gesprächen über die Vanity-Nummer als Kriterium für die kennzeichenmäßige Nutzung herangezogen werden kann. Gibt ein Unternehmen seine Kunden-Hotline, die über eine Vanity-Nummer erreicht werden kann, öffentlich bekannt und ist diese auch erreichbar, so liegt ein Handeln im geschäftlichen Verkehr vor, die engeren Voraussetzungen der kennzeichenmäßigen Nutzung sind ebenfalls erfüllt. Dies gilt unabhängig davon, ob ü-

---

[1018] VG Köln, TKMR 2002, 305 (309); dazu bereits oben § 2 B. I. 1. b) (Seite 10).

[1019] *Jonas/Schmitz*, GRUR 2000, 183.

[1020] So *Jonas/Schmitz*, GRUR 2000, 183 (184), Fn 10.

[1021] Damit ist die Einstufung der faktischen Reservierung als Eigenart des Internets, wie es früher von Schwarz-*Poeck/Jooss*, Kap. 4 - 2.2, S. 13 gesehen wurde, zu eng. Es ist eine Eigenart der Neuen Medien, bei denen ein eindimensionaler Namensraum besteht.

[1022] *Jonas/Schmitz*, GRUR 2000, 183 (184).

berhaupt ein Kunde tatsächlich die Hotline anruft. Daraus ergibt sich, dass die tatsächliche Inanspruchnahme der Vanity-Nummer kein brauchbares Kriterium ist.

b) Visualisierung als Voraussetzung

Weiter wird für den Bereich des Markenrechts vertreten, eine Verletzungshandlung setze zwingend eine visuelle Sichtbarmachung voraus, andernfalls würde eine Nutzung im geschäftlichen Verkehr ausgeschlossen sein[1023]. Wenn eine Vanity-Nummer nur reserviert und nicht freigeschaltet wurde, ergibt sich für die Person, welche diese Rufnummer wählt, das gleiche Ergebnis, als wenn die Rufnummer bisher noch nicht zugeteilt worden wäre. In beiden Fällen erhält der Anrufer die Ansage, die Rufnummer sei nicht verfügbar. Daher ist die Reservierung für Außenstehende nicht erkennbar und es fehlt an einer Visualisierung, so dass auch nach dieser Auffassung eine Markenrechtsverletzung abzulehnen ist. Gegen ein Abstellen auf das Erfordernis der Visualisierung spricht, dass es dem Kennzeicheninhaber nicht zuzumuten ist, die Visualisierung abzuwarten, wenn ihm bereits zuvor die Verwendung des für ihn geschützten Kennzeichens bekannt geworden ist[1024]. Andernfalls müsste der Kennzeicheninhaber beispielsweise bis zur Veröffentlichung der Verletzungshandlung oder im Bereich der Vanity-Nummern bis zur Aktivierung der Rufnummer untätig bleiben, was zu einer Intensivierung der Rechtsverletzung führen würde. Dies widerspricht dem Ziel des Markenrechts, einen möglichst umfassenden, absoluten Schutz zu gewährleisten[1025].

Außerdem erhält der Kennzeicheninhaber, wenn er selbst die Zuteilung der Vanity-Nummer beantragt, den schriftlichen Hinweis, dass diese bereits vergeben ist, was als ausreichende Visualisierung angesehen werden kann[1026].

Unabhängig von der Frage, wann eine ausreichende Visualisierung gegeben ist, kann diese Voraussetzung nicht als taugliches Kriterium für die Prüfung angesehen werden, ob eine Nutzung im geschäftlichen Verkehr anzunehmen ist und damit eine Verletzungshandlung vorliegt.

c) Gefahr der Zuordnungsverwirrung

Statt auf das tatsächliche Gesprächsaufkommen oder die Visualisierung abzustellen, erscheint es sinnvoller, sowohl im Namensrecht als auch im Marken-

---

[1023] Früher dazu Schwarz-*Poeck/Jooss*, Kap. 4 - 2.2, S. 13; jetzt Schwarz/Peschel-Mehner-*Baronikians/Jooss*, Kap. 7 Rn 48; zum Kriterium der Visualisierung vgl. auch bereits oben § 3 A. II. 2. b) aa) (3) (Seite 32).

[1024] So auch *Nordemann*, NJW 1997, 1891 (1893).

[1025] BGH, GRUR 1996, 68 (70) – Cotton Line; *Ingerl/Rohnke*, § 14 Rn 102.

[1026] Ähnlich *Reinhart*, WRP 2001, 13 (15).

recht die Gefahr der Zuordnungsverwirrung als maßgebliches Kriterium zu berücksichtigen. Die Vermeidung einer Zuordnungsverwirrung ist das vorrangige Ziel des kennzeichenrechtlichen Schutzes[1027]. Wo eine solche Gefahr nicht vorliegt, besteht auch keine Notwendigkeit markenrechtlichen Schutzes. Durch die bloße Reservierung ohne Entfaltung weiterer Tätigkeiten wird regelmäßig noch keine Fehlvorstellung bezüglich des Inhabers der Rufnummer hervorgerufen, so dass es aus markenrechtlicher Sicht an einer Verletzungshandlung fehlt.

Schließlich kann, wie bei der Beantragung einer Vanity-Nummer, damit argumentiert werden, dass bei der Reservierung weder erkennbar ist, ob die Rufnummer im geschäftlichen Verkehr oder für private Zwecke in Zukunft eingesetzt werden soll, noch ob eine Nutzung der alphanumerische Bezeichnung oder lediglich der Ziffernfolge beabsichtigt ist.

3. Wettbewerbsrecht

Aus wettbewerbsrechtlicher Sicht ist die Reservierung einer Vanity-Nummer ebenso wie die Beantragung der Zuteilung der gewünschten Rufnummer zu beurteilen[1028]. Vor Aktivierung der Rufnummer kommen weder Kundenfang noch Ausbeutung in Betracht, allerdings kann ein unzulässiger Behinderungswettbewerb vorliegen. Wie im Markenrecht ist jedoch zu prüfen, ob von einer Nutzung im geschäftlichen Verkehr ausgegangen werden kann.

III. Vorbeugender Unterlassungsanspruch

Liegt noch keine Rechtsverletzung vor, könnte aufgrund der Gefahr, dass wegen der bereits erfolgten Beantragung oder Reservierung einer Vanity-Nummer eine Rechtsverletzung zu befürchten ist, zumindest ein vorbeugender Unterlassungsanspruch in Betracht kommen[1029]. Sowohl im Kennzeichenrecht[1030] wie im Wettbewerbsrecht[1031] ist die Möglichkeit einer vorbeugenden Unterlassungsklage grundsätzlich anerkannt. Durch den vorbeugenden Unterlassungsanspruch soll sichergestellt werden, dass ein Unternehmen nicht erst eine sich bereits abzeichnende Rechtsverletzung abwarten muss, um anschließend gegen diese vorzugehen[1032]. Die Beseitigung der Folgen einer bereits erfolgten Rechtsverletzung ist regelmäßig deutlich aufwendiger als die Durchsetzung eines vorbeugenden Unterlassungsanspruchs. Voraussetzung für eine vorbeugende Unterlassungs-

---

[1027] *Ingerl/Rohnke*, § 14 Rn 232.

[1028] Vgl. oben § 3 C. I. 2. (Seite 166).

[1029] Hoeren/Sieber-*Viefhues*, Kap. 6 Rn 71; *Höhne*, MR 2000, 356 (359); *Kur*, CR 1996, 325 (327) für den Bereich der Domänennamen; vgl. auch BGHZ 121, 242 (247) - Triangle.

[1030] LG Düsseldorf, NJW-RR 1998, 979 (981) – epson.de.

[1031] Pastor/Ahrens-*Ahrens*, Kap. 21 Rn 3.

[1032] *Teplitzky*, Kap. 9 Rn 1.

klage ist das Bestehen einer Begehungsgefahr[1033]. Dazu müsste die Begehung einer Verletzungshandlung in der Zukunft ernstlich und unmittelbar zu befürchten sein[1034].

Im Rahmen der Prüfung der Begehungsgefahr ergeben sich vergleichbare Probleme wie bei der Frage, ob schon durch Beantragung oder Reservierung einer Vanity-Nummer eine Rechtsverletzung begangen wurde. Die Absicht der späteren Nutzung der beantragten oder reservierten Vanity-Nummer kann, unter anderem wegen der damit bereits verbundenen Kosten, regelmäßig unterstellt werden[1035]. Für kennzeichenrechtliche Ansprüche müsste aber zusätzlich von einer zukünftigen Nutzung gerade der alphanumerischen Bezeichnung auszugehen sein; bei vorbeugenden Unterlassungsansprüchen nach dem Marken- und Wettbewerbsrecht ist es erforderlich, dass sich eine Nutzung der Rufnummer im geschäftlichen Verkehr abzeichnet. Das Vorliegen dieser Voraussetzungen kann anders als die Nutzungsabsicht nicht ohne weiteres unterstellt werden[1036]. Die Darlegungslast trifft grundsätzlich den Anspruchsteller, für den der Nachweis teilweise aber kaum zu führen ist[1037].

IV. Konsequenz

Der Inhaber eines geschützten Kennzeichens hat ein Interesse daran, möglichst schon vor Freischaltung einer Rufnummer, die mit eigenen Rechten kollidiert, gegen den Nummerninhaber vorzugehen. Vor der tatsächlichen Freischaltung der Rufnummer sind jedoch Art und Umfang der Nutzung kaum bestimmbar, so dass der Kennzeicheninhaber nur selten schon im Vorfeld aktiv werden kann. Im Moment der Antragstellung nutzt der zukünftige Nummerninhaber lediglich die Ziffernfolge und zwischen Zuteilung und Freischaltung besteht die Schwierigkeit im Nachweis der Nutzung im geschäftlichen Verkehr. Lediglich in einzelnen Fällen kommen schon vor der Freischaltung kennzeichenrechtliche Ansprüche, etwa wegen Angabe der alphanumerischen Bezeichnung auf dem Antragsformular, oder wettbewerbsrechtliche Ansprüche in Betracht; gleiches gilt für die Gewährung des vorbeugenden Rechtsschutzes. Bei allen anderen Konstella-

---

[1033] *Hubmann/Götting*, § 47 Rn 2; *Baumbach/Hefermehl*, Einl UWG Rn 299.

[1034] BGH, GRUR 1994, 530 (532) – beta; BGHZ 2, 394 (395) – Widia/Ardia; BGH, GRUR 1961, 545 (547) – Plastic-Folien; *Ingerl/Rohnke*, Vor §§14-19 Rn 59.

[1035] *Jonas/Schmitz*, GRUR 2000, 183 (184); ebenso *Nordemann*, NJW 1997, 1891 (1893) für Domänennamen.

[1036] Dies übersehen *Jonas/Schmitz*, GRUR 2000, 183 (184), die grundsätzlich eine vorbeugende Unterlassungsklage für statthaft halten. *Strömer*, K&R 2002, 306 (308) lehnt dagegen die Möglichkeit einer vorbeugender Unterlassungsklage prinzipiell ab, berücksichtigt dabei aber nicht, dass der Nachweis der Begehungsgefahr im Einzelfall durchaus möglich ist.

[1037] *Baumbach/Hefermehl*, Einl UWG Rn 300; zu den Möglichkeiten einer Beweislasterleichterung oder Beweislastumkehr vgl. *Fezer*, § 3 Rn 332.

tionen muss der Kennzeicheninhaber zunächst die Freischaltung abwarten, um gegen den Nummerninhaber mit Aussicht auf Erfolg vorgehen zu können. Aufgrund der in den Zuteilungsbedingungen verankerten kurzen Frist bis zur Aufnahme der tatsächlichen Nutzung der Rufnummer ist es dem Kennzeicheninhaber durchaus zumutbar, den Ablauf der Frist abzuwarten[1038].

D. Ansprüche des Kennzeicheninhabers

Verstößt die Nutzung einer Vanity-Nummer gegen kennzeichenrechtliche Vorschriften oder andere Normen, stellt sich die Frage, welchen Ansprüchen der Nummerninhaber, der unzulässigerweise die Vanity-Nummer genutzt hat, ausgesetzt ist. Die Bandbreite möglicher Sanktionen reicht dabei von einem vollständigen Verzicht auf die gesamte Vanity-Nummer bis zur Einspielung eines Disclaimers zur Vermeidung einer Verwechslungsgefahr.

I. Abtretung der Vanity-Nummer

Am weitesten würde ein Anspruch auf Abtretung der gesamten Rufnummer gehen. Dem Markenrecht[1039] wie dem Namensrecht[1040] sind Übertragungsansprüche jedoch grundsätzlich fremd. Auch im Wettbewerbsrecht ist ein solcher Anspruch an keiner Stelle explizit vorgesehen. Ein Anspruch auf Herausgabe der Vanity-Nummer unter dem Gesichtspunkt der ungerechtfertigten Bereicherung scheitert an der Tatsache, dass der bisherige Nummerninhaber die Rufnummer nicht ohne Rechtsgrund, sondern aufgrund der Zuteilung durch die Regulierungsbehörde für Telekommunikation und Post erlangt hat, was als Rechtsgrund anzusehen ist. Denkbar wäre höchstens ein Anspruch auf Abtretung der Rufnummer als besondere Ausprägung eines Schadensersatzanspruchs[1041]. Der Schadensersatzanspruch dient als Ausgleich für Schäden, die bereits beim Betroffenen eingetreten sind[1042]. Der Betroffene soll so gestellt werden, wie er ohne die schädigende Handlung stünde[1043]. Die Übertragung der Vanity-Nummer würde darüber hinausgehen und zielt zumindest auch darauf ab, weitere Schäden in der Zukunft zu verhindern oder den Nummerninhaber für seine Rechtsverlet-

1038 Vgl. zur Frist für die Nutzung der Vanity-Nummer oben § 2 B. I. 1. b) (Seite 10). Allerdings kann sich die Nutzungsaufnahme bei einer faktischen Reservierung verzögern.

1039 Das Markenrecht kennt lediglich einen Übertragungsanspruch im Rahmen des § 17 MarkenG, der jedoch nicht analogiefähig ist; vgl. *Fezer*, § 17 Rn 2; zurückhaltender *Ingerl/Rohnke*, Vor §§ 14-19 Rn 155.

1040 OLG Hamm, CR 1998, 241 (243) – krupp.de; *Bücking*, Rn 298.

1041 *Kiethe/Groeschke*, WRP 2002, 27 (34).

1042 Palandt-*Heinrichs*, Vorbem v § 249 Rn 4.

1043 Vgl. § 249 S. 1 BGB; dazu etwa MüKo-*Oetker*, § 249 Rn 310 ff; Erman-*Kuckuck*, § 249 Rn 1.

zung zu bestrafen[1044]. Daher ist ein Anspruch auf Abtretung nicht mit den Grundprinzipien des Schadensersatzrechts vereinbar[1045].

Ein Anspruch auf Abtretung der Rufnummer würde dazu führen, dass der Nummerninhaber verpflichtet wäre, zum eigenen Nachteil an einer Verbesserung der Rechtsposition des Kontrahenten mitzuwirken[1046]. Der Kennzeicheninhaber erhielte die Vanity-Nummer übertragen und stünde damit besser, als wenn die Rechtsverletzung nicht erfolgt wäre, da er dann erst noch die Vanity-Nummer beantragen müsste[1047]. Der Nummerninhaber ist lediglich zur Beseitigung der Störung verpflichtet, ein darüber hinausgehendes Entgegenkommen kann von ihm grundsätzlich nicht erwartet oder verlangt werden[1048].

Für einen Anspruch auf Abtretung der Rufnummer spricht aber, dass dadurch die Gefahr einer erneuten Zwischeneintragung ausgeräumt wird[1049]. Ohne eine direkte Übertragung vom bisherigen Nummerninhaber auf den Kennzeicheninhaber besteht die Möglichkeit, dass der Kennzeicheninhaber sich zwar gegen den Nummerninhaber durchsetzt, ein Dritter aber nach Freigabe der Vanity-Nummer sich diese noch vor dem Kennzeicheninhaber sichert, der dann gegen den neuen Nummerninhaber erneut juristisch vorgehen müsste[1050]. Dieses Risiko ist jedoch gering, da der Kennzeicheninhaber über den Fortgang der Auseinandersetzung informiert ist und so unmittelbar nach Aufgabe der Rufnummer durch den bisherigen Kennzeicheninhaber einen Antrag auf Zuteilung der Rufnummer stellen kann[1051]. Weiter ist zu bedenken, dass sich aus der Tatsache, dass der Kennzeicheninhaber sich gegen den bisherigen Nummerninhaber durchgesetzt hat, nicht automatisch ergibt, dass dem Kennzeicheninhaber die Vanity-Nummer zusteht und sie daher auf ihn zu übertragen ist[1052]. Es ist durchaus denkbar, dass der Kennzeicheninhaber zwar die besseren Rechte im Ver-

---

1044 Schadensersatzansprüche haben weder einen präventiven noch einen pönalen Charakter, vgl. MüKo-*Oetker*, § 249 Rn 8 f; Palandt-*Heinrichs*, Vorbem v § 249 Rn 4.

1045 Ähnlich *Bücking*, Rn 296.

1046 Schwarz/Peschel-Mehner-*Baronikians/Jooss*, Kap. 7 Rn 105 hebt dies für Domänennamen hervor.

1047 BGH, WRP 2002, 694 (700) – shell.de; Hoeren/Sieber-*Viefhues*, Kap. 6 Rn 339 zur vergleichbaren Situation bei den Domänennamen.

1048 Ebenso *Jonas/Schmitz*, GRUR 2000, 183 (186); OLG Frankfurt, MMR 2001, 158; OLG Hamm, CR 1998, 241 (243) – krupp.de.

1049 OLG München, K&R 1999, 326 (327) – shell.de; *Hoeren*, Rn 67.

1050 *Bettinger*, CR 1998, 243 (244).

1051 Bei Domänennamen kann das Risiko durch einen Dispute-Eintrag bei der Denic vollständig ausgeschlossen werden, dazu *Bottenschein*, MMR 2000, 623 (625); Schwarz/Peschel-Mehner-*Baronikians/Jooss*, Kap. 7 Rn 93. Ein vergleichbares Verfahren gibt es bei Vanity-Nummern zwar nicht, aber es ist sehr unwahrscheinlich, dass ein Unbeteiligter genau zwischen Rückgabe der Rufnummer und dem Zuteilungsantrag des Kontrahenten seinerseits die Zuteilung der Vanity-Nummer beantragt.

1052 Insoweit zutreffend OLG Oldenburg, MMR 2004, 34 – schulenberg.de.

hältnis zum bisherigen Nummerninhaber hat, ein Dritter jedoch noch bessere Rechte besitzt und so unmittelbar nach Übertragung der Vanity-Nummer auf den Kennzeicheninhaber gegen diesen vorgehen könnte[1053].

Im Bereich der Domänennamen ist in einzelnen Entscheidungen von einem Anspruch auf Abtretung des Domänennamens an den Kennzeicheninhaber ausgegangen worden[1054]. In der Literatur und auch in der Rechtsprechung wird diese Auffassung jedoch überwiegend als zu weitgehend abgelehnt[1055]. Der Bundesgerichtshof hat sich in der shell.de-Entscheidung ebenfalls gegen einen Anspruch auf Abtretung des Domänennamens ausgesprochen und dies vor allem mit der zuvor erwähnten Möglichkeit begründet, dass ein Dritter noch bessere Rechte an dem Domänennamen besitzen könnte[1056].

Zusätzlich neben den allgemeinen Bedenken gegen einen Überlassungsanspruch ist bei Vanity-Nummern außerdem zu beachten, dass die Übertragbarkeit der von der Regulierungsbehörde zugeteilten Rufnummern durch die Zuteilungsbedingungen ausgeschlossen ist[1057]. Der Nummerninhaber ist daher überhaupt nicht in der Lage, die Rufnummer durch Rechtsgeschäft zu übertragen. Es liegt ein Fall der anfänglichen rechtlichen Unmöglichkeit vor; verlangt der Kennzeicheninhaber dennoch die Abtretung der Rufnummer, läuft er Gefahr, dass seine Klage vom Gericht abgewiesen wird[1058].

Bei Rechtsstreitigkeiten bezüglich einer Vanity-Nummer kommt damit ebenso wie bei Domänennamen eine Pflicht zur Übertragung der gesamten Rufnummer nicht in Betracht. Dies gilt unabhängig von der einschlägigen Anspruchsgrundlage. Eine Pflicht zur Abtretung lediglich der alphanumerischen Bezeichnung scheitert bereits daran, dass die alphanumerische Bezeichnung nicht isoliert ohne die zugrundeliegende Ziffernfolge übertragen werden kann.

[1053] BGH, WRP 2002, 694 (700) – shell.de; Schwarz-*Poeck/Jooss*, Kap. 4 - 2.2, S. 31.

[1054] LG München I, CR 1997, 479 (481) – juris.de; OLG München, K&R 1999, 326 – shell.de; LG Hamburg, CR 1999, 47 (49) – eltern.de; ebenso Schwerdtfeger-*Poeck*, V. 6.3 (S. 117); *Hackbarth*, CR 1998, 557 (558).

[1055] OLG München, K&R 1999, 569 (570) – Rolls Royce; OLG Hamburg, MMR 2001, 196 – derrick.de; OLG Frankfurt, MMR 2001, 158 – joop.de m. zust. Anm. *Bottenschein*; *Ernst*, MMR 1999, 487 (489); zust. auch Schwarz/Peschel-Mehner-*Baronikians/Jooss*, Kap. 7 Rn 105.

[1056] BGH, WRP 2002, 694 (700) – shell.de; zustimmend *Nägele*, WRP 2002, 138 (146); kritisch *Hoeren*, MMR 2002, 386 (388).

[1057] Vgl. etwa die vorläufigen Regeln für die Zuteilung von Rufnummern für entgeltfreie Mehrwertdienste, ABl. BMPT Nr. 17/1997, Vfg 138/1997, Ziffer 6.1 c); für die anderen Vorwahlbereiche bestehende entsprechende Regeln.

[1058] BGHZ 68, 372 (377); BGHZ 62, 388 (393) zu den Folgen einer Klage, die auf eine unmögliche Leistung gerichtet ist; möglicherweise fehlt es bereits an einem Rechtsschutzbedürfnis, dazu BGHZ 97, 178 (181).

II. Unterlassung der Nutzung

Das Kennzeichenrecht kennt als Standardanspruch einen Anspruch auf Unterlassung der Rechtsverletzung[1059]. Sowohl § 12 BGB als auch das Markengesetz[1060] billigen dem Rechtsinhaber grundsätzlich einen Unterlassungsanspruch zu. Bei einem Wettbewerbsverstoß sieht § 8 I UWG schließlich ebenfalls einen Anspruch auf Unterlassung vor[1061]. Der Unterlassungsanspruch richtet sich darauf, eine bestimmte Verletzungshandlung nicht (mehr) zu begehen und dient so dazu, eine rechtswidrige Störung zu beseitigen oder zu verhindern[1062]. Damit ist der Unterlassungsanspruch anders als der Schadensersatzanspruch, welcher der Wiedergutmachung bereits eingetretener Schäden dient, in die Zukunft gerichtet[1063]. Danach kann vom Nummerninhaber grundsätzlich verlangt werden, die weitere Nutzung seiner Vanity-Nummer zu unterlassen.

Einer eingehenderen Untersuchung bedarf dabei allerdings die Frage, wie weit der Unterlassungsanspruch gegen den Inhaber einer Vanity-Nummer geht. Der Unterlassungsanspruch könnte sich auf die Angabe der alphanumerischen Bezeichnung beschränken; es ist jedoch auch denkbar, dass die zugrundeliegende Ziffernfolge ebenfalls nicht mehr benutzt werden darf und zurückgegeben werden muss[1064]. Bei der Beantwortung dieser Frage ist zwischen den kennzeichenrechtlichen und wettbewerbsrechtlichen Ansprüchen zu differenzieren.

1. Kennzeichenrechtlicher Unterlassungsanspruch

Durch die bloße Nutzung der Ziffernfolge werden keine fremden Kennzeichenrechte verletzt, solange nicht die Ziffernfolge selbst kennzeichenrechtlich geschützt ist[1065]. Hätte der Nummerninhaber von Anfang an ausschließlich die Ziffernfolge benutzt, hätte er, da dann keine Kennzeichenrechtsverletzung vorliegen würde, nicht auf Unterlassung in Anspruch genommen werden können. Nutzt der Nummerninhaber die alphanumerische Bezeichnung zusätzlich zur Ziffernfolge, darf dies nicht dazu führen, dass er sämtliche Rechte an der Rufnummer verliert. Das Ziel des kennzeichenrechtlichen Unterlassungsanspruchs

---

1059 *Marx*, Rn 312.

1060 Vgl. §§ 14 V, 15 IV, 128 I MarkenG.

1061 *Engels/Salomon*, WRP 2004, 32 (40); zur bisherigen Rechtslage vgl. *Speckmann*, Rn 196.

1062 *Teplitzky*, Kap. 1 Rn 7; Gloy-*Gloy*, § 1 Rn 35.

1063 Hasselblatt-*Spuhler*, § 3 Rn 1; *Speckmann*, Rn 194.

1064 *Mietzel*, MMR 2004, 34 (35) unterscheidet in einem vergleichbaren Zusammenhang zwischen Unterlassungs- und Freigabeansprüchen.

1065 Vgl. oben § 3 B. I. 1. a) aa) (3) (Seite 139); zur Schutzfähigkeit von Ziffernfolgen § 3 B. II. 2. c) (Seite 162).

ist die Beseitigung des Störungszustandes[1066]. Dazu genügt – abgesehen von dem Sonderfall, dass die Ziffernfolge einen eigenständigen Schutz genießt – die Aufgabe der Nutzung der alphanumerischen Bezeichnung. Die Unterlassung der Nutzung der Ziffernfolge für die Beseitigung des Störungszustandes ist nicht erforderlich und kann daher auch nicht verlangt werden[1067].

Daraus ergibt sich für den Kennzeicheninhaber die Konsequenz, dass er dem Nummerninhaber die Nutzung der alphanumerischen Bezeichnung zwar verbieten kann, der kennzeichenrechtliche Abwehranspruch es ihm aber nicht ermöglicht, selbst die Vanity-Nummer zu verwenden, da die Rufnummer weiterhin dem bisherigen Nummerninhaber zugewiesen bleibt[1068]. Häufig geht es dem Kennzeicheninhaber nicht primär darum, einem Kontrahenten die Nutzung der Rufnummer untersagen zu lassen, sondern es ist das eigentliche Ziel des Kennzeicheninhabers, die notwendigen Voraussetzungen zu schaffen, um selbst die Vanity-Nummer nutzen zu können.

Der Nummerninhaber wird bei Untersagung der Nutzung der alphanumerischen Bezeichnung vielfach von sich aus die Ziffernfolge zurückgeben, da er kein Interesse mehr an einer Rufnummer hat, wenn die alphanumerische Bezeichnung, wegen der die Rufnummer überhaupt beantragt wurde, nicht mehr genutzt werden darf[1069]. Hält der Nummerninhaber dagegen lediglich an der Rufnummer fest, um die Nutzung durch den Kennzeicheninhaber zu verhindern, so ist von einem unzulässigen Behinderungswettbewerb auszugehen, wodurch weitergehende Ansprüche, etwa auf Freigabe der Rufnummer insgesamt begründet werden können, die sich dann aber aus dem Wettbewerbsrecht ergeben[1070].

2. Wettbewerbsrecht

Im Wettbewerbsrecht knüpft die Rechtsverletzung, welche die Grundlage für den Unterlassungsanspruch darstellt, nicht zwingend an die Nutzung eines geschützten Kennzeichens an. Für den wettbewerbsrechtlichen Unterlassungsanspruch kann es ohne Bedeutung sein, ob die alphanumerische Bezeichnung oder nur die Ziffernfolge benutzt wird[1071]. Ergibt sich die Wettbewerbswidrigkeit,

1066 OLG Hamm, CR 1998, 241 (243) – krupp.de.

1067 Hoeren/Sieber-*Viefhues*, Kap. 6 Rn 522; so wohl auch Königshofen-*Choron*, II. 5. (S. 24); vgl. zur Reichweite des Unterlassungsanspruchs bei Domänennamen *Hoeller*, MMR 2002, 459 (460).

1068 *Jonas/Schmitz*, GRUR 2000, 183 (185).

1069 Dagegen spricht auch nicht das Verhalten der Beklagten in dem Verfahren vor dem LG Aachen, MMR 2001, 178 – Vanity-Nummer, da diese von Anfang an nur die Ziffernfolge genutzt hat.

1070 *Jonas/Schmitz*, GRUR 2000, 183 (185).

1071 Vgl. oben § 3 B. I. 2. (Seite 143).

etwa im Fall der Behinderung eines Mitbewerbers durch Blockade einer Vanity-Nummer, bereits aus der Nutzung der Ziffernfolge, kann diese rechtswidrige Störung nur dann vollständig beseitigt werden, wenn dem Nummerninhaber auch die Nutzung der Ziffernfolge untersagt wird. Damit darf der Nummerninhaber die ihm ursprünglich zugeteilte Rufnummer überhaupt nicht mehr verwenden. In diesen Fällen kann von dem wettbewerbswidrig handelnden Nummerninhaber gem. § 8 I UWG die Rückgabe der Rufnummer an die Regulierungsbehörde für Telekommunikation und Post verlangt werden[1072]. Damit wird die Grundlage geschaffen, die streitgegenständliche Vanity-Nummer in einem neuen Zuteilungsverfahren der Partei zuzusprechen, die erfolgreich auf Unterlassung geklagt hatte.

Doch auch im Wettbewerbsrecht geht der Unterlassungsanspruch nicht automatisch auf Rückgabe der Rufnummer. Nur wenn bereits in der Nutzung der Ziffernfolge ein Wettbewerbsverstoß gesehen werden kann, ist die Rufnummer insgesamt zurückzugeben. Erfolgt der Wettbewerbsverstoß ausschließlich durch Nutzung der alphanumerischen Bezeichnung, kann wie im Kennzeichenrecht lediglich die Unterlassung der Nutzung der alphanumerischen Bezeichnung verlangt werden.

3. Durchsetzung des Unterlassungsanspruchs

Geht der Unterlassungsanspruch nicht auf Rückgabe der Rufnummer, sondern nur auf Unterlassung der Nutzung der alphanumerischen Bezeichnung, besteht die Gefahr, dass der Nummerninhaber bis zur Durchsetzung des Unterlassungsanspruchs intensiv die alphanumerische Umsetzung seiner Vanity-Nummer bewirbt, um anschließend von der so erworbenen Bekanntheit der Rufnummer profitieren zu können ohne weiter die mittlerweile bekannte alphanumerische Umsetzung nutzen zu müssen.

Durch ein rasches Vorgehen kann der Kennzeicheninhaber jedoch unterbinden, dass der Nummerninhaber im letzten Moment noch die Bekanntheit seiner Rufnummer steigert. Zum Zweck der schnellen Rechtsdurchsetzung steht das Instrument der Abmahnung zur Verfügung, mit deren Hilfe der Kennzeicheninhaber selbst den Nummerninhaber auf seine Rechtsverletzung hinweisen und die Abgabe einer strafbewehrten Unterlassungserklärung verlangen kann, ohne behördliche Entscheidungen oder das Verstreichen von Fristen abwarten zu müssen[1073]. Sollte die Abmahnung nicht zum gewünschten Erfolg führen, besteht die Möglichkeit der Beantragung einer einstweiligen Verfügung[1074]. Die einstweilige Verfügung wird im Verfahren des vorläufigen Rechtsschutzes er-

---

1072 Hoeren/Sieber-*Viefhues*, Kap. 6 Rn 535.
1073 Ausführlicher zur Abmahnung unter § 4 B. (Seite 205).
1074 *Zimmerling/Werner*, S. 113.

lassen, in dem grundsätzlich keine endgültigen Regelungen getroffen werden[1075]. Daher kann der Nummerninhaber mit Hilfe einer einstweiligen Verfügung zwar grundsätzlich nicht zum vollständigen und damit endgültigen Verzicht auf die Rufnummer verpflichtet werden, die Nutzung der alphanumerischen Bezeichnung und ihre Bewerbung kann aber dem Nummerninhaber zeitnah ohne eine lange Verfahrensdauer untersagt werden[1076].
In Ausnahmefällen kann darüber hinaus der Nummerninhaber bereits im Wege der einstweiligen Verfügung trotz Vorwegnahme der Hauptsache zum vollständigen Verzicht auf die Rufnummer verpflichtet werden[1077]. Erforderlich ist dazu bei Streitigkeiten auf dem Gebiet des gewerblichen Rechtsschutzes das Vorliegen einer offensichtlichen Schutzrechtsverletzung sowie die Unzumutbarkeit des Abwartens auf die Hauptsacheentscheidung[1078]. Diese Frage ist im Rahmen einer einzelfallbezogenen Interessenabwägung zu entscheiden[1079].

III. Schadensersatzansprüche

Neben einem Unterlassungsanspruch kann dem Kennzeicheninhaber zusätzlich ein Schadensersatzanspruch zustehen, mit welchem die durch die Rechtsverletzung bisher begründeten Schäden ausgeglichen werden sollen[1080]. Im Markenrecht bestehen mit § 14 VI und § 15 V MarkenG eigene Anspruchsgrundlagen für einen Schadensersatzanspruch[1081]. Bei Verletzung von Namensrechten sieht § 12 BGB keinen Schadensersatzanspruch vor, allerdings wird das Namensrecht als absolutes Recht im Sinne des § 823 I BGB geschützt, so dass auf diesem Wege eine Schadensersatzpflicht begründet werden kann[1082]. Für das Wettbewerbsrecht ist die Möglichkeit, Schadensersatz zu verlangen, nunmehr zentral in § 9 UWG normiert[1083].

1075 *Speckmann*, Rn 1540; *Jauernig*, Zivilprozessrecht, § 2 II. 3. (S. 7); *Jauernig*, Zwangsvollstreckung, § 37 II. (S. 167).

1076 Die einstweilige Verfügung gilt grundsätzlich bis zur Entscheidung in der Hauptsache, häufig wird die Regelung der einstweiligen Verfügung jedoch durch Schlussschreiben als endgültig anerkannt, dazu *Zimmerling/Werner*, S. 115.

1077 LG Wiesbaden, MMR 2001, 59 für den Bereich der Domänennamen; zustimmend *Rauschhofer*, JurPC Web-Dok. 23/2002, Abs. 12.

1078 OLG Karlsruhe, GRUR 1988, 900 – Dutralene; Zöller-*Vollkommer*, § 940 Rn 8; offengelassen vom OLG Düsseldorf, GRUR Int. 1990, 471.

1079 MüKo-*Heinze*, ZPO, § 940 Rn 176.

1080 *Marx*, Rn 315; Gloy-*Melullis*, § 30 Rn 1.

1081 Dazu *Ingerl/Rohnke*, Vor §§ 14-19 Rn 107.

1082 MüKo-*Schwerdtner*, § 12 Rn 293.

1083 *Engels/Salomon*, WRP 2004, 32 (41); vgl. auch Hasselblatt-*Vykydal*, § 3 Rn 94; *Rittner*, § 4 Rn 36.

1. Anspruchsvoraussetzungen

Ein Schadensersatzanspruch besteht nicht bei jeder rechtsverletzenden Nutzung einer Vanity-Nummer. Für einen Anspruch auf Schadensersatz ist – unabhängig von der konkreten Anspruchsgrundlage – stets eine vorsätzliche oder zumindest fahrlässige Rechtsverletzung erforderlich[1084]. Im Markenrecht ist das Verschuldenserfordernis in den Gesetzestext aufgenommen worden[1085]. Für das Wettbewerbsrecht ist durch die UWG-Reform klargestellt worden, dass der Schadensersatzanspruch Verschulden voraussetzt[1086]. Nach deutschem Recht setzt eine Schadensersatzpflicht, abgesehen von besonders gelagerten Fällen der Gefährdungs- oder Erfolgshaftung, immer ein Verschulden voraus[1087]. Damit besteht für einen Schadensersatzanspruch neben den allgemeinen Anforderungen, die für den Unterlassungsanspruch gelten, noch eine zusätzliche Voraussetzung[1088]. Nur wenn alle Voraussetzungen für einen Unterlassungsanspruch vorliegen und zusätzlich dem Rechtsverletzer ein Verschulden nachgewiesen werden kann, hat die Geltendmachung von Schadensersatzansprüchen Aussicht auf Erfolg.

Im Kennzeichenrecht dürfte der Verschuldensnachweis für den Kennzeicheninhaber umso leichter zu erbringen sein, je bekannter das Kennzeichen ist, das als Vanity-Nummer genutzt wird und an das sich die Rufnummer anlehnt. Die Rechtsprechung verlangt vom Nutzer eines Kennzeichens die Beachtung sehr hoher Sorgfaltsanforderungen[1089]. Es ist eine ausführliche Recherche erforderlich, ob durch die beabsichtigte Nutzung fremde Kennzeichenrechte verletzt werden könnten[1090]. Auch im Wettbewerbsrecht kann die Bekanntheit des Kennzeichen für ein Verschulden sprechen. Bei Zuwiderhandlungen gegen § 3 UWG handelt im übrigen oft schon schuldhaft, wer in Kenntnis der gesamten Umstände gegen die guten Sitten des Wettbewerbs verstößt, so dass sich die Feststellung eines besonderen Verschuldens, die grundsätzlich erforderlich ist[1091], praktisch erübrigt[1092].

1084 *Teplitzky*, Kap. 30 Rn 7.

1085 Vgl. §§ 14 VI, 15 V MarkenG; dazu *Berlit*, Rn 255.

1086 *Engels/Salomon*, WRP 2004, 32 (41); zur früheren Situation *Köhler*, NJW 1992, 1477 (1478); *Rittner*, § 4 Rn 37.

1087 *Baumbach/Hefermehl*, Einl UWG Rn 340.

1088 *Teplitzky*, Kap. 30 Rn 1.

1089 BGH, GRUR 1971, 251 (253) – Oldtimer.

1090 BGH, GRUR 1960, 186 (188) – arctos; *Ensthaler*, Teil H. 3. (S. 308).

1091 BGH, WRP 1965, 97 (100); *Köhler*, NJW 1992, 1477 (1478).

1092 *Baumbach/Hefermehl*, Einl UWG Rn 340.

2. Schadensberechnung

Die Geltendmachung von Schadensersatzansprüchen ist nur dann sinnvoll, wenn dem Anspruchsteller auch tatsächlich ein Schaden entstanden ist[1093]. Unberührt bleibt natürlich die Möglichkeit, zunächst einmal gerichtlich das Bestehen eines Schadensersatzanspruchs dem Grunde nach feststellen zu lassen[1094]. In allen anderen Fällen muss der Anspruchsteller den Schaden nachweisen und beziffern können, der ihm durch die Rechtsverletzung entstanden ist[1095].

a) Zulässigkeit der dreifachen Schadensberechnung

Im Bereich des gewerblichen Rechtsschutzes erfolgt die Schadensermittlung und damit auch die Bezifferung des Schadensersatzanspruchs nach dem Grundsatz der dreifachen Schadensberechnung, bei dem der Geschädigte zwischen drei Berechnungsvarianten wählen darf[1096]. Begründet wird diese Ergänzung des allgemeinen Schadensersatzrechts mit dem besonderen Schutzbedürfnis des Inhabers eines ausschließlichen Immaterialgüterrechts, der nicht wie ein Sacheigentümer Vorkehrungen gegen Rechtsverletzungen treffen kann und dem der Nachweis, welche Schäden durch eine Rechtsverletzung verursacht wurden, nur schwer möglich ist[1097].

Anerkannt ist das Vorgehen nach dem Grundsatz der dreifachen Schadensberechnung für namensrechtliche Ansprüche[1098] sowie Ansprüche aus dem Markenrecht[1099]. Umstritten ist dagegen, ob auch für wettbewerbsrechtliche Ansprüche auf den Grundsatz der dreifachen Schadensberechnung zurückgegriffen werden kann[1100]. Eine allgemeine Anwendung bei allen Arten von Wettbewerbsverstößen wird abgelehnt[1101]. Bei nur wettbewerbsrechtlich geschützten Leistungspositionen, die mit Immaterialgüterrechten zu vergleichen sind, soll

---

[1093] Aus prozesstaktischen Gründen kann im Einzelfall die gerichtliche Geltendmachung von Schadensersatzansprüchen auch ohne konkreten Schaden von Vorteil sein, dazu Hasselblatt-*Vykydal*, § 3 Rn 91.

[1094] BGH, GRUR 1960, 193 (196) – Frachtenrückvergütung. Der Schadenseintritt muss lediglich wahrscheinlich oder zumindest mit einiger Sicherheit zu erwarten sein; dazu BGH, GRUR 1954, 457 (459) – Irus / Urus; *Lindenmaier*, GRUR 1954, 459.

[1095] *Teplitzky*, Kap. 28 Rn 1; ausführlicher *Teplitzky*, GRUR 1987, 215 (216).

[1096] BGHZ 44, 372 (374) – Meßmer Tee II; *Fezer*, § 14 Rn 519; *Köhler*, NJW 1992, 1477 (1479); kritisch *Beuthien/Wasmann*, GRUR 1997, 255.

[1097] BGHZ 57, 116 (118) – Wandsteckdose II mwN; *Däubler*, JuS 1969, 49 (51); *Baumbach/Hefermehl*, Einl UWG Rn 381; *Leise/Traub*, GRUR 1980, 1 (2).

[1098] BGHZ 60, 206 (208) – Miss Petite; MüKo-*Schwerdtner*, § 12 Rn 296.

[1099] *Ingerl/Rohnke*, Vor §§ 14-19 Rn 112.

[1100] Ausführlicher dazu *Loewenheim*, ZHR 135 (1971), 97.

[1101] BGH, GRUR 1965, 313 (314) – Umsatzauskunft; *Teplitzky*, GRUR 1987, 215 (216); *Köhler*, NJW 1992, 1477 (1479); *Hefermehl*, GRUR 1972, 191 (192).

allerdings auf den Grundsatz zurückgegriffen werden dürfen[1102]. Vor diesem Hintergrund erscheint es gerechtfertigt, bei wettbewerbswidriger Nutzung von Vanity-Nummern grundsätzlich die dreifache Schadensberechnung zuzulassen. Vanity-Nummern sind wie Immaterialgüterrechte einer einzelnen Person zugewiesen, die im Rahmen der rechtlichen Vorgaben frei darüber verfügen kann, während alle anderen Personen von der Nutzung ausgeschlossen sind. Insoweit bestehen Parallelen zwischen Vanity-Nummern und Immaterialgüterrechten. Die Argumente, die für die Anwendung der dreifachen Schadensberechnung im gewerblichen Rechtsschutz herangezogen werden, können ebenfalls für den Bereich der Vanity-Nummern übernommen werden[1103]. Der Kennzeicheninhaber kann sich kaum vor einer wettbewerbswidrigen Nutzung von Vanity-Nummern schützen und die Bezifferung des Schadens, der durch die Wettbewerbsrechtsverletzung verursacht wurde, ist nur schwer möglich. Daher verdient auch der Inhaber eines Kennzeichens oder einer Vanity-Nummer, wenn sich ein Konkurrent in wettbewerbswidriger Weise annähert, einen besonderen Schutz, der durch den Grundsatz der dreifachen Schadensberechnung gewährleistet wird.

Damit findet immer der Grundsatz der dreifachen Schadensberechnung Anwendung, wenn ein Schadensersatzanspruch wegen unzulässiger Nutzung einer Vanity-Nummer geltend gemacht wird. Unabhängig von der konkreten Anspruchsgrundlage gilt ein einheitlicher Maßstab für die Berechnung der Höhe des Schadensersatzes.

b) Grundsatz der dreifachen Schadensberechnung

Der Grundsatz der dreifachen Schadensberechnung besagt, dass der Geschädigte nach seiner Wahl Ersatz des konkreten Schadens nach §§ 249 ff. BGB einschließlich des entgangenen Gewinns, Herausgabe des Verletzergewinns oder Zahlung einer angemessenen Lizenzgebühr verlangen kann[1104].

Die Geltendmachung eines Schadensersatzanspruchs nach einer der drei Berechnungsvarianten kann im Bereich der Vanity-Nummern vor allem dann sinnvoll sein, wenn über die Rufnummer Umsätze getätigt oder initiiert wurden, also etwa Bestellungen entgegengenommen wurden. Auch bei hohen vorprozessualen Rechtsverfolgungskosten kann eine Schadensersatzklage in Betracht gezogen werden, wenn die Kosten nicht auf andere Weise erstattungsfähig sind[1105].

[1102] BGHZ 60, 168 (173) – Modeneuheit; *Köhler*, NJW 1992, 1477 (1479) mwN; *Leise/Traub*, GRUR 1980, 1 (2).

[1103] Vgl. BGH, GRUR 1977, 539 (541) – Prozeßrechner, wonach die Übertragbarkeit der Argumentation maßgebliches Kriterium für die Anwendbarkeit der dreifachen Schadensberechnung ist.

[1104] BGHZ 57, 116 (118) – Wandsteckdose II; BGHZ 60, 206 (208) – Miss Petite; BGH, GRUR 1987, 364 (365) – Vier-Streifen-Schuhe.

[1105] Dazu *Leise/Traub*, GRUR 1980, 1 (5).

In den übrigen Fällen wird sich der Anspruchsberechtigte zumeist auf die Geltendmachung von Unterlassungsansprüchen beschränken.

Wählt der Geschädigte den Ersatz des konkreten Schadens, so kann er den entgangenen Gewinn einfordern, der daraus resultiert, dass potentielle Kunden den Anspruchsteller nicht unter der Vanity-Nummer erreicht haben. Es ist denkbar, dass ein Interessent versucht, über die Vanity-Nummer den Kennzeicheninhaber zu erreichen, um eine Bestellung zu tätigen. Erreicht der Interessent aber nicht den erwarteten Kennzeicheninhaber, sondern statt dessen nur den Nummerninhaber, dem die Rufnummer zugewiesen wurde, wechselt er möglicherweise zu einem Anbieter, der einfacher zu erreichen ist oder bestellt direkt beim Nummerninhaber, wenn dieser das gleiche Produkt oder gleichwertige Alternativen anbietet. Der durch das Ausbleiben von Geschäftsabschlüssen so beim Kennzeicheninhaber entstehende Schaden kann grundsätzlich im Wege des Schadensersatzes erstattet verlangt werden, ist allerdings schwer zu ermitteln.

Alternativ kann der Geschädigte die Gewinne des Nummerninhabers abschöpfen, die dieser durch die unzulässige Nutzung der Vanity-Nummer erzielt hat. Dabei ist der Gewinnanteil zu schätzen, der gerade auf der Rechtsverletzung beruht und nicht auf andere Absatzfaktoren zurückgeht[1106]. Im Bereich der Vanity-Nummern kann der Kennzeicheninhaber vom Nummerninhaber zunächst Auskunft darüber verlangen, wie viele Gespräche über die Rufnummer abgewickelt und wie viele Bestellungen mit welchem Wert entgegengenommen wurden. Der Auskunftsanspruch wird dabei als Hilfsanspruch zum Schadensersatzanspruch angesehen, der als Ausprägung des Grundsatzes von Treu und Glauben gewohnheitsrechtlich anerkannt ist[1107]. Verwendet der Nummerninhaber eine Rufnummer, die sich an das Kennzeichen eines Konkurrenten anlehnt oder diesem gar entspricht, ist davon auszugehen, dass alle Anrufer den Kennzeicheninhaber erreichen wollten[1108]. Damit beruhen die gesamten Gewinne, die der Nummerninhaber mit Hilfe der Vanity-Nummer erzielt hat, auf der Rechtsverletzung und können als Schadensersatzposten geltend gemacht werden. Trotz des Auskunftsanspruchs können allerdings solche Gewinne nicht erfasst werden, die sich daraus ergeben, dass sich etwa ein Kunde zunächst telefonisch informiert und das Produkt später erst über andere Wege vom Nummerninhaber erwirbt. Nicht einmal der Nummerninhaber selbst kann diese Gewinne beziffern.

Wählt der Geschädigte die Zahlung einer angemessenen Lizenzgebühr, kann er ein übliches, angemessenes Entgelt für die Nutzung seines Rechtes verlangen[1109]. Der Geschädigte wird so gestellt, als ob ein Lizenzvertrag abge-

---

1106 BGH, GRUR 1961, 354 (355) – Vitasulfal; *Ingerl/Rohnke*, Vor §§ 14-19 Rn 114.

1107 BGH, GRUR 1980, 227 (232) – Monumenta Germaniae Historica; BGH, GRUR 1962, 398 (400) – Kreuzbodenventilsäcke II; Hasselblatt-*Vykydal*, § 3 Rn 46.

1108 Vgl. etwa Holiday Inns, Inc. v. 800 Reservation, Inc., 838 F. Supp. 1247, 1252 (E.D. Tenn. 1993).

1109 Hasselblatt-*Vykydal*, § 3 Rn 130.

schlossen worden wäre. Voraussetzung ist lediglich, dass ein Lizenzvertrag über das entsprechende Gut überhaupt rechtlich möglich und eine Überlassung verkehrsüblich ist[1110]. Im Bereich der Vanity-Nummern kann der Geschädigte danach den Betrag einfordern, den er erhalten hätte, wenn er die Vanity-Nummer tatsächlich an den Nummerninhaber weitervermietet oder diesem die Nutzung der Rufnummer gestattet hätte[1111]. Es ist dabei ohne Bedeutung, ob der Geschädigte im konkreten Fall zu einer Lizenzerteilung bereit gewesen wäre[1112]. Rechtlich zulässig wäre jedenfalls statt der Weitervermietung der Vanity-Nummer die Gestattung der Nutzung der Rufnummer durch einen Dritten[1113].
Es ist auch nicht völlig unüblich, dass ein Unternehmer die Telefonberatung und Auftragsannahme auslagert und einen Dritten mit der Abwicklung der Telefongespräche beauftragt[1114]. Damit kann der Geschädigte bei unzulässiger Nutzung einer Vanity-Nummer auch die Berechnungsvariante der Lizenzanalogie wählen.

Für welche der Berechnungsvarianten sich der Geschädigte entscheiden wird, ist vom konkreten Einzelfall abhängig. So macht etwa die Wahl der Herausgabe des Verletzergewinns keinen Sinn, wenn der Nummerninhaber kaum Umsätze durch die Nutzung der Vanity-Nummer generiert hat, sondern die Rufnummer nur zur Behinderung des Kennzeicheninhabers gewählt wurde.

c) Beispielfall aus den Vereinigten Staaten von Amerika

In den vor deutschen Gerichten verhandelten Streitigkeiten um Vanity-Nummern ging es bisher nur um Unterlassungsansprüche[1115]. Ein Blick auf die amerikanische Judikatur zu Rechtsverletzungen bei Vanity-Nummern lässt erkennen, dass in Einzelfällen daneben ein starkes Interesse an der Geltendmachung von Schadensersatzansprüchen bestehen kann. In einem Fall hatte etwa

---

1110 BGHZ 60, 206 (211) – Miss Petite; *Köhler*, NJW 1992, 1477 (1479).

1111 Für die Höhe des Schadensersatzes können ähnliche Beträge wie bei Domänennamen angenommen werden; zu der Bezifferung dort vgl. LG Mannheim, WRP 2002, 254 (257); LG Hamburg, CR 2002, 296 (297).

1112 BGHZ 44, 372 (379) – Meßmer Tee II; BGHZ 26, 349 (353); BGH, NJW 1992, 2753 (2755) – Tchibo / Rolex II; LG Hamburg, CR 2002, 296 (297); *Köhler*, NJW 1992, 1477 (1479).

1113 Im Unterschied zur Weitervermietung wird der Dritte, wenn lediglich eine Gestattung des Kennzeicheninhabers vorliegt, selbst Nummerninhaber. Dies hätte den Nachteil, dass andere Kennzeicheninhaber gegen den Dritten vorgehen können, da dieser sich nicht auf ein eigenes Kennzeichenrecht berufen kann, denn die Gestattung gilt nur im Verhältnis zwischen den Vertragsparteien.

1114 Vgl. etwa U-Haul v. Kresch, 943 F. Supp. 802, 807 (E.D.Mich. 1996).

1115 LG Aachen, MMR 2001, 178 – Vanity-Nummer; BGH, WRP 2002, 1050; gleiches gilt größtenteils für die Streitigkeiten um Domänennamen, dazu *Ullrich*, WM 2001, 1129 (1131).

ein unabhängiges Reisebüro unter Nutzung der Rufnummer 1-800-4054329 bzw. 1-800-H0LIDAY Hotelreservierungen angeboten und dabei davon profitiert, dass das telefonische Buchungssystem der Hotelkette Holiday Inn unter der fast identischen Vanity-Nummer 1-800-4654329 bzw. 1-800-HOLIDAY zu erreichen ist, weswegen zahlreiche Anrufer irrtümlich die Rufnummer des Reisebüros gewählt haben[1116]. Beide Rufnummern unterscheiden sich lediglich darin, dass das Reisebüro bei „Holiday" anstatt des Buchstaben O die Ziffer 0 gewählt hat. Das Unternehmen Holiday Inns, Inc. klagte gegen das Reisebüro und machte als Schadensposten die von Holiday Inns, Inc. an das Reisebüro gezahlten Provisionen für die vermittelten Hotelbuchungen geltend, die nicht fällig geworden wären, wenn die Anrufer direkt über das telefonische Reservierungssystem von Holiday Inns, Inc. gebucht hätten[1117]. Da über das Reisebüro nicht nur Zimmer in Holiday Inn Hotels gebucht werden konnten, hätte nach deutschem Recht alternativ ein Anspruch auf Ersatz des entgangenen Gewinns für die Fälle bestanden, in denen eine Reservierung in einem anderen Hotel vorgenommen wurde, obwohl in dem entsprechenden Holiday Inn Hotel ein vergleichbares Zimmer frei gewesen wäre. Im konkreten Fall lehnte das Appellationsgericht in zweiter Instanz letztlich die geltend gemachten Ansprüche ab, allerdings nur weil das beklagte Reisebüro nicht die alphanumerische Bezeichnung „H0LIDAY", sondern ausschließlich die Ziffernfolge genutzt hat[1118]. Damit fehlte es bereits an einer Verletzungshandlung, die eine Schadensersatzpflicht begründen könnte.

IV. Teilhabeanspruch

Eine für den Nummerninhaber im Verhältnis zu Unterlassungs- und Schadensersatzansprüchen weniger einschneidende Maßnahme wäre die Geltendmachung eines Teilhabeanspruchs. Der Kennzeicheninhaber besteht möglicherweise nicht auf einer alleinigen Nutzung der Rufnummer, sondern gibt sich damit zufrieden, dass die Rufnummer von ihm und dem bisherigen Nummerninhaber gemeinsam genutzt wird. Die gemeinsame Nutzung von Vanity-Nummern ist insbesondere in Konstellationen denkbar, bei denen mehrere Unternehmen sich auf ein Kennzeichenrecht an der gewünschten Rufnummer berufen können, oder bei beschreibenden Vanity-Nummern, deren Nutzung für mehrere Unternehmen interessant ist.

[1116] Holiday Inns, Inc. v. 800 Reservation, Inc., 838 F. Supp. 1247 (E.D.Tenn. 1993).

[1117] Dazu Holiday Inns, Inc. v. 800 Reservation, Inc., 838 F. Supp. 1247, 1252 (E.D.Tenn 1993). Maßgebliche Normen sind in den Vereinigten Staaten von Amerika 15 U.S.C. § 1114 (1) und § 1125 (a) (Lanham Act).

[1118] Holiday Inns, Inc. v. 800 Reservation, Inc., 86 F. 3d 619, 620 (6th Cir. 1996). Die Nutzung einer generischen Bezeichnung war entgegen Praxishandbuch-*Schäfer*, § 6 Rn 212 für die Klageabweisung nicht relevant.

Aus dem Bereich der Domänennamen sind einzelne Beispiele bekannt, bei denen sich mehrere Unternehmen eine Internet-Adresse teilen[1119]. Die gemeinsame Nutzung von Domänennamen oder Vanity-Nummern auf freiwilliger Basis durch Parteivereinbarung ist ohne weiteres möglich[1120]. Für einen gerichtlich durchsetzbaren Anspruch auf Teilhabe müsste allerdings eine gesetzliche Anspruchsgrundlage bestehen. Diese rechtliche Grundlage für einen Teilhabeanspruch könnte ein inhaltlich beschränkter Unterlassungsanspruch sein[1121]. Der Unterlassungsanspruch geht dann nicht mehr auf Unterlassung der Nutzung der Rufnummer insgesamt, sondern ist beschränkt auf die Unterlassung der ausschließlichen Nutzung durch den bisherigen Nummerninhaber.

Im Bereich der Domänennamen werden daneben als weitere Anspruchsgrundlagen für einen Teilhabeanspruch § 1004 BGB und das Notwegerecht des § 917 BGB diskutiert[1122]. Diese sind für den Bereich der Vanity-Nummern nicht unmittelbar einschlägig, da der Nummerninhaber kein Eigentum an der Rufnummer erwirbt und daher keine Eigentumsbeeinträchtigung, wie sie § 1004 BGB und § 917 BGB verlangen, vorliegt. Denkbar ist aber eine analoge Anwendung, allerdings nur, wenn die sich ergebene Rechtsfolge zu brauchbaren Ergebnissen führt[1123].

Bei Vanity-Nummern kann ein Teilhabeanspruch technisch kaum so realisiert werden, dass die gemeinsame Nutzung einer Rufnummer von den Nummerninhabern und den Anrufern gleichermaßen akzeptiert wird[1124]. Im Internet ist die gemeinsame Nutzung eines Domänennamens durch mehrere Anbieter ohne weiteres möglich, indem auf der Startseite Links zu allen Unternehmen, die über den Domänennamen erreichbar sein sollen, gesetzt werden[1125]. Bei Vanity-Nummern besteht dagegen nur die Möglichkeit, dass der Anrufer von einem Sprachcomputer alle Teilhaber der Rufnummer vorgelesen bekommt und

---

1119 Die bekanntesten Beispiele sind die Adresse http://www.kaefer.de (Stand: 15.07.2004), die sich die Volkswagen AG und die Feinkost Käfer GmbH teilen, sowie die Internet-Seite http://www.palm.de (Stand: 15.07.2004) der Siller AG und des Modehauses Palm.

1120 Vgl. Heise-Meldung Nr. 36849 vom 14.05.2003, http://www.heise.de/newsticker/ meldung/36849 (Stand: 15.07.2004). Allerdings kann nach Ansicht des OLG Oldenburg, MMR 2004, 34 – schulenberg.de mit abl. Anmerkung *Mietzel*, MMR 2004, 34 (36) durch Domain-Sharing das Rechtsschutzinteresse bei Angriffen durch andere Kennzeicheninhaber herabgesetzt sein.

1121 Hoeren/Sieber-*Viefhues*, Kap. 6 Rn 344.

1122 *Marwitz*, WRP 2001, 9 (13); *Renck*, WRP 2000, 264 (268).

1123 Zur grundsätzlich Analogiefähigkeit Palandt-*Bassenge*, § 1004 Rn 4; vgl. dazu auch bereits oben § 3 A. II. 4. c) (Seite 91).

1124 Ebenso *Demmel/Skrobotz*, MMR 2000, 167; vgl. dazu auch FCC, Second Report and Order, CC-Docket No. 97-123, ¶ 71.

1125 Hoeren/Sieber-*Viefhues*, Kap. 6 Rn 343. So erfolgt auch die gemeinsame Nutzung der Internet-Seiten http://www.kaefer.de und http://www.palm.de (Stand: 15.07.2004).

unter diesen auswählen muss[1126]. Ein solches sprachgesteuertes Auswahlsystem ist deutlich komplizierter und weniger benutzerfreundlich als das Setzen eines Hyperlinks auf eine Homepage. Es ist nicht zu erwarten, dass der Nummerninhaber, dem ursprünglich die Rufnummer zur alleinigen Nutzung zugeteilt wurde, diese Form der gemeinsamen Nutzung der Rufnummer akzeptiert. Die Gewährung von Teilhabeansprüchen wäre auch nicht im Interesse der Anrufer, die eine schnelle und unkomplizierte Kontaktaufnahme erwarten. Dies gilt insbesondere bei einer größeren Zahl von Teilhabern, die unter einer Rufnummer zu erreichen sind.

Steht einem Unternehmen ein Unterlassungsanspruch gegen den Nummerninhaber zu, wird sich der Anspruchsberechtigte vor diesem Hintergrund nicht mit einem inhaltlich auf Teilhabe an der Vanity-Nummer beschränkten Anspruch begnügen, sondern auf einer vollständigen Unterlassung der Nutzung der Rufnummer durch den bisherigen Nummerninhaber bestehen. Liegen dagegen die Voraussetzungen für einen unbeschränkten Unterlassungsanspruch nicht vor, kommt auch ein auf Teilhabe an der Rufnummer beschränkter Unterlassungsanspruch nicht in Betracht, da für diesen keine geringeren Anspruchsvoraussetzungen bestehen. Der Geltendmachung von Teilhabeansprüchen kommt damit im Bereich der Vanity-Nummern keine Bedeutung zu.

V. Disclaimer

Statt der Unterlassung der Nutzung einer Rufnummer kann der Anspruchsberechtigte vom Nummerninhaber als milderes Mittel auch die Einspielung eines Disclaimers zur Ausräumung der Verwechslungsgefahr verlangen. Interessant ist die Einrichtung eines Disclaimers vor allem aus Sicht des Nummerninhabers, wenn dadurch weitergehende Ansprüche abgewendet werden können[1127].

Ein Disclaimer ist eine eingespielte Tonbandansage, durch die der Anrufer darauf hingewiesen wird, dass die gewählte Rufnummer nicht die des Kennzeicheninhabers ist und der Nummerninhaber in keinerlei Beziehung zum Kennzeicheninhaber steht[1128]. In den Fällen eines wettbewerbswidrigen Behinderungswettbewerbs ist der Ansagetext allerdings ohne Relevanz, da er keinerlei Auswirkungen auf die Behinderung des Konkurrenten hat. Bei unzulässigem Kun-

---

[1126] Denkbar ist höchstens eine regionale Aufteilung bei generischen Bezeichnungen, doch an diesen bestehen keine Kennzeichenrechte, vgl. http://www.0800vanity.com unter „Shared Vanity Nummer" (Stand: 15.07.2004) sowie *Burgstaller*, ecolex 2001, 753 (755).

[1127] In dem Fall Holiday Inns, Inc. v. 800 Reservation, Inc., 86 F. 3d 619, 622 (6th Cir. 1996) versuchten die Beklagten auf diese Weise eine Verurteilung zur Unterlassung der Nutzung der Vanity-Nummer zu verhindern; vgl. auch Dial-A-Mattress v. Page, 880 F. 2d 675, 677 (2nd Cir. 1989).

[1128] Für Formulierungsbeispiele vgl. Holiday Inns, Inc. v. 800 Reservation, Inc., 838 F. Supp. 1247, 1253 (E.D. Tenn. 1993) und 86 F. 3d 619, 622 (6th Cir. 1996).

denfang durch Täuschung oder bei Vorliegen einer kennzeichenrechtlichen Verwechslungsgefahr kann aber möglicherweise durch Einspielen eines Disclaimers die Rechtsverletzung entfallen, da die Anrufer durch den Disclaimer über die mögliche Verwechslung informiert werden. Die Aufklärung des Anrufers erfolgt, nachdem er den vermeintlichen Kennzeicheninhaber angerufen und den Text des Disclaimers gehört hat. Dies ist mit der Situation vergleichbar, dass ein durch das Kennzeichenrecht geschützter Begriff als Domänenname genutzt wird, die Startseite des Internet-Angebotes aber einen Hinweis enthält, dass der Domäneninhaber in keinerlei Beziehung zum Kennzeicheninhaber steht[1129]. In beiden Fällen wird durch die Wahl des Domänennamens bzw. der Vanity-Nummer zunächst der Eindruck einer bestehenden Verbindung mit dem Kennzeicheninhaber erweckt, der anschließend durch die entgegengesetzte Erklärung wieder ausgeräumt werden soll.

Wegen der Diskrepanz zwischen dem Eindruck, den der Nummerninhaber durch sein tatsächliches Verhalten, die Nutzung der Vanity-Nummer, erweckt hat und dem Inhalt der Erklärung des Disclaimers könnte ein Fall von widersprüchlichem Verhalten vorliegen. Widersprüchliches Verhalten verstößt, wenn durch das Vorgehen Vorteile gezogen werden oder ein unauflösbarer Selbstwiderspruch besteht, gegen den Grundsatz von Treu und Glauben[1130]. Als Rechtsfolge ist die dem tatsächlichen Verhalten entgegenstehende Erklärung unbeachtlich[1131]; der Inhalt des Disclaimers wäre also ohne Bedeutung.

Weiter ist zu beachten, dass nicht jede Person, welcher der Domänenname oder die Vanity-Nummer bekannt wird, diese auch anwählt und damit die fehlende Beziehung zum Kennzeicheninhaber bemerkt. Zumindest aus diesem Grunde genügt die Klarstellung durch einen Disclaimer nicht, um die Annahme einer Verwechslungsgefahr und damit die Rechtsverletzung zu verhindern.

Die einmal hervorgerufene Täuschung der Anrufer kann rückwirkend nicht durch einen Disclaimer beseitigt werden[1132]. Andernfalls würde der Nummerninhaber sein eigentliches Ziel, einen ersten Kontakt mit Interessenten und Kunden des Wettbewerbers herzustellen, risikolos erreichen können, wenn es möglich wäre, die Verwechslungsgefahr bzw. Gefahr der Irreführung durch einen Disclaimer zu verhindern[1133].

[1129] Vgl. etwa LG Hannover, NZWehrr 2002, 81 – verteidigungsministerium.de; OGH, MMR 2001, 305 (306) – bundesheer.at.

[1130] BGHZ 130, 371 (375); Palandt-*Heinrichs*, § 242 Rn 57; Hk-BGB-*Schulze*, § 242 Rn 41.

[1131] BGH, NJW 1965, 387 (388); Palandt-*Heinrichs*, Einf v § 145 Rn 27.

[1132] Ebenso LG Hannover, NZWehrr 2002, 81 (82) – verteidigungsministerium; *Berlit*, K&R 2001, 654 (656); vorsichtiger OGH, MMR 2001, 305 (306) – bundesheer.at.

[1133] *Zetzsche*, NZWehrr 2002, 83 (86); *Zetzsche*, JurPC Web-Dok. 210/2002, Abs. 9.

E. Vanity-Grabbing

Aus den bisherigen Ausführungen ergibt sich, dass sich der Inhaber eines Kennzeichens nicht darauf verlassen kann, in jedem Fall erfolgreich gegen einen Nummerninhaber vorzugehen, der eine Rufnummer nutzt, deren alphanumerische Umsetzung einem geschützten Kennzeichen entspricht. Vor allem aufgrund dieser Ausgangssituation besteht die Gefahr von Vanity-Grabbing.

I. Was ist Vanity-Grabbing?

Von Vanity-Grabbing kann gesprochen werden, wenn die Zuteilung einer Rufnummer beantragt wird, ohne dass der Antragsteller die ernsthafte Absicht hat, die Rufnummer selbst zu nutzen[1134]. Vielmehr wird die formale Position als Nummerninhaber lediglich zu dem Zweck erlangt, die Rufnummer einem Dritten, der an einer Nutzung tatsächlich interessiert ist, gegen eine einmalige oder wiederkehrende Leistung zu überlassen[1135].

Aus dem Recht der Domänennamen ist das Phänomen des Domain-Grabbing bereits seit Jahren bekannt[1136]. Einzelpersonen oder Unternehmen haben sich in großer Zahl Domänennamen registrieren lassen, die bekannten Markennamen oder anderen geschützten Kennzeichen entsprechen[1137]. Die Domänennamen wurden sodann dem eigentlichen Kennzeicheninhaber zum Erwerb oder zur Nutzung gegen Entgelt angeboten[1138]. Das Problem des Domain-Grabbing hat erst in letzter Zeit an Bedeutung verloren, nachdem alle Domänennamen, die bekannten Kennzeichen entsprechen, vergeben wurden und sich eine einheitliche Rechtsprechung der Instanzgerichte zugunsten der Kennzeicheninhaber bei Fällen von Domain-Grabbing entwickelt hat[1139]. Im Bereich der Vanity-Nummern ist ein solches Stadium noch nicht erreicht, es ist aber davon auszugehen, dass sich eine vergleichbare Entwicklung wie bei den Domänennamen noch ergeben wird.

Die Ausnutzung einer formalen Rechtsposition zur Behinderung anderer Einzelpersonen oder Unternehmen ist nicht nur ein Problem im Bereich der

---

[1134] *Burgstaller*, ecolex 2001, 753 (756); *Sietmann*, c't 9/1999, 180 (186).

[1135] *Mayer-Schönberger/Hauer*, ecolex 1997, 947 (949) zum Begriff des Domain-Grabbing, wobei die Merkmale auf das Vanity-Grabbing übertragbar sind.

[1136] *Burk*, 1 Rich. J.L.&Tech. 1 (1995), ¶ 16 zu den ersten Fällen in den Vereinigten Staaten von Amerika; zur Situation in Deutschland *Ubber*, WRP 1997, 497 (501).

[1137] OLG München, K&R 1999, 569 – Rolls Royce; *Gabel*, NJW-CoR 1996, 322 (323). *Renck*, NJW 1999, 3587 (3588) sieht die Registrierung einer Vielzahl von Domänennamen als kennzeichnend an, richtigerweise genügt bereits die Registrierung eines Domänennamens.

[1138] *Ubber*, WRP 1997, 497 (500) führt zahlreiche Beispiele für Domain-Grabbing in Deutschland und den Vereinigten Staaten von Amerika auf.

[1139] *Zimmerling/Werner*, S. 103.

Neuen Medien. Auch außerhalb dieses Bereichs gibt es Fälle, in denen beispielsweise ein Kennzeichen nur zu dem Zweck zur Eintragung in das Markenregister angemeldet wird, um die Marke anschließend zum Erwerb anzubieten oder für ihre Nutzung eine Lizenzgebühr zu verlangen[1140]. Allerdings ist der Bereich der Neuen Medien besonders attraktiv, da es auf vielen Gebieten noch an einer gefestigten Rechtsprechung zugunsten der Kennzeicheninhaber fehlt und die betroffenen Unternehmen, vor allem junge Start-Ups, häufig eine juristische Auseinandersetzung scheuen[1141].

II. Verfahren beim Vanity-Grabbing

Die Beantragung einer Rufnummer, die für das Vanity-Grabbing genutzt werden kann, bereitet keine Schwierigkeiten, da die Regulierungsbehörde für Telekommunikation und Post die denkbaren Bedeutungen der beantragten Ziffernfolge nicht prüft und dem Antrag grundsätzlich entspricht, sofern die Rufnummer noch nicht vergeben wurde und kein vorrangig zu berücksichtigender Antrag vorliegt. Daher genießen selbst Vanity-Nummern, die einem bekannten Kennzeichen entsprechen, bei der Vergabe keinen besonderen Schutz[1142]. Auch muss der Antragsteller kein besonderes Interesse oder ein bestehendes Recht an der Rufnummer vortragen. Sofern in einzelnen Vorwahlbereichen bei der Beantragung ein Recht an der beantragten Rufnummer angegeben werden kann, wird dieses lediglich berücksichtigt, wenn mehrere Anträge zeitgleich eingehen[1143].

Nach Zuteilung der beantragten Rufnummer kann der Nummerninhaber an den Kennzeicheninhaber herantreten und diesem die Vanity-Nummer anbieten. Sollte sich der Nummerninhaber mit dem Kennzeicheninhaber grundsätzlich einig werden, stellt sich die Frage, wie die Modalitäten der Überlassung der Rufnummer im Einzelnen geregelt werden können.

1. Verkauf der Rufnummer

Zunächst könnte an einen Verkauf der Rufnummer gegen Zahlung eines einmaligen Betrages gedacht werden. Der Abschluss eines Kaufvertrages über die Übertragung einzelner Rechte wie das Recht zur Nutzung einer bestimmten Rufnummer kann gem. § 453 BGB grundsätzlich auch im Rahmen eines Kaufver-

1140 BGH, GRUR 2001, 242 – Classe E. Insoweit kann auch von Marken-Grabbing gesprochen werden.

1141 Ähnlich *Zimmerling/Werner*, S. 120 für den markenrechtlichen Schutz von Fachbegriffen.

1142 BVerwG, MMR 2004, 345.

1143 Vgl. etwa Regeln für die Zuteilung von (0)900-Rufnummern für Premium Rate-Dienste, ABl. RegTP Nr. 5/2001, Vfg. 19/2001, Ziff. 5.2. Relevant wird dies fast ausschließlich bei der Eröffnung des Vergabeverfahrens für einen neuen Nummernraum.

trages vereinbart werden, soweit die Übertragbarkeit des Rechts nicht ausgeschlossen ist[1144]. Durch die Zuteilungsbedingungen der Regulierungsbehörde wird jedoch die rechtsgeschäftliche Übertragung einer Rufnummer durch vertragliche Vereinbarung zwischen dem bisherigen und dem zukünftigen Nummerninhaber ausgeschlossen[1145].

Das Verbot des Verkaufs der Rufnummer kann aber bisher dadurch umgangen werden, dass sich der bisherige Nummerninhaber gegen Zahlung eines einmaligen Betrages zur Rückgabe der Rufnummer an die Regulierungsbehörde verpflichtet. Damit verkauft der Nummerninhaber die Rufnummer nicht an den Kennzeicheninhaber, sondern erhält eine Abstandszahlung für den Verzicht auf die Rufnummer, was letztlich zu dem gleichen Ergebnis führt. Der Kennzeicheninhaber kann nach Zahlung des vereinbarten Betrages die Zuteilung der wieder freigewordenen Rufnummer bei der Regulierungsbehörde beantragen. Die für den Kennzeicheninhaber bestehende Gefahr einer erneuten Zwischeneintragung durch einen Dritten kann durch eine Vereinbarung beseitigt werden, wonach der bisherige Nummerninhaber den Kennzeicheninhaber unverzüglich über die Rückgabe der Rufnummer informiert. So kann der Antrag auf Zuteilung unmittelbar nach der Rückgabe eingereicht werden.

Die Möglichkeit der Umgehung des Veräußerungsverbotes durch Vereinbarung einer Abstandszahlung ist auch von der Regulierungsbehörde erkannt worden, weshalb in die Zuteilungsbedingungen für Premium-Rate-Dienste mit der Vorwahl 0900 die Klausel aufgenommen wurde, dass auch die Vereinbarung der Zahlung einer Abstandssumme für die Rückgabe einer Rufnummer unzulässig ist[1146]. Für alle anderen Vorwahlbereiche ergibt sich aus dem Umkehrschluss, dass die Rückgabe der Rufnummer gegen Zahlung einer Abstandssumme zulässig bleibt, sofern eine entsprechende Vereinbarung nicht ohnehin dem Verbot von Umgehungsgeschäften unterfällt. Bei Fehlen einer ausdrücklichen Regelung sind auch Umgehungsgeschäfte unzulässig, wenn durch die Verbotsnorm nicht nur die Erreichung eines Erfolges auf bestimmte Weise, sondern der Erfolgseintritt insgesamt verhindert werden soll[1147]. Durch das Übertragungsverbot in den Zuteilungsbedingungen soll sichergestellt werden, dass jederzeit der tatsächliche Nummerninhaber durch Nachfrage bei der Regulierungsbehörde als zentraler Vergabestelle ermittelt werden kann, was bei freier Übertragbarkeit

---

[1144] AnwKom-*Büdenbender*, § 453 Rn 2; Palandt-*Putzo*, § 433 Rn 10.

[1145] Vgl. etwa Regeln für die Zuteilung von (0)900-Rufnummern für Premium Rate-Dienste, ABl. RegTP Nr. 5/2001, Vfg 19/2001, Ziff. 6.1 c); dazu bereits oben § 2 B. I. 1. b) (Seite 10).

[1146] Regeln für die Zuteilung von (0)900-Rufnummern für Premium Rate-Dienste, ABl. RegTP Nr. 5/2001, Vfg 19/2001, Ziff. 6.1 e).

[1147] BGHZ 85, 39 (46); Soergel-*Hefermehl*, § 134 Rn 39; Palandt-*Heinrichs*, § 134 Rn 28.

der Rufnummer nicht gewährleistet wäre[1148]. Das Übertragungsverbot soll damit nicht grundsätzlich verhindern, dass der bisherige Nummerninhaber seine Rufnummern einem Dritten zukommen lässt, weswegen die Vereinbarung der Zahlung einer Abstandssumme – sofern nicht ausdrücklich untersagt – unbedenklich ist.

2. „Vermietung" der Rufnummer

Der Nummerninhaber kann auch statt einer einmaligen Zahlung eine wiederkehrende Leistung für die Überlassung der Rufnummer verlangen. Die Zuteilungsbedingungen lassen ausdrücklich zu, dass der Nummerninhaber die Rufnummer für einen Dritten im Rahmen einer Dienstleistung nutzt[1149]. Die Dienstleistung könnte möglicherweise schon darin gesehen werden, dass der Nummerninhaber alle über die Vanity-Nummer eingehenden Anrufe an eine bestehende Rufnummer des Kennzeicheninhabers weiterleitet. Wegen des Charakters einer solchen Vereinbarung als zeitlich befristeter oder unbefristeter Überlassung eines Nutzungsrechts bestehen Parallelen zum Pachtvertrag gem. § 581 BGB. Jedoch erhält der Kennzeicheninhaber keine Verfügungsmacht über die Rufnummer, sondern der Nummerninhaber wird mit der Weiterleitung der Anrufe für den Kennzeicheninhaber tätig. Die Vereinbarung ist damit nicht als Pachtvertrag, sondern als Dienstvertrag gem. § 611 BGB zu qualifizieren[1150]. Damit ist auch die Voraussetzung der Zuteilungsbedingungen erfüllt, wonach die Erbringung einer Dienstleistung für einen Dritten erforderlich ist.

Denkbar ist es auch, dass der Nummerninhaber dem Kennzeicheninhaber anbietet, für diesen ein Call-Center zu betreiben und die Anrufe nicht nur weiterzuleiten, sondern selbst entgegenzunehmen. Dieses Angebot ist mit der nicht unüblichen Konstellation vergleichbar, dass ein Domäneninhaber dem Kennzeicheninhaber die Überlassung des Domänennamens unter der Bedingung anbietet, dass er mit der Pflege sowie Wartung der Internet-Seiten betraut wird und so mit regelmäßigen Einnahmen rechnen kann[1151].

[1148] Für die Auslegung spricht auch die Tatsache, dass in den Regeln für die Zuteilung von (0)900-Rufnummern für Premium Rate-Dienste, ABl. RegTP Nr. 5/2001, Vfg 19/2001 das Verbot der Zahlung einer Abstandssumme nicht nach dem Übertragungsverbot geregelt ist, sondern eine neue, eigenständige Auflage eingefügt wurde, wonach der Handel mit Rufnummern unzulässig ist.

[1149] Regeln für die Zuteilung von (0)900-Rufnummern für Premium Rate-Dienste, ABl. RegTP Nr. 5/2001, Vfg 19/2001, Ziff. 6.1 b).

[1150] Staudinger-*Emmerich*, Vorbem zu § 581 Rn 36 zur Abgrenzung der Vertragstypen.

[1151] *Renck*, NJW 1999, 3587 (3588); ähnlich LG Mannheim, GRUR 1997, 377 (378) – heidelberg.de.

III. Abwehrmöglichkeiten des Kennzeicheninhabers

Der Kennzeicheninhaber ist nicht gezwungen, auf das Angebot des Nummerninhabers zur Überlassung der Rufnummer einzugehen. Es besteht zumindest die theoretische Möglichkeit, das Angebot zu ignorieren und auf eine andere Rufnummer auszuweichen. Die Wahl einer abweichenden Teilnehmerrufnummer wird allerdings häufig dazu führen, dass die alternative Vanity-Nummer weniger einprägsam und werbewirksam ist als die eigentlich gewünschte Rufnummer. Beim Ausweichen auf einen anderen Vorwahlbereich unter Beibehaltung der gewünschten Teilnehmerrufnummer ist zu beachten, dass in den einzelnen Vorwahlbereichen unterschiedliche Tarifstrukturen gelten. Alternative Vorwahlbereiche mit einer identischen Tarifstruktur stehen in Deutschland zur Zeit noch nicht zur Verfügung[1152]. Daher wird der Kennzeicheninhaber häufig eher bereit sein, den geforderten Betrag für den Erhalt „seiner“ Teilnehmerrufnummer im anvisierten Vorwahlbereich zu zahlen, anstatt seine finanzielle Kalkulation wegen der anderen Tarifbedingungen in dem Vorwahlbereich, auf den ausgewichen werden soll, zu ändern. Auch aus Sicht der Kunden, die der Kennzeicheninhaber mit der Vanity-Nummer erreichen möchte, ist der Vorwahlbereich nicht beliebig wählbar. Kaum ein Kunde wird beispielsweise bereit sein, für Produktinformationen oder Bestellungen eine 0900-Rufnummer zu wählen, nur weil der Unternehmer die gewünschte Teilnehmerrufnummer in dem ursprünglich vorgesehen Vorwahlbereich nicht zugesprochen bekommen hat, da diese dort schon vergeben war[1153]. Es besteht häufig keine gleichwertige Alternative zu der Rufnummer, die der Nummerninhaber zum Zwecke der Weiterveräußerung besetzt hält. Das Fehlen geeigneter Ausweichmöglichkeiten kann bewirken, dass zwar kein rechtlicher, aber ein faktischer Zwang besteht, auf das Angebot des Nummerninhabers einzugehen.

Der Kennzeicheninhaber hat jedoch nicht nur die Wahl, entweder auf das Angebot des Nummerninhabers einzugehen oder sich eine andere Vanity-Nummer zu suchen, sondern er kann auch versuchen, juristisch gegen das Vanity-Grabbing vorzugehen. Dazu kann der Kennzeicheninhaber vor allem auf die zuvor dargestellten kennzeichenrechtlichen und wettbewerbsrechtlichen Ansprüche zurückgreifen; besondere Abwehransprüche bei Vanity-Grabbing beste-

[1152] Im Nummernplan sind bereits Vorwahlbereiche als Reserve eingeplant, ein Zeitpunkt für den Beginn der Nutzung steht aber noch nicht fest. In den Vereinigten Staaten von Amerika werden dagegen schon zahlreiche alternative Vorwahlbereiche genutzt, vgl. dazu FCC, Report, CC-Docket No. 98-7.

[1153] Dabei spielen nicht nur die tatsächlichen Kosten des Anrufs eine Rolle. Es ist den Kunden kaum erklärbar, dass Unternehmen bereits an der Entgegennahme der Bestellung selbst verdienen möchten. Hinzu kommt schließlich, dass Rufnummern für Premium-Rate-Dienste einen zweifelhaften Ruf genießen und zahlreiche Kunden solche Rufnummern grundsätzlich nicht anwählen oder sogar haben sperren lassen.

hen darüber hinaus nicht. Die Erfolgsaussichten für den Kennzeicheninhaber sind abhängig davon, wie der Nummerninhaber im Einzelfall vorgeht.

1. Angebot durch den Nummerninhaber

Tritt der Nummerninhaber an den Kennzeicheninhaber heran und bietet ihm ausdrücklich die Überlassung der Vanity-Nummer an, liegt ein Handeln im geschäftlichen Verkehr vor[1154]. Die Rufnummer wird dann wie ein beliebiges anderes Wirtschaftsgut im Geschäftsverkehr gehandelt. Ob das Angebot angenommen wird und eine Vereinbarung zustande kommt, ist dabei ohne Belang[1155]. Die kundgemachte Bereitschaft, die Vanity-Nummer zu veräußern, genügt, um die Voraussetzung des Handelns im geschäftlichen Verkehr zu erfüllen[1156]. Verwendet der Nummerninhaber im Rahmen seines Angebotes die alphanumerische Umsetzung der Rufnummer, liegt eine Nutzung des entsprechenden Kennzeichens im geschäftlichen Verkehr vor. Damit sind die Voraussetzungen für die Anwendbarkeit der kennzeichenrechtlichen Abwehransprüche gegeben. Ein direktes Anbieten der Vanity-Nummer in Form der alphanumerischen Bezeichnung ist daher aus Sicht des Nummerninhabers riskant.

Verwendet der Nummerninhaber bei seinem Angebot lediglich die Ziffernfolge, so scheiden kennzeichenrechtliche Ansprüche aufgrund der mangelnden Nutzung der alphanumerischen Bezeichnung aus[1157]. Allerdings bleibt die Gefahr, dass der Angebotsempfänger mit Hilfe des Wettbewerbsrechts gegen den Nummerninhaber vorgeht[1158]. Durch das Angebot wird zwischen dem Nummerninhaber und dem Kennzeicheninhaber auch bei Branchenverschiedenheit ein für die Anwendung des UWG erforderliches konkretes Wettbewerbsverhältnis ad hoc begründet[1159]. Bei Fehlen eines Wettbewerbsverhältnisses kommt schließlich als Auffangtatbestand die Regelung des § 826 BGB in Betracht[1160].

Im Rahmen der wettbewerbsrechtlichen Prüfung kann als Indiz für ein unlauteres Verhalten des Nummerninhabers angesehen werden, wenn die Initiative zur Veräußerung der Vanity-Nummer vom bisherigen Nummerninhaber ausgegangen ist und dieser dem Kennzeicheninhaber ein Angebot unterbreitet[1161]. Ein

---

1154 *Kur*, CR 1996, 590 (591) für das Anbieten eines Domänennamen.
1155 *Meyer*, Informatik 2001, 1036 (1040).
1156 *Zimmerling/Werner*, S. 131 zur vergleichbaren Situation bei Domänennamen.
1157 Vgl. oben § 3 B. I. 1. a) aa) (3) (Seite 139).
1158 Vgl. oben § 3 B. I. 2. (Seite 143).
1159 OGH, K&R 2002, 52 (53) – taeglichalles.at für den Bereich des Domain-Grabbing; ebenso *Brandl/Fallenböck*, RdW 1999, 186 (188); a.A. *Bettinger*, GRUR Int. 1997, 402 (414).
1160 *Völker/Weidert*, WRP 1997, 652 (660); Hoeren/Sieber-*Viefhues*, Kap. 6 Rn 214; so auch *Bettinger*, GRUR Int. 1997, 402 (414).
1161 LG Düsseldorf, MMR 2002,126 (127) – literaturen.de; *Thiele*, K&R 2002, 55 (56); ebenso *Graefe*, MA 1996, 100 (102), der dies aber nicht nur auf wettbewerbsrechtliche An-

solches Verhalten deutet darauf hin, dass der Nummerninhaber darauf abzielt, durch die Blockade der Rufnummer einen möglichst hohen Geldbetrag zu erpressen[1162]. Auch die Beantragung einer Vielzahl von Vanity-Nummern ist ein Indiz für unzulässiges Vanity-Grabbing und wird in wettbewerbsrechtlichen Streitigkeiten zum Nachteil des Nummerninhabers ausgelegt[1163]. Die massenhafte Beantragung von Rufnummern wird teilweise als eine besondere Form des Vanity-Grabbing angesehen und als „Vanity Number-Trafficking" bezeichnet[1164]. Das Anbieten einer einzelnen Vanity-Nummer, die einem geschützten Kennzeichen entspricht, ist aber grundsätzlich genauso unzulässig wie der Handel mit einer Vielzahl von Vanity-Nummern. Beim „Vanity Number-Trafficking" wird lediglich ein Gericht einfacher von dem Rechtsverstoß zu überzeugen sein[1165].

Für den Nummerninhaber ist das Risiko am geringsten und die Erfolgsaussicht am höchsten, wenn er darauf wartet, dass der Kennzeicheninhaber von sich aus an ihn herantritt und eine Zahlung für die Übernahme der Rufnummer anbietet[1166]. So kann der Eindruck zumindest verschleiert werden, der Nummerninhaber habe die Rufnummer beantragt, um sie anschließend mit Gewinn sofort an den eigentlichen Berechtigten weiterzuleiten[1167].

2. Preisobergrenze beim Vanity-Grabbing

Verlangt der Nummerninhaber für die Überlassung oder Rückgabe einer Vanity-Nummer von dem interessierten Kennzeicheninhaber einen unverhältnismäßig hohen Betrag, kann auch der Tatbestand des Wuchers einschlägig sein oder ein wucherähnliches Geschäft in Betracht kommen. Für einen Fall von Wucher gem. § 138 II BGB ist neben einem auffälligen Missverhältnis zwischen Leis-

---

sprüche bezieht. Zur Bedeutung von Indizien und zur Beweislast beim Domain-Grabbing vgl. OGH, K&R 2002, 52 (54) – taeglichalles.at; *Rauschhofer*, JurPC Web-Dok. 23/2002, Abs. 6.

1162 *Lock*, Cal.L.Rev. 1999, 371 (387) spricht in diesem Zusammenhang von "ransom money"; Hoeren/Sieber-*Viefhues*, Kap. 6 Rn 535 bezeichnet die geforderte Summe als „Lösegeld"; ebenso für das Domain-Grabbing *Bücking*, Rn 214.

1163 OLG München, K&R 1999, 569 (570) – Rolls Royce; *Bettinger*, GRUR Int. 1997, 402 (414), Fn 77; *Bäumer*, CR 1998, 174 (176).

1164 Hoeren/Sieber-*Viefhues*, Kap. 6 Rn 535.

1165 *Kiethe/Groeschke*, WRP 2002, 27 (32) sprechen von einem Vermutungstatbestand; ähnlich ist wohl auch *Bettinger*, GRUR Int. 1997, 402 (414), Fn 77 zu verstehen.

1166 Vgl. LG Aachen, MMR 2001, 178 – Vanity-Nummer: Vor dem Rechtsstreit hat der Kennzeicheninhaber dem Nummerninhaber ein Angebot zur Übernahme der Rufnummer unterbreitet. Ein Fall von Vanity-Grabbing lag aber nicht vor, da der Nummerninhaber die Rufnummer überhaupt nicht, auch nicht gegen Geld herausgeben wollte.

1167 Zu den Strategien von Domain-Grabbern vgl. *Rauschhofer*, JurPC Web-Dok. 23/2002, Abs. 3.

tung und Gegenleistung weiter erforderlich, dass eine Schwächesituation ausgebeutet wird[1168]. Als solche Schwächesituation kommt im Bereich der Vanity-Nummern das Vorliegen einer Zwangslage in Betracht. Eine Zwangslage im Sinne des § 138 II BGB setzt voraus, dass für den Betreffenden ein zwingendes Bedürfnis nach einer Geld- oder Sachleistung besteht[1169]. Im Bereich der Vanity-Nummern könnte damit argumentiert werden, dass der Kennzeicheninhaber aufgrund der kaum bestehenden Ausweichmöglichkeiten[1170] ein zwingendes Bedürfnis hat, gerade die von dem bisherigen Nummerninhaber blockierte Rufnummer zu erhalten, um unter einer einprägsamen Vanity-Nummer erreichbar zu sein.

Seit der Neufassung des Wuchertatbestandes[1171] wird eine wirtschaftliche Existenzgefährdung[1172] nicht mehr verlangt, es genügt, wenn dem Betroffenen schwere wirtschaftliche Nachteile drohen[1173]. Allerdings muss es sich um die Gefährdung von etwas Bestehendem handeln[1174]. Es genügt nicht, wenn ohne die erstrebte Geld- oder Sachleistung Zukunftspläne scheitern[1175]. Durch die Vorenthaltung der Rufnummer werden die bestehenden Kommunikationsmöglichkeiten zwischen dem Kennzeicheninhaber und seinen Kunden nicht gefährdet. Der Kennzeicheninhaber hat nur nicht die Möglichkeit, wie geplant die Kontaktaufnahme per Telefon durch Bereitstellung der gewünschten Vanity-Nummer zu vereinfachen, weswegen seine Zukunftspläne möglicherweise gefährdet sind. Dies ist aber gerade nicht als Zwangslage anerkannt und vom Schutzbereich des § 138 II BGB erfasst. Damit kann der Kennzeicheninhaber sich nach Abschluss einer Vereinbarung mit dem bisherigen Nummerninhaber nicht darauf berufen, dass die Absprache wegen Wucher nichtig sei. Lässt sich ein auffälliges Missverhältnis feststellen, sind aber die sonstigen Voraussetzungen des § 138 II BGB nicht gegeben, kann im Einzelfall die Sittenwidrigkeit des Geschäfts aus der Grundnorm des § 138 I BGB begründet werden[1176]. Außer dem Missverhältnis müssen aber auch beim wucherähnlichen Geschäft besondere Umstände wie die Ausnutzung eines Monopols hinzukommen[1177]. Solange es

---

[1168] Soergel-*Hefermehl*, § 138 Rn 77.

[1169] BGH, NJW 1994, 1275 (1276); BT-Drucks. 7/3441, S. 40; *Brox*, AT, Rn 345; Palandt-*Heinrichs*, § 138 Rn 70.

[1170] Zu den geringen Ausweichmöglichkeiten vgl. oben § 3 E. III. (Seite 193).

[1171] Soergel-*Hefermehl*, § 138 Rn 70 zu den Änderungen beim Wuchertatbestand.

[1172] BGH, ZIP 1982, 1181 (1183) zur früheren Rechtslage.

[1173] BGH, NJW 1994, 1275 (1276); MüKo-*Mayer-Maly/Armbrüster*, § 138 Rn 149.

[1174] BGH, WM 1994, 583 (585); Palandt-*Heinrichs*, § 138 Rn 70; Soergel-*Hefermehl*, § 138 Rn 78.

[1175] BGH, NJW 1994, 1275 (1276); Erman-*Palm*, § 138 Rn 21.

[1176] BGH, WM 1982, 849; Soergel-*Hefermehl*, § 138 Rn 86; *Schwab*, Rn 680.

[1177] *Schwab*, Rn 680; Erman-*Palm*, § 138 Rn 185; MüKo-*Mayer-Maly/Armbrüster*, § 138 Rn 142. Eine monopolähnliche Situation läge etwa vor, wenn ein Vanity-Grabber sich alle naheliegenden Rufnummern, die auf ein Unternehmen hindeuten, gesichert hätte.

an solchen Umständen fehlt, kann der Kennzeicheninhaber gegenüber dem Nummerninhaber auch nicht auf § 138 I BGB zurückgreifen.

3. Zulässigkeit des Handels mit Vanity-Nummern

Aus dem Verbot der Weiterveräußerung von Vanity-Nummern lässt sich bereits erkennen, dass von Seiten der Regulierungsbehörde für Telekommunikation und Post ein Handel mit Vanity-Nummern grundsätzlich nicht gewünscht ist. Darauf deutet weiter die Einschränkung hin, dass im Bereich der persönlichen Rufnummern höchstens zwei Rufnummern pro Person zugeteilt werden, wobei allerdings diese Beschränkung für juristische Personen nicht gilt[1178]. Durch diese Obergrenze soll verhindert werden, dass ähnlich wie in der Anfangszeit der Domänennamen einzelne Personen sich in großer Zahl Rufnummern, die bekannten Kennzeichen entsprechen, sichern, um diese anschließend mit Gewinn weiterzureichen[1179].

Fraglich ist, ob jede Art des Handels mit Vanity-Nummern nicht nur unerwünscht, sondern auch unzulässig ist. Sichert sich ein Nummerninhaber eine Vanity-Nummer mit beschreibender Bedeutung, wird dadurch kein Unternehmen behindert, dass ein besonderes Recht an der Vanity-Nummer hat. Die bloße Tatsache, dass der Nummerninhaber die Rufnummer lediglich erworben hat, um sie gewinnbringend weiterzugeben, ist alleine nicht verwerflich. Dabei ist es auch ohne Bedeutung, dass der Nummerninhaber keinen Beitrag zur Wertsteigerung geleistet hat oder einen Preis fordert, der in keinem Verhältnis zu einer Leistung des Nummerninhabers steht[1180]. Auch in anderen Bereichen des Wirtschaftslebens ist es üblich, dass Rechtspositionen nur zu dem Zweck erworben werden, um sie anschließend mit möglichst großem Gewinn weiterzuveräußern. Dies ist etwa bei Spekulationen mit Immobilien oder Bauerwartungsland sowie Aktien- und Optionsscheinen der Fall[1181]. Da die Ausnutzung einer steigenden Wertschätzung von Rechtspositionen alleine nicht verwerflich ist, müssen weitere Aspekte hinzutreten, damit der Handel mit Rechtspositionen unlauter und wettbewerbswidrig wird. Dies ist der Fall, wenn sich der Handel nicht auf Rufnummern bezieht, die generischen oder ungeschützten Bezeichnungen entsprechen, sondern wenn mit Vanity-Nummern gehandelt wird, die Bezeichnungen entsprechen, die als Kennzeichen besonderen Schutz genießen[1182]. In allen anderen Fällen stellt dies eine Ausprägung des gewöhnlichen Leistungswettbewerbs

---

[1178] Ziffer 5.1 der vorläufigen Regeln für die Zuteilung von Persönlichen Rufnummern, ABl. BMPT Nr. 27/1997, Vfg 249/1997.

[1179] *Burgstaller*, ecolex 2001, 753 (756).

[1180] *Mietzel/Hero*, MMR 2002, 85 (87); a.A. LG Düsseldorf, MMR 2002, 126 (127) – literaturen.de.

[1181] Beispiele nach *Mietzel/Hero*, MMR 2002, 85 (87).

[1182] *Wilmer*, CR 1997, 562 (566) für Domänennamen.

dar, wenn ein Unternehmen sich eine neue Erwerbsquelle erschließt und die ihr zugeteilten Rufnummern in Einklang mit den Zuteilungsbedingungen weitervermarktet[1183].

[1183] Für den Handel mit Vanity-Nummern vgl. beispielsweise http://www.markenplatz.de/login/marken_details.php?doc_id=970 (Stand: 15.07.2004).

§ 4 Rechtsdurchsetzung

Für den Inhaber geschützter Kennzeichen wie auch für die Nutzer von Vanity-Nummern ist nicht nur die materielle Rechtslage von Bedeutung, sondern auch die Frage, wie weit die bestehenden Ansprüche durchgesetzt werden können und bei welchem Vorgehen die besten Erfolgsaussichten bestehen.

A. Gerichtliches Vorgehen

Zunächst ist an eine gerichtliche Geltendmachung der Ansprüche zu denken. Dabei ist wegen der Möglichkeit, weltweit eine Vanity-Nummer anzurufen, insbesondere die Bestimmung der Gerichtszuständigkeit und des anwendbaren Rechts problematisch[1184].

I. Sachliche und funktionelle Zuständigkeit

Nach dem GVG können zivilrechtliche Klagen dem Amtsgericht oder Landgericht als Eingangsinstanz zugewiesen sein[1185]. Soweit das Klagebegehren auf Normen des BGB gestützt wird, also etwa § 12 BGB oder § 823 I BGB, richtet sich die Abgrenzung nach der Höhe des Streitwerts[1186]. Für Klagen in Wettbewerbssachen ist mit der UWG-Reform vom Streitwertkriterium[1187] abgerückt worden[1188]. Eingangsinstanz ist nunmehr grundsätzlich das Landgericht gem. § 13 I UWG. Für Klagen aus dem Markengesetz sind ebenfalls unabhängig von der Höhe des Streitwertes gem. § 140 I MarkenG ausschließlich die Landgerichte zuständig. Außerdem sieht § 140 II MarkenG die Möglichkeit einer Zuständigkeitskonzentration bei Kennzeichenstreitsachen vor[1189]. Wird die Klage vor einem für Kennzeichenstreitsachen zuständigen Gericht erhoben, hat das angerufene Gericht das Klagebegehren nicht nur unter markenrechtlichen Gesichtspunkten, sondern umfassend zu prüfen, und zwar unabhängig von seiner diesbezüglichen Zuständigkeit[1190]. Jeder Rechtsstreit mit kennzeichenrechtlichem Einschlag kann daher umfassend vor den Gerichten für Kennzeichenstreitsachen

---

1184 Die Frage des anwendbaren Rechts beeinflusst auch die materielle Rechtslage, sie wird in der Literatur dennoch häufig erst nach der materiellen Rechtslage im Rahmen der Rechtsdurchsetzung erörtert, wie hier Hoeren/Sieber-*Viefhues*, Kap. 6 Rn 313.

1185 *Zeiss/Schreiber*, Rn 67.

1186 Pastor/Ahrens-*Bähr*, Kap. 22 Rn 37.

1187 *Melullis*, Rn 123; Pastor/Ahrens-*Bähr*, Kap. 22 Rn 38 zur früheren Rechtslage.

1188 *Engels/Salomon*, WRP 2004, 32 (44).

1189 Eine Darstellung, wie weit von der Möglichkeit der Zuständigkeitskonzentration Gebrauch gemacht wurde, findet sich bei *Ingerl/Rohnke*, § 140 Rn 18 und *Engels*, WRP 1997, 77.

1190 Pastor/Ahrens-*Bähr*, Kap. 22 Rn 39.

verhandelt werden. Für reine Wettbewerbsstreitigkeiten sieht § 13 II UWG ebenfalls eine Zuständigkeitskonzentration vor[1191].

Ist das Landgericht in sachlicher Hinsicht als Eingangsinstanz zuständig, kann eine Verhandlung der Klage vor der Kammer für Handelssachen in Betracht kommen[1192]. Kennzeichenverletzungsklagen sind unabhängig von der Kaufmannseigenschaft der Parteien generell Handelssachen gem. § 95 I Nr. 4 c) GVG, die vor einer Kammer für Handelssachen verhandelt werden können[1193]. Auch Ansprüche aus dem UWG sind grundsätzlich Handelssachen; dies ergibt sich aus § 13 I 2 UWG, § 95 I Nr. 5 GVG[1194]. Beruft sich der Kläger dagegen auf § 12 BGB oder § 823 I BGB, scheidet die Wahl einer Kammer für Handelssachen aus[1195]. Stützt sich die Klage teilweise auf Anspruchsgrundlagen aus dem UWG oder dem Markengesetz und teilweise auf Normen aus dem BGB, genügt dies, damit die Kammer für Handelssachen den Fall umfassend entscheiden kann[1196]. Es ist ausreichend, dass zumindest für eine Anspruchsgrundlage der Weg zu der Kammer für Handelssachen eröffnet ist.

II. Örtliche Zuständigkeit

Die örtliche Zuständigkeit bei zivilrechtlichen Streitigkeiten bestimmt sich grundsätzlich nach den Bestimmungen der §§ 12 ff. ZPO, sofern keine abweichenden spezialgesetzlichen Regelungen bestehen[1197]. Das Markengesetz enthält zwar Zuständigkeitsvorschriften[1198], diese beinhalten allerdings keine allgemeinen Regelungen zur örtlichen Zuständigkeit, so dass grundsätzlich auf die Normen der ZPO zurückgegriffen werden kann[1199]. Für das Wettbewerbsrecht besteht dagegen eine eigenständige Regelung für die örtliche Zuständigkeit in § 14 UWG. Danach kommen als Gerichtsstand für Wettbewerbsklagen wahlweise nur der Ort der Niederlassung bzw. der Wohnsitz des Beklagten oder der Ort der Wettbewerbsverletzung in Betracht[1200]. Dabei handelt es sich um ausschließliche Gerichtsstände, so dass die örtliche Zuständigkeit für Wettbewerbsprozesse auf

---

1191 Dazu *Baumbach/Hefermehl*, § 27 Rn 5.

1192 Erforderlich für eine Verhandlung vor der Kammer für Handelssachen ist allerdings ein entsprechender Antrag des Klägers gem. § 96 I GVG.

1193 *Ingerl/Rohnke*, § 140 Rn 51.

1194 *Teplitzky*, Kap. 45 Rn 10.

1195 *Ingerl/Rohnke*, § 140 Rn 51.

1196 *Brandi-Dohrn*, NJW 1981, 2453 (2454); *Baumbach/Hefermehl*, § 27 UWG Rn 2; HK-UWG-*Ekey*, § 27 Rn 5; zumindest missverständlich *Ingerl/Rohnke*, § 140 Rn 51.

1197 Zöller-*Vollkommer*, § 12 Rn 4; *Zeiss/Schreiber*, Rn 75.

1198 Hinsichtlich der örtlichen Zuständigkeit regelt das Markengesetz in § 96 III und § 141 MarkenG lediglich zwei Einzelfragen; dazu *Ingerl/Rohnke*, § 140 Rn 41.

1199 *Ingerl/Rohnke*, § 141 Rn 1.

1200 *Baumbach/Hefermehl*, § 24 UWG Rn 1a. Besteht lediglich eine abstrakte Klagebefugnis, entfällt allerdings der Gerichtsstand des Begehungsortes.

diese Gerichtsstände beschränkt wird und ein Rückgriff auf die Gerichtsstände der §§ 12 ff. ZPO ausgeschlossen ist[1201]. Stützt sich eine Klage allerdings nicht nur auf Anspruchsgrundlagen aus dem UWG, sondern auch noch auf andere Normen, so werden durch § 14 UWG die insoweit maßgeblichen Gerichtsstände nicht ausgeschlossen[1202]. Für Ansprüche, die sich aus dem Markengesetz und dem UWG ergeben, ist dies in § 141 MarkenG sogar ausdrücklich geregelt. Unter anderem aus diesem Grunde ist die Einschränkung des § 14 UWG von geringer praktischer Relevanz[1203].

Nach den Bestimmungen der ZPO kommt außer dem allgemeinem Gerichtsstand am Wohnort bzw. Sitz des Beklagten bei Streitigkeiten um Vanity-Nummern der besondere Gerichtsstand der unerlaubten Handlung gem. § 32 ZPO in Betracht. Die Vorschrift des § 32 ZPO begründet dabei keine ausschließliche Zuständigkeit, sondern tritt neben den allgemeinen Gerichtsstand[1204]. Der Begriff der unerlaubten Handlung in § 32 ZPO ist weit auszulegen und beinhaltet auch die Verletzung von Markenrechten sowie anderen gewerblichen Schutzrechten[1205]. Örtlich zuständig ist danach jedes Gericht, in dessen Bezirk die Rechtsverletzung begangen worden ist. Begehungsort ist dabei sowohl der Handlungsort als der Ort, an dem der Täter gehandelt hat, als auch der Erfolgsort als der Ort, an dem in das geschützte Rechtsgut eingegriffen wurde[1206].

Als Handlungsort ist bei der Nutzung von Vanity-Nummern der Ort anzusehen, von dem aus die Rufnummer betrieben wird[1207]. Während bei Festnetzanschlüssen für die Bestimmung der örtlichen Zuständigkeit die Ortsnetzkennzahl herangezogen werden kann, führt die Vorwahl bei Vanity-Nummern im engeren Sinne nicht weiter. Statt dessen ist eine Zuständigkeit an dem Ort gegeben, an dem das Telefongespräch entgegengenommen wird, wenn ein Anrufer die Rufnummer gewählt hat. Werden die Anrufe durch ein computergesteuertes System beantwortet oder wird lediglich ein Ansagetext abgespielt, ist der Ort maßgeblich, an dem die dazu erforderliche Technik installiert ist[1208].

1201 *Melullis*, Rn 93.

1202 BGH, NJW 1954, 1932 – Blitzableiter; BGH, NJW 1964, 1369 – Lavamat I; HK-UWG-*Ekey*, § 24 Rn 3.

1203 *Melullis*, Rn 93. Im übrigen weichen die Gerichtsstände des § 14 UWG nicht sehr weit von den Regelungen der ZPO ab.

1204 BayObLG, VersR 1978, 1010 (1011); MüKo-*Patzina*, ZPO, § 32 Rn 1; Baumbach/Lauterbach/Albers/Hartmann-*Hartmann*, § 32 Rn 1.

1205 MüKo-*Patzina*, ZPO, § 32 Rn 8; *Jonas/Schmitz*, GRUR 2000, 183 (187).

1206 BGHZ 132, 105 (111); BGHZ 124, 237 (245); Zöller-*Vollkommer*, § 32 Rn 16; *Jauernig*, Zivilprozessrecht, § 9 III. 2. j. (S. 39).

1207 *Jonas/Schmitz*, GRUR 2000, 183 (187).

1208 Denkbar ist auch die Konstellation, dass ein Anruf zunächst von einem Computersystem entgegengenommen wird, dann das Gespräch aber automatisch zu einer Person an einem anderen Ort weitergeleitet wird. Eine solche anschließende Weiterleitung ist aber für die örtliche Zuständigkeit ohne Bedeutung.

In beiden Fällen wird der Handlungsort zumeist dem Ort der Niederlassung bzw. dem Wohnort des Beklagten entsprechen. Alternativ kann die Klage vor dem Gericht an dem Erfolgsort erhoben werden. Wie bei Domänennamen kann eine Vanity-Nummer grundsätzlich von überall her erreicht werden, weswegen an jedem Ort die Rechtsverletzung eintreten kann und jeder Ort als Erfolgsort in Betracht kommt[1209]. Allerdings besteht die Möglichkeit, die Erreichbarkeit der Rufnummer auf bestimmte Ortsnetze zu beschränken und nur Anrufer aus dem gewünschten Bereich durchzustellen[1210]. Wird von dieser Möglichkeit Gebrauch gemacht, sind nur diejenigen Gerichte zuständig, in deren Bezirk die Vanity-Nummer erfolgreich angerufen werden kann. Abgesehen von dieser Einschränkung führt die umfassende Erreichbarkeit der Vanity-Nummern dazu, dass prinzipiell eine Klage bei jedem deutschen Gericht angestrengt werden kann, welches sachlich zuständig ist. Bei einer solchen Konstellation wird von einem fliegenden Gerichtsstand gesprochen[1211]. Der Kläger wird im Falle eines fliegenden Gerichtsstandes regelmäßig das heimische Gericht anrufen oder die Klage vor einem auswärtigen Gericht erheben, bei dem er sich besonders hohe Erfolgschancen ausrechnet[1212]. Aufgrund der teilweise unterschiedlichen Rechtsansichten in den einzelnen Oberlandesgerichtsbezirken kann die Wahl des Gerichtsortes bereits mit über den Erfolg oder Misserfolg der Klage entscheiden[1213].

III. Internationale Anknüpfungspunkte

Kommt ein deutsches Gericht als örtlich zuständig in Betracht, ist grundsätzlich auch die internationale Zuständigkeit gegeben[1214]. Es gilt die Faustformel, dass die örtliche Zuständigkeit die internationale indiziert[1215]. Den deutschen Gerichtsstandsnormen kommt damit eine Doppelfunktion zu[1216]: Sie regeln sowohl die örtliche als auch mittelbar die internationale Zuständigkeit[1217].

1209 LG Düsseldorf, NJW-RR 1998, 979 (980) – epson.de; KG, NJW 1997, 3321; *Bücking*, MMR 2000, 656 (662); MüKo-*Patzina*, ZPO, § 32 Rn 26 für Domänennamen.

1210 *Jonas/Schmitz*, GRUR 2000, 183.

1211 Zöller-*Vollkommer*, § 32 Rn 17; Hasselblatt-*Rojahn*, § 6 Rn 13; *Jonas/Schmitz*, GRUR 2000, 183 (187).

1212 *Engels*, WRP 1997, 77.

1213 Pastor/Ahrens-*Bähr*, Kap. 22 Rn 1.

1214 BGHZ 94, 156 (157); *Bücking*, Rn 263; Hasselblatt-*Rojahn*, § 6 Rn 18.

1215 BGHZ 115, 90 (92); BGH, NJW 1999, 1395 (1396); *Geimer*, Rn 943; *Melullis*, Rn 128. Vorrangig sind jedoch EuGVVO und internationale Übereinkommen wie das Luganer Übereinkommen zu prüfen, dazu *Bücking*, Rn 264 und Baumbach/Lauterbach/Albers/Hartmann-*Hartmann*, Übers § 12 Rn 6.

1216 Zöller-*Geimer*, IZPR Rn 37; *Bettinger/Thum*, GRUR Int. 1999, 659 (662).

1217 *Geimer*, Rn 946; MüKo-*Patzina*, ZPO, § 12 Rn 90.

1. Bestimmungsgemäße Verwendung als Kriterium

Die Zuständigkeit eines deutschen Gerichts ist unter Berücksichtigung der Regelung des § 32 ZPO immer dann gegeben, wenn die Rechtsverletzung zumindest auch in Deutschland stattfindet[1218]. Wäre der Ort der Rechtsverletzung der alleinige Anknüpfungspunkt für die internationale Zuständigkeit, würde bei grenzüberschreitenden Medien der Herausgeber oder Betreiber in allen Staaten, in denen das Angebot theoretisch abrufbar ist, wegen einer Rechtsverletzung nach nationalem Recht verklagt werden können[1219]. Um eine solche ausufernde Zuständigkeit zu verhindern, wird zumindest[1220] bei Massenmedien das Bestehen eines hinreichenden Inlandsbezugs gefordert[1221]. Der Inlandsbezug ist dabei nur dann ein hinreichender, wenn er über die bloße Möglichkeit der tatsächlichen Wahrnehmbarkeit oder Erreichbarkeit hinausgeht[1222]. Dies ist der Fall, wenn die Bereitstellung des Angebotes in Deutschland bestimmungsgemäß vorgesehen ist[1223]. Durch den Abruf oder die Nutzung eines Angebotes im Einzelfall außerhalb des vorgesehenen Verbreitungsbereichs wird dagegen kein hinreichender Inlandsbezug hergestellt[1224]. Das Kriterium der bestimmungsgemäßen Verbreitung ist im Bereich der Printmedien entwickelt worden, kann aber auf alle anderen Massenmedien übertragen werden[1225]. Neben dem Angebot selbst kann für die Frage des Inlandsbezugs auch auf die Werbung für das Angebot abgestellt werden[1226]. Zum einen ist eine Werbung nur sinnvoll, wenn das beworbene Angebot auch bestimmungsgemäß auf dem deutschen Markt verfügbar ist, und zum anderen gibt der Werbende durch die Werbung in Deutschland zu erkennen, dass das Angebot sich an das deutsche Publikum richtet, womit ein hinreichender Inlandsbezug hergestellt wird.

2. Bestimmungsgemäße Verwendung bei Vanity-Nummern

Ebenso wie Internetseiten weltweit abgerufen oder Satellitenprogramme überall empfangen werden können, unterliegt auch die Erreichbarkeit von Telefon-

---

1218 Wieczorek/Schütze-*Hausmann*, § 32 Rn 63.

1219 *Lurger* in Mayer-Schönberger/Galla/Fallenböck, S. 104 bezeichnet die Gefahr, überall verklagt werden zu können, als „Horrorvision".

1220 Gegen einen hinreichenden Inlandsbezug als generelles Kriterium *Schack*, Rn 236.

1221 Hoeren/Sieber-*Pichler*, Kap. 31 Rn 140; kritisch *Bettinger/Thum*, GRUR Int. 1999, 659 (667).

1222 *Ingerl/Rohnke*, § 14 Rn 40; deutlicher noch die Vorauflage, vgl. dort § 14 Rn 30.

1223 LG München I, RIW 2000, 466 – intershopping.com; BGH, WRP 1977, 487 (489) – profil.

1224 BGH, GRUR 1971, 152 (154) – Tampax; zustimmend *Droste*, GRUR 1971, 155 (156).

1225 *Vahrenwald*, Anm. 8.4.2; Hasselblatt-*Rojahn*, § 6 Rn 13.

1226 *Ingerl/Rohnke*, § 14 Rn 30 in der Vorauflage.

nummern keinen territorialen Grenzen[1227]. Daher ist auch bei Vanity-Nummern zur Bestimmung der internationalen Zuständigkeit anhand der zuvor aufgeführten Kriterien zu prüfen, ob ein hinreichender Inlandsbezug besteht. Bereits die Wahl einer deutschen Vanity-Nummer spricht für einen hinreichenden Inlandsbezug. Wenn sich ein Unternehmen eine deutsche Rufnummer zuteilen lässt, muss davon ausgegangen werden, dass diese bestimmungsgemäß in Deutschland oder zumindest in Teilen Deutschlands genutzt werden soll. Es ist zwar möglich, dass sich die Rufnummer unter anderem oder sogar überwiegend an Anrufer aus dem Ausland wendet, dies ändert aber nichts an der Tatsache, dass die deutsche Rufnummer nicht wenigstens auch für den bestimmungsgemäßen Gebrauch in Deutschland gedacht ist. Wer eine Rufnummer einrichten möchte, die nicht von Anrufern aus Deutschland genutzt werden soll, wird kaum eine deutsche Vanity-Nummer beantragen.

Umgekehrt ist es denkbar, dass sich eine ausländische Vanity-Nummer an deutsche Anrufer richtet und damit die deutsche Gerichtsbarkeit über die ausländische Rufnummer gegeben sein könnte. Trotz der weltweiten Erreichbarkeit von Telefonnummern erfolgt die tatsächliche Nutzung aber viel stärker auf die nationale Ebene beschränkt als etwa die Nutzung von Domänennamen. Während den Top-Level-Domains selbst bei länderbezogenen ccTLDs kaum besondere Aufmerksamkeit geschenkt wird[1228], ist es für den Anrufer alleine schon wegen der anfallenden Gesprächskosten von Bedeutung, ob es sich um eine inländische, ausländische oder internationale Vanity-Nummer handelt. Die hohen Gesprächskosten bei Auslandstelefonaten sprechen bei ausländischen Vanity-Nummern gegen eine Nutzungsabsicht in Bezug auf den deutschen Markt[1229]. Es ist aber möglich, dass alle anderen Kriterien für einen hinreichenden Inlandsbezug sprechen. Ist der Betreiber der Vanity-Nummer etwa auch in Deutschland aktiv und wickelt regelmäßig Geschäfte mit seinen deutschen Kunden über die ausländische Vanity-Nummer ab, könnte demnach auch die Zuständigkeit deutscher Gerichte gegeben sein. Die größere Sachnähe besäße aber möglicherweise ein ausländisches Gericht des Staates, aus dem die Vanity-Nummer stammt und in dem auch der Nummerninhaber dann regelmäßig seinen Sitz haben wird. Die Bestimmung der internationalen Zuständigkeit bzw. Unzuständigkeit nach der Frage der größeren Sachnähe würde zu einer großen Rechtsunsicherheit führen, da diese Frage kaum objektiv beantwortet werden kann[1230]. Aus diesem Grunde wird die Anwendung des aus dem Common Law stammenden Prinzip des „fo-

---

1227 *Jonas/Schmitz*, GRUR 2000, 183; ITU-T Recommendation E.169 (05/2002).

1228 Dazu OLG Karlsruhe, CR 1999, 783 (785) – badwildbad.com; *Bücking*, MMR 2000, 656 (658).

1229 Dabei ist auch zu beachten, dass der Anruf einer Vanity-Nummer im Vorwahlbereich für entgeltfreie Mehrwertdienste nur dann für den Anrufer kostenlos ist, wenn dieser aus dem Inland anruft.

1230 *Geimer*, Rn 1075.

rum non conveniens“[1231] in Deutschland grundsätzlich abgelehnt[1232]. Solange ein hinreichender Inlandsbezug besteht, der einen bestimmungsgemäßen Gebrauch der Rufnummer in Deutschland erfordert, ist das deutsche Gericht international zuständig, selbst dann, wenn ein anderes (ausländisches) Gericht sachnäher wäre[1233].

Um Unternehmen die Möglichkeit zu geben, eine weltweit einheitliche Rufnummer zu nutzen, die für die Kunden kostenlos angewählt werden kann, stehen internationale Vanity-Nummern mit der Kennung 00800 zur Verfügung[1234]. Bei solchen Rufnummern muss anhand der allgemeinen Kriterien geprüft werden, ob sich das Angebot bestimmungsgemäß an den deutschen Markt richtet und dort regelmäßig genutzt wird. Im Rahmen dieser Prüfung kann dann insbesondere berücksichtigt werden, ob die internationale Vanity-Nummer in Deutschland beworben wird und ob die Möglichkeit besteht, das Telefongespräch in deutscher Sprache zu führen, was beides für einen hinreichenden Inlandsbezug sprechen würde.

Bis auf wenige Ausnahmefälle, etwa bei internationalen Vanity-Nummern, dürfte die Prüfung der internationalen Zuständigkeit daher anders als im Bereich der Domänennamen keine besonderen Schwierigkeiten aufwerfen.

3. Anwendbarkeit deutschen Rechts

Bei Sachverhalten mit internationalen Anknüpfungspunkten ist nach der Bestimmung des zuständigen Gerichts zu prüfen, welches Recht das angerufene Gericht anzuwenden hat. Für die Anwendbarkeit des deutschen Rechts ist wie bei der Untersuchung der internationalen Zuständigkeit entscheidend, ob ein hinreichender Inlandsbezug besteht, wozu auf die vorangegangenen Ausführungen verwiesen werden kann[1235].

B. Außergerichtliches Vorgehen

Der Inhaber eines geschützten Kennzeichens muss nicht sofort den Nummerninhaber verklagen, sondern kann zunächst versuchen, sein Recht außergerichtlich durchzusetzen. Im Kennzeichen- und Wettbewerbsrecht kommt dazu eine Ab-

---

1231 Nachweise bei *Geimer*, Rn 1073; Wieczorek/Schütze-*Hausmann*, Vor § 12 Rn 89.

1232 MüKo-*Patzina*, ZPO, § 12 Rn 105; Zöller-*Geimer*, IZPR Rn 56; *Schack*, Rn 502. In eng abgegrenzten Bereichen werden jedoch auch in Deutschland die Grundsätze des forum non conveniens herangezogen; dazu Wieczorek/Schütze-*Hausmann*, Vor § 12 Rn 91.

1233 *Schack*, Rn 498 weist zurecht darauf hin, dass es nicht darum geht, das sachnächste Gericht als einzig zuständiges zu bestimmen.

1234 Vgl. oben § 2 B. I. 1. a) (Seite 9).

1235 Ebenso *Ubber*, WRP 1997, 497 (503).

mahnung als außergerichtlicher Rechtsbehelf in Betracht[1236]. Die überwiegende Zahl aller Streitigkeiten in diesen Bereichen wird auf diesem Wege erledigt[1237].

Die Abmahnung dient dazu, den Rechtsverletzer kostenpflichtig auf die Verletzung wettbewerbsrechtlicher oder kennzeichenrechtlicher Bestimmungen hinzuweisen[1238]. Dem Abgemahnten wird die Gelegenheit gegeben, durch Abgabe einer strafbewehrten Unterlassungserklärung eine prozessuale Auseinandersetzung zu vermeiden[1239]. Auf der anderen Seite räumt der Kennzeicheninhaber das Risiko aus, im Falle eines sofortigen Anerkenntnisses des Beklagten gem. § 93 ZPO trotz Obsiegens in der Sache die Verfahrenskosten tragen zu müssen, wenn eine Klage ohne vorherige Abmahnung angestrengt wurde[1240]. Es besteht aber weder eine Rechtspflicht zur Abmahnung vor Klageerhebung, noch ist die Abmahnung eine Zulässigkeitsvoraussetzung für eine Klage[1241]. Für den Bereich des Wettbewerbsrechts ist dies durch die UWG-Reform in § 12 I UWG ausdrücklich klargestellt worden[1242]. Den Anspruchsinhaber trifft lediglich eine Obliegenheit, deren Nichtbeachtung zu Kostennachteilen führen kann[1243].

Die berechtigte Abmahnung wird als Geschäftsführung ohne Auftrag angesehen mit der Folge, dass dem Abmahnenden als Geschäftsführer ein Anspruch auf Aufwendungsersatz gem. § 670 BGB gegen den Rechtsverletzer als Geschäftsherrn zusteht[1244]. Dieses Ergebnis ist auch für den Bereich der Vanity-Nummern interessengerecht, da der Nummerninhaber so einem Prozess aus dem Wege gehen kann, in dessen Verlauf deutlich höhere Kosten entstehen würden. Die Erstattungsfähigkeit der Abmahnkosten hat teilweise jedoch dazu geführt, dass die Abmahnung nicht primär der Ahndung von Rechtsverletzungen dient, sondern finanzielle Interessen im Vordergrund stehen[1245]. Daneben wird auch versucht, Ansprüche, bei denen vor Gericht nur geringe Erfolgsaussichten bestünden, mit Hilfe einer Abmahnung durchzusetzen[1246]. Diese Gefahren bestehen in allen Bereichen des gewerblichen Rechtsschutzes, sie sind jedoch beson-

---

1236 Zu den Anforderungen an eine Abmahnung vgl. *Wilke/Jungeblut*, S. 30; *Speckmann*, Rn 1349.

1237 Nach verschiedenen Schätzungen werden 80 - 90 % bzw. 90 - 95 % aller Streitigkeiten durch eine Abmahnung erledigt; dazu *Eser*, GRUR 1986, 35; *Teplitzky*, Kap. 41 Rn 3; *Speckmann*, Rn 1339; Pastor/Ahrens-*Deutsch*, Kap. 3 Rn 3.

1238 *Baumbach/Hefermehl*, Einl UWG Rn 529; *Fritzsche*, § 9 II 1. a) (S. 287).

1239 *Fritzsche*, § 9 II. 1. a) (S. 287); Pastor/Ahrens-*Deutsch*, Kap. 3 Rn 3.

1240 Zöller-*Herget*, § 93 Rn 6 „Wettbewerbsstreitigkeiten"; *Baumbach/ Hefermehl*, § 25 UWG Rn 43.

1241 OLG Düsseldorf, GRUR 1974, 170 (171); OLG Oldenburg, WRP 1987, 718; *Steinmetz*, II. 1. (S. 3).

1242 BT-Drucks. 15/1487, S. 25.

1243 *Wilke/Jungeblut*, S. 13; Gloy-*Gloy*, § 60 Rn 4.

1244 BGHZ 52, 393 (399) – Fotowettbewerb; *Teplitzky*, Kap. 41 Rn 84.

1245 LG München I, NJW-CoR 2000, 175 – Webspace.

1246 *Zimmerling/Werner*, S. 108.

ders ausgeprägt in neuen Marktsegmenten. Daher ist die Gefahr missbräuchlicher und unberechtigter Abmahnungen bei Vanity-Nummern besonders hoch einzuschätzen. Die durch das Fehlen einer gefestigten Rechtsprechung bestehende Unsicherheit und die rechtliche Unerfahrenheit vieler Unternehmen, die Vanity-Nummern einsetzen oder vermarkten, erleichtern eine missbräuchliche Abmahnpraxis[1247]. Daher könnten einzelne Unternehmen versucht sein, tatsächlich nicht bestehende Ansprüche auf eine Rufnummer im Wege der Abmahnung durchzusetzen[1248].

Liegt tatsächlich keine Rechtsverletzung vor, bleibt die Abmahnung ohne juristische Folgen und kann ignoriert werden[1249]. Für den Abgemahnten bleibt jedoch die Notwendigkeit, dass er prüfen und entscheiden muss, ob die Abmahnung berechtigt ist oder nicht.

C. Probleme der Vollstreckung

Die Vollstreckung von Unterlassungsansprüchen, um die es im Bereich des gewerblichen Rechtsschutzes zumeist geht, erfolgt gem. § 890 ZPO, wonach die Verhängung von Ordnungsmitteln vorgesehen ist[1250]. Insoweit ergeben sich keine Besonderheiten, wenn der Unterlassungsanspruch aus der Nutzung einer Vanity-Nummer resultiert.

Im Bereich der Domänennamen ist darüber hinaus anerkannt, dass unter bestimmten Umständen die Pfändung eines Domänennamens wegen einer Geldforderung möglich ist[1251]. Begründet wird die Pfändbarkeit mit der Verkehrsfähigkeit von Domänennamen[1252]. Vanity-Nummern können jedoch nicht frei veräußert und übertragen werden[1253], so dass es an einer Verkehrsfähigkeit fehlen könnte. Nach §§ 857, 851 ZPO stehen aber nur gesetzliche Veräußerungsverbote

1247 Zu den ähnlichen Ausgangsbedingungen beim Vanity-Grabbing vgl. oben § 3 E. I. (Seite 190); dazu auch *Zimmerling/Werner*, S. 126.

1248 *Statz*, ArchPT 1995, 144, wobei die Geltendmachung vermeintlicher Ansprüche auch im Wege der Klage mit einbezogen wird.

1249 *Zimmerling/Werner*, S. 117; möglich ist aber auch eine negative Feststellungsklage, vgl. *Teplitzky*, Kap. 41 Rn 68; ferner ist in der unberechtigten Schutzrechtsverwarnung eine wettbewerbswidrige Betriebsstörung zu sehen, dazu *Baumbach/Hefermehl*, § 1 UWG Rn 237; ausführlicher *Deutsch*, WRP 1999, 25.

1250 Schuschke/Walker-*Schuschke*, § 890 Rn 1; *Jauernig*, Zwangsvollstreckung, § 27 IV. (S. 127).

1251 LG Düsseldorf, CR 2001, 468; LG Essen, MMR 2000, 286; *Bücking*, MMR 2000, 656 (662); Hoeren/Sieber-*Viefhues*, Kap. 6 Rn 388; a.A. LG München I, CR 2001, 342 m. zust. Anm. *Hanloser*, CR 2001, 344 (345); vgl. die Übersicht bei *Schreibauer/Mulch*, WRP 2002, 886 (889).

1252 LG Essen, MMR 2000, 286; *Hartmann/Kloos*, CR 2001, 469.

1253 Vgl. oben § 2 B. I. 1. b) (Seite 10) sowie § 3 E. II. 1. (Seite 191).

der Verkehrsfähigkeit entgegen[1254]. Bei den Zuteilungsbedingungen, in denen das Veräußerungsverbot verankert ist, handelt es sich nicht unmittelbar um gesetzliche Normen, allerdings beruhen die Zuteilungsbedingungen auf der Regelung des § 43 II TKG, so dass die Regelung in den Zuteilungsbedingungen wie ein gesetzliches Verbot wirkt; daneben wird auch durch § 20 II 4 TKV die Übertragung von Rufnummern ausgeschlossen[1255]. Vanity-Nummern sind damit anders als Domänennamen nicht verkehrsfähig und folglich nicht pfändbar.

1254 Zöller-*Stöber*, § 851 Rn 2; ebenso Hoeren/Sieber-*Viefhues*, Kap. 6 Rn 395.
1255 *Viefhues*, MMR 2000, 286 (288).

§ 5 Verantwortlichkeit Dritter

Kommt es durch die Nutzung einer Vanity-Nummer zu einer Rechtsverletzung, wird der Betroffene zunächst versuchen, juristisch gegen den Nummerninhaber vorzugehen. Hat dieses Vorgehen wenig Aussicht auf Erfolg, ist zu überlegen, ob durch ein Vorgehen gegen andere Institutionen, etwa die Regulierungsbehörde für Telekommunikation und Post oder das Telekommunikationsunternehmen, welches die Rufnummer vermittelt und freigeschaltet hat, das gewünschte Ziel erreicht werden kann[1256].

A. Die Position der Regulierungsbehörde als Vergabestelle

Anstatt gegen den bisherigen Nummerninhaber vorzugehen, kann sich ein Interessent für eine Rufnummer möglicherweise direkt an die Regulierungsbehörde für Telekommunikation und Post als Vergabestelle wenden und Ansprüche gegen die Behörde geltend machen.

I. Anspruch auf Zuteilung einer Vanity-Nummer

Insbesondere Kennzeicheninhaber könnten versuchen, die Regulierungsbehörde zur Zuteilung der Vanity-Nummer zu verpflichten, die dem geschützten Kennzeichen entspricht[1257]. Dazu müsste ein Rechtsanspruch auf Zuteilung der gewünschten Rufnummer bestehen. Grundsätzlich hat jeder Einwohner Deutschlands Anspruch auf einen eigenen Telefonanschluss und auf eine Rufnummer für diesen Anschluss[1258]. Der Anspruch ergibt sich möglicherweise schon aus dem Recht auf Sicherung des Existenzminimums[1259]; hinsichtlich der Rufnummer spricht jedenfalls § 43 II 1 TKG explizit von einem Recht auf Zuteilung[1260]. Sofern der Antragsteller die Zuteilungsbedingungen erfüllt, ist die Regulierungsbehörde für Telekommunikation und Post in ihrer Entscheidung gebunden und es besteht ein Anspruch auf Nummernzuteilung[1261]. Aus den gesetzlichen Vorgaben ergibt sich jedoch nicht, dass ein Anspruch auf eine bestimmte Ruf-

---

1256 *Stomper*, RdW 2001, 136 (137) für Domänennamen unter Verweis auf OGH, MR 2000, 328 – fpo.at.

1257 *Simon/Goeckel*, RTkom 2001, 110.

1258 *Schütz*, MMR 1998, 287.

1259 *Schütz*, a.a.O.

1260 *Bartosch*, NJW-CoR 1999, 103 (105); *Lammich*, § 43 Rn 5. § 43 II TKG besagt, dass in den Zuteilungsbedingungen zu regeln ist, wann ein Recht auf Zuteilung besteht. Damit ergibt sich ein Anspruch nicht schon unmittelbar aus § 43 II TKG, sondern aus den Zuteilungsbedingungen, vgl. dazu Manssen-*Demmel*, § 43 Rn 65.

1261 Manssen-*Demmel*, § 43 Rn 20; *Gramlich*, ArchivPT 1998, 5 (12); Trute/Spoerr/Bosch-*Spoerr*, § 43 Rn 7.

nummer besteht[1262]. Einen solchen Anspruch kann ein Markeninhaber auch nicht aus dem kennzeichenrechtlichen Schutz der Marke oder aus dem durch Art. 14 I GG garantierten Schutz des Eigentumsrechts an der Marke ableiten[1263]. Der Antragsteller kann lediglich verlangen, dass ihm überhaupt eine Rufnummer zugeteilt wird. Allerdings muss die Zuteilung durch die Regulierungsbehörde diskriminierungsfrei erfolgen[1264]. Lehnt die Regulierungsbehörde die Zuteilung einer bestimmten Rufnummer ab, weil diese schon vergeben wurde, ist darin keine Diskriminierung des Antragstellers zu sehen, sondern die Vergabe von Rufnummern nach dem Prioritätsprinzip ist als sachgerechter Maßstab zu akzeptieren[1265].

Der Anspruch gegen die Regulierungsbehörde für Telekommunikation und Post auf Zuteilung der gewünschten Vanity-Nummer führt demnach nur dann zum Erfolg, wenn die Rufnummer noch nicht zugeteilt wurde. In diesem Fall kann der Antragsteller die Zuteilung der Rufnummer, nicht aber die bloße Sperrung der Rufnummer für die Vergabe an Dritte verlangen. Einer generellen Sperrung durch die Regulierungsbehörde für Telekommunikation und Post steht entgegen, dass ein weiterer Kennzeicheninhaber die Zuteilung aufgrund des eigenen Kennzeichenrechtes beantragen können muss[1266]. Ist die gewünschte Rufnummer bereits vergeben, kann die Regulierungsbehörde die Rufnummer ohnehin erst dann dem Anspruchsteller zuteilen, wenn der bisherige Nummerninhaber die Rufnummer zurückgibt oder sie ihm entzogen wird; die mehrfache Vergabe einer Rufnummer ist ausgeschlossen.

II. Anspruch auf Rücknahme einer erfolgten Zuteilung

Besteht kein eigener Anspruch auf die Zuteilung der gewünschten Vanity-Nummer, kann der Interessent für die Rufnummer versuchen, dem bisherigen Nummerninhaber die Rufnummer entziehen zu lassen. Damit erlangt der Interessent die Vanity-Nummer noch nicht, die Rufnummer wird aber zumindest wieder frei und der Interessent kann mit Aussicht auf Erfolg einen Zuteilungsantrag an die Regulierungsbehörde stellen.

1. Rückgriff auf Regelungen des Markenrechts

Das Markenrecht enthält zahlreiche verfahrensrechtliche Vorschriften, insbesondere bezüglich der Beantragung eines markenrechtlichen Schutzes und des-

---

1262 VG Köln, MMR 2001, 190 (191); VG Köln, RTkom 2001, 107 (108).
1263 BVerwG, MMR 2004, 345 (347).
1264 *Schütz*, MMR 1998, 287 (289).
1265 Dazu ausführlich VG Köln, MMR 2001, 190 (191).
1266 BGH, WRP 2004, 769 (771).

sen Gewährung oder Ablehnung[1267]. Einzelne Regelungen können möglicherweise auch hinsichtlich der Rufnummernzuteilung durch die Regulierungsbehörde für Telekommunikation und Post analog herangezogen werden. Von besonderem Interesse für den Kennzeicheninhaber wäre eine analoge Anwendung der §§ 49, 50 MarkenG. Die Vorschriften ermöglichen die Löschung einer eingetragenen Marke durch das Deutsche Patent- und Markenamt auf Antrag eines Dritten[1268]. Übertragen auf den Bereich der Vanity-Nummern könnte ein Kennzeicheninhaber möglicherweise unter Berufung auf §§ 49, 50 MarkenG analog einen Antrag auf Löschung der Vanity-Nummer bei der Regulierungsbehörde für Telekommunikation und Post stellen.

Eine Analogie setzt das Bestehen einer planwidrigen Regelungslücke und einen vergleichbaren Sachverhalt sowie eine im wesentlichen gleiche Interessenlage voraus[1269]. Das Telekommunikationsgesetz enthält im Zehnten Teil Regelungen über die Aufgaben und Befugnisse der Regulierungsbehörde sowie das Verfahren[1270]. Eine analoge Anwendung der Vorschriften des Markengesetzes ist nur möglich, soweit diese Bestimmungen des TKG und die auf Grundlage des TKG erlassenen Normen keine abschließenden Regelungen treffen. Neben dem TKG selbst enthalten vor allem die Zuteilungsbedingungen für die Rufnummern in den einzelnen Vorwahlbereichen ausführliche Regelungen über die Vergabe der Rufnummern einschließlich der Aufhebung einer bereits erfolgten Zuteilung. Wegen der umfassenden und erschöpfenden Regelung des Vergabeverfahrens bleibt kein Raum für die ergänzende Heranziehung weiterer Normen aus anderen Bereichen, etwa den Bestimmungen des Markengesetzes über die Löschung eingetragener Kennzeichen. Im Bereich der Vanity-Nummern fehlt es an einer Regelungslücke, die für die Anwendbarkeit der markenrechtlichen Verfahrensregeln notwendig wäre; auf das Vorliegen eines vergleichbaren Sachverhaltes kommt es daher nicht mehr an.

2. Anspruch auf Aufhebung der Zuteilung

Es ist denkbar, dass der Interessent für eine bestimmte Vanity-Nummer den verwaltungsrechtlichen Weg beschreitet, um die Regulierungsbehörde für Telekommunikation und Post zur Aufhebung der Zuteilung zu zwingen[1271].

1267 *Ingerl/Rohnke*, Vor §§ 32-44 Rn 1.

1268 *Ilzhöfer*, Rn 451.

1269 *Kramer*, III. 5. a) (S. 149); *Schmalz*, Rn 389; dazu bereits oben § 3 A. IV. 2. c) (Seite 121).

1270 Vgl. §§ 66 ff. TKG, insb. §§ 71, 72 TKG und §§ 73-79 TKG.

1271 Praxishandbuch-*Schäfer*, § 6 Rn 206; Trute/Spoerr/Bosch-*Spoerr*, § 43 Rn 52; so hat sich ein Taxiunternehmen erfolgreich gegen die Zuteilung seiner ehemaligen Rufnummern an einen Konkurrenten gewehrt, vgl. AG Schwetzingen, ArchPT 1995, 143.

a) Aufhebungsgrund

Die Zuteilung der Rufnummer ist ein öffentlich-rechtlicher Verwaltungsakt[1272]. Der Widerruf oder die Rücknahme der Zuteilung ist daher nur unter engen Voraussetzungen zulässig[1273]. Für die Aufhebung eines Verwaltungsaktes ist eine Ermächtigungsgrundlage erforderlich[1274]. Teilweise ist bereits in den Zuteilungsbedingungen eine Widerrufsmöglichkeit vorgesehen, wonach die Zuteilung widerrufen werden kann, wenn durch die Art der Nummernnutzung gegen geltendes Recht verstoßen wird[1275]. Die Verletzung von bestehenden Kennzeichenrechten oder wettbewerbsrechtlichen Bestimmungen ist in diesem Zusammenhang als Verstoß gegen geltendes Recht anzusehen, der die Regulierungsbehörde zum Widerruf der Zuteilung der Vanity-Nummer berechtigt[1276].

Für die Vorwahlbereiche, bei denen in den Zuteilungsbedingungen kein vergleichbarer Widerrufsgrund vorgesehen ist, muss geprüft werden, ob auf die allgemeine Regelung des § 49 VwVfG zurückgegriffen werden kann. Dies ist immer dann der Fall, wenn die spezialgesetzlichen Vorschriften keine abschließenden Regelungen über die Aufhebung von Verwaltungsakten enthalten[1277]. Aus der Tatsache, dass in den Zuteilungsbedingungen für Rufnummern im Vorwahlbereich 0900 die Anwendbarkeit der §§ 48, 49 VwVfG explizit erklärt wird[1278], könnte sich im Umkehrschluss ergeben, dass in allen Vorwahlbereichen, bei denen eine entsprechende Bestimmung fehlt, die allgemeinen Vorschriften zur Aufhebung von Verwaltungsakten keine Anwendung finden. Jedoch ist Ziffer 8 der Zuteilungsbedingungen so zu verstehen, dass lediglich klarstellend auf die Vorschriften des VwVfG hingewiesen und nicht erst ihre Anwendbarkeit statuiert wird. Außerdem gilt der Grundsatz, dass ein Spezialgesetz regelmäßig nur die in seinem Bereich bestehenden Besonderheiten berücksichtigt, ohne die allgemeinen Widerrufs- und Rücknahmegründe auszuschlie-

---

1272 BeckTKG-*Paul/Mellewigt*, § 43 Rn 15; vgl. auch oben § 2 B. I. 1. b) (Seite 10).

1273 *Gramlich*, ArchPT 1998, 5 (12).

1274 *Steiner*, VerwArch 83 (1992), 479.

1275 Vorläufige Regeln für die Zuteilung von Rufnummern für „Shared Cost"-Dienste, ABl. BMPT Nr. 34/97 Vfg 302, Ziff. 8. c); Regeln für die Zuteilung von (0)900-Rufnummern für Premium Rate-Dienste, ABl. RegTP Nr. 5/2001, Vfg 19/2001, Ziff. 7. d).

1276 Weder handelt es sich bei den Zuteilungsbedingungen um Rechtsnormen, noch ist der Widerruf im Verwaltungsakt unmittelbar vorbehalten, aber die Vorgaben der Zuteilungsbedingungen werden Grundlage für die Zuteilung, vgl. etwa Vorläufige Regeln für die Zuteilung von Rufnummern für „Shared Cost"-Dienste, ABl. BMPT Nr. 34/1997, Vfg 302/1997, Ziff. 3.; dazu auch *Gramlich*, ArchPT 1998, 5 (19).

1277 Knack-*Meyer*, § 49 Rn 12; Stelkens/Bonk/Sachs-*Sachs*, § 48 Rn 5; Obermayer-*Schäfer*, § 49 Rn 5; *Kopp/Ramsauer*, § 48 Rn 18.

1278 Regeln für die Zuteilung von (0)900-Rufnummern für Premium Rate-Dienste, ABl. RegTP Nr. 5/2001, Vfg 19/2001, Ziff. 7. e) und 8. verweisen auf §§ 48, 49 VwVfG.

ßen[1279]. Schließlich ist zu beachten, dass es sich bei den Zuteilungsbedingungen um normkonkretisierende Verwaltungsvorschriften handelt[1280]. Weder norminterpretierende noch normkonkretisierende Verwaltungsvorschriften gelten jedoch als Rechtsvorschriften im Sinne des § 1 I VwVfG[1281]. Die allgemeinen Regeln des VwVfG können aber nur von Rechtsnormen, nicht aber von Verwaltungsvorschriften wie den Zuteilungsbedingungen verdrängt werden[1282]. Daher sind die Regelungen der §§ 48, 49 VwVfG in allen Vorwahlbereichen ergänzend anwendbar[1283].

Allerdings ergibt sich aus diesen Normen kein einschlägiger Aufhebungsgrund, wenn der Nummerninhaber fremde Kennzeichenrechte verletzt oder gegen wettbewerbsrechtliche Vorschriften verstößt. Ein Widerruf der Zuteilung kommt damit nur in den Vorwahlbereichen in Betracht, bei denen in den Zuteilungsbedingungen ein Widerrufsgrund für den Fall vorgesehen ist, dass die Nutzung der Rufnummer gegen geltendes Recht verstößt.

b) Verpflichtung der Regulierungsbehörde

Liegt ein Grund zur Aufhebung eines Verwaltungsaktes vor, kann die zuständige Behörde grundsätzlich im Rahmen ihres Ermessensspielraums entscheiden, ob und wie sie tätig wird[1284]. Ein Anspruch auf ein behördliches Einschreiten besteht nur, wenn ein Fall der Ermessensreduzierung vorliegt[1285]. Dazu müsste mit Ausnahme einer Entscheidung die Wahl jeder anderen Alternative für die Behörde ermessensfehlerhaft sein[1286].

Fraglich ist, ob in den Fällen, in denen durch die Nutzung einer Vanity-Nummer fremde Kennzeichenrechte verletzt werden oder gegen geltendes Wettbewerbsrecht verstoßen wird, das Ermessen der Regulierungsbehörde soweit reduziert ist, dass nur der Widerruf der Rufnummer in Betracht kommt. Die Regulierungsbehörde hat bei ihrer Entscheidung die Interessen des Kennzeicheninhabers sowie des Nummerninhabers zu berücksichtigen und eine angemessene Entscheidung zu treffen. Würde schon bei einer einmaligen Rechtsverletzung dem Nummerninhaber durch Widerruf der Zuteilung seine Rufnummer voll-

---

1279 BVerwGE 40, 65 (68); *Wolff/Bachof*, § 53 IV d) (S. 456); zurückhaltender in der aktuellen Auflage *Wolff/Bachof/Stober*, § 51 Rn 41; dazu auch *Steiner*, VerwArch 83 (1992), 479 (490).

1280 *Gramlich*, ArchPT 1998, 5 (19); Manssen-*Demmel*, § 43 Rn 20.

1281 Stelkens/Bonk/Sachs-*Bonk/Schmitz*, § 1 Rn 192.

1282 Obermayer-*Schäfer*, § 49 Rn 17; Stelkens/Bonk/Sachs-*Sachs*, § 49 Rn 45.

1283 VG Köln, TKMR 2002, 305 (308) für den Vorwahlbereich 0800.

1284 Stelkens/Bonk/Sachs-*Sachs*, § 48 Rn 87 und § 49 Rn 8.

1285 *Maurer*, § 7 Rn 24; *Kopp/Ramsauer*, § 40 Rn 35; offengelassen für den Bereich der Vanity-Nummern VG Köln, MMR 2001, 190 (192).

1286 BVerwGE 11, 95 (97); Knack-*Henneke*, § 40 Rn 72; *Kopp/Ramsauer*, § 40 Rn 30; *Maurer*, § 7 Rn 24.

ständig und endgültig entzogen, ist dies in vielen Fällen als eine unangemessen harte Entscheidung anzusehen, die zu einseitig die Interessen des Kennzeicheninhabers berücksichtigt. Insbesondere bei einem vorsätzlichen Rechtsverstoß des Nummerninhabers wird zwar ein Entzug der Rufnummer angemessen sein, allerdings kann nicht in jedem Fall der Rechtsverletzung eine Ermessensreduktion angenommen werden. Die Interessen des Kennzeicheninhabers werden ausreichend berücksichtigt, indem bei Ablehnung einer Ermessensreduktion der Kennzeicheninhaber zumindest einen Anspruch auf eine ermessensfehlerfreie Entscheidung der Regulierungsbehörde hat[1287].

III. Haftung der Regulierungsbehörde

Die Regulierungsbehörde für Telekommunikation und Post könnte auch den allgemeinen kennzeichenrechtlichen und wettbewerbsrechtlichen Abwehransprüchen ausgesetzt sein, sofern sie selbst als mittelbarer Rechtsverletzer angesehen werden kann.

1. Haftung des mittelbaren Rechtsverletzers im Kennzeichenrecht

Im Patentrecht wurde der Grundsatz entwickelt, dass der Patentinhaber auch den mittelbaren Rechtsverletzer auf Unterlassung und Schadensersatz in Anspruch nehmen kann[1288]. Dieser Grundsatz ist auf den gesamten Bereich des gewerblichen Rechtsschutzes ausgeweitet worden und gilt damit auch für das Kennzeichenrecht[1289]. Als mittelbarer Rechtsverletzer kommt jede Person in Betracht, die an der Schaffung oder Aufrechterhaltung eines rechtswidrigen Zustandes objektiv mitwirkt[1290]. Dazu ist es unter Berücksichtigung der Äquivalenzformel ausreichend, wenn der mittelbare Rechtsverletzer einen Verursachungsbeitrag geleistet hat, der nicht hinweggedacht werden kann, ohne dass die Rechtsverletzung entfiele[1291].

Die rechtsverletzende Nutzung einer Vanity-Nummer durch den Nummerninhaber ist nur nach vorheriger Zuteilung der Rufnummer durch die Regulierungsbehörde denkbar. Ohne die vorherige Vergabe wäre die Rechtsverletzung nicht möglich. Somit ist das Verhalten der Regulierungsbehörde kausal für die Rechtsverletzung im Sinne der Äquivalenzformel, so dass die Vergabestelle als Anspruchsgegner wegen einer mittelbaren Rechtsverletzung in Betracht kommt.

[1287] Allgemein dazu *Maurer*, § 8 Rn 15.

[1288] BGH, GRUR 1964, 496 (497) – Formsand II; *Meier-Beck*, GRUR 1993, 1; Busse-*Keukenschrijver*, § 10 Rn 4.

[1289] OLG Düsseldorf, WRP 1996, 559 (562) – adp; OLG Frankfurt, WRP 2000, 214 (217) – ambiente.de; *Bettinger/Freytag*, CR 1999, 28 (32).

[1290] *Bücking*, Rn 246.

[1291] OLG Düsseldorf, WRP 2000, 214 (217) – ambiente.de.

2. Haftung von Störern im Wettbewerbsrecht

Das Wettbewerbsrecht enthält keine eigenen Vorschriften zur Bestimmung des Anspruchsgegners, so dass die Regelungen des allgemeinen Zivilrechts heranzuziehen sind[1292]. Von besonderer Bedeutung ist dabei im Wettbewerbsrecht die Haftung des Störers, wozu auf die Vorschrift des § 1004 BGB analog zurückgegriffen wird[1293]. Unter den Störerbegriff fallen sowohl der unmittelbare wie der mittelbare Störer[1294]. Entscheidend für die Haftung ist zunächst, dass der Störer einen kausalen Beitrag zur Tatbestandsverwirklichung leistet[1295]. Ein Handeln zu Zwecken des Wettbewerbs oder ein Verschulden sind auf Seiten des mittelbaren Störers nicht erforderlich, wenn ein Wettbewerbsverstoß eines anderen vorliegt, der zum Zwecke des Wettbewerbs tätig geworden ist und alle anderen Tatbestandsvoraussetzungen erfüllt[1296]. Auf Art und Umfang des Tatbeitrages des mittelbaren Störers kommt es in diesem Fall nicht an[1297].

Durch die Vergabe der Vanity-Nummer leistet die Regulierungsbehörde einen Tatbeitrag zum Wettbewerbsverstoß des Nummerninhabers, wenn dieser sich nicht an die wettbewerbsrechtlichen Vorgaben hält. Liegt eine Wettbewerbsrechtsverletzung des Nummerninhabers vor, muss die Regulierungsbehörde als mittelbarer Störer selbst nicht mit Wettbewerbsabsicht tätig werden. Damit kommt auch eine wettbewerbsrechtliche Haftung der Vergabestelle in Betracht.

3. Haftungseinschränkung

Sowohl im Kennzeichenrecht als auch im Wettbewerbsrecht wird der Kreis der Anspruchsgegner allerdings dadurch eingeschränkt, dass nicht jede objektive Mitwirkung als mittelbare Verletzungshandlung angesehen wird und eine Haftung auslöst[1298]. Im Rahmen der Kausalitätsprüfung ist noch zu untersuchen, ob es sich auch um einen adäquat kausalen Verursachungsbeitrag handelt[1299]. Bedeutsamer ist eine zweite Einschränkung, wonach ein mittelbarer Störer nicht in Anspruch genommen werden kann, wenn es ihm überhaupt nicht möglich ist,

---

1292 Pastor/Ahrens-*Jestaedt*, Kap. 26 Rn 3.
1293 *Melullis*, Rn 483; Pastor/Ahrens-*Jestaedt*, Kap. 26 Rn 5.
1294 Palandt-*Bassenge*, § 1004 Rn 16 f.
1295 BGH, GRUR 1957, 352 (354) – Pertusin II; *Emmerich*, § 21 5. (S. 336).
1296 BGH, GRUR 1991, 769 (779) – Honoraranfrage; *Baumbach/Hefermehl*, Einl UWG Rn 327.
1297 BGH, GRUR 1991, 373 (374) – Schönheits-Chirurgie; BGH, GRUR 1957, 352 (354) – Pertusin II; BGH, GRUR 1976, 256 (257) – Rechenscheibe.
1298 OLG Frankfurt, WRP 2000, 214 (217) – ambiente.de zur einheitlichen Prüfung im Marken- und Wettbewerbsrecht.
1299 BGH, GRUR 1991, 769 (770) – Honoraranfrage; BGH, WRP 1997, 325 (326) – Architektenwettbewerb.

die Rechtsverletzung zu verhindern[1300]. Der mittelbare Störer muss gebotene und zumutbare Maßnahmen zur Vermeidung der Rechtsverletzung unterlassen haben, damit er in Anspruch genommen werden kann[1301]. Diese Einschränkung dient als Ausgleich dafür, dass durch das Kausalitätserfordernis der Kreis der potentiellen Rechtsverletzer stark ausgeweitet wird[1302].

Bei der Vergabe von Domänennamen wird damit argumentiert, dass die Prüfung der kennzeichenrechtlichen Zulässigkeit eines Domänennamens primär dem Antragsteller und nicht der Denic als Vergabestelle obliegt[1303]. Der Vergabestelle ist es weder zumutbar noch möglich, jeden Antrag auf mögliche Kennzeichenkonflikte zu überprüfen, zumal täglich mehrere Tausend Domänennamen beantragt werden[1304]. Unter Berücksichtigung dieser Argumente kommt eine mittelbare Rechtsverletzung durch die Denic nur bei offensichtlichen Rechtsverstößen, die ohne weiteres erkennbar sind, in Betracht[1305]. Ein Fall eines offensichtlichen Rechtsverstoßes kann etwa angenommen werden bei Anlehnung an berühmte Kennzeichen[1306] oder wenn durch ein Urteil die Kennzeichenrechtsverletzung festgestellt wurde[1307].

Diese Argumente lassen sich allerdings nur bedingt auf den Bereich der Vanity-Nummern und die Haftung der Regulierungsbehörde übertragen. Zum einen werden deutlich weniger Vanity-Nummer beantragt als Domänennamen. Danach wäre eine Überprüfung aller eingehenden Anträge auf Zuteilung einer Rufnummer jedenfalls eher als bei der Beantragung eines Domänennamens möglich. Zum anderen ist zu beachten, dass der Regulierungsbehörde gegenüber nur die gewünschte Ziffernfolge anzugeben ist, nicht aber die alphanumerische Umsetzung[1308]. Daher ist auch für die Regulierungsbehörde – unabhängig von

---

[1300] BGHZ 14, 163 (174) – Constanze II; BGH, GRUR 1990, 463 (464) – Firmenrufnummer; BGH, GRUR 1991, 769 (770) – Honoraranfrage; BGH, GRUR 1988, 829 (830) – Verkaufsfahrten II; BGH, WRP 1997, 325 (326) – Architektenwettbewerb; *Bettinger/Freytag*, CR 1999, 28 (34).

[1301] OLG Düsseldorf, WRP 1996, 559 (563) – adp; *Bettinger/Freytag*, CR 1999, 28 (32).

[1302] OLG Dresden, WRP 2001, 706 (709) – kurt-biedenkopf.de.

[1303] OLG Frankfurt, WRP 2000, 214 (217) – ambiente.de; Althammer-*Hacker*, § 14 Rn 236; zur Situation in den USA vgl. GRUR Int. 1998, 255.

[1304] LG Magdeburg, MMR 1999, 607 (609) – foris.de; OLG Dresden, WRP 2001, 706 (709) – kurt-biedenkopf.de; bestätigt durch BGH, WRP 2004, 769; *Stomper*, RdW 2001, 136 (140).

[1305] OLG Frankfurt, WRP 2000, 214 (218) – ambiente.de; bestätigt durch BGH, WRP 2001, 1305 (1307) – ambiente.de; *Kort*, DB 2001, 249 (250).

[1306] *Kiethe/Groeschke*, WRP 2002, 27 (30).

[1307] Althammer-*Hacker*, § 14 Rn 236; das LG Magdeburg, MMR 1999, 607 (609) – foris.de nimmt bereits ab der mündlichen Verhandlung eine Offensichtlichkeit an, kritisch dazu Hoeren/Sieber-*Viefhues*, Kap. 6 Rn 351, da erst mit der Entscheidung die Kennzeichenrechtsverletzung endgültig festgestellt wird.

[1308] Vgl. dazu oben § 3 C. I. 1. b) (Seite 166).

der Zahl der eingehenden Anträge – keine generelle Überprüfung aller Anträge auf das Bestehen von Kennzeichen- und Wettbewerbsrechtsverletzungen möglich. Dies spricht dafür, wie im Bereich der Domänennamen eine mittelbare Rechtsverletzung nur bei Offensichtlichkeit anzunehmen.

Zur Prüfung der Offensichtlichkeit kann bei Vanity-Nummern aber nicht zwischen berühmten und sonstigen Kennzeichen unterschieden werden. Wegen der fehlenden Offenlegung der alphanumerischen Bezeichnung gegenüber der Regulierungsbehörde ist für diese die Anlehnung an ein berühmtes Kennzeichen nicht einfacher zu erkennen als die Verwendung eines sonstigen Kennzeichens. Der Regulierungsbehörde kann allerdings vorgehalten werden, dass es möglich wäre, die Zuteilungsanträge so zu gestalten, dass eine alphanumerische Bezeichnung, sofern eine solche als Vanity-Nummer genutzt werden soll, bei Antragstellung offen zu legen ist. Verlangt die Regulierungsbehörde eine entsprechende Angabe nicht, kann nicht damit argumentiert werden, dass die Prüfung der Zuteilungsanträge auf Rechtsverletzungen nicht ohne unverhältnismäßigen Aufwand möglich ist. Um einer Haftung bei einer offensichtlichen Rechtsverletzung durch einen Nummerninhaber zu entgehen, ist es der Regulierungsbehörde zumutbar, die Gestaltung der Zuteilungsanträge zu ändern und die Angabe der alphanumerischen Bezeichnung zu verlangen.

Anders als Domänennamen werden Vanity-Nummern nicht in einem vollautomatisierten Verfahren vergeben. Mit einem solchen Verfahren wäre selbst eine Prüfung, die sich auf völlig eindeutige Rechtsverletzungen beschränken würde, nicht in Einklang zu bringen[1309]. Allerdings könnte ähnlich wie bei Domänennamen ein Bedürfnis nach einer schnellen Zuteilung der beantragten Vanity-Nummer bestehen, so dass eine mehrmonatige Wartezeit auf eine Prüfung der Anträge nicht im Interesse der Antragsteller wäre[1310]. Da jedoch bis zur endgültigen Nutzbarkeit einer beantragten Rufnummer ohnehin mehrere Wochen vergehen und eine Freischaltung nicht wie bei Domänennamen innerhalb von Stunden erfolgt, würde eine Prüfung auf evidente und eindeutige Rechtsverletzungen möglich sein, ohne das Zuteilungsverfahren unzumutbar zu verlängern.

4. Rechtsfolgen

Damit ist eine Haftung der Regulierungsbehörde für Telekommunikation und Post als mittelbarer Störer nicht ausgeschlossen, sofern trotz Vorliegen oder Gefahr[1311] einer offensichtlichen Rechtsverletzung dem Antragsteller die gewünschte Rufnummer zugeteilt wird und dieser die Vanity-Nummer dann in rechtswidriger Weise verwendet.

1309 BGH, WRP 2001, 1305 (1308) – ambiente.de.

1310 OLG Dresden, WRP 2001, 706 (709) – kurt-biedenkopf.de.

1311 *Baumbach/Hefermehl*, Einl UWG Rn 325; *Melullis*, Rn 483.

In einem solchen Fall kann der betroffene Anspruchsinhaber möglicherweise gegen die Vergabestelle Unterlassungs- und Schadensersatzansprüche geltend machen. Unterlassungsansprüche laufen jedoch regelmäßig ins Leere, da die Tätigkeit der Regulierungsbehörde mit der Vergabe endet[1312]. Anders als bei den Domänennamen[1313] wird kein Dauerschuldverhältnis mit der Vergabestelle begründet, welches die Übertragung der Nutzungsrechte auf Zeit zum Gegenstand hat und gekündigt werden kann. Es ist damit kein Verhalten der Regulierungsbehörde erkennbar, dessen Unterlassung der Anspruchsberechtigte nach der Zuteilung verlangen könnte. Nur wenn der Kennzeicheninhaber vor der Zuteilung der Rufnummer seine Abwehransprüche geltend macht, kann die Unterlassung der Zuteilung durch die Regulierungsbehörde an den Antragsteller verlangt werden; dies ist aber ein eher theoretischer Fall, da der Kennzeicheninhaber dann frühzeitig Kenntnis von dem Zuteilungsantrag erlangen müsste. Schadensersatz für die bereits erfolgte Zuteilung einer Rufnummer kann von der Regulierungsbehörde ebenfalls nicht verlangt werden, da bei Rückgriff auf die Figur des mittelbaren Störers grundsätzlich nur Unterlassungsansprüche und keine Schadenersatzansprüche gewährt werden[1314].

IV. Amtshaftungsansprüche

Aufgrund der Tatsache, dass es sich bei der Regulierungsbehörde für Telekommunikation und Post um eine staatliche Behörde handelt, kommt schließlich die Prüfung von Amtshaftungsansprüchen in Betracht. Verletzt ein Beamter der Regulierungsbehörde seine Amtspflichten, treffen den Staat nach Maßgabe von § 839 BGB, Art. 34 GG Ersatzansprüche[1315]. Anknüpfungspunkt für Amtshaftungsansprüche ist grundsätzlich die Pflichtverletzung eines konkreten Beamten[1316]. Eine solche Amtspflichtverletzung durch Mitarbeiter der Regulierungsbehörde ist aber nicht erkennbar, sofern beim Vergabeverfahren die jeweiligen Zuteilungsbedingungen beachtet werden[1317].

1312 Vgl. oben § 2 B. I. 1. b) (Seite 10).

1313 Vgl. Denic-Domainbedingungen, § 7; im Internet abrufbar unter http://www.denic.de/media/pdf/dokumente/domainbedingungen.pdf (Stand: 15.07.2004).

1314 BGH, WRP 2000, 1263 (1266) – Neu in Bielefeld I; BGH, WRP 1998, 48 (50).

1315 *Ossenbühl*, 2. Teil II. (S. 10); MüKo-*Papier*, § 839 Rn 119.

1316 Der Geschädigte muss allerdings den Beamten, der die Pflichtverletzung begangen hat, nicht benennen können; es genügt, wenn feststeht, dass ein Beamter pflichtwidrig gehandelt hat, vgl. RGRK-*Kreft*, § 839 Rn 545.

1317 Denkbar ist lediglich eine Haftung für normatives Unrecht, wenn argumentiert wird, dass in den Zuteilungsbedingungen die Rechte der Kennzeicheninhaber stärker hätten geschützt werden müssen. Normatives Unrecht wird aber von der Zivilrechtsprechung nicht als Grundlage für einen Amtshaftungsanspruch anerkannt, vgl. BGHZ 56, 40 (44); BGHZ 84, 292 (300); BGHZ 87, 321 (335); dazu auch Dreier-*Wieland*, Art. 34 Rn 35; *Ossenbühl*, 2. Teil IV. 5. (S. 103).

Selbst wenn eine Amtspflichtverletzung vorliegen würde, wäre die Subsidiaritätsklausel des § 839 I 2 BGB zu beachten, wonach zumindest dann auf anderweitige Ersatzansprüche verwiesen werden darf, wenn diese ihren Grund in der unerlaubten Handlung eines Dritten, etwa des Nummerninhabers, haben und endgültig den Schaden auffangen sollen[1318]. Damit wären Amtshaftungsansprüche gegen die Regulierungsbehörde nur subsidiär nach Schadensersatzansprüchen gegen den Nummerninhaber, der die Rufnummer in rechtswidriger Weise nutzt, zu prüfen.

B. Position der Telekommunikationsunternehmen

Neben der Mitverantwortlichkeit der Regulierungsbehörde ist weiter eine Haftung des Telekommunikationsunternehmens in Betracht zu ziehen, das die Freischaltung der zugeteilten Rufnummer übernommen hat[1319].

I. Haftungsprivilegierung nach dem TDG

Telekommunikationsunternehmen können sich möglicherweise darauf berufen, dass sie lediglich den Zugang zur Nutzung vermitteln und es sich bei dem Angebot des Nummerninhabers für sie um fremde Inhalte handelt, für die sie, vergleichbar mit einem Internet-Zugangs-Provider, gem. § 9 I TDG nicht haften[1320]. Der Grundgedanke der Norm, dass Dienstleistungsanbieter, die lediglich als Zugangsvermittler tätig werden, ohne Einfluss auf die übermittelten Inhalte zu nehmen und diese häufig nicht einmal kennen, wegen des rechtswidrigen Verhaltens eines Kunden nicht haften sollen[1321], erscheint auch im Verhältnis zwischen Telekommunikationsunternehmen und Nummerninhaber sinnvoll[1322]. Allerdings regelt § 2 IV Nr. 1 TDG ausdrücklich, dass die Bestimmungen des TDG bei der Erbringung von Telekommunikationsdienstleistungen keine Anwendung finden. Das TDG ist nur anwendbar, wenn es um die Inhalte geht; steht lediglich der Transport der Inhalte im Vordergrund, ist alleine das TKG einschlägig[1323]. Das TKG sieht aber keine mit § 9 TDG vergleichbare Regelung

---

1318 BGHZ 91, 48 (54); Soergel-*Vinke*, § 839 Rn 206.

1319 Vgl. Murrin v. Midco Communications, Inc., 726 F. Supp. 1196 (Minn. 1989), wo die Klägerin mit Ansprüchen gegen die Telefongesellschaft gescheitert ist.

1320 *Säcker*, MMR-Beilage 9/2001, 2 (3).

1321 Begründung zum Entwurf eines Gesetzes über rechtliche Rahmenbedingungen für den elektronischen Geschäftsverkehr (EGG), BT-Drucks. 14/6098, S. 24.

1322 Vgl. Begründung zum Entwurf eines Informations- und Kommunikationsdienstegesetzes (IuKDG), BT-Drucks. 13/7385, S. 20, wonach ein Anbieter von Telediensten wie ein Anbieter von Telekommunikationsdienstleistungen behandelt werden soll; ebenso Beck-IuKDG-*Maennel*, § 5 TDG Rn 3.

1323 Manssen-*Brunner*, § 2 TDG Rn 56; BeckIuKDG-*Tettenborn*, § 2 TDG Rn 88.

vor, so dass eine generelle Haftungsprivilegierung für Telekommunikationsunternehmen nicht besteht.

II. Eigene Initiative des Telekommunikationsunternehmens

Es ist vorstellbar, dass die Initiative zur Nutzung einer Vanity-Nummer vom Telekommunikationsunternehmen ausgeht, da dieses ein Interesse daran hat, mit der Einrichtung und Freischaltung möglichst vieler Rufnummern betraut zu werden. In dieser Konstellation kommt ein eigener Anspruch gegen das Telekommunikationsunternehmen als Rechtsverletzer in Betracht, wenn etwa einem Kunden eine Vanity-Nummer angeboten wird, deren alphanumerische Umsetzung dem Namen oder der Marke eines Konkurrenten entspricht.

Eine Haftung als Täter oder Mittäter setzt voraus, dass das Telekommunikationsunternehmen selbst den Tatbestand einer Verbotsnorm verwirklicht[1324]. So müsste das Telekommunikationsunternehmen bei wettbewerbsrechtlichen Ansprüchen beispielsweise zur Förderung eigenen oder fremden Wettbewerbs tätig werden. Das Angebot zur Einrichtung und Freischaltung der Rufnummer dient zum einen dazu, den eigenen Absatz des Telekommunikationsunternehmens zu steigern, zum anderen soll aber auch der Wettbewerb zwischen dem angesprochenen Kunden und dessen Konkurrenten gefördert werden[1325], so dass eine Wettbewerbsabsicht bejaht werden kann. Damit kann ein Telekommunikationsunternehmen eine eigenständige Wettbewerbsverletzung begehen und auf Unterlassung sowie gegebenenfalls auf Schadensersatz in Anspruch genommen werden, ohne dass auf das Verhalten des Nummerninhabers eingegangen werden muss.

Hat das Telekommunikationsunternehmen selbst nicht den Tatbestand der Verbotsnorm verwirklicht oder ist es nicht Adressat der Norm, weil es sich um eine spezielle berufsrechtliche Bestimmung handelt, muss auf die Grundsätze der Haftung bei mittelbaren Rechtsverletzungen zurückgegriffen werden[1326]. Eine Haftung kommt dann aber nur in Betracht, wenn das Verhalten, zu welchem das Telekommunikationsunternehmen beigetragen hat, für den Nummerninhaber bzw. Berufsträger unzulässig ist[1327].

So hat das OLG Stuttgart die landgerichtliche Entscheidung bestätigt, wonach ein Telekommunikationsunternehmen wettbewerbswidrig handelt, wenn es Anwaltskanzleien unaufgefordert berufsrechtlich unzulässige Vanity-

---

1324 *Teplitzky*, Kap. 14 Rn 2 zur Haftung für eigenes Verhalten.

1325 OLG Stuttgart, MMR 2000, 164 (166).

1326 Hasselblatt-*Nordemann*, § 10 Rn 44; *Emmerich*, § 21 5. (S. 337); vgl. dazu bereits oben § 5 A. III. (Seite 214).

1327 BGH, WRP 1997, 325 (326) – Architektenwettbewerb; ebenso BGH, WRP 2002, 1050.

Nummern[1328] wie 0800-RECHTSANWALT anbietet[1329]. Geht die Initiative vom Telekommunikationsunternehmen aus, bestehen weitergehende Prüfungspflichten, als wenn das Unternehmen aufgrund eines Kundenwunsches tätig geworden wäre[1330]. Danach hätte das anbietende Telekommunikationsunternehmen erkennen müssen, dass die Verwendung der angebotenen Rufnummer durch Rechtsanwälte unzulässig ist. Bei Einhaltung der gebotenen Prüfungspflichten wäre die Rechtsverletzung also vermeidbar[1331] gewesen. Für den Fall der Nichtbeachtung der Prüfungspflichten ist eine Haftung des Telekommunikationsunternehmens als mittelbarer Rechtsverletzer gerechtfertigt.

III. Beauftragung eines Telekommunikationsunternehmens

Geht die Initiative wie im Regelfall vom Nummerninhaber aus, der ein Telekommunikationsunternehmen mit der Freischaltung der zugeteilten Rufnummer beauftragt, scheidet eine täterschaftliche Rechtsverletzung regelmäßig aus. Zumeist wird es an einem Handeln mit Wettbewerbsabsicht oder an dem Vorsatz bezüglich der Rechtsverletzung fehlen[1332].

Im Rahmen der Haftung wegen mittelbarer Rechtsverletzung ist wieder darauf einzugehen, ob die Rechtsverletzung des Nummerninhabers für das Telekommunikationsunternehmen erkennbar war. Wenn schon die Regulierungsbehörde als Vergabestelle keine umfassende Prüfungspflicht trifft, kann eine solche auch nicht von den Telekommunikationsunternehmen verlangt werden. Diese dürfen regelmäßig darauf vertrauen, dass durch die Wahl der Rufnummer, die von der Regulierungsbehörde zugeteilt wurde, keine fremden Rechte verletzt werden. Eine Haftung wird erst dann anzunehmen sein, wenn der Anspruchsberechtigte oder ein Dritter das Telekommunikationsunternehmen auf eine bestehende bzw. drohende Rechtsverletzung hinweist oder ein entsprechendes Urteil vorliegt[1333].

1328 Zur Zulässigkeit der Nutzung generischer Bezeichnungen als Vanity-Nummern durch Rechtsanwälte vgl. oben § 3 A. IV. 4. (Seite 132).

1329 OLG Stuttgart, MMR 2000, 164 (166); a.A. BGH, WRP 2002, 1050, wonach es bereits an der berufsrechtlichen Unzulässigkeit fehlen soll, weswegen auch eine mittelbare Rechtsverletzung ausscheidet.

1330 LG Ulm, Urt. v. 05.02.1999, AZ: 1 KfH O 308/98, S. 12 unter Verweis auf BGH, GRUR 1997, 909 – Branchenbuch-Nomenklatur.

1331 Zur Vermeidbarkeit als Haftungseinschränkung vgl. oben § 5 A. III. 3. (Seite 215). Im konkreten Fall ist die Vermeidbarkeit jedoch fraglich, da nicht einmal alle angerufenen Gerichte zu einem einheitlichen Ergebnis gekommen sind.

1332 Vgl. dazu allgemein *Emmerich*, § 21 5. (S. 336).

1333 Dies entspricht der Wertung zur Haftung der Denic bei Domänennamen, vgl. etwa BGH, WRP 2001, 1305 (1307) – ambiente.de; Hoeren/Sieber-*Viefhues*, Kap. 6 Rn 351, sowie dem Ergebnis bezüglich der Haftung der RegTP, vgl. dazu oben § 5 A. III. 4. (Seite 217).

§ 6 Möglichkeiten zur Verbesserung der Rechtssituation

Bereits nach geltendem Recht bestehen zahlreiche juristische Anspruchsgrundlage insbesondere für einen Kennzeicheninhaber, um gegen Vanity-Nummern vorzugehen, durch die fremde Rechte beeinträchtigt werden. Dennoch kann möglicherweise durch eine Änderung der bestehenden rechtlichen Grundlagen ein noch umfassenderer Schutz oder ein höheres Maß an Rechtsklarheit und Gerechtigkeit erreicht werden.

A. Änderungen der gesetzlichen Regelungen

Weder im Kennzeichenrecht noch im Wettbewerbsrecht ist die Nutzung von Vanity-Nummern bisher besonders berücksichtigt. Es werden lediglich die allgemeinen Regelungen auch für den Bereich der Vanity-Nummern angewandt. Fraglich ist, ob zusätzliche gesetzliche Regelungen speziell für den Bereich der Vanity-Nummern oder allgemein für die Neuen Medien einen Vorteil bringen würden.

Dagegen spricht zunächst, dass es nicht möglich ist, auf jede neue Entwicklung oder Nutzungsmöglichkeit auf dem Gebiet der Neuen Medien zeitnah mit speziellen gesetzlichen Regelungen zu reagieren[1334]. Selbst wenn es gelingt, frühzeitig entsprechende gesetzliche Regelung zu erlassen, besteht die Gefahr, dass diese Bestimmungen umgehend durch geringfügige Änderungen in der Praxis umgangen werden. Je spezieller die gesetzlichen Regelungen ausfallen, desto größer ist diese Umgehungsgefahr[1335]. Dies spricht dafür, nicht unbedingt die Benutzung von Vanity-Nummern gesetzlich zu reglementieren. Daneben ist zu befürchten, dass durch zahlreiche Einzelregelungen der Blick auf die grundlegenden Prinzipien, die zur Problemlösung genügen, verstellt wird.

I. Vorschlag zur Ergänzung des Markengesetzes

Es entspricht auch nicht der Gesetzessystematik des Kennzeichenrechts, abhängig von den eingesetzten Medien jeweils eigene Regelungen aufzustellen. Das Markengesetz erwähnt lediglich in § 14 III MarkenG in einer nicht abschließenden Aufzählung einzelne Arten der Benutzung von Marken[1336], im übrigen sind medienspezifische Bestimmungen nicht vorhanden.

Es wäre allerdings denkbar, im Rahmen der Aufzählung des § 14 III MarkenG auch die Nutzung eines Kennzeichens als Vanity-Nummer als Benut-

---

1334 Vgl. dazu bereits oben § 2 C. (Seite 15).

1335 Um den Anwendungsbereich nicht zu weit einzuschränken, sind Rechtsvorschriften nur so genau zu fassen, wie dies nach der Eigenart des Lebenssachverhaltes möglich ist, vgl. Dreier-*Schulze-Fielitz*, Art. 20 (Rechtsstaat) Rn 117 mwN.

1336 Vgl. oben § 3 A. II. 2. b) bb) (Seite 33).

zungshandlung zu definieren. Bisher sind in der Aufzählung nur typische Verletzungsfälle berücksichtigt[1337]. Die Wahl von Kennzeichen als Vanity-Nummern ist aber nicht als typischer Fall einer Kennzeichenrechtsverletzung anzusehen. Als typische Verletzungsfälle wurden in den Katalog des § 14 III MarkenG solche Fälle aufgenommen, die bereits in Art. 5 III MRRL aufgeführt sind. Auch diese Voraussetzung trifft auf die Nutzung von Kennzeichen als Vanity-Nummern nicht zu. Der Gesetzgeber wäre dadurch aber nicht gehindert, weitere eigene Beispiele in die Aufzählung aufzunehmen, etwa auch die Nutzung von Kennzeichen als Vanity-Nummern[1338].

Außer einer Klarstellung der bestehenden Rechtslage würde die Aufnahme in die Aufzählung allerdings keinen Vorteil bringen. Das Problem, dass die bloße Nutzung der Ziffernfolge, die einer geschützten Bezeichnung entspricht, markenrechtlich nicht erfasst ist, liegt in der fehlenden eindeutigen Rückführbarkeit auf die geschützte Bezeichnung begründet[1339] und lässt sich bei Beibehaltung der markenrechtlichen Grundprinzipien durch gesetzgeberische Maßnahmen wie die Einfügung eines neuen Beispiels nicht ändern. Durch eine Ausweitung des Katalogs für typische Verletzungsfälle würde automatisch eine Diskussion in Gang gesetzt, welche weiteren Bereiche besonders erwähnt werden sollen oder nicht, ohne dass wirkliche inhaltliche Fortschritte erreicht würden[1340]. Daher ist die Aufnahme zusätzlicher Beispiele aus dem Bereich der Neuen Medien in den Katalog des § 14 III MarkenG abzulehnen.

II. Wettbewerbsrecht

Das Wettbewerbsrecht enthält ohnehin nur wenige relevante gesetzliche Bestimmungen; der Anwendungsbereich der Normen ist erst durch Rechtsprechung und Literatur genauer bestimmt worden[1341]. Hier ist kein Grund ersichtlich, von diesem bewährten System abzuweichen und genauere gesetzliche Vorgaben für die wettbewerbsrechtliche Zulässigkeit der Nutzung von Vanity-Nummern zu treffen. Es ist davon auszugehen, dass die Nutzung von Vanity-Nummern wie jede andere Wettbewerbshandlung in die bestehenden Fallgruppen integriert werden kann. Mit den nächsten Entscheidungen zur wettbewerbsrechtlichen Beurteilung von Vanity-Nummern wird diese Entwicklung einsetzen.

1337 *Ingerl/Rohnke*, § 14 Rn 180.

1338 Vgl. Begründung zum Entwurf eines Markenrechtsreformgesetzes, BT-Drucks. 12/6581, S. 75, wonach in § 14 III Nr. 1 MarkenG in Ergänzung zum Text der MRRL ausdrücklich die Verpackung aufgeführt ist.

1339 Vgl. oben § 3 B. I. 1. a) aa) (3) (Seite 139).

1340 Es würde sich etwa anbieten, zugleich die Nutzung von Domänennamen ebenfalls zu erfassen.

1341 *Lehmler*, A. III. (S. 3); *Baumbach/Hefermehl*, Einl UWG Rn 65.

Auch die berufsspezifischen Wettbewerbsbeschränkungen wie § 43b BRAO sind nur allgemein ausgestaltet, so dass keine Notwendigkeit für die Regelung einzelner Tatbestände wie die Nutzung von Vanity-Nummern besteht.

III. Ergebnis

Die bisherigen Ausführungen haben gezeigt, dass schon mit der aktuellen Gesetzeslage die überwiegende Anzahl aller Fälle der Nutzung von Vanity-Nummern rechtlich erfasst werden kann, ohne dass es gesetzgeberischer Anpassungen bedarf. Daher reichen die bestehen gesetzlichen Regelungen grundsätzlich aus, sofern bei ihrer Anwendung die Besonderheiten der Neuen Medien ausreichend berücksichtigt werden[1342].

B. Änderungen im Vergabeverfahren

Das Telekommunikationsgesetz enthält kaum inhaltliche Regelungen zur Vergabe und Nutzung von Rufnummern. Für diese Bereiche verweist § 43 II TKG auf die Zuteilungsbedingungen, die von der Regulierungsbehörde für Telekommunikation und Post erlassen werden[1343]. Die Regelung der Einzelheiten in den Zuteilungsbedingungen hat den Vorteil, dass flexibler auf ein geändertes Nutzungsverhalten oder auf Umgehungsversuche der Nummerninhaber reagiert werden kann, da kein aufwendiges Gesetzgebungsverfahren erforderlich ist[1344].

Durch Änderung der Zuteilungsbedingungen könnte es auch möglich sein, ein zentrales Problem bei der Nutzung von Vanity-Nummern zu beseitigen: Bisher ist nur schwer feststellbar, ob ein Nummerninhaber lediglich die Ziffernfolge oder auch eine alphanumerische Umsetzung nutzt[1345]. Kennzeichenrechtliche Ansprüche scheitern oft daran, dass es dem Kennzeicheninhaber nicht gelingt, dem Nummerninhaber eine Nutzung der alphanumerischen Bezeichnung nachzuweisen[1346]. In den Zuteilungsbedingungen könnte eine Regelung aufgenommen werden, wonach eine zugeteilte Rufnummer grundsätzlich nur dann als alphanumerische Bezeichnung dargestellt werden darf, wenn dies bei der Beantra-

---

1342 *Galla* in Mayer-Schönberger/Galla/Fallenböck, S. 56 ebenso für den Bereich der Domänennamen; ähnlich *Renck*, NJW 1999, 3587 (3593).

1343 Vgl. oben § 2 B. I. (Seite 7).

1344 So ist in den aktuellen Zuteilungsbedingungen für 0900-Rufnummern, ABl. RegTP Nr. 5/2001, Vfg 19/2001, Ziff. 6.1 e) eine Regelung neu aufgenommen worden, wonach auch das Verlangen einer Abstandszahlung für die Aufgabe einer Rufnummer unzulässig ist; dazu oben § 3 E. II. 1. (Seite 191).

1345 Vgl. oben § 3 B. I. 1. a) bb) (Seite 139).

1346 LG Aachen, MMR 2001, 178 – Vanity-Nummer; zur vergleichbaren Problematik in den Vereinigten Staaten von Amerika Holiday Inns, Inc. v. 800 Reservation, Inc., 86 F.3d 619, 623 (6th Cir. 1996).

gung[1347] der Rufnummer ausdrücklich angegeben wurde[1348]. Fehlt eine entsprechende Angabe, so ist lediglich die Verwendung der Ziffernfolge zulässig. Für den Fall, dass der Nummerninhaber eine alphanumerische Umsetzung nutzt, ohne dies der Regulierungsbehörde gegenüber angezeigt zu haben, kann in den Zuteilungsbedingungen eine Ermächtigung zum Widerruf der Zuteilung vorgesehen werden.

Die Pflicht zur Angabe, ob und welche alphanumerische Umsetzung der Rufnummer genutzt wird, hat für Kennzeicheninhaber den Vorteil, dass diese sich durch Nachfrage bei der Regulierungsbehörde vergewissern können, ob der Nummerninhaber eine alphanumerische Bezeichnung nutzt, bei welcher die Verletzung fremder Kennzeichenrechte möglich erscheint[1349]. Dem Nummerninhaber wird es erschwert, durch die bloße Behauptung, es werde ausschließlich die Ziffernfolge verwendet, kennzeichenrechtlichen Ansprüchen zu entgehen.

Es bleibt allerdings das Problem, dass die Nummerninhaber, die absichtlich eine Vanity-Nummer beantragt haben, die einem bekannten fremden Kennzeichen entspricht, um von dessen Bekanntheit oder dem guten Ruf zu profitieren, gegenüber der Regulierungsbehörde die Nutzung der alphanumerischen Bezeichnung nicht angeben werden. In diesem Fall genügt es jedoch für den Kennzeicheninhaber, wenn er nachweist, dass entgegen den Angaben bei der Regulierungsbehörde eine alphanumerische Umsetzung für die Rufnummer benutzt wird. Die Regulierungsbehörde kann dann ohne weitere Voraussetzungen dem bisherigen Nummerninhaber die Rufnummer entziehen und so den Weg für eine Neuvergabe freimachen, bei welcher der Kennzeicheninhaber berücksichtigt werden kann. Diese Sanktion ist auch angemessen, da jeder Nummerninhaber, der nicht in unlauterer Absicht eine Rufnummer wegen der alphanumerischen Umsetzung gewählt hat, diese gegenüber der Regulierungsbehörde angeben kann. Lediglich Fälle, in denen der Nummerninhaber zwar eine Rufnummer wählt, die einem bekannten Kennzeichen entspricht, die alphanumerische Umsetzung aber tatsächlich nicht nutzt, sondern nur die Ziffernfolge verwendet, können auch durch die Änderung der Zuteilungsbedingungen nicht erfasst werden. Durch die zusätzliche Angabe bei der Beantragung der Vanity-Nummer, ob die Nutzung einer alphanumerische Umsetzung der Rufnummer beabsichtigt ist, wäre dennoch in vielen Fällen ein besserer Schutz der Kennzeicheninhaber möglich, ohne dass damit ein unverhältnismäßiger Mehraufwand für die Regulierungsbehörde verursacht würde. Diese müsste lediglich neben der zugeteilten

---

1347 Der Nummerninhaber sollte allerdings auch die Möglichkeit haben, nach erfolgter Zuteilung den Umfang der Nutzung der Rufnummer auf die alphanumerische Umsetzung etwa durch Anzeige gegenüber der Regulierungsbehörde auszudehnen.

1348 Vgl. dazu bereits oben § 5 A. III. 3. (Seite 217).

1349 Vgl. zur bisherigen Situation oben § 3 B. I. 1. a) bb) (Seite 139).

Ziffernfolge die vom Antragsteller angegebene alphanumerische Umsetzung in ihrer Datenbank vermerken und bei Nachfragen darüber Auskunft geben[1350].

[1350] Dabei könnte ähnlich wie bei der Verwaltung der Domänennamen mit einer öffentlich zugänglichen Datenbank gearbeitet werden, vgl. zum Angebot der Denic im Internet http://www.denic.de/de/whois/index.jsp (Stand: 15.07.2004).

§ 7 Zusammenfassung

Die Nutzung von Vanity-Nummern wird in der Zukunft stark an Bedeutung gewinnen. Vanity-Nummern haben für den Nummerninhaber wie den Anrufer den Vorteil, dass sie einprägsamer sind als eine mehr oder weniger zufällig zugeteilte Ziffernfolge. Unternehmen können bekannte Marken als Rufnummern nutzen und damit zugleich Werbung betreiben. Mit der Möglichkeit der freien Wählbarkeit der Rufnummer und der Ausstattung nahezu aller neuen Telefongeräte mit einer alphanumerischen Tastatur sind die wesentlichen Rahmenbedingungen für eine Verbreitung von Vanity-Nummern erfüllt. Mit der verstärkten Nutzung von Vanity-Nummern werden aber auch die Streitigkeiten um Rufnummern und Kennzeichen zunehmen. Während ein Kennzeichen von mehreren Unternehmen parallel, etwa für unterschiedliche Produktklassen, genutzt werden kann, besteht diese Möglichkeit bei Vanity-Nummern wegen der Eindimensionalität des Nummernraumes nicht. Jede Rufnummer kann nur einmal vergeben werden, wobei für die Zuteilung der Zeitpunkt der Antragstellung maßgeblich ist (Prioritätsprinzip).

A. Konfliktpotential

Konflikte können sich zunächst ergeben, wenn aufgrund des Prioritätsprinzips eine Rufnummer, deren alphanumerische Umsetzung einem geschützten Kennzeichen entspricht, einem Kennzeicheninhaber zugeteilt wird und andere Unternehmen, die sich für die gleiche Rufnummer interessieren und denen ebenfalls ein Kennzeichenrecht an der Bezeichnung zusteht, danach nicht mehr berücksichtigt werden können. Es ist auch möglich, dass der Nummerninhaber, dem die Rufnummer zugeteilt wurde, überhaupt nicht über ein eigenes Kennzeichenrecht an der alphanumerischen Bezeichnung verfügt, aber wegen der früheren Antragstellung den Vorzug vor den Kennzeicheninhabern erhalten hat.

Streitigkeiten können weiter auftreten, wenn zwei Unternehmen zwar nicht eine identische Rufnummer nutzen möchten, sich die gewählten Vanity-Nummern aber ähneln und damit die Gefahr von Verwechslungen besteht.

Statt geschützter Kennzeichen können auch schutzunfähige generische Bezeichnungen als Vanity-Nummern verwendet werden. Dabei stellt sich dann die Frage, ob ein Unternehmen eine generische Bezeichnung, an deren Nutzung auch andere ein berechtigtes Interesse haben, als Vanity-Nummer monopolisieren darf.

Besondere Schwierigkeiten ergeben sich, wenn der Nummerninhaber sich zwar eine Vanity-Nummer zuteilen lässt, diese aber wie eine gewöhnliche Rufnummer nutzt und nur die Ziffernfolge, nicht aber auch die alphanumerische Umsetzung verwendet. Diese Art der Nutzung kann dem Nummerninhaber genügen, um etwa von der Bekanntheit eines geschützten Kennzeichens, dem die alphanumerische Umsetzung der Ziffernfolge entspricht, zu profitieren oder um die Rufnummer auf Kosten des Kennzeicheninhabers zu blockieren. Als Vanity-Grabbing wird in diesem Zusammenhang ein Verhalten bezeichnet, bei dem der Nummerninhaber eine Vanity-Nummer von Anfang an nur zu dem Zweck beantragt, die Rufnummer mit Gewinn an den Kennzeicheninhaber zu veräußern. Eine eigene Nutzungsabsicht verfolgt der Nummerninhaber dann regelmäßig nicht.

B. Möglichkeiten zur Konfliktlösung

Wenn ein kennzeichenrechtlich geschützter Begriff als Vanity-Nummer genutzt wird, kann zunächst die Vereinbarkeit mit dem Namens- und dem Markenrecht geprüft werden. Die Verwendung einer Bezeichnung als Vanity-Nummer ist grundsätzlich als kennzeichenrechtliche Benutzungshandlung anzusehen. Im Namensrecht bestehen keine weiteren Voraussetzungen, so dass ein Namensinhaber aus § 12 BGB gegen die unbefugte Nutzung seines Namens als Vanity-Nummer vorgehen kann, sofern dem Nummerninhaber nicht ebenfalls ein Namensrecht an der Bezeichnung zusteht. Bei Gleichnamigkeit ist grundsätzlich das Prioritätsprinzip anzuwenden, es sei denn, ein Namensinhaber verfügt über eine überragende Bekanntheit. Wird nicht der Name selbst als Vanity-Nummer genutzt, sondern lediglich eine ähnliche Bezeichnung, bestehen, unter anderem aufgrund der geringen Ausweichmöglichkeiten, hohe Anforderungen für die Annahme einer Verwechslungsgefahr.

Im Markenrecht gelten die gleichen Grundsätze, allerdings ist das Markengesetz nur bei Vorliegen einer Nutzung im geschäftlichen Verkehr anwendbar, weswegen die private Nutzung von Vanity-Nummern nicht erfasst wird. Generische Bezeichnungen werden durch das Kennzeichenrecht nicht geschützt, es bleibt bei dem Recht des ersten Zugriffs. Das kennzeichenrechtliche Freihaltebedürfnis führt hier nicht dazu, dass Rufnummern mit beschreibender Bedeutung freizuhalten sind. Das Namens- und das Markenrecht stoßen an ihre Grenzen, wenn lediglich die Ziffernfolge und nicht auch die alphanumerische Umsetzung verwendet wird. Wegen der fehlenden Rückführbarkeit der Ziffernfolge auf die alphanumerische Bezeichnung fehlt es an einer Nutzung des geschützten Kennzeichens, so dass kennzeichenrechtliche Ansprüche in dieser Konstellation ausscheiden.

Für das Wettbewerbsrechts ist es dagegen unerheblich, ob die Ziffernfolge oder die alphanumerische Bezeichnung genutzt wird. Daher sind wettbewerbsrechtliche Ansprüche immer dann von besonderer Bedeutung, wenn der Nummerninhaber ausschließlich die Ziffernfolge verwendet. So kann etwa die Blockade einer Rufnummer als unzulässiger Behinderungswettbewerb untersagt werden. Auf diese Weise können auch die meisten Fälle von Vanity-Grabbing wirksam unterbunden werden. In der Nutzung generischer Bezeichnungen als

Vanity-Nummern ist keine wettbewerbsrechtliche Monopolisierung zu sehen, insbesondere ist die bloße Wahl der Rufnummer mit beschreibender Bedeutung nicht als unzulässige Alleinstellungsbehauptung einzustufen. Wie im Markenrecht verlangt auch das Wettbewerbsrecht ein Handeln im geschäftlichen Verkehr, zusätzlich ist ein Handeln zu Zwecken des Wettbewerbs erforderlich; das Vorliegen beider Voraussetzungen ist jeweils im Einzelfall zu prüfen.

Aufgrund spezieller berufsrechtlicher Vorgaben können für Angehörige freier Berufe noch engere Grenzen für die Nutzung von Vanity-Nummern bestehen. Rechtsanwälte dürfen zwar grundsätzlich Vanity-Nummern verwenden, allerdings ist die Nutzung generischer Bezeichnungen wie 0700-RECHTSANWALT bedenklich; die Wahl einer Vanity-Nummer im Vorwahlbereich 0800 ist dagegen nicht alleine wegen der Tatsache zu beanstanden, dass der Anrufer keine Telefongebühren zu zahlen hat.

Wird eine Vanity-Nummer in unzulässiger Weise genutzt, kann der Nummerninhaber zunächst auf Unterlassung in Anspruch genommen werden. Ergibt sich die Unzulässigkeit aus der Nutzung der alphanumerischen Umsetzung, hat der Nummerninhaber lediglich die Nutzung der alphanumerischen Umsetzung zu unterlassen, darf im übrigen aber die zugrundeliegende Ziffernfolge grundsätzlich weiter nutzen. Ist jedoch bereits die Verwendung der Ziffernfolge rechtswidrig, führt der Unterlassungsanspruch dazu, dass der Nummerninhaber die ihm zugeteilte Rufnummer freigeben muss. Im Einzelfall können zusätzlich Schadensersatzansprüche in Betracht kommen; eine Pflicht zur Übertragung der Vanity-Nummer an den Kennzeicheninhaber besteht für den Nummerninhaber dagegen nicht. Unter engen Voraussetzungen kann sich auch eine Haftung der Regulierungsbehörde für Telekommunikation und Post sowie des Telekommunikationsunternehmens ergeben, welches die Rufnummer freigeschaltet hat. Ansprüche gegen das Telekommunikationsunternehmen sind insbesondere dann vorstellbar, wenn von diesem die Initiative zur Nutzung der Vanity-Nummer ausgegangen ist.

Insgesamt reichen damit die bestehenden gesetzlichen Regelungen für die Lösung von Streitigkeiten im Bereich der Vanity-Nummern aus. Gesetzgeberische Maßnahmen sind nicht erforderlich; allerdings wäre es wünschenswert, dass zukünftig Antragsteller bei Beantragung der Zuteilung einer Rufnummer angeben müssen, ob die Nutzung einer alphanumerischen Umsetzung der Ziffernfolge beabsichtigt ist.

FSC
www.fsc.org
MIX
Papier | Fördert gute Waldnutzung
FSC® C083411

Kolibri 360 GmbH
Ferdinand-Jühlke-Straße 7
99095 Erfurt, Deutschland
produktsicherheit@kolibri360.de

Druck:
CPI Druckdienstleistungen GmbH
im Auftrag der
Kolibri 360 GmbH
Ferdinand-Jühlke-Str. 7
99095 Erfurt